츠바이크 선집 2
보이지 않는 소장품

츠바이크 선집 2

보이지 않는 소장품

초판 1쇄 　찍은 날 2022년 1월　3일
초판 1쇄 　펴낸 날 2022년 1월 10일

지은이 　슈테판 츠바이크
옮긴이 　정상원

발행인 　육혜원
발행처 　이화북스
등 록 　2017년 12월 26일(제2017-0000-75호)
주 소 　서울특별시 마포구 월드컵북로 400 서울산업진흥원 5층 15호
전화 　02-2691-3864
팩스 　02-307-1225
전자우편 　ewhabooks@naver.com

편집 　함소연
디자인 　책은우주다
마케팅 　임동건

ISBN 　979-11-90626-19-4 (04900)

츠바이크
선집 2

Stefan Zweig

슈테판 츠바이크의 대표 소설집

보이지 않는
소장품

슈테판 츠바이크 지음·정상원 옮김

이화북스

차례

아찔한 비밀

상대를 발견하다

기관차가 쉰 소리를 내질렀다. 젬머링*에 도착한 것이다. 시꺼먼 객
차들은 은빛으로 빛나는 고지에서 1분간 멈추고는 가지각색의 사
람들을 뱉어 낸 후 이내 다른 사람들을 삼켰다. 이리저리 짜증 섞
인 말소리가 오가는가 싶더니 맨 앞의 기관차는 다시 쉰 소리를
내지르며 시꺼먼 찻간을 줄줄이 매단 채 덜컹덜컹 저 아래 터널
속으로 빨려 들어갔다. 이윽고 확 트인 풍경이 모습을 드러냈다.
멀리 보이는 경치는 비바람에 씻긴 듯 말쑥했다.

기관차가 쏟아 낸 사람 중에는 젊은 남자가 하나 있었는데, 옷
을 잘 차려입은 데다 자연스럽고 경쾌하게 걷는 탓에 누구보다 돋
보였다. 그는 다른 사람들보다 먼저 마차를 잡아타고는 호텔로 향
했다. 말들은 느적느적 오르막길을 올랐다. 대기는 봄을 머금고 있
었다. 오뉴월에나 볼 수 있는 변화무쌍한 흰 구름이 하늘을 떠다니
고 있었다. 아직 젊어서 진득하지 못한 일꾼 마냥 오뉴월의 하얀
구름은 파란 하늘길을 장난치듯 질주하다가는 불쑥 높은 산 뒤로
몸을 숨기곤 한다. 서로 끌어안았다가 달아나는가 하면, 손수건처

• 알프스 산악지대에 위치한 오스트리아의 유명 휴양지. 1854년 철도가 개통된 이후 빈의 상류층이 즐
겨 찾았다. 이 설명을 포함, 이 책에 실린 주는 모두 옮긴이 주이다.

럼 똘똘 뭉쳤다가 가닥가닥 풀려서 줄무늬로 변하고는 급기야 산머리에 흰 두건을 씌우는 장난을 치곤 한다. 불안정하기는 바람도 마찬가지였다. 바람이 비에 젖은 앙상한 나무들을 쉴 새 없이 흔드는 탓에 나뭇가지는 나직이 바스락댔고 물방울을 사방으로 튕기고 있었다. 때로는 산에서 눈 향기를 풍기는 찬바람이 부는 듯했지만, 숨을 들이쉬면 왠지 달콤하면서도 짜릿한 느낌이었다. 하늘과 땅의 온갖 것이 꿈틀대며 성급히 끓어오르고 있었다. 말들은 이제 숨을 고르며 내리막길을 달렸다. 말방울 소리가 저 멀리까지 울렸다.

호텔에 도착하자마자 방문객 리스트를 훑어보던 젊은 남자의 얼굴에 실망한 기색이 역력했다. '어쩌자고 여기까지 온 건지.' 하는 생각에 마음이 스산해졌다. '같이 놀 사람도 없이 혼자서 산에 머무르다니, 차라리 사무실에 있는 편이 더 낫겠어. 내가 너무 일찍 왔거나 너무 늦게 온 게 분명해. 휴가에서 운이 좋았던 적이 단 한번이라도 있었던가. 여기 손님들 가운데 아는 이름이라고는 단 하나도 없군. 여자라도 몇 명 있어야 연애를 하든, 그것도 힘들면 연애 비슷한 것이라도 하면서 이번 주를 따분하지 않게 보낼 수 있을 텐데.'

젊은 남자는 남작이었다. 유서 깊은 귀족 가문이 아니라 오스트리아 관리로 귀족이 된 가문 출신으로 총독부에서 근무하고 있었다. 이 짧은 휴가가 꼭 필요하지는 않았지만, 그의 동료 모두가 봄철에 한 주 휴가를 얻어 냈기에, 그도 한 주 휴가를 국가에 반납하고 싶지 않아서 이리로 왔을 뿐이었다. 그는 내적 성찰 능력이 전혀 없지는 않았지만, 철저히 사교적인 성격이었다. 그래서 누구에게나 사랑을 받았고 어디를 가건 인기가 있었다. 그는 자신이 고독을 즐길 능력이 없음을 너무나 잘 알고 있었다. 그는 자신과 홀로 마주하는 것을 좋아하지 않았고 자기 자신을 더 깊숙이 알고 싶지도 않았기에 되도록 자신과 맞닥뜨리는 상황을 피했다. 자신의 재능과 온기와 발랄함에 불을 붙이려면 사람들과 부대껴야 한다는 것을 잘 알고 있었다. 그는 혼자 있으면 얼어붙은 채, 성냥갑 속에 갇힌 성냥처럼 아무짝에도 쓸모없는 사람이었다.

기분이 상한 그는 텅 빈 홀을 이리저리 걸어 다녔다. 하릴없이 신문을 들추다가 음악실에 놓인 피아노로 왈츠를 쳐 보기도 했다. 하지만 그의 손가락은 리듬을 제대로 따라갈 수가 없었다. 결국 그는 짜증을 내며 자리에 앉아 어둠이 서서히 깔리고 있는 바깥을 내다보았다. 가문비나무 숲에서 회색 안개가 모락모락 피어오르고 있었다. 그는 한 시간가량 신경을 곤두세우고 늘어져 있었다. 그러다 보니 식사 시간이 되었다.

식당으로 들어서자 두서너 테이블에 앉아 있는 사람들이 보였다. 그는 그들 모두를 힐끗 훑어보았다. 허탕이구나! 아는 얼굴이라고는 경마장에서 본 조련사뿐이었다. 그는 건성으로 인사에 답례했다. 저기 링슈트라세*에서 보던 얼굴이 하나 있고, 그게 다였다. 부담 없는 연애 상대가 될 만한 여자는 보이지 않았다. 울화가 치밀어 올랐다. 그는 잘생긴 얼굴 덕을 톡톡히 보는 청년에 속했다. 그런 청년들은 늘 새로운 만남을 갖고, 새로운 경험을 할 채비가 되어 있으며, 연애를 통해 미지의 세계로 뛰어드는 기대에 부풀

---

* 빈의 도심을 원형으로 에워싸고 있는 환상(環狀) 도로를 말한다.

어 있다. 그들은 머릿속으로 모든 상황을 미리 계산해 두기 때문에 웬만한 일로는 놀라지 않는다. 그들은 어떤 여자를 보든—친구의 아내이든, 방문을 열어 주는 하녀이든 상관없이—곧장 육욕의 대상이 될 수 있을지 가늠하므로 에로틱한 요소를 못 보고 지나치는 적이 없다. 세상은 그런 남자를, 조금은 경멸의 뜻을 담아서 여자 사냥꾼이라고 부르곤 하는데, 이 말에는 부지불식중에 관찰한 진실이 또렷이 새겨져 있다. 실제로 사냥꾼은 늘 탐색하며 흥분 상태이고 심성이 잔인한 법인데, 잠시도 긴장을 풀지 않는 여자 사냥꾼의 내부에는 그런 뜨거운 사냥 본능이 타오르고 있다. 그들은 항상 매복 중이며 사랑의 유희를 조금이나마 즐길 수 있다면 지옥까지라도 쫓아갈 태세가 되어 있다. 그들은 항상 열정으로 가득 차 있지만, 그 열정은 고귀한 사랑에서가 아니라 유희를 즐기려는 마음에서 우러나오기에 차갑고 타산적이라서 위험하기까지 하다. 이런 유형의 사람 중에는 청춘 시절뿐 아니라 평생을 끊임없이 사랑의 모험을 기대하며 보내는 끈덕진 이들도 있다. 이들의 하루는 지나가던 여인이 시선을 던졌다든가, 보일 듯 말 듯 미소를 지었다든가, 마주 앉았는데 무릎이 스쳤다는 등의 수많은 자잘한 에로틱한 체험으로 이루어져 있고, 일 년 또한 그러한 수백 개의 하루로 채워져 있다. 이들에게 관능적 체험이란 삶에 양분과 활력을 주는 영원의 샘물과도 같다.

여기에는 사랑놀이를 벌일 상대가 없음을 남작은 즉시 간파했다. 빼어난 실력을 지닌 노름꾼이 카드를 손에 쥐고 탁자에 앉아 상대를 기다리지만 끝내 아무도 오지 않는다면 얼마나 울화가 치밀겠는가! 남작은 신문을 달라고 해서는 언짢은 기분으로 대강 훑어보았다. 그러나 머리는 멍했고, 술에 취한 듯 단어들이 머리에 들어오지 않았다.

그때 남작의 뒤에서 드레스가 살랑대는 소리가 나더니 조금 짜증이 섞인 부자연스러운 악센트의 프랑스어가 들렸다. "에드거, 조용히 해!"

비단 드레스가 그의 탁자를 스치며 사각거렸다. 큰 키에 풍만한 몸매의 여인이 검은 벨벳 정장을 입은 작고 창백한 사내아이를 데리고 남작의 곁을 지나쳤다. 아이는 호기심에 찬 시선으로 그를 흘깃 쳐다보았다. 두 사람은 미리 예약해 놓은 맞은편 탁자에 앉았다. 아이는 바르게 처신하려고 애쓰는 듯했지만, 눈에는 깊은 불안이 요동치고 있었다. 여자는—남작은 오직 여자만 주시했다—아주 세련됐고 옷매무새가 우아했다. 농익어서 기울기 직전 나이의 살집이 좋은 유대 여인으로, 그가 아주 좋아하는 유형이었다. 이런 유형의 여자들은 열정적이면서도, 멜랑콜리에 젖은 고상한 모습 뒤에 자신의 격정을 숨길 만큼 노련했다. 그는 당장 여자의 눈을 들여다볼 수는 없었기에 일단 아름다운 곡선을 그리는 눈썹을 감상했다. 눈썹 아래 둥그스름한 콧날로 유대인임을 알 수 있었지만, 고상한 형태의 코 덕분에 옆모습은 또렷했고 관심을 끌만 했다. 머리칼은 그런 풍만한 몸매의 여인들이 모두 그렇듯이 대단히 풍성했다. 여자는 아름답다는 찬사를 하도 많이 들어서 자신감에 넘치는 듯 당당한 아름다움을 뿜어냈다. 여자는 아주 나직한 목소리로 식사를 주문했고 포크를 달그락거리는 아이를 나무랐다. 조심스럽게 훔쳐보는 남작의 시선을 눈치 못 챈 듯 태연하게 행동했지만, 사실은 그가 유심히 지켜보는 탓에 잔뜩 신경을 쓰지 않을 수 없었다.

어두웠던 남작의 얼굴은 단번에 환해졌다. 몸속 신경이 펄떡거리며 주름살이 펴졌고 근육은 탄탄해졌다. 몸이 꼿꼿해지고 눈에는 빛이 번득였다. 어떤 여자들은 남자가 곁에 있어야 자신의 힘을 제대로 발휘하곤 하는데 남작 역시 그런 여인들과 비슷했다. 감각적 자극을 받아야만 에너지를 마음껏 발휘할 수 있었다. 그의 내부에 존재하는 사냥꾼은 바로 여기 사냥감이 있음을 알아챘다. 이제 그는 도발적으로 그녀와 눈을 마주치려고 시도했다. 그녀의 시선은 이따금 모호한 불꽃을 튀기며 그의 시선을 비껴가다가 슬쩍 얽혔지만 절대 명확한 답변을 주지 않았다. 가끔 여자의 입 주변에 살그머니 미소가 감도는 듯했다. 그러나 모든 게 불확실했다. 바로 이 불확실함이 그를 자극했다. 낙관적으로 보이는 유일한 사실은 여자가 계속 시선을 피한다는 것이었다. 그렇게 하는 까닭은 그녀가 그의 시선에 저항하면서도 당황하고 있기 때문이리라. 그리고 그녀가 아이와의 대화를 기이하리 만치 세심하게, 마치 관객에게 보여 주려는 듯 연출하고 있다는 점이었다. 보라고 강요하듯 들이대는 평온함이야말로 여자가 평정심을 잃고 있음을 의미했다. 그역시 흥분을 억누를 수가 없었다. 게임이 시작된 것이다. 그는 천천히 식사하며 30분 내내 이 여인을 주시했다. 그의 시선은 그녀의 얼굴 윤곽을 쫓으며 풍만한 몸매 곳곳을 남몰래 쓰다듬었다. 밖에는 어둠이 묵직이 깔렸다. 큼지막한 비구름이 잿빛 손을 뻗치자 숲은 아이처럼 겁을 먹고 움츠러들었다. 그림자가 점점 더 짙어지며 식당으로 밀려들었다. 사람들은 점점 할 말을 잃고 짓눌리는 듯보였다. 정적이 깔리자 어머니가 아이에게 건네는 말은 점점 더 가식적이고 부자연스럽게 느껴졌다. 남작은 이 상황이 곧 끝날 것임을 직감했다. 그는 실험을 하나 해 보기로 했다. 자리에서 먼저 일어나 먼 산을 보며 천천히 그녀를 지나쳐 문까지 걸어간 그는 무언가 놓고 온 것이 생각났다는 듯 홱 고개를 돌렸다. 여자의 활기찬 눈빛이 그를 쫓고 있는 게 눈에 확 들어왔다.

남작은 고무되었다. 홀에서 기다리고 있으니 곧 그녀가 아들의 손을 잡고 나와서는 잡지들을 이리저리 들추며 아이에게 그림 몇 개를 보여 주었다. 남작은 마침 잡지를 찾으려는 듯 탁자로 다가갔다. 사실은 촉촉이 반짝이는 그녀의 깊은 눈을 들여다보고 싶었고, 가능하다면 대화를 시작해 볼 심산이었다. 그러나 여자는 곧 몸을 돌리고 아들의 어깨를 톡톡 쳤다. "자, 에드거, 이제 잘 시간이다!" 여자는 프랑스어로 말하고는 싸늘히 그를 지나쳐 갔다. 조금 실망한 남작은 하릴없이 그녀의 뒷모습만 바라보았다. 오늘 밤 조금이라도 친분을 틀 수 있으리라 생각했기에 여자의 냉담한 태도는 다소 실망스러웠지만 이런 저항은 매력적으로 다가왔다. 불확실한 상황은 그의 욕망을 타오르게 했다. 어찌 됐건 상대를 발견했으니, 게임은 시작된 거나 마찬가지였다.

아이와 친구가 되다

다음 날 아침 남작이 홀에 들어서니 어제 만났던 여인의 아들이
두 명의 엘리베이터 보이와 열심히 이야기를 나누고 있었다. 아이
는 둘에게 카를 마이*의 책에 실린 그림들을 보여 주는 중이었다.
아이의 엄마는 보이지 않았다. 아마도 몸단장을 하느라 바쁜 것이
리라. 남작은 이제야 아이를 눈여겨보았다. 수줍고 아직 어린 신경
질적인 소년으로 나이는 대략 열두 살 정도로 보였다. 어수선하게
몸을 움직였고 검은 눈은 이리저리 두리번거리고 있었다. 그 나이
또래의 아이들이 흔히 그렇듯, 마치 방금 잠에서 깨어나 갑자기 낯
선 곳에 끌려오기라도 한 것처럼 겁먹은 표정이었다. 아이의 얼굴
은 밉상은 아니었지만 아직은 제 모습을 갖추지 못한 상태였다. 이
제 막 아이의 얼굴에서 남자다운 얼굴이 되는 단계로 들어선 듯,
아이의 이목구비는 반죽만 해 놓고 형상으로 빚지는 않은 상태처
럼 깔끔한 윤곽을 갖추지 못한 채 흐릿하고 불안하게 뒤섞여 있었
다. 게다가 아이는 맞는 옷을 좀처럼 찾기 힘든 나이였다. 이 나이
의 아이들은 워낙 허영심이 없어서 옷소매와 바짓가랑이가 앙상
한 사지를 헐렁하게 겉돌아도 도통 신경을 쓰지 않는 법이다.

• Karl Friedrich May(1842~1912): 독일 소설가. 청소년을 위한 모험소설로 큰 성공을 거두었다.

쭈뼛대며 홀을 돌아다니는 아이는 정말이지 딱해 보였다. 실제로 그는 모든 사람에게 거추장스러운 존재였다. 아이는 수위에게 온갖 질문을 하며 성가시게 굴다가 옆으로 밀려나는가 하면, 입구를 막아서 사람들을 방해하곤 했다. 보아하니 이곳에서 아이와 다정하게 어울릴 사람은 없는 듯했다. 아이는 아이답게 재잘대고 싶은 마음에 호텔 종업원들에게 다가간 것이리라. 종업원들은 시간이 남으면 아이를 상대해 주었지만, 어른이 다가오거나 중요한 일을 처리해야 할 시간이 오면 즉시 대화를 중단했다. 남작은 미소를 지으며 불운한 아이를 유심히 지켜보았다. 아이는 호기심을 가지고 모든 것을 바라보았지만 모든 것은 시큰둥하게 아이를 비껴가고 있었다. 한번은 이 호기심 가득한 시선과 남작의 시선이 정면으로 마주쳤다. 하지만 두리번거리던 검은 눈은 누군가의 시선을 느끼자 즉시 겁을 먹고 움츠러들었다. 아이는 눈꺼풀을 내리깔았다. 남작은 그런 아이가 재미있었다. 그는 아이에게 관심이 생겼다. 겁이 많고 수줍은 아이야말로 여인에게 접근하는 데 가장 신속히 도움을 줄 존재가 아닐까. 일단 그는 시도해 보기로 하고 슬그머니 아이의 뒤를 따랐다. 막 문을 나선 아이는, 다정함이 그리웠는지 백마의 핑크빛 콧구멍을 어루만졌다. 그러나 이번에도—아이는 정말로 운이 지독히도 없었다—마부가 상당히 거칠게 아이를 쫓아냈다. 마음이 상한 아이는 공허하고 조금 슬프기까지 한 눈빛으로 하릴없이 서 있었다. 그때 남작이 아이에게 말을 걸었다.

"어이 꼬마 친구, 이곳이 마음에 드나?" 그는 불쑥 말을 건네며 되도록 호탕하게 들리게끔 신경을 썼다.

얼굴이 빨개진 아이는 겁이 난 표정으로 남작을 올려다보았다.

그러고는 무엇이 두려운지 손을 몸 쪽으로 끌어모으고는 어쩔 줄 모르며 이리저리 몸을 꼬았다. 낯선 신사가 말을 건넨 건 처음 있는 일이었다.

"감사합니다. 좋은 곳이에요." 아이는 간신히 더듬거리며 말했다. 마지막 단어는 쥐어짜다시피 뱉어 냈다.

"그거 뜻밖이군." 남작이 웃으며 말했다. "여기는 맥 빠진 곳이야. 특히 너 같은 꼬마 친구에게는 말이다. 대체 넌 종일 뭘 하며 시간을 보내니?"

아이는 여전히 너무나 당황한 나머지 곧장 대답할 수가 없었다. 이 우아한 낯선 신사가 아무도 눈여겨보지 않는 나 같은 아이와 대화를 나누려 한다는 게 있을 수 있는 일인가? 이런 생각에 아이는 풀이 죽었지만 으쓱해지기도 했다. 아이는 가까스로 용기를 냈다.

"책을 읽고 엄마랑 같이 산책을 해요. 때로는 둘이서 마차를 타고 멀리 나가기도 하고요. 저는 여기서 휴양 중이에요. 병을 앓았거든요. 그래서 햇볕을 많이 쬐어야 한다고 의사 선생님께서 말씀하셨어요."

아이의 마지막 말에는 상당한 자부심이 실려 있었다. 아이들은 항상 병을 앓는다는 걸 자랑스러워하는 법이다. 자신이 위험에 처하면 가족들이 자신을 곱절로 소중히 여긴다는 것을 알기 때문이다.

"그래. 너 같은 꼬마 신사는 햇볕을 쬐어야 하지. 갈색으로 그을리게 될 테니까. 하지만 온종일 웅크리고만 있어서는 안 돼. 너 같은 사내애는 신이 나서 뛰어다녀야 해. 조금은 말썽도 부리고 말이야. 너는 너무 착해 보이는구나. 두툼한 책을 끼고 다니는 샌님 같아 보여. 내가 네 나이 때엔 엄청난 사고뭉치였지. 매일 저녁 바지가 찢어진 채 집으로 돌아가곤 했단다. 너무 착하기만 해서는 안 돼!"

아이는 어느새 웃고 있었다. 그러고 나니 불안함도 사라졌다. 아이는 기꺼이 대꾸하고 싶었지만 그건 너무 뻔뻔해 보이지 않을까 걱정이 됐다. 사람 좋은 낯선 신사가 자신에게 친절히 말을 건넸다고 해서 너무 당당하게 굴어서는 안 될 것 같았다. 아이는 건방지게 나대는 성격이 전혀 아니었고 곧잘 당황하곤 했기에 행복하면서도 부끄러운 마음에 어찌할 바를 몰랐다. 대화를 이어 가고 싶었지만 할 말이 떠오르지 않았다. 다행히도 마침 호텔 소유의 누런 대형견 세인트버나드가 다가와서는 두 사람에게 몸을 비볐고, 그들의 손길에 즐거이 자신을 내맡겼다.

"개를 좋아하니?" 남작이 물었다.

"아, 아주 좋아해요. 할머니는 바덴•에 있는 저택에 사시는데 개를 한 마리 기르세요. 우리가 거기 가면 개는 온종일 저만 따라다녀요. 하지만 우리가 거기 가 있는 건 여름철뿐이에요."

"우리 집 농장에는 개가 스물네 마리는 있을걸. 네가 여기서 착하게 굴면 내가 한 마리 주마. 갈색인데 귀는 하얗단다. 아직 강아지야. 가지고 싶니?"

아이는 너무 좋아 얼굴을 붉혔다.

"네, 네!" 아이는 열을 올리며 들떠서 외쳤다. 그러나 금세 제정

• Baden: 빈에서 남쪽으로 26킬로미터 떨어진 소도시

신이 번쩍 든 듯 불안해하며 더듬거렸다.

"하지만 엄마가 허락하지 않으실 거예요. 집에서 개를 키우는 건 안 된다고 하셨어요. 개가 있으면 난장판이 된다고."

남작은 미소를 지었다. 드디어 엄마가 화제에 등장한 것이다.

"엄마가 그렇게 엄하시니?"

아이는 생각에 잠기더니 잠시 그를 올려다보았다. 이 낯선 남자를 믿어도 되는지, 자신에게 묻는 것 같았다. 그러고는 신중히 대답했다.

"아니에요. 엄마는 그리 엄하지 않으세요. 제가 요즘 병을 앓았기 때문에 제 말이라면 다 들어주세요. 어쩌면 개를 키우는 것도 허락해 주실지 몰라요."

"내가 엄마께 부탁을 드려 볼까?"

"네, 제발 그렇게 해 주세요!" 아이가 환호성을 질렀다. "그러면 엄마가 허락해 주실 게 확실해요. 개가 어떻게 생겼어요? 귀가 하얗다고 하셨죠? 물건도 물어서 나를 수 있나요?"

"그럼, 그 개는 못 하는 게 없단다." 남작은 말 몇 마디만으로 아이의 눈이 순식간에 환하게 빛나는 걸 보고 미소를 지었다. 아이는 단번에 어색함을 떨쳐 냈고, 불안감이 사라지자 열을 올리며 흥분했다. 소심하고 불안에 떨던 아이는 순식간에 활달한 소년으로 돌변했다. '아이 엄마도 불안한 모습 뒤에 이런 열정을 가득 품고 있어야 할 텐데!' 남작은 저도 모르게 생각했다. 아이는 어느새 그에게 온갖 질문을 퍼부었다.

"개 이름이 뭐예요?"

"카로."

"카로!" 아이가 환호성을 질렀다. 누군가가 자신을 친절히 상대한다는 뜻밖의 사건에 넋이 나간 아이는 말을 할 때마다 웃고 환호성을 지르지 않을 수 없었다. 남작 본인도 일이 이토록 쉽게 성공한 게 놀라울 뿐이었다. 그는 쇠뿔도 단김에 빼려는 심산으로 아이에게 같이 산책을 가자고 권했다. 지난 몇 주를 친구 없이 보내느라 외로워 죽을 지경이었던 불쌍한 아이는 이 제안에 뛸 듯이 기뻐했다. 새 친구가 무심코 생각난 듯 사소한 질문들을 던지며 유도심문을 하자, 아이는 아무런 의심 없이 모든 걸 털어놓았다. 곧 남작은 이 가족에 대해 모르는 것이 없게 되었다. 에드거는 외아들이고, 아버지는 빈에서 변호사로 일하는 부유한 부르주아 유대인이었다. 그는 교묘하게 이리저리 물은 끝에, 아이의 엄마는 젬머링에서 보내는 휴가를 지루해하고 있고, 마음에 맞는 사람들을 사귈 기회가 없다고 한탄했음을 알아냈다. 그뿐만 아니라, 엄마가 아빠를 좋아하느냐는 질문에 에드거가 대답을 피하는 모습에서 부부 사이가 최상의 상태는 아니라는 확신까지 얻었다. 순진한 소년이 가족의 자잘한 비밀을 너무도 순순히 털어놓는 바람에 남작은 자신의 꿍꿍이속이 부끄러울 지경이었다. 에드거는 자신의 이야기에 어른이 관심을 가진다는 게 너무도 자랑스러워서 새 친구에게 자신의 속내를 아낌없이 쏟아부었다. 남작이 나란히 걸으며 아이의 어깨에 팔을 올리자, 자신이 어른과 이토록 친밀하다는 걸 사람들이 볼 거라는 생각에 아이의 심장은 자부심에 떨며 쿵쿵 뛰었다. 아이는 점차 자신이 어리다는 사실을 잊고, 같은 또래를 상대하듯이 거리낌 없이 자연스럽게 재잘댔다. 말하는 걸로 봐서 에드거는 아주 영리한 아이였다. 어른과 많은 시간을 보내는 대부분의 병약한 아이가 그렇듯이 조숙한 데가 있었고, 무언가에 호감이나 적대감을 품는 경우 놀라울 정도로 핏대를 세우며 열을 올렸다. 아이는 그 무엇과도 평온한 관계를 유지하지 못하는 듯 보였다. 어떤 사람, 어떤 사물에 대해서 말하는 아이의 목소리에는 늘 사랑이 넘치거나 증오가 번득였다. 증오를 드러낼 때면 아이의 얼굴이 흉하게 일그러져서 사악하고 추하게 보일 지경이었다. 얼마 전에 병을 앓고 난 탓인지 아이는 어딘지 거칠고 두서없이 보였고, 말을 할 때면 광기 서린 불꽃이 튀었다. 아이는 간신히 숨겨 둔 자신의 열정이 튀어나올까 두려운 탓에 쭈뼛대는 것처럼 보였다.

남작은 손쉽게 아이의 신뢰를 얻었다. 딱 반 시간 만에 불안하게 펄떡대는 뜨거운 심장을 손에 넣은 것이다. 사랑을 달라고 다가온 사람을 접한 적이 거의 없는 순진한 아이를 속이는 건 지극히 쉽다. 남작은 현재의 자신을 잊고 과거로 돌아가기만 하면 됐다. 그가 허물없이 자연스럽게 대화를 이어 가자 아이도 그를 자기 또래처럼 여겼고, 얼마 후에는 전혀 거리감을 느끼지 않았다. 아이는 이 외로운 장소에서 갑자기 친구가 생겼다는 사실에 한없이 행복할 뿐이었다. 아, 얼마나 멋진 친구인가! 빈에 있는 친구들은 죄다 기억에서 사라졌다. 새 친구와 한 시간을 보낸 아이는 얄팍한 목소리로 세상 물정 모르고 재잘대는 어린 사내애들을 순식간에 새까맣게 잊어버렸다. 아이는 끓어오르는 열정을 이제 이 새로운 친구, 어른 친구에게 바쳤다. 친구가 작별하면서 내일 오전에 또 산책하자고 제안하자 아이의 심장은 자부심에 터질 듯했다. 새 친구는 멀리서 큰 형처럼 손을 흔들었다. 이 순간은 아마 아이의 삶에서 가장 행복한 순간이었으리라. '아이를 속이는 건 아주 쉽군.' 남작은 뛰어가는 아이를 보며 미소를 지었다. 이제 중매인이 생겼다. 곧 아이는 엄마를 붙들고 이야기를 할 것이고 모든 말을 되풀이해 가며 엄마를 지치도록 괴롭힐 것이다. 남작은 그녀 귀에 닿게끔, 에드거와의 대화에 거듭 "아름다운 엄마"라는 찬사를 몇 차례 솜씨 좋게 끼워 넣었던 걸 떠올리며 흐뭇해했다. 이야기를 즐기는 소년은 엄마와 자신을 만나게 하려고 잠시도 쉬지 않고 애쓰리라는 것을 그는 알고 있었다. 손가락 하나 까딱하지 않아도 자신과 낯선 여인의 거리는 좁혀질 것이다. 남작은 이제 느긋이 꿈에 부풀어 풍경을 감상했다. 자신을 위해, 아이가 열렬히 손을 움직여 그녀의 마음에 닿을 다리를 지어 주리라는 사실을 알고 있었기 때문이다.

삼중창

계획은 탁월했고, 자잘한 사항까지 성공적이었음이 몇 시간 후에 밝혀졌다. 남작이 일부러 조금 늦게 식당에 들어서자 에드거는 의자에서 벌떡 일어나 행복한 미소를 지으며 인사를 하고는 손까지 흔들었다. 동시에 여자의 옷소매를 잡아당기며 흥분에 들떠 재빨리 무언가 말을 하고는 남들 눈에 띌 정도로 남작을 가리키기까지 했다. 여자는 무안해하며 얼굴을 붉히고는 너무 요란하게 군다고 아들을 나무랐지만, 그의 청을 들어주기 위해 한번은 건너다보지 않을 수 없었다. 남작은 이 기회를 놓치지 않고 즉시 경의를 표하며 몸을 숙였다. 이제 친교를 맺기 위한 물꼬를 튼 셈이었다. 그녀는 감사를 표해야 했다. 하지만 그러고 나서는 얼굴을 깊숙이 접시 쪽으로 숙이고 저녁 식사 내내 다시 한번 남작을 쳐다보는 일을 조심스럽게 피했다. 반대로 에드거는 끊임없이 남작을 보았고, 한번은 다른 테이블에 앉은 남작에게 직접 말을 걸려 하다가 엄마에게 호되게 혼이 났다. 식사가 끝나자 이제 자러 갈 시간이라고 여자가 아들에게 말했고, 모자는 이내 열을 올리며 작은 소리로 대화를 나누었다. 그 결과 아이는 옆 테이블로 가서 친구에게 인사를 하겠다는 열렬한 소원을 이룰 수 있었다. 남작이 몇 마디 다정한 말을 건네자 에드거는 다시금 눈을 반짝이며 몇 분 동안 재잘거렸다. 그러나 남작은 고수답게 갑자기 몸을 돌려 일어서더니 여인에게로 다가갔다. 그러고는 조금 당황해하는 여자에게 영리하고 활발한 아들을 두었다고 칭찬하며 아들과 함께 즐거운 오전을 보냈다고 치하했다. 행복에 겨운 에드거는 스스로 대견한 마음에 얼굴을 붉혔다. 곧이어 남작은 아이의 건강이 어떠냐고 물었는데, 아주 상세하게 여러 가지 자잘한 질문을 던지는 바람에 여자는 일일이 대답하지 않을 수 없었다. 그렇게 두 사람은 계속해서 긴 대화를 이어 갔고, 아이는 행복해하며 경외심을 가지고 귀 기울였다. 남작이 자신을 소개하자 허영심 많은 여인은 남자의 고귀한 이름에 깊은 인상을 받은 듯했다. 어쨌든 그녀는 그를 지극히 상냥하게 대했다. 하지만 도를 넘지는 않았고 평소보다 일찍 자리에서 일어나기까지 했다. 아들 때문이라며 그녀는 양해를 구했다.

에드거는 강하게 항의하면서 자신은 피곤하지 않으며, 밤새라도 깨어 있을 수 있다고 말했다. 그러나 아이의 엄마는 남작에게 손을 내밀었고 남작은 정중히 손등에 입을 맞추었다.

에드거는 그날 밤 잠을 이룰 수 없었다. 아이의 마음은 행복감과 어린아이다운 절망감으로 어수선했다. 이날 그의 삶에서 무언가 새로운 일이 일어났기 때문이었다. 아이는 처음으로 어른들의 운명에 끼어들게 되었다. 졸음에 취한 아이는 자신이 아이임을 잊었고, 단숨에 어른이 된 듯한 기분을 맛보았다. 이제껏 아이는 외롭게 자랐다. 자주 아팠고 친구도 별로 없었다. 아이는 다정함을 원했지만 곁에는 부모와 하인들뿐이었고, 부모는 그를 거의 보살피지 않았다. 사랑의 힘을 잴 때 그 사랑이 어떤 계기로 생겨났는지만 평가하고, 사랑하기 이전의 긴장감을 고려하지 않는다면 늘

오류를 범하게 된다. 큼직한 감정적 사건에 앞서 실망과 외로움만 겪은 사람은 텅 빈 깜깜한 공간에 갇힌 듯 팽팽한 긴장감을 느끼기 마련이다. 이 경우, 전혀 방출된 적이 없는 엄청난 양의 감정을 품고 기다리던 아이는 이 감정을 받을 만한 가치가 있어 보이는 인물이 처음 등장하자마자 팔을 활짝 벌리고 달려든 것이었다. 에드거는 어둠 속에 누워 있었다. 행복하면서도 혼란스러웠다. 웃고 싶었지만, 울음이 터졌다. 이 사람을 너무도 사랑했기 때문이었다. 친구도, 아버지도, 어머니도, 신조차도 결코 이토록 사랑한 적이 없었다. 아이는 아직 여물지 않은 열정을 모두 모아서 이 사람의 이미지를 부둥켜안았다. 두 시간 전에는 이름도 모르던 사람이었다.

하지만 아이는 영리했기에 뜻하지 않게 새 친구가 생겼다는 신기한 사건 앞에서 마냥 마음이 편할 수만은 없었다. 아이는 자신이 아무런 가치가 없는 한심한 존재라고 느꼈기에 몹시 혼란스러웠다. 나는 열두 살 먹은 어린 소년이다. 아직 학교에 다녀야 하고 저녁이면 다른 사람들보다 먼저 잠자리에 들어야 한다. 이런 내가 과연 그분에게 걸맞은 존재일까? 아이는 이런 생각에 괴로웠다. '내가 그분께 어떤 존재일 수 있을까? 무엇을 드릴 수 있을까?' 어떻게든 자신의 감정을 보이고 싶지만 그럴 능력이 없다는 사실에 마음이 아팠다. 학급 친구가 좋아지면, 맨 먼저 책상 서랍에 든 작은 보물인 우표와 돌멩이 같은 유치한 것들을 나누어 주면 됐다. 그러나 어제까지만 해도 대단한 의미가 있고 색다른 매력을 지녔던 이런 물건들은 졸지에 쓸모없는 넝마 나부랭이가 되어 버렸다. 어찌 감히 이따위 물건들을 새 친구에게 줄 수 있겠는가? 새 친구는 말을 놓으며 친숙하게 굴지만, 같이 말을 놓을 수도 없지 않은가? 감정을 표현할 길이 있기는 한 걸까? 자신이 어리고, 성인의 절반 크기이며, 성숙하지 못한 열두 살 아이라는 사실이 점점 더 고통스러웠다. 자신이 아이임을 이토록 격렬히 저주한 적은 없었다. 깨어나면 지금과는 다른 모습이기를 이토록 간절히 갈망한 적도 없었다. 크고 강한 남자이기를, 다른 사람들처럼 어른이기를 아이는 꿈꾸었다.

이런 불안한 생각 틈틈이, 남자가 되면 알게 될 새로운 세계가 총천연색 꿈으로 순식간에 스며들었다. 에드거는 드디어 미소를 지으며 잠이 들었지만, 아침에 약속이 있다는 생각에 제대로 잠을 이룰 수가 없었다. 아직 7시인데도 늦을까 봐 겁을 먹고 벌떡 일어난 에드거는 급히 옷을 입고는 어머니 방으로 가서 인사를 했다. 평소에는 애써 깨워야만 침대에서 일어났기 때문에 여자는 의아한 표정으로 아들을 바라보았다. 에드거는 엄마가 무슨 일인지 물어보기 전에 계단을 급히 내려갔다. 9시가 될 때까지 에드거는 초조히 서성이며 아침을 먹는 것도 잊은 채 산책할 친구가 오래 기다릴까 봐 온 신경을 곤두세웠다.

9시 반경 드디어 남작이 무심히 어슬렁거리며 나타났다. 약속은 당연히 잊어버린 지 오래였다. 하지만 아이가 좋아서 어쩔 줄 모르며 달려드는 걸 보니 그 넘치는 열정에 절로 웃음이 나왔고 약속을 지킬 참이었다. 남작은 활짝 웃는 아이의 팔을 끼고 이리저리 거닐었다. 하지만 부드럽지만 단호한 태도로, 당장 산책하러 나가려는 아이를 저지했다. 신경질적으로 문을 스치는 시선으로 미루어 남작은 무언가를 기다리는 것 같았다. 잠시 후 그는 갑자기 몸을 꼿꼿이 세웠다. 에드거의 엄마가 들어선 것이다. 그녀는 남작의 인사에 답하며 상냥한 얼굴로 두 사람에게 다가왔다. 그리고 둘이 산책하기로 약속했다는 이야기를 듣자—에드거는 이 약속이 너무도 소중했기에 사전에 엄마에게 이야기하지 않았다—흔쾌히 허락하며 미소를 지었다. 그러고는 남작이 같이 산책을 하면 어떻겠냐고 권하자 즉시 받아들였다.

당장 기분이 상한 에드거는 입술을 깨물었다. 하필이면 지금 엄마가 나타나다니, 얼마나 짜증스러운 일인가! 엄마에게 자신의 친구를 소개한 건 그저 착하게 군 것일 뿐, 친구를 엄마와 나누려 한 것이 아니었다. 에드거는 남작이 엄마에게 친절을 베푸는 모습을 보자 질투심이 일었다.

결국 그들은 함께 산책을 시작했다. 두 어른이 눈에 띄게 아이에게 관심을 쏟자 아이는 갑자기 자신이 중요한 존재가 된 것 같은 우쭐한 기분이 들었다. 두 사람은 에드거에 관한 이야기만 나누었다. 여자가 어딘지 가식적인 어조로, 아이가 창백하고 신경질적이라 걱정이 된다고 말하자 남작은 미소를 지으며 반박했다. 자신의 '친구'—남작은 아이를 그렇게 불렀다—가 아주 싹싹하다고 칭찬을 퍼붓기까지 했다. 에드거에게는 최고의 시간이었다. 이제껏 살면서 단 한번도 누려 보지 못한 호사였다. 대화에 끼어들어도 조용히 하라는 질책을 받지 않았을 뿐 아니라, 이제껏 야단맞을까 봐 입 밖에도 내지 못했던 도에 넘치는 소원들을 말해도 괜찮았다. 그러니 점점 자부심을 느끼며, 어른이 됐다는 착각이 아이의 마음을 순식간에 채운 건 당연한 일이었다. 아이는 마치 작아진 옷을 던져 버리듯, 유년기와 작별하는 기분 좋은 꿈에 젖어 들었다.

　남작은 여자의 권유로 모자의 점심 식탁에 함께 앉았다. 건너편에 마주 앉다가 이제 함께 앉는 사이가 되었고, 아는 사이에서 친한 사이가 된 것이다. 여자와 남자와 아이의 목소리가 화음을 이루며 삼중창이 시작되었다.

공격 개시

초조한 사냥꾼은 드디어 목표물을 공격할 시간이 왔다고 느꼈다. 이런 일에 가족처럼 셋이 어울릴 수는 없는 노릇이었다. 셋이서 잡담을 나누는 것도 나쁘지 않지만, 그가 원하는 것은 잡담이 아니었다. 욕정을 숨기는 가면을 쓰고 여럿이 어울리다 보면 남녀 사이의 에로틱함이 정체되며, 언어에서는 짜릿함이, 공격에서는 열기가 줄어든다는 것을 그는 잘 알고 있었다. 여자가 담소를 나누느라 남자의 원래 의도를 잊는 일이 생겨서는 절대 안 되었다. 그녀 역시 그의 의도를 이미 파악하고 있다고 그는 확신했다.

여러 정황으로 미루어 그가 헛물을 켜는 일은 없을 듯했다. 여자들은 인생의 어느 시기에 접어들면, 사실은 사랑한 적이 결코 없는 남편에게 정조를 지켜 온 것을 후회하게 되는데 그녀가 바로 그런 시기에 들어선 참이었다. 미모가 기우는 해처럼 찬란히 불타오르고, 어머니 대접을 받을지 여자 대접을 받을지를 두고 선택을 해야 할 마지막 기회가 아슬아슬하게 남아 있는 그런 시기였다. 그런 선택의 순간에는 이미 오래전에 답이 정해져 있던 것처럼 보이던 삶이 다시 한번 질문을 던지며, 자석의 바늘은 에로틱한 체험을 바라는 마음과 아주 체념하자는 마음 사이에서 마지막으로 파르르 떨게 된다. 이때 여자는 자신의 운명을 살지, 아니면 아이의 운명을 위해 살지를 결정해야 한다. 이런 일에 그 누구보다 예리한 촉수를 가진 남작은 그녀가 삶을 불꽃처럼 불사를지 희생할지를 두고 위태롭게 흔들리고 있음을 간파했다. 그녀는 대화 도중에 남편을 언급하는 일이 거의 없었고, 아이에 대해서도 아는 게 거의 없었다. 둥근 눈은 우수에 찬 듯 보였지만 실은 권태의 그림자가 눈 속에 깃든 욕정을 아슬아슬하게 뒤덮고 있었다. 남작은 서둘러 일을 진척시키되, 절대 서두르는 인상을 주지 않기로 마음먹었다. 낚시꾼이 낚싯바늘을 문 물고기의 힘을 빼기 위해 낚싯줄을 놓았다 당기기를 반복하듯이, 남작은 이 새로운 우정에 별다른 의미를 부여하지 않는 것처럼 보일 작정이었다. 사실은 구애하는 처지이면서도 구애를 받는 처지에 서고 싶었다. 그는 거만하게 굴면서 자신의 사회적 신분이 다르다는 점을 선명히 드러낼 작정이었다. 거만한 언행과 외모, 멋진 귀족의 이름과 냉랭한 태도만으로 그녀의 풍만하고 아름다운 육체를 소유할 수 있다는 생각에 한껏 들떴다.

짜릿한 게임에 잔뜩 흥분한 남작은 신중히 굴자고 마음을 다잡았다. 그는 오후 시간을 호텔 방에서 보내며 그녀가 자신을 찾고 그리워할 거라는 생각에 흐뭇해했다. 그러나 작전의 대상인 그녀는 그의 부재에 그다지 마음을 쓰지 않았다. 남작이 보이지 않아 고통스러워한 사람은 불쌍한 에드거였다. 아이는 세상을 다 잃은 것 마냥 오후 내내 어쩔 줄 몰라 하며, 사내아이 특유의 완강한 충성심으로 오랜 시간 단념하지 않고 친구를 기다렸다. 다른 데로 가버리거나 혼자 무엇을 한다는 건 있을 수 없는 일이었다. 에드거는 무작정 복도를 서성였다. 시간이 흐를수록 참담한 심정은 더해 갔다. 에드거는 불안해하며 남작에게 사고가 일어났을 거라고, 아니

면 자신이 미처 깨닫지 못한 채로 그를 모욕했을지 모른다고 상상
의 나래를 펼쳤다. 초조하고 불안한 나머지 울음을 터트리기 직전
이었다.

저녁 식사를 위해 나타난 남작은 대단한 환대를 받았다. 에드
거는 그에게 달려와서는 앙상한 작은 팔로 격하게 그를 끌어안았
다. 여자가 나무라며 아이를 불렀고 그 모습을 본 다른 사람들도
놀랐지만, 아이는 개의치 않았다.

"어디 계셨어요? 어디 가셨던 거예요?" 아이는 급히 외쳤다.
"우리는 온종일 남작님을 찾았어요."

여자는 아이가 제멋대로 자신을 끌어들이자 얼굴을 붉히며 엄
하게 나무랐다.

"무례하게 굴지 말고, 에드거! 앉아." 그녀는 그리 유창하지 않
은 프랑스어 실력에도 불구하고 아이에게 항상 프랑스어로 말했
다. 에드거는 잠시 기가 죽었지만 이내 남작에게 질문을 퍼부었다.

"남작께는 자기만의 시간이 필요할 수도 있다는 사실을 잊지
말거라. 어쩌면 우리랑 있는 게 지루하실지도 몰라." 이번에는 그
녀 자신이 스스로를 '우리'에 포함시켰다. 남작은 그녀가 이런 식
으로 그의 부재를 은근슬쩍 힐난하며 그가 반박해 주기를 기대하
고 있음을 눈치채고 흡족한 마음이 들었다.

이제 그의 사냥꾼 본능이 깨어났다. 이토록 빨리 사냥감의 발
자취를 제대로 찾아냈다는 사실에 고무되어 마냥 흥분되었다. 이
제 사냥감은 총구에 아주 가까이 있는 듯했다. 그의 눈이 빛났고
피는 혈관을 타고 세차게 흘렀다. 그는 막힘없이 이야기를 이어 갔
다. 어떻게 그럴 수 있는지는 본인조차 알 수 없었다. 에로틱한 성

향이 강한 남자는 자신이 여자들의 마음에 든다는 사실을 알게 되면 평소보다 곱절의 매력을 발산하곤 하는데 그가 바로 그랬다. 배우가 눈앞에 있는 청중이 자신의 연기에 빨려들었다고 느껴야만 혼신의 연기를 펼칠 수 있는 것과 같은 이치이다. 남작은 항상 감각적으로 장면을 그려내는 타고난 이야기꾼이긴 했지만 오늘은 정말이지 자신의 능력 이상을 발휘했다. 새로운 우정을 기념하기 위해 주문한 샴페인을 몇 잔 마신 탓일 수도 있었다. 그는 인도에 사는 영국인 귀족 친구를 방문해서 함께 사냥했던 이야기를 들려주었다. 이 주제를 선택한 건 더없이 현명한 일이었다. 누구와도 직접적인 이해관계가 없는 주제였고, 여자는 이국적이며 직접 누릴 수 없는 것들에 관한 얘기라면 쉽게 흥분하는 듯 보였다. 하지만 이 이야기에 특히 매료된 사람은 다름 아닌 에드거였다. 그의 두 눈에는 열광의 불꽃이 번득였다. 아이는 먹고 마시는 것도 잊고 이야기꾼의 입만을 주시했다. 에드거는 책에서 구릿빛 피부의 인도인들이 호랑이를 사냥하는 이야기, 무시무시한 저거너트의 수레*가 구르면 그 바퀴 아래에 수천의 사람들이 몸을 던져서 제물이 된다는 이야기를 읽었지만 이런 어마어마한 일들을 체험한 사람을 실제로 보게 될 거라고는 꿈에도 생각하지 못했다. 지금껏 그런 사람들이 정말 있으리라 생각한 적도 없었다. 동화 속 나라가 있다고 믿지 않았듯이 말이다. 이 순간 큼직한 세상이 처음으로 아이 앞에 펼쳐졌다. 아이는 친구에게서 눈을 뗄 수가 없었다. 숨을 죽

---

* 힌두교의 신인 자간나트(Juggernaut)에서 유래한 이름. 힌두교 축제에서 자간나트의 나무 조각상을 실은 거대한 수레 행렬에 제물로 인간을 바쳤다고 전해진다. 유럽 문화권에서 저거너트의 수레는 아무리 저지해도 멈출 수 없는 막강한 힘을 상징한다.

인 채 앞에 있는 두 손을 뚫어져라 볼 따름이었다. 호랑이를 죽인
손이었다. 감히 질문도 하지 못했다. 어쩌다 질문을 할 때면 아이
의 목소리는 열병환자처럼 들떠 있었다. 에드거의 환상 속에서 이
야기 속 장면들은 마법처럼 살아났다. 아이는 자색 안장을 얹은 코
끼리를 탄 친구가 양옆에 값진 터번을 두른 구릿빛 남자들을 거느
리고 있는 모습을 보았다. 그러다가 불쑥 날카로운 이빨을 가진 호
랑이가 정글에서 튀어나와 코끼리의 긴 코를 앞발로 후려갈기는
모습도 보았다. 이제 남작은 더 재미있는 이야기를 시작할 참이었
다. 코끼리를 잡으려면 길들인 늙은 짐승을 이용해서 젊고 혈기 왕
성한 야생동물을 함정으로 유인하는 교묘한 방법을 써야 한다는
이야기였다. 아이의 눈이 반짝반짝 빛났다. 이때 갑자기 여자가 시
계를 보며 말했다. "9시구나! 이제 자러 갈 시간이다!" 아이는 돌
연 칼날에 맞는 심정이었다.

에드거는 소스라치게 놀라며 창백해졌다. 모든 아이는 자러 가
라는 말을 끔찍이 싫어한다. 그 말을 듣는 아이는 어른들 앞에서
너무도 공공연히 굴욕을 겪게 된다. 아이라서, 어리니까 잠이 필요
하다는 사실을 받아들여야 하며 아직 아이일 뿐이라는 낙인이 찍
히기 때문이다. 그런데 이처럼 흥미진진한 순간에 이런 수모를 겪
으며 경이롭기 그지없는 이야기를 놓쳐야 하다니 이 얼마나 억장
이 터지는 일인가!

"제발, 엄마, 코끼리 얘기까지만요. 그것만이라도 듣게 해 주세
요." 아이는 애걸하려 했다. 하지만 곧, 이제 어른이 되었으니 품위
를 지켜야 한다고 마음을 고쳐먹었다. 엄마 역시 오늘따라 유난히
엄격했다. "안 돼, 너무 늦었어. 올라가거라! 착하지, 에드거. 남작

님 얘기는 내가 잘 전달해 주마."

에드거는 잠시 머뭇거렸다. 평소라면 침대까지 엄마가 데려다 주었기 때문이다. 하지만 아이는 친구 앞에서 한심한 꼴을 보이고 싶지 않았다. 자존심이 강한 아이는 비록 슬프게 물러나더라도 자신의 의지로 간다는 인상을 남기고 싶었다.

"그럼 엄마가 정말 모두, 모두 다 얘기해 줘야 해요! 코끼리랑 다른 것들 전부 다요!"

"그래, 얘야."

"당장 해 줘야 해요! 오늘 안에!"

"그래, 그럴게. 그러니 이제 그만 방으로 올라가렴."

에드거는 얼굴을 붉히지 않고 남작과 엄마에게 손을 건넬 수 있는 자신이 정말 대견했다. 아이는 벌써 조금 흐느끼고 있었다. 남작이 다정하게 아이의 머리를 쥐고 흔들자 아이는 굳어진 얼굴에 억지로 미소를 지어 보였다. 그러고는 서둘러 문 쪽으로 갔다. 그러지 않았더라면 두 어른은 아이의 뺨에 흘러내린 굵직한 눈물방울을 보았을 것이다.

코끼리

이제 두 사람뿐이었다. 그들은 더 이상 코끼리와 사냥에 관해서 이
야기하지 않았다. 아이가 떠난 후 조금은 분위기가 후덥지근해졌
고 둘의 대화는 당혹스러운 듯 이 얘기 저 얘기를 겉돌며 위태롭
게 이어졌다. 결국 그들은 홀의 모퉁이에 다시 자리를 잡았다. 남
작은 그 어느 때보다 빛났고 그녀도 몇 잔의 샴페인에 기분이 들
떠 있었다. 그래서인지 둘의 대화는 금세 아슬아슬한 수위에 이르
렀다. 사실 남작은 그리 잘생겼다고는 할 수 없지만 청춘이었고,
갈색으로 그을린 선 굵은 동안童顔에 짧은 머리칼 탓인지 남자다
워 보였다. 그녀는 경쾌하고 거침없는 그의 동작 하나하나에 푹 빠
져들었다. 이제 그녀는 가까이에서 그를 보았고 그의 시선을 더는
두려워하지 않았다. 하지만 그가 점점 대담한 말을 속삭이자 그녀
는 조금 혼란스러웠다. 마치 무언가가 그녀의 몸을 움켜쥐고 더듬
다가 다시 놓아 주는 듯한 느낌이었고 형언할 수 없는 욕망이 일
며 피가 뺨으로 솟아올랐다. 그러다가 그가 이내 다시 밝게, 소년
처럼 해맑게 웃는 바람에 욕망을 드러내는 소소한 행동은 아이들
장난처럼 별 의미가 없어 보였다. 이따금 그녀는 단호한 태도를 보
여야 한다고 스스로를 다잡았지만, 교태가 넘치는 천성 탓에 이런
자잘한 수작에 한껏 달아오른 나머지 그가 더 나아갔으면 하고 바

랐고 나중에는 과감한 유희에 흠뻑 빠져 그를 모방하려고까지 했다. 그녀는 기약 없는 자잘한 약속을 눈빛에 담아 건넸고 말과 행동으로 이미 몸을 허락했다. 그녀에게 한껏 다가앉은 그의 숨결이 그녀의 어깨를 훈훈히 간질였다. 사랑의 유희에 빠진 사람들이 흔히 그렇듯이, 그들은 팽팽한 긴장감 속에 대화를 나누느라 시간도 잊고 있었다. 자정이 되어 홀이 어두워지고 나서야 그들은 화들짝 놀랐다.

깜짝 놀라 자리에서 일어난 그녀는 자신이 지나치게 대담하게 굴었다는 생각이 불쑥 들었다. 그녀에게 사랑의 불장난은 아주 낯선 일은 아니지만, 예민해진 본능은 이 장난이 지금 얼마나 위험한 수위까지 갔는지 경고하고 있었다. 내부의 무엇인가가 통제를 벗어났고, 열병환자처럼 모든 것이 붕 떠 버린 듯 더는 안전하지 않은 상태에 있다는 생각에 두려움이 밀려왔다. 술기운과 뜨거운 말들이 뒤섞여 소용돌이치면서 뜻 모를 둔탁한 불안감이 그녀를 덮쳤다. 살면서 몇 차례 위험한 순간에 불안해했던 적은 있었지만, 지금처럼 어지럽고 격렬하지는 않았다.

"그럼 이만, 안녕히 주무세요. 내일 아침에 봬요." 그녀는 서둘러 인사를 건네고 이 자리에서 빠져나오려 했다. 남작에게서 빠져나온다기보다는 이 순간의 위험으로부터, 자신의 내부에서 꿈틀대는 새롭고 낯선 불안으로부터 빠져나와야 했다. 남작은 그녀가 내민 손을 힘주어 잡고서는 입을 맞추었다. 관례에 따라 딱 한 번만 입을 맞춘 게 아니라, 섬세한 손끝에서 손목까지 네다섯 번, 떨리는 입술을 갖다 대었다. 까슬까슬한 콧수염이 손등을 간질이자 그녀는 오슬오슬 몸이 떨렸다. 뭔지 모를 따스하고도 옥죄는 느낌이 손등에서부터 온몸으로 피를 타고 전해졌다. 불안감이 달콤하게 솟구치며 관자놀이가 두들겨 맞은 듯 지독히 지끈거렸다. 머리가 뜨거워지면서 불안감이, 뜻 모를 불안감이 이제 몸 전체에서 요동 쳤다. 그녀는 급히 손을 빼냈다.

"가지 마세요." 남작이 속삭였다. 하지만 두렵고 혼란스러운 감정에 빳빳하게 굳은 그녀는 서둘러 자리를 떴다. 상대의 의도대로 그녀는 격정에 휩싸였다. 자신이 도대체 어떤 감정인지조차 알 수 없었다. 남자가 자신을 붙잡기 위해 뒤따라올지도 모른다는 생각에 아찔하다가도 한편 그가 붙잡아 주지 않아서 서운한 감정이 들었다. 여태껏 연애 비슷한 느낌을 조금이라도 풍기는 만남을 갖게 되면 잠시 들떠서 즐겼지만 그러다가 심각하고 위험한 수준에 다다른다 싶으면 늘 마지막 순간에 몸을 사리곤 했는데, 바로 지금, 몇 년 전부터 본능적으로 동경해 왔던 그것, 금지된 사랑을 경험해 볼 수 있었지 않은가! 하지만 남작은 자존심이 강한 남자였다. 자신이 이길 게 확실한 게임에서 술에 취해 약해진 여자에게 강도처럼 덤벼들 생각은 없었다. 오히려 그는 정정당당한 승부를 통해 여자가 온전한 정신으로 몸을 허락하는 경우라야 쾌락을 느끼는 공정한 스포츠맨이었다. 그녀는 빠져나가지 못할 것이다. 남작은 이미 그녀의 혈관에 뜨거운 독약이 움칫거리고 있음을 직감했다.

홀에서 빠져나와 계단을 오른 후 잠시 멈춰 선 그녀는 떨리는 손으로 펄떡이는 심장을 눌렀다. 잠시 쉬어야 했다. 넋이 나간 그 녀는 가슴 깊숙이에서 한숨을 토해 냈다. 절반은 위험에서 벗어났 다는 안도의 한숨이고 절반은 아쉬움의 한숨이었다. 하지만 모든 것이 뒤엉킨 채로 핏속을 맴도는 탓에 조금 어지러웠다. 만취한 사람처럼 눈을 반쯤 감고 비틀비틀 객실 앞까지 가서는 차가운 문고리를 잡고 숨을 내쉬었다. 이제 안전하구나!

조용히 문을 열고 들어선 그녀는 곧 소스라치게 놀랐다. 무언가가 컴컴한 방 뒤쪽에서 꾸물거리고 있었다. 가뜩이나 신경이 곤두선 그녀가 비명을 지르려던 찰나, 어둠 속에서 잠에 취한 목소리가 나직이 들렸다.

"엄마예요?"

"맙소사, 거기서 뭘 하는 거니?" 그녀는 병약한 아이에게 무슨 일이 생긴 건 아닌지 놀란 마음에 아이가 웅크리고 누워 있는 소파로 황급히 달려갔다.

에드거는 아직 잠에 취한 목소리로 조금 나무라듯 말했다. "한참을 기다렸어요. 그러다가 그만 잠이 들어 버렸지 뭐예요."

"도대체 왜 이 시간까지 엄마를 기다린 거야?"

"코끼리 때문에요."

"코끼리라니?"

그제야 그녀는 상황을 이해했다. 아이에게 사냥과 모험에 관한 이야기를 오늘 안에 모두 들려주겠노라 약속했지 않은가. 이 멍청하고 철없는 녀석은 그 약속을 철석같이 믿고 엄마가 오기를 기다리다가 잠이 들어 버렸던 것이다. 그녀는 아이의 유별난 행동에 화가 났다. 아니, 실은 자기 자신에게 분노를 느꼈다.

"당장 가서 눕지 못하겠니? 이 버르장머리 없는 녀석!" 죄의식과 수치심의 속삭임을 듣지 않으려면 고함을 질러야 했다.

에드거는 깜짝 놀라 엄마를 바라보았다. '왜 엄마는 내게 화를 내는 걸까? 난 아무 잘못도 안 했는데?'

아이가 당황하자 이미 격앙된 여자는 더욱 이성을 잃었다.

"당장 네 방으로 가지 못 하겠니!" 그녀는 화를 내며 소리를 질렀다. 자신이 아이에게 부당한 짓을 하고 있다는 걸 알고 있었기에 더욱 그럴 수밖에 없었다.

에드거는 말없이 방을 나섰다. 너무 피곤했고 졸린 나머지 묵직한 안개에 짓눌린 기분이었지만, 어머니가 약속을 지키지 않았고, 세상이 알 수 없는 방식으로 자신을 함부로 대한다는 것만은 막연히 느낄 수 있었다. 하지만 아이는 저항하지 않았다. 그러기에는 너무 피곤했고, 그래서 모든 것이 무겁고 육중하게만 느껴졌다. 게다가 무엇보다 자신이 참지 못하고 잠들어 버린 데 화가 났다.

"정말이지 어린애처럼 굴었어." 에드거는 잠이 들기 전 스스로에게 화를 내며 중얼거렸다. 어제 이후 아이는 자신이 아이임을 증오하고 있었다.

소규모 전투

남작은 잠을 설쳤다. 사랑의 모험을 중단하고 침대에 든다는 건 늘 그렇듯 위험하다. 성적 욕망이 가득한 꿈에 시달리며 요란스러운 밤을 지내고 나니 절호의 기회를 움켜쥐지 않은 게 후회스러웠다. 아침까지도 여전히 잠에 취한 채 짜증스러운 기분을 떨치지 못하고 로비로 내려온 남작에게 구석에 있던 에드거가 쏜살같이 튀어나와 달려들었다. 아이는 감격에 겨워 그를 끌어안고는 끝도 없이 질문을 퍼부으며 성가시게 굴었다. 아이는 이 커다란 친구를 잠시나마 혼자 차지할 수 있고 엄마와 나누지 않아도 된다는 사실에 뛸 듯이 기뻤다.

"엄마는 제게 온갖 놀라운 이야기들을 들려주겠다는 약속을 지키지 않았어요." 에드거는 엄마가 아니라 자기에게 얘기를 해달라고 간청했다. 남작은 몽롱한 상태에서 기습을 당한 탓에 기분이 엉망이었다. 아이가 끝도 없이 유치한 질문을 퍼붓고 성가시게 굴자 남작은 더 이상 불쾌감을 감추지 못할 지경이었다. 아이는 질문을 퍼부으며 자신의 애정을 격렬히 드러냈다. 이른 아침부터 친구를 찾아다녔고 한참을 기다렸는데, 다시 친구와 단둘이 있게 되니 좋아 죽을 지경이었다.

남작은 아이의 질문에 퉁명스럽게 대답했다. 아이가 망을 보다

가 자신을 찾아내서는 멍청한 질문들을 해대고 아무짝에도 쓸모
없는 열정을 퍼붓는 게 슬슬 짜증나기 시작했다. 날이면 날마다 열
두 살 소년을 달고 다니며 한심한 소리나 지껄이자니 피곤해졌다.
이제 일을 진척시키려면 아이 엄마와 단둘이 있어야 하는데 이런
불청객이 또 없었다. 섣불리 아이의 애정에 불을 붙인 게 처음으로
후회스러웠다. 현재로선 지독히도 졸졸 따라붙는 어린 친구를 떨
쳐 낸다는 게 불가능해 보였다.

어쨌든 시도는 해 봐야 했다. 남작은 아이의 엄마와 산책하기
로 약속한 10시가 되기까지 아이가 열심히 지껄이게 내버려 두었
다. 아이의 기분이 상하지 않게 이따금 몇 마디 말을 보태면서 신
문을 뒤적였다. 드디어 시곗바늘이 곧추서려 하자 남작은 갑자기
생각난 듯, 에드거에게 잠깐 다른 호텔에 가서 사촌 그룬트하임 백
작이 도착했는지 알아봐 달라고 부탁했다.

순진한 아이는 드디어 친구를 위해 무언가 할 수 있다는 사실
에 너무도 기쁘고 자랑스러워 당장 자리에서 일어나서는 전속력
으로 길을 달렸다. 사람들은 의아해하며 아이를 쳐다보았다. 아이
는 자신에게 심부름을 시키면 믿음직하게 해낸다는 것을 보여 주
고 싶었다. 한걸음에 달려간 호텔에서는 백작이 아직 오지 않았고
지금껏 온다는 통보도 없었다는 말을 들었다. 에드거는 이 소식을
가지고 다시 질풍처럼 달려서 돌아왔다. 하지만 남작은 홀에 없었
다. 객실 문을 두드려 보았지만 헛일이었다. 불안해진 에드거는 구
석구석을 찾아다녔다. 음악실과 커피숍에서 허탕을 친 후 당황해
서 엄마에게 달려갔지만 엄마의 모습도 보이지 않았다. 어쩔 줄 몰
라 하며 수위에게 물으니 놀랍게도 두 사람이 몇 분 전에 함께 나

갔다는 게 아닌가!

에드거는 끈기 있게 기다렸다. 순진한 아이는 남작에게 나쁜 의도가 있으리라고는 생각할 수 없었다. 둘이 아주 잠깐 어딘가 다녀오는 거라고 아이는 굳게 믿었다. 남작은 에드거의 소식을 기다리고 있을 테니까.

어느새 두어 시간이 흘렀고 아이는 불안해졌다. 매력적인 낯선 인간이 작고 순진한 아이의 삶에 끼어든 날부터 아이는 온종일 긴장했고 마음을 졸이며 혼란스러워했다. 섬세한 유기체인 아이들이 열정을 느끼면 부드러운 밀랍이 움푹 패듯 흔적이 남기 마련이다. 에드거의 눈꺼풀이 신경질적으로 떨렸고 얼굴은 창백해졌다. 에드거는 기다리고 또 기다렸다. 처음에는 초조해하지 않았지만 이내 엄청나게 흥분했고 막판에는 울음을 터뜨릴 지경이었다. 그러나 여전히 의심하지 않았다. 근사한 친구를 맹목적으로 믿었던 탓에 뭔가 오해가 있었을 거라 여겼고 자신이 남작의 부탁을 잘못 이해했을 거라는 불안감에 괴로웠다.

그런데 이 얼마나 희한한 일인가! 드디어 두 사람이 즐겁게 이야기를 나누며 돌아와서는 놀란 기색도 하나 없이 그를 대하는 게 아닌가! 아이가 없다는 걸 전혀 개의치 않은 듯했다. "우리는 너를 마중 나갔단다. 길목에서 널 만날 줄 알았거든, 에디." 남작의 말이었다. 그는 자기가 부탁한 일에 대해서는 묻지도 않았다. 길에서 자신을 기다렸다는 말에 깜짝 놀란 아이는 그들에게 자신은 호흐거리를 곧장 따라갔다면서 두 사람은 어느 방향에서 기다린 건지 물었다. 이때 엄마가 끼어들며 말을 끊었다. "이제 그만! 애들이 말이 너무 많으면 못 써."

에드거는 화가 나서 그만 얼굴이 붉어졌다. 엄마는 친구 앞에서 이미 두 번이나 자신을 대놓고 무시하는 야비한 짓을 하고 있다! '나한테 왜 이러는 거야? 왜 항상 나를 아이 취급하는 거지? 난 더 이상 아이가 아닌데. 그래, 엄마는 나한테 새로운 친구가 생긴 게 부러워서 친구를 빼앗으려는 거야. 그래서 일부러 남작을 다른 길로 이끈 게 확실해. 이대로 엄마한테 당하지는 않을 거야. 후회하게 해 줄 거야.' 에드거는 오늘 식탁에서 엄마는 빼고 친구하고만 대화를 하는 것으로 엄마에게 본때를 보여 주겠노라 다짐했다.

하지만 현실은 가혹했다. 에드거가 전혀 기대하지 않았던 상황이 펼쳐진 것이다. 두 사람은 아이의 반항기 어린 태도에 대해서는 추호도 관심이 없었다. 심지어 두 사람의 눈에는 아이가 보이지도 않는 것 같았다. 어제만 해도 아이는 이 회합의 중심이 아니었던가! 그들은 아이가 마치 식탁 아래로 꺼져 버린 듯, 아이의 존재는 까맣게 잊은 채 농담을 주고받으며 시시덕대고 있었다. 에드거의 뺨으로 피가 치솟았고 목구멍에는 덩어리가 걸린 듯 숨이 가빠 왔다. 자신에게는 아무런 힘도 없다는 사실이 뼈아프게 느껴졌다. '이렇게 가만히 앉아서, 엄마가 내 친구를, 내가 사랑하는 유일한 사람을 빼앗아가는 걸 지켜봐야만 하다니! 벙어리처럼 이렇게 가만히 앉아서!' 에드거는 벌떡 일어서서 두 주먹으로 식탁을 내리치기라도 해야 할 것 같았다. 그렇게라도 해야 두 사람이 자신의 존재를 알아줄 것 같았다. 하지만 에드거는 이내 마음을 다잡고 탁자 위에 포크와 칼을 내려놓고는 더 이상 음식에 손을 대지 않았다. 그러나 서로에게 정신이 팔린 두 사람은 한참 동안이나 아이가 음식에는 손도 대지 않는다는 사실을 눈치채지 못했다. 마지막 음식이 나오고 나서야 아이가 음식에는 손도 대지 않았다는 걸 알아챈 여자는 그제야 아이에게 어디가 아프냐고 물었다.

'역겨워. 엄마는 내가 아프지 않은지만 신경 쓸 뿐 나한테 아무 관심도 없어.' 에드거는 속으로 화를 삼키며 그저 식욕이 좀 없다고 짧게 대답하고는 입을 다물었다. 여자는 더 이상 아이를 신경 쓰지 않았다. 남작은 아이가 옆에 있다는 걸 아예 잊었는지, 단 한 번도 아이에게 말을 건네지 않았다. 아이가 무슨 짓을 하건 아무도 주목하지 않았다. 에드거의 눈에서 뜨거운 눈물이 샘솟았다. 급히 냅킨을 집어 들어 입술을 닦는 척 눈물을 훔치지 않았다면, 저주스러운 눈물이 뺨을 흐르며 입술을 적시는 광경을 들키고 말았을 것이다. 식사가 끝나자 에드거는 안도의 숨을 내쉬었다.

식사를 마치자 여자는 남작을 바라보며 마리아 슈츠로 드라이브를 나가면 어떻겠느냐고 제안했다. 에드거는 입술을 깨물었다. 엄마는 단 1분도 그를 친구와 단둘이 있게 두지 않았다. 자리에서 일어나면서 여자가 말했다. "에드거, 학교에서 배운 걸 다 잊어버리겠구나. 호텔에 남아서 공부를 좀 하면 어떻겠니?" 이 말을 들은 에드거의 가슴속에는 격렬한 증오가 일었다. 에드거는 작은 주먹을 불끈 쥐었다. 또 한번 친구 앞에서 망신을 주다니. 엄마는 자신이 아직 어린아이이고, 학교에 다녀야 하며, 어른들이 인심 좋게 허락해야 같이 있을 수 있는 존재임을 공공연히 상기시키려 들었다. 속이 너무도 뻔히 들여다보였다. 에드거는 아무 대답도 없이 등을 돌렸다.

"저런, 또 기분이 상한 게로구나." 그녀는 살며시 웃으며 남작을 바라보았다. "에디가 한 시간 정도 공부를 좀 하면 좋겠다고 한

게 그렇게 기분 상할 일인가요?"

"한두 시간 공부하는 거야 나쁘지 않죠." 아이의 친구를 자청하며 아이를 샌님이라 놀렸던 바로 그 남작이 이렇게 대답하자 아이는 싸늘하게 얼어붙었다.

'둘이 무슨 꿍꿍이가 있는 걸까? 나를 적으로 돌리고 자기들끼리 편이라도 먹은 걸까?' 에드거의 눈에 분노가 타올랐다. "아빠는 저에게 이곳에서 공부 따위 하지 말고 그냥 푹 쉬라고 하셨어요." 아이는 병을 앓았다는 당당한 이력에 아버지의 권위까지 내세우며 맞받았다. 위협을 하듯이 이 말을 내뱉자 희한한 일이 일어났다. 실제로 두 사람은 아이의 말에 난처해하는 듯 보였다. 여자는 고개를 돌리고는 신경질적으로 손가락을 들어 탁자를 두들겼다. 그들 사이에 어색한 침묵이 번졌다.

"네 뜻대로 하렴, 에디." 결국 남작은 억지 미소를 지으며 말했다. "나야 시험을 안 봐도 되니까. 이미 오래전에 죄다 떨어졌거든."

하지만 에드거는 농담을 듣고도 웃지 않았다. 다만 상대를 가늠하는 시선으로 남작을 바라볼 뿐이었다. 애달프게 파고드는 아이의 시선은 남작의 영혼까지 들여다보려는 것 같았다. 무슨 일이 생긴 걸까? 둘 사이는 달라져 있었다. 에드거는 이유를 알 수 없었다. 불안히 눈을 굴릴 뿐이었다. 에드거의 마음속에서 작은 망치가 격렬히 쿵쿵댔다. 처음으로 의심이 싹트기 시작했다.

아찔한 비밀

'무엇이 그들을 이토록 변하게 했을까?' 달리는 마차 안에서 두 남
녀와 마주 앉은 에드거는 생각에 잠겼다. '이들은 왜 나를 전과는
다르게 대하는 걸까? 엄마는 내가 쳐다보면 왜 시선을 피할까? 남
작은 왜 계속 농담을 던지며 어릿광대처럼 구는 걸까? 어제와 그
제만 해도 두 사람은 나를 중심으로 얘기를 나눴는데 이제는 내게
말도 걸지 않고 있어. 둘 다 아주 딴사람이 되어 버린 것 같아. 엄
마 입술이 붉은 걸 보니 색을 칠한 게 분명해. 이런 모습을 본 적이
한번도 없는데. 남작은 마치 모욕이라도 당한 듯이 이마를 잔뜩 찌
푸리고 있어. 나는 그들이 기분 상할 만한 말이나 행동을 한 적이
전혀 없는데. 아니야, 나 때문이 아닐 거야. 두 사람 역시 어제와는
달리 상대를 대하고 있잖아. 무슨 엄청난 일을 저질러 놓고는 말할
엄두도 안 나는 듯 굴고 있어. 어제처럼 얘기를 나누지도 않고 웃
지도 않잖아. 서로 어색해하며 뭔가를 숨기고 있어. 둘 사이에 뭔
지 모를 비밀이 있는데 내게는 털어놓으려 하지 않는 거야. 무슨
수를 써서라도 그 비밀을 알아내겠어. 어른들끼리 수군대다가 나
만 보이면 항상 문을 닫는 것도 바로 이 비밀 때문이란 걸 난 알아.
책과 오페라에는 온통 이 비밀투성이잖아. 거기선 남자와 여자가
팔을 벌리고 마주 서서 노래하면서 부둥켜안다가 서로 밀쳐 버리

곤 해. 프랑스어를 가르쳐 주시던 여자 선생님이 아빠와 사이가 나빠서 쫓겨났던 것도 이 비밀과 상관있는 게 분명해. 이 일들 모두가 서로 얽혀 있는 건 알겠는데, 대체 어떻게 얽혔는지를 모르겠단 말이야. 아, 이 비밀을 알아낼 수만 있다면! 이 비밀만 알아내면 난 모든 문을 여는 열쇠를 갖게 될 테고 더는 어린아이 노릇을 안 해도 될 텐데. 어른들은 내 앞에서 모든 걸 숨기고 감추려 들지만, 내가 이 비밀을 알아내기만 하면 더는 날 따돌리고 속이지 못할 거야! 지금 알아내야 해! 이 무시무시한 비밀을 반드시 알아내고야 말겠어.'

에드거의 이마에 주름이 파였다. 골똘히 생각에 잠긴 깡마른 열두 살 아이는 흡사 노인네처럼 심각해 보였다. 마차 밖으로는 영롱한 색채의 풍경이 펼쳐지고 있었다. 상큼한 초록빛 침엽수들이 산을 뒤덮었고 골짜기에는 늦봄이 고운 자태를 뽐내고 있었지만 에드거는 눈 한번 돌리지 않고 마차 뒷좌석에 앉은 두 사람만을 보고 있었다. 강렬한 시선을 낚싯바늘 삼아 두 사람의 오가는 눈빛 깊숙이에 잠긴 비밀을 낚아 올리기라도 할 기세였다. 뜨거운 의심만큼 지능을 예리하게 벼리는 것은 없다. 미성숙한 지능의 소유자는 흔적이 모호하게 흐려지면 온갖 잠재된 능력을 발휘하는 법이다. 간혹 세상—우리는 이것을 현실이라고 부른다—으로부터 아이들을 분리하는 것은 얄팍한 문 하나뿐이어서, 우연히 실바람만 불어도 이 문은 벌컥 열리고 만다.

에드거는 문득 알 수 없는 커다란 비밀이 이전과는 다르게, 손을 뻗치면 잡힐 만큼 가까이 있음을 느꼈다. 비밀은 아직 닫혀 있었고 풀리지 않았지만 바로 앞에, 바짝 코앞에 있었다. 아이는 흥분한 나머지 갑자기 엄숙하고 진지해졌다. 자신이 유년기의 막바지에 와 있음을 저도 모르게 예감했기 때문이었다.

마주 앉은 두 사람은 맞은편에서 투박한 저항이 전개되고 있음을 어렴풋이 느꼈지만, 그것이 아이에게서 나온다는 생각은 하지 못했다. 마차에 셋이 함께 있자니 갑갑하고 거북했다. 맞은편에서 불꽃을 튀기는 검은 두 눈 때문에 둘은 꼼짝도 할 수 없었다. 그들은 감히 대화를 나누지도, 쳐다보지도 못했다. 이전에는 경쾌하게 사교적인 대화를 나누었던 두 사람이지만 이제는 그럴 수 없었다. 몰래 손잡고 불륜의 냄새가 풀풀 나는, 아슬아슬한 말을 건네는 열정적인 사이가 되어 버린 탓이었다. 대화는 거듭 끊기며 풀리지 않았다. 그들은 멈춘 대화를 이어 가려 했지만, 아이가 완강히 침묵하는 바람에 그럴 수 없었다.

특히 여자에게는 고집스럽게 침묵하는 아이가 적잖이 부담스러웠다. 아이의 옆모습을 조심스레 살피던 여자는 아이가 입술을 꾹 다문 모습이 기분이 상했거나 짜증을 낼 때의 남편 모습과 닮았음을 알아채고 깜짝 놀랐다. 바람을 한번 피워 보려는 바로 이 순간 남편을 떠올린다는 건 거북한 일이었다. 유령인 듯, 양심의 파수꾼인 듯, 10인치 거리에 마주 앉아 검은 눈을 굴리며 자신을 관찰하는 창백한 아이를 이 좁은 마차 안에서 견뎌 낸다는 건 곱절로 힘들었다. 이때 에드거가 불쑥 고개를 돌려 여자를 쳐다보았다. 1초도 채 되지 않는 순간이었다. 엄마와 아들은 즉시 눈을 내리깔았다. 둘은 살면서 처음으로 서로가 서로를 감시하고 있음을 깨달았다. 이제껏 둘은 서로를 맹목적으로 믿어 왔다. 하지만 이제 무엇인가가 엄마와 아이 사이에 끼어들었고 둘 사이는 갑자기 달라져 있었다. 둘은 살면서 처음으로 서로를 관찰하기 시작했고, 둘의 운명은 갈라지기 시작했다. 둘은 은밀한 증오를 서로에게 품었지만, 이 증오는 너무도 생소했기에 둘 다 그것을 감히 인정할 수 없었다.

호텔로 돌아온 마차가 제자리에 멈춰 서자 셋은 안도의 한숨을 내쉬었다. 소풍은 실패였다. 셋 다 그렇게 느꼈지만 아무도 감히 그렇다고 말하지 못했다. 맨 먼저 에드거가 마차에서 뛰어내렸다. 여자는 머리가 아프다고 양해를 구하고는 서둘러 객실로 올라갔다. 지쳤던 만큼 어서 빨리 혼자가 되고 싶었다. 에드거와 남작 둘만 남았다. 남작은 마부에게 차비를 지불하고는 시계를 보며 혼자 걸어갔고 아이에게는 눈길도 돌리지 않았다. 날씬한 등을 꼿꼿이 세우고 춤추듯 경쾌한 걸음으로 아이 옆을 휙 스쳐 지나갔다. 어제까지만 해도 에드거는 남작의 걸음새에 푹 빠져 거울 앞에서 몰래 흉내를 내 보기까지 했었다. 저렇게 아무렇지도 않게 가 버리다니! 남작은 아예 아이의 존재를 잊고는 마치 아이가 자신의 일행이 아닌 듯 마부와 말들 옆에 내버려 두고는 자리를 떠나 버렸다.

남작의 행동에 에드거는 억장이 무너졌다. 온갖 일이 있었음에도 아이는 여전히 남작을 열렬히 사랑했다. 자신은 아무런 잘못도 하지 않았는데 남작이 본체만체, 한마디 말도 없이 자리를 떠 버리자 아이는 절망에 휩싸였다. 침착함을 잃지 않으려 애써 노력했건만 더 이상 버틸 수 없었다. 품위라는 이름의 버거운 짐이 가냘픈 어깨에서 미끄러져 내렸다. 에드거는 다시 아이가 되었다. 어제처럼, 그전처럼 다시금 작고 온순한 아이가 되어 버린 것이다. 이제 에드거는 의지와는 달리 행동할 수밖에 없었다. 떨리는 발걸음을 재촉해 남작을 쫓아가서는 막 계단을 오르려는 남작을 막아섰다.

"제가 뭘 잘못했기에 저를 본 척도 하지 않으세요? 왜 저를 낯선 사람 취급하세요? 엄마는 또 왜 그러시는 건가요? 남작님은 왜 절 쫓아 보내려 하세요? 제가 성가신가요? 아니면 제가 뭘 잘못했나요?" 에드거는 눈물을 간신히 참으며 쥐어짜듯 말했다.

갑작스러운 질문에 남작은 흠칫 놀라 아이를 바라보았다. 아이의 목소리에는 그를 당황케 하고 마음을 누그러트리는 무언가가 있었다. 순진한 소년에 대한 연민이 그를 덮쳤다. "에디, 이 녀석! 오늘 내가 기분이 좀 안 좋았을 뿐이야. 넌 사랑스러운 아이이고 난 널 정말 좋아한단다." 남작은 이렇게 말하며 아이의 머리를 쥐고 힘차게 흔들었다. 그러나 이미 촉촉이 젖은, 무언가 애원하는 듯한 아이의 눈망울을 차마 똑바로 쳐다볼 수가 없어서 얼굴을 반쯤 돌려야 했다. 자신이 연출한 코미디가 곤혹스러울 뿐이었다. 아이의 사랑을 가지고 뻔뻔하게 장난을 쳤다는 게 부끄럽기까지 했다. 흐느낌을 억누르느라 들썩대는 아이의 가냘픈 목소리에 마음이 아팠다. "이제 올라가 보렴, 에디! 오늘 저녁 우리 다시 좋은 친구가 되자꾸나." 남작이 아이를 달랬다.

"그럼 엄마가 저를 식사 후에 곧장 올려 보내는 걸 가만히 지켜보고만 계시진 않을 거죠, 남작님?"

"그럼, 그렇고말고! 에디, 내 가만 있지 않으마." 남작이 웃으며 말했다. "어서 올라가거라. 난 저녁 식사를 위해 옷을 갈아입어야 한단다."

에드거는 행복에 겨워 방으로 향했다. 하지만 이내 마음속 망치가 다시 꿈틀댔다. 아이는 어제 이후로 나이를 몇 살 더 먹어 버

렸다. 이제 그의 어린 가슴에는 의심이라는 낯선 손님이 똬리를 틀
고 있었다.

에드거는 때를 기다렸다. 결정적인 실험을 해 봐야 했다. 드디
어 그들은 함께 식탁에 앉았고, 9시가 되어서도 엄마는 아이에게
자러 가라는 소리를 하지 않았다. 아이는 불안해졌다.

'왜 하필 오늘 엄마는 내가 늦게까지 이곳에 있도록 내버려 두
는 걸까? 평소에는 아주 정확하던 엄마가 왜 이러는 거지? 남작이
내 소원을 엄마에게 일러바친 걸까?' 남작을 믿고 진심을 털어놓
지 말았어야 했다는 끔찍한 후회가 아이를 엄습했다.

10시가 되자 갑자기 자리에서 일어난 엄마가 남작에게 작별
인사를 건넸다. 희한하게도 남작은 이른 작별 인사에 조금도 놀라
지 않았고 평소처럼 붙잡으려 하지도 않았다. 에드거의 가슴속 망
치는 점점 더 격하게 쿵쿵댔다.

이제 엄밀한 실험을 할 차례였다. 에드거는 아무 눈치도 못 챈
척, 순순히 엄마를 따라 문 쪽으로 걸어갔다. 그러고는 돌연 움칠
했다. 찰나의 순간 엄마가 그의 머리 너머로 미소 어린 시선을 남
작에게 보내는 게 아닌가! 그 시선에는 비밀스러운 합의가 담겨
있었다. 남작은 결국 그를 배신했다. 내일의 은밀한 만남을 방해받
지 않기 위해, 두 사람은 오늘 아이를 달래 놓기로 한 것이다.

"나쁜 놈." 에드거가 중얼거렸다.

"뭐라고?" 여자가 물었다.

"아무것도 아녜요." 아이가 이를 악물고 내뱉었다. 아이 역시
이제 비밀을 갖게 되었다. 그것은 증오, 두 사람에 대한 끝없는 증
오였다.

침묵

에드거는 더는 불안해하지 않았다. 이제 순수하고 명료한 감정을 즐기게 된 것이다. 그것은 증오와 노골적인 적대감이었다. 자신이 두 어른에게 거추장스러운 존재임이 확실해진 지금, 아이는 그들과 함께 보낼 시간을 떠올리며 몹시도 복잡한 희열을 느꼈다. 둘을 방해하리라, 적대감을 매섭게 드러내며 드디어 그들에게 맞서리라는 생각에 즐거웠다. 에드거는 먼저 남작에게 발톱을 드러냈다. 아침에 로비로 내려온 남작이 아이 곁을 지나며 "안녕, 에디!"라고 다정히 인사를 건넸지만, 에드거는 소파에 앉은 채 올려다보지도 않고 무뚝뚝하게 "안녕하세요"라고 대꾸했다. 엄마도 벌써 내려와 계시냐는 질문에는 신문에서 눈을 떼지 않은 채 짤막하게 모르겠다고만 대답했다.

남작은 움찔했다. 갑자기 이게 무슨 일일까? "잠을 설쳤니, 에디? 왜 그래?" 그는 평소처럼 농담으로 상황을 눙치려 들었다. 하지만 에드거는 경멸하는 투로 "아뇨"라고 툭 던지고는 다시금 신문에 열중했다.

"멍청한 녀석." 남작은 낮게 중얼거렸다. 그러고는 어깨를 움찔하며 돌아섰다. 둘은 이제 적이었다.

에드거는 엄마에게도 싸늘하고 정중한 태도를 보였다. 여자는 아이를 테니스장으로 보내려고 서툴게 시도했지만 아이는 침착하게 거절했다. 에드거는 분노로 인해 조금은 일그러진 미소를 지어 보이며 더는 자신을 속일 수 없다는 사실을 엄마에게 일깨워 주었다. "저도 두 분과 함께 산책하러 가겠어요, 엄마." 에드거는 다정한 척 말하고는 엄마의 눈을 쳐다보았다. 여자는 아이의 대답에 곤혹스러운 표정을 숨기지 못했다.

"그래, 여기서 기다리렴." 잠시 주저하며 무언가를 찾는 듯 보이던 그녀는 마침내 무언가 결정한 듯, 아침 식사를 하기 위해 서둘러 자리를 떠났다.

에드거는 기다렸다. 하지만 그의 의심은 요동치고 있었다. 그는 본능적으로 두 사람의 모든 말에서 비밀스럽고도 적대적인 의도를 찾아내었다. 의혹을 품은 덕분에 아이는 놀라울 만큼 명석한 결정을 내릴 수 있었다. 에드거는 엄마의 지시대로 홀에서 기다리는 대신, 정문뿐 아니라 다른 문들 모두를 감시할 수 있는 거리에서 망을 보기로 했다. 어쩐지 사기극 냄새가 나는 것 같았다. 그래 봤자 그들은 그를 따돌리지 못할 것이다. 거리로 나간 에드거는 인디언 책에서 배운 대로 장작더미 뒤에 숨었다. 그러고는 반 시간 뒤에 쾌재의 미소를 지었다. 호텔 옆문에서 활짝 핀 장미 한 다발을 든 엄마가 나왔고, 남작이 뒤를 따랐다. 이 배신자!

두 사람은 신바람이 난 듯 보였다. '나를 따돌렸으니 이제 단둘이 비밀을 만끽할 수 있다고 안심하고 있겠지?' 둘은 웃고 떠들며 막 숲길로 접어들려는 참이었다.

이제 기다리던 순간이 왔다. 에드거는 마치 우연히 그곳을 지나치던 참이었다는 듯, 장작더미 뒤에서 어슬렁거리며 등장했다.

그러고는 짐짓 여유로운 표정으로 두 사람에게 다가갔다. 엄마와 남작이 깜짝 놀라는 모습을 충분히 즐기기 위해서 느릿느릿, 아주 느릿느릿 걸었다. 어안이 벙벙해진 두 사람은 황당해하며 서로를 보았다. 아이는 천천히, 무슨 일이 있었냐는 듯 다가와 조롱 섞인 시선으로 그들을 바라보았다.

"아, 여기 있었구나, 에디. 우리는 저 안에서 너를 찾았단다." 여자가 먼저 입을 뗐다. '뻔뻔하게 거짓말을 하다니!' 에드거는 입을 꾹 다물었다. 모자는 증오라는 비밀을 입 밖에 내지 않았다. 세 사람은 결단을 내리지 못하고 서서는 각자가 다른 사람의 눈치를 살피고 있었다.

"자, 이제 가 볼까." 기분이 상한 여자는 애써 태연한 척 말하며 아름다운 장미 한 송이를 짓이겼다. 살며시 떨리는 콧날에서 화를 참고 있는 게 느껴졌다. 에드거는 자기와는 아무 상관없다는 듯 허공을 쳐다보며 두 사람이 걸음을 뗄 때까지 기다렸다. 그때 남작이 한번 더 에드거를 따돌리려 시도했다.

"오늘 테니스 경기가 있다는구나. 구경해 본 적 있니?" 에드거는 경멸스럽다는 듯 남작을 흘끗 쳐다볼 뿐 대꾸조차 하지 않았다. 그러고는 휘파람이라도 불 것처럼 입술을 오므렸다. 이것이 아이의 답이었다. 아이는 증오심을 노골적으로 드러냈다.

이제 불청객인 아이의 존재는 악몽처럼 두 사람을 짓누르고 있었다. 두 죄수는 몰래 울분을 억누르며 파수꾼 아이를 뒤따랐다. 아이는 사실 아무 짓도 하지 않았지만 두 사람은 시간이 갈수록 자신들을 노리는 아이의 눈을 견딜 수가 없었다. 한편 에드거의 두 눈은 눈물을 참느라 촉촉이 젖어 있었다. 마음을 상한 아이는 자신을 달래려는 모든 시도를 퉁명스럽게 뿌리쳤다.

"앞서가거라." 아이가 끊임없이 망을 보는 것에 불안해진 여자가 갑자기 화를 내며 말했다. "내 발 앞에서 계속 얼쩡거리지 않을 수 없겠니. 영 거슬리는구나!" 에드거는 순순히 따랐다. 하지만 몇 발짝을 앞서간 후 항상 몸을 돌리고는, 뒤처져 있는 두 사람을 기다렸다. 아이는 까만 푸들로 변신한 악귀 메피스토펠레스처럼 그들 주위를 뱅뱅 돌며 증오라는 무서운 그물을 엮고 있었기에, 그들은 그물 안에 갇힌 채 영영 빠져나가지 못할 것 같은 기분이 들었다.

아이의 악의에 찬 침묵에 좋았던 기분은 다 망쳐 버렸고, 아이가 지켜보는 바람에 말 한마디 제대로 꺼낼 수 없었다. 남작은 더는 구애의 말을 할 엄두도 내지 못한 채 이 여자를 놓치게 될 것만 같아서 울화통이 터졌다. 애써 여자의 열정을 불붙여 놓았는데 이제 성가시고 역겨운 아이가 겁나서인지 여자의 열정은 식어 가고 있었다. 그들은 거듭 대화를 시도했지만, 대화는 자꾸 중단되었다. 마침내 세 사람 모두 말없이 터덜터덜 걸으며 나뭇가지가 서로 부대끼며 속삭이는 소리와 자신들이 마지못해 떼는 발걸음 소리만을 듣고 있었다. 아이는 그들의 말문을 틀어막아 버렸다.

이제 세 사람 모두는 적대감에 가득 차 있었다. 배신당한 아이는 자신을 무시했던 두 사람이 자신에게 꼼짝 못하며 분노한다는 사실에 쾌감을 느꼈다. 아이는 심술궂게도 그들의 분노가 가라앉기를 기다렸다. 이따금 다 알고 있다는 듯 조소 어린 시선으로 남작의 일그러진 얼굴을 흘끔거리기도 했다. 남작이 입 안에서 맴도는 욕설을 아이에게 내뱉지 않으려고 이를 악물고 있다는 걸 알 수 있었다. 엄마 역시 점점 더 분노하고 있다는 걸 알아챈 아이는 사악한 쾌감을 느꼈다. 두 사람이 달려들어 자신을 떼어 놓든지, 아니면 꼼짝 못 하게 만들려고 기회만 노리고 있는 게 보였다. 하지만 아이는 아무런 기회도 주지 않을 생각이었다. 아이의 증오는 오랜 시간 다져진 것이라서 어떤 허점도 드러내지 않았다.

"되돌아가자!" 여자가 갑자기 소리쳤다. 더는 감정을 억누를 수 없었기에 무엇이든 해야만 할 것 같았다. 이런 고문을 당하는 마당에 최소한 소리라도 질러야 했다.

"유감이네요." 에드거가 조용히 말했다. "참 좋은데 말이에요."

두 사람은 아이가 자신들을 조롱한다는 걸 알아챘다. 하지만 대꾸할 엄두가 나지 않았다. 놀랍게도 이 폭군은 이틀 만에 자제하는 법을 배워 익혔다. 매섭게 빈정거리면서도 얼굴은 꿈적도 하지 않았다. 아무 말없이 그들은 먼 길을 돌아갔다. 아들과 방에 단둘이 있게 되었을 때, 여자의 마음속에는 아직도 분노의 불꽃이 튀고 있었다. 여자는 짜증을 내며 양산과 장갑을 팽개쳤다. 에드거는 엄마의 신경이 곤두서 있어서 폭발 직전이라는 사실을 당장 알아챘다. 하지만 그렇게 되기를 원했기에 의도적으로 방에 남아서 엄마를 자극하기로 했다. 여자는 방 안을 왔다 갔다 하더니 다시 앉아서 손가락으로 탁자를 두들겨댔고 그러다가 발딱 일어섰다.

"머리가 엉망으로 헝클어졌잖니. 꼴이 그게 뭐야! 사람들 앞에서 망신살이 뻗쳤구나. 네 나이에 부끄럽지도 않니?" 아이는 말대꾸 없이 빗을 들고 머리를 빗었다. 고집스럽고 차갑게 침묵하며 조롱하는 듯 입술을 파르르 떨 뿐이었다. 이런 아이의 침묵에 여자는 미칠 지경이었다. 아이를 두들겨 패고 싶었다. "그만 네 방으로

가!" 여자는 소리 질렀다. 아이의 존재를 더는 견딜 수 없었다. 에드거는 미소를 지으며 자리를 떴다.

　남작과 여자, 이제 두 사람은 아이 앞에서 떨고 있었다. 아이의 눈은 냉혹하면서도 집요하게 둘을 따라다녔기에 함께 시간을 보내야 한다는 게 두려울 지경이었다. 두 사람이 힘겨워할수록 아이의 눈은 이루 말할 수 없는 만족감에 반짝거렸다. 아이는 점점 더 도발적으로 기쁨을 좇았다. 이제 에드거는 아이들 특유의 짐승다운 잔인함으로 꼼짝 못 하는 두 사람을 괴롭혔다. 남작은 어느 정도 분노를 억누를 수 있었다. 여전히 아이를 속일 수 있을 거라는 희망을 품고서 자신의 목표만을 생각했기 때문이다. 하지만 여자는 거듭 자제력을 잃었다. 아이에게 소리를 질러야 속이 좀 풀렸다. "포크를 가지고 장난치지 마라!" 여자는 식탁에서 아이를 꾸짖었다. "버르장머리 없는 녀석 같으니라고. 넌 어른들 틈에 앉을 자격이 없어." 에드거는 머리를 조금 비스듬히 기울이며 미소를 지었다. 엄마가 어찌할 바를 몰라서 소리를 지른다는 것을 아이는 알고 있었다. 그들이 이렇게 속내를 드러낸다는 사실에 자부심을 느꼈다. 이제 아이는 의사라도 된 듯 침착하게 상황을 관찰하고 있었다. 옛날 같았으면 엄마의 화를 돋우려고 심술궂게 굴었을 테지만 증오심에 불타면 많은 것을 순식간에 배우는 법, 이제 아이는 침묵하기만 했다. 침묵하고 또 침묵하는 바람에 아이의 침묵에 짓눌린 여자는 신음하기 시작했다.

　여자는 이 침묵을 더는 견딜 수 없었다. 식사를 마치고 일어서자 에드거는 당연하다는 듯 두 사람을 따라나섰고, 순간 그녀는 체면을 차려야 한다는 사실도 잊은 채 폭발해 버렸다. 어딜 가든 찰싹 붙어 다니는 아이에게 시달리던 여자는 파리에게 고문을 당하는 말처럼 길길이 날뛰었다. "넌 어쩌자고 세 살배기 아기처럼 나만 졸졸 쫓아다니는 거니? 정말이지 잠시도 혼자 있질 못하는구나. 아이는 어른들 틈에 끼는 게 아니야. 알아듣겠니! 한 시간쯤 네할 일을 좀 해봐. 책을 읽거나 너 하고 싶은 것을 하면 되잖니. 나를 좀 내버려 둬! 네가 잔뜩 찌푸린 얼굴로 내 주위를 어슬렁거리는 바람에 내 신경이 날카로워지잖아!"

마침내 아이는 엄마가 속마음을 실토하게 만들었다! 남작과 엄마가 당황해하는 사이 에드거는 미소를 지었다. 여자는 급히 몸을 돌려 자리를 피하려 했다. 자신의 불쾌감을 아이에게 드러냈다는데 화가 났다.

"아빠는 내게 혼자 돌아다니지 말라고 말씀하셨어요. 난 늘 조심히 지내고 엄마 옆에 있겠다고 아빠랑 약속했어요." 에드거가 싸늘하게 말했다.

아이는 '아빠'라는 말을 강조했다. 이 말이 두 사람을 주춤하게 만드는 어떤 힘을 가지고 있음을 지난번에 알아챘기 때문이었다. 아버지 역시 이 중요한 비밀에 어떻게든 휘말려 있음이 분명했다. 아빠는 두 사람에게 아이가 알지 못하는 어떤 비밀스러운 힘을 가하고 있었다. '아빠'라는 말을 입 밖에 내자마자 두 사람이 불안해하며 거북한 기색을 보였기 때문이다. 이번에도 두 사람은 아무런 대답도 하지 못하고 항복했다. 여자가 앞장을 서고 남작이 함께 움직였다. 에드거는 그들을 따라갔다. 하인처럼 비굴한 모습이 아니라 파수꾼처럼 가혹하고 엄하며 무자비한 모습이었다. 아이는 보이지 않는 사슬을 손에 거머쥐고 있었다. 두 사람은 사슬에 묶인

채 몸부림쳐 보았지만 헛수고였다. 아이의 힘은 증오로 단련되어
있었다. 아무것도 모르는 아이는 비밀에 손이 묶인 두 사람보다 더
큰 힘을 가지고 있었다.

거짓말쟁이들

시간이 얼마 없었다. 남작의 휴가는 며칠밖에 남아 있지 않았기에 그는 그 시간을 제대로 활용하려 했다. 감정을 상한 아이의 완강함에 정면으로 맞서 봤자 아무 소용이 없을 터였다. 두 사람은 마지막으로 너무도 비열한 해결책을 생각해 냈다. 한두 시간이나마 아이의 폭정에서 벗어나기 위해 도망을 가는 것이었다.

"우체국으로 가서 이 편지들을 등기로 부치렴." 여자가 에드거에게 말했다. 모자는 홀에 있었고 남작은 밖에서 마부와 이야기를 나누고 있었다.

에드거는 의심에 찬 표정으로 두 통의 편지를 받아들었다. 좀 전에 하인 하나가 엄마에게 쪽지를 전하는 걸 보았던 터였다. '드디어 둘이 함께 내게 맞서서 무언가를 도모하려는 걸까?' 아이는 망설였다.

"어디에서 날 기다릴 거예요?"

"여기서."

"틀림없죠?"

"그래."

"가 버리면 안 돼요! 여기 홀에서 내가 돌아올 때까지 기다리는 거예요!"

아이는 우월감에 젖어 명령하듯이 말했다. 그저께부터 많은 것이 달라져 있었다.

아이는 두 통의 편지를 들고 가다가 문에서 남작과 마주쳤다. 아이는 이틀 만에 처음으로 남작에게 말을 걸었다.

"저는 편지 두 통을 부치러 우체국에 가야 해요. 엄마는 제가 돌아올 때까지 기다리기로 했어요. 제가 돌아오기 전에는 어디에도 가지 마세요."

"그래, 그래. 기다리마." 남작은 급히 얼버무렸다.

에드거는 우체국으로 달려갔다. 그보다 먼저 온 웬 신사가 끝도 없이 따분한 질문을 하는 바람에 한참을 기다린 다음에야 심부름을 마칠 수 있었다. 부랴부랴 영수증을 챙겨 호텔로 달려들어 간 순간 엄마와 남작이 탄 마차가 출발하는 게 보였다.

아이는 분노한 나머지 꼼짝할 수 없었다. 움직일 수 있었더라면 몸을 굽혀 두 사람에게 돌을 던졌을 것이다. 그에게서 빠져나가기 위해 그들은 얼마나 야비하고 악랄한 거짓말을 했던가! 엄마가 거짓말을 한다는 건 어제부터 알고 있었지만 자신의 입으로 직접 한 약속을 깰 만큼 파렴치하다는 사실에 마지막 남은 신뢰마저 박살이 나 버렸다. 얼마 전까지 아이는 말은 현실로 이어진다고 생각했다. 그런데 말은 한껏 부풀었다가 펑 터지면 그만인 오색 비눗방울에 불과하다는 것을 보고 난 지금, 아이는 삶이라는 것을 도통 이해할 수 없었다. '비밀 때문에 다 큰 어른들이 아이인 내게 거짓말을 하고 범죄자처럼 빠져나가다니, 대체 얼마나 끔찍한 비밀이기에 그러는 걸까? 내가 읽은 책 속에서 사람들은 돈이나 권력, 왕국을 얻으려고 서로 죽이고 속였어. 그런데 두 사람은 대체 무엇 때문에 그러는 걸까? 두 사람은 무얼 원하는 걸까? 왜 그들은 나를 피해 숨는 걸까? 무얼 숨기려고 수없는 거짓말을 늘어놓는 걸까?' 아이는 머리를 쥐어짰다. 이 비밀은 유년기에 채워진 빗장이며, 이 비밀을 정복하면 어른이 된다는 걸 어렴풋이 느꼈다. 드디어, 드디어 남자가 될 수 있으리라. 아, 비밀을 손에 넣을 수만 있다면! 하지만 아이는 더는 명료하게 생각할 수 없었다. 그들을 놓쳤다는 분노로 속이 펄펄 끓는 바람에 무엇도 제대로 볼 수 없었다.

에드거는 숲으로 달려갔다. 간신히 누구의 눈에도 띄지 않는 컴컴한 곳에 다다르자마자 뜨거운 눈물이 봇물 터지듯 터졌다. "거짓말쟁이, 망할 놈, 사기꾼, 악당들!" 에드거는 이 말을 목청껏 외쳐야 했다. 그러지 않으면 숨이 막힐 것 같았다. 지난 며칠 동안 분노와 초조함, 속상함과 호기심, 무력감과 배신의 상처에 맞서 어린아이답게 싸우기도 하고, 자신이 어른이라는 망상에 빠져 그런 감정들을 억눌러 보기도 했다. 그런데 이제 그것들이 가슴에서 터져 나와 눈물로 쏟아졌다. 아이로서 우는 건 이번이 마지막인 만큼 그 어느 때보다도 격렬히 울었다. 마지막으로 계집애처럼 눈물의 달콤함에 몸을 내맡겼다. 아이는 이 걷잡을 수 없는 분노의 순간에 울음으로 모든 것을 토해 냈다. 신뢰, 사랑, 믿음, 존경, 한마디로 자신의 유년기 전체를 토해 냈다.

호텔로 돌아온 에드거는 달라져 있었다. 소년은 냉정했고 계획에 따라 행동했다. 우선 방으로 가서 세심히 얼굴과 눈을 씻었다. 두 사람이 눈물의 흔적을 보며 승리를 즐기게 둘 수는 없었다. 그러고는 받은 만큼 돌려줄 준비를 하고는 아무런 동요 없이 차분히 기다렸다.

두 탈주범을 태운 마차가 문밖에 정차했을 즈음, 홀에는 사람들이 가득했다. 몇몇 신사는 체스를 두었고, 다른 사람들은 신문을 읽고 있었다. 부인들은 담소를 나누는 중이었다. 에드거는 그들 사이에 꼼짝도 안 하고 앉아 있었다. 안색은 조금 창백했고 시선은 흔들렸다. 여자와 남작은 문을 들어서면서 뜻밖에도 아이를 보자 조금 당황해하며 미리 준비해 둔 변명을 늘어놓으려 했다. 그러자 에드거는 기다렸다는 듯 몸을 반듯이 세우고 침착하게 그들에게 다가가서는 도발적으로 말했다. "남작님, 드릴 말씀이 있습니다."

남작은 아이의 태도에 심기가 불편해졌다. 어쩐지 범행 현장을 들킨 기분이었다. "그래, 그래, 나중에 듣자!"

그러나 에드거는 목청을 높여 주변 사람 모두가 들을 수 있게 낭랑하면서도 날카로운 소리로 말했다. "아니, 지금 말씀드리겠습니다. 남작님은 비열한 짓을 하셨습니다. 제게 거짓말을 하셨습니다. 엄마가 저를 기다린다는 걸 아시면서도 남작님은……."

"에드거!" 모든 시선이 자신에게 쏠리고 있음을 알아챈 여자는 소리를 치며 아이에게 달려들었다. 엄마가 소리를 높여 자신의 말을 묻히게 하려 한다는 걸 안 에드거는 갑자기 새된 소리로 외쳤다.

"다시 한번 모든 사람이 보는 앞에서 말씀드립니다. 남작님은 파렴치한 거짓말을 했습니다. 야비하고 저열한 짓입니다."

남작은 창백한 얼굴로 서 있었다. 사람들의 시선이 온통 남작에게 쏠렸고 몇몇은 슬그머니 웃고 있었다. 여자는 흥분에 떠는 아이를 거머쥐었다. "당장 네 방으로 가거라. 안 그러면 모두 보는 앞에서 널 두들겨 패 줄 테야." 그녀는 쉰 목소리로 더듬거렸다.

에드거는 다시 침착해졌다. 그렇게 흥분해 버린 게 유감스러웠다. 자신이 못마땅했다. 원래는 싸늘한 태도로 남작을 도발하려 했는데 마지막 순간에 너무도 격하게 분노한 탓에 계획대로 하지 못했다. 조용히, 서두르지 않고 아이는 계단을 향했다.

"남작님, 아이가 버릇없게 굴어서 죄송해요. 아시다시피 우리 아이가 예민해서요." 여자는 말을 더듬었다. 주변 사람들이 고소하다는 듯 자신을 응시하는 것 같아 곤혹스러웠다. 여자가 세상에서 제일 두려워하는 게 바로 스캔들이었다. 여자는 지금 흐트러진 태도를 보여선 안 된다는 걸 알고 있었다. 그래서 즉시 방으로 가지 않고 호텔 프런트로 가서 편지가 왔는지를 묻고 다른 대수롭지 않은 일들을 처리하고는 아무 일도 없었다는 듯이 객실로 올라갔다. 그녀의 등 뒤로 수군대는 소리와 웃음을 참는 소리가 하수구 물이 졸졸대듯 멎지 않고 계속됐다.

계단참에서 여자는 걸음을 늦추었다. 그녀는 진지한 상황이 닥치면 항상 쩔쩔맸기에 현재의 대치 상황이 두려웠다. 자신이 저지른 잘못을 부인할 수는 없었다. 아이의 시선이 무섭기까지 했다. 전에는 본 적 없는 낯설고도 기묘한 시선 앞에서 꼼짝을 할 수 없었고 불안해졌다. 여자는 두려운 마음에 아이를 부드럽게 다루기로 마음먹었다. 싸움을 벌일 경우, 감정을 상한 아이가 자신보다 우위에 있다는 걸 여자는 알고 있었다.

살며시 문을 열자 침착하고 냉정한 모습으로 앉아 있는 아이가 보였다. 여자를 바라보는 아이의 눈에는 불안감이란 없었고 호기심조차 없었다. 아이는 자신감에 찬 모습이었다.

"에드거." 여자는 되도록 엄마답게 포근한 목소리로 말했다.

"도대체 어떻게 된 거니? 너 때문에 정말 창피했어. 그렇게 버릇없이 굴다니, 어쩌자고 그런 거니? 당장 남작님께 사과드리거라."

에드거는 창밖을 내다보았다. "싫어요." 아이는 망설임 없이 나무를 마주 보며 말했다.

아이의 확고함에 여자는 곤혹스러움을 감추지 못했다.

"에드거, 대체 왜 그러는 거니? 예전과는 아주 딴판이잖아? 네 속마음을 더는 모르겠구나. 넌 늘 영리하고 얌전한 아이여서 너와는 온갖 얘기를 다 할 수 있었어. 그런데 갑자기 악마에라도 씐 것처럼 굴고 있잖아. 도대체 남작님께 뭐가 불만이니? 넌 그분을 아주 좋아했잖니? 그분은 항상 네게 잘해 주셨어."

"맞아요. 엄마랑 친해지려고 나한테 잘해 준 거예요."

"말도 안 돼! 무슨 당치도 않은 소리야! 왜 그런 생각을 하는 거니?" 여자는 뜨끔해서 반박했다.

"남작은 거짓말쟁이예요. 나쁜 사람이라고요. 그는 타산적이고 야비해요. 엄마랑 친해지고 싶어서 내게 친절하게 굴었고 개를 주겠다고 약속했던 거예요. 그가 엄마에게 무슨 약속을 했는지, 왜 엄마에게 친절한지는 모르겠지만 엄마한테서 무언가를 노리고 있다는 것만은 분명해요. 그렇지 않고서야 그렇게 예의 바르고 친절하게 굴 리가 없어요. 그는 나쁜 사람이에요. 거짓말쟁이라고요. 그를 한번이라도 제대로 보면 그가 항상 시선을 피하는 걸 알아챌 거예요. 아, 난 그를 미워해요. 비열한 거짓말쟁이, 악당 같으니라고!" 아이는 버럭 화를 냈다.

"아니, 에드거, 어떻게 그런 말을 할 수가 있니!" 여자는 혼란스러웠고 어떻게 대답해야 할지 몰랐다. 마음속으로는 아이가 옳다는 생각이 들었다.

"그래요, 악당이라고요. 이 말을 절대 무르지 않을 거예요. 엄마도 잘 생각하셔야 해요. 왜 남작은 날 무서워하죠? 왜 내 앞에서 숨으려 들죠? 내가 자기를 꿰뚫어 본다는 걸, 내가 자기 속내를 안다는 걸 눈치챘기 때문이라고요. 악당 같으니!"

"어떻게 그런 말을, 어떻게 그런 말을!" 여자는 아무런 생각도할 수 없었다. 그저 핏기가 가신 입술로 이 말만을 계속 되풀이할 뿐이었다. 갑자기 지독한 두려움이 찾아들었다. 남작이 두려운 건지, 아이가 두려운 건지 도무지 알 수가 없었다.

에드거는 자신의 경고가 효과가 있다는 걸 알아챘다. 엄마를자기 쪽으로 끌어와서 남작을 미워하고 적대시하는 동지로 만들고 싶었다. 아이는 조심스럽게 다가가 엄마를 다정히 끌어안았다. 감정이 격해진 아이는 어리광 섞인 목소리로 말했다.

"엄마, 엄마도 남작이 좋은 의도를 품고 있지 않다는 걸 알고있어요. 남작은 엄마를 싹 바꿔 버렸어요. 바뀐 건 엄마지, 내가 아니에요. 그는 엄마랑 내 사이가 벌어지게끔 부추겼어요. 엄마랑 단둘이 있으려고 그런 거예요. 그가 엄마를 속이려는 건 분명해요. 엄마에게 무슨 약속을 했는지는 몰라도, 그가 약속을 지키지 않으리라는 것만은 알고 있어요. 엄마, 그 사람을 조심해야 해요. 한 사람을 속인 사람은 곧 다른 사람도 속이려 들 테니까요. 남작은 나쁜 사람이니 믿으면 안 돼요."

아이는 부드럽게, 눈물 섞인 목소리로 말했다. 마치 여자의 마음속 무언가가 말하고 있는 것 같았다. 아이의 말은 점점 더 절박하게 마음을 파고들었고, 여자는 가슴 깊이 불편한 심정이 들었지만 아이가 옳다고 인정하는 건 수치스러웠다. 그래서 그녀는 감정이 격해져서 쩔쩔매는 사람들이 흔히 그러듯이, 거친 말로 상황을 무마했다.

"어린것이 뭘 안다고 떠드니? 너는 그런 일에 끼어들면 안 돼. 그저 공손하게 행동해야 하는 거야. 그러면 그만이야." 여자는 몸을 꼿꼿이 폈다.

에드거의 얼굴은 다시 싸늘하게 굳었다. "맘대로 생각하세요." 아이는 무뚝뚝하게 말했다. "나는 엄마에게 경고했어요."

"그래서 사과하지 않겠다는 거니?"

"안 하겠어요."

모자는 팽팽히 마주 서 있었다. 여자는 이 일에 자신의 권위가 걸려 있음을 느꼈다.

"그렇다면 넌 여기 방에서 혼자 식사를 해야겠구나. 사과할 생각이 들기 전에는 내려올 생각도 않는 게 좋을 거야. 예의범절이 뭔지 가르쳐 주마. 내 허락이 있기 전에는 방에서 나와선 안 돼. 알아들었니?"

에드거는 미소를 지었다. 이 심술궂은 미소는 아이의 입술에 들러붙은 것 같았다. 하지만 마음속으로는 자신에게 화를 내고 있었다. '거짓말쟁이 엄마에게 조심하라고 마음을 써 주다니, 난 정말 바보였어.'

여자는 아이를 돌아보지도 않고 밖으로 나가 버렸다. 아이의 예리한 눈이 두려웠다. 시야가 트인 아이가 자신이 알고 싶지 않고 듣고 싶지 않은 것들을 말해 버린 후, 아이는 그녀에게 거북한 존재가 되어 버렸다. 내면의 소리인 양심이 자신으로부터 풀려나와 아들로 변장을 하고 돌아다니며, 자신에게 경고하고 조롱 섞인 말을 하는 건 견디기 힘들었다. 이제까지 이 아이는 자신의 삶을 함께하는 존재였다. 장신구나 장난감처럼 사랑스럽고 친숙한 존재였다. 때로는 짐스럽기도 했지만 늘 같은 흐름을 타고 같은 박자로 움직이는 그 무엇이었다. 그런 아이가 오늘 처음으로 반기를 들며 자신의 뜻을 따르지 않았다. 아이에 대한 기억을 떠올리자니 미움과도 같은 그 무엇이 자꾸만 뒤섞였다.

조금 지쳐서 계단을 내려가는 지금, 아이의 목소리가 그녀의 가슴속에서 울리고 있었다. "엄마, 그 사람을 조심해야 해요." 이 경고는 잦아들지 않았다. 마침 맞은편에서 거울이 빛나고 있었다. 그녀는 물을 게 있다는 듯 멈춰 서서 거울을 들여다보았다. 깊숙이, 더 깊숙이. 거울 속 입술이 살포시 열리며 미소를 짓더니, 해서는 안 될 말을 하려는 듯 동그라니 모였다. 마음속에서는 여전히 아이의 목소리가 울리고 있었다. 이내 그녀는 형체 없는 의혹을 떨쳐 내려는 듯 어깨를 추켜올렸다. 그러고는 환한 표정으로 거울을 보며 옷매무새를 다듬고, 마지막 금화 한 닢을 쩽그랑 탁자에 내던지는 도박사처럼 결연한 몸짓으로 계단을 내려갔다.

달빛 속에서 자취를 쫓다

웨이터는 방에 갇혀 있는 에드거에게 식사를 가져다주고는 방문
을 잠갔다. 자물쇠가 딸그락거리는 소리가 나자 에드거는 버럭 화
가 치밀었다. '틀림없이 엄마가 시킨 거야. 나를 못된 짐승처럼 가
두다니!' 또 한편 마음속에 걱정이 일기 시작했다.

'내가 여기 갇혀 있는 동안 아래층에선 무슨 일이 일어나는 걸
까? 둘은 무슨 얘기를 하고 있을까? 드디어 비밀스러운 일이 벌어
지고 있는데 난 그걸 놓치게 생겼군. 아, 어른들이랑 함께 있을 때
면 늘, 어디서건, 이 비밀의 존재를 느껴. 어른들은 이 비밀 때문에
밤이면 문을 닫아 버리고, 내가 불쑥 나타나면 목소리를 낮추지.
며칠 전부터 이 대단한 비밀은 내게 아주 가까이 와 있어. 손을 뻗
으면 잡을 것 같은데 아직도 못 잡고 있다니! 이제껏 이 비밀을 알
아내기 위해 별짓을 다 했는데. 아버지 책상에 있는 책을 훔쳐서
읽어 보기도 했었지. 하지만 온갖 이상한 내용을 가득 담은 책들
을 난 도무지 이해할 수가 없었어. 그 비밀에는 봉인 같은 것이 있
어서 그 봉인을 뜯어내야만 비밀을 알아낼 수 있는 게 아닐까. 그
런 봉인은 아마도 내 속에 있거나 다른 사람들 속에 있겠지. 한번
은 하녀에게 책에 실린 내용을 설명해 달라고 부탁했지만, 하녀는
나를 비웃기만 했어. 아이로 산다는 건 끔찍한 일이야. 궁금한 게

많은데 누구한테도 물어볼 수 없고, 항상 다 큰 사람들 앞에서 웃음거리가 되다 보면 내가 정말 바보거나 쓸데없는 존재라는 생각이 들거든. 하지만 난 비밀을 알게 될 거야. 이제 곧 알게 될 거라는 느낌이 와. 어느 정도는 이미 내 손에 들어온 걸. 그러니 곧 모든 비밀을 알게 될 테고 그때까지 난 절대 멈추지 않을 거야!'

에드거는 누가 오지 않을까 잔뜩 귀를 기울였다. 실바람이 창밖 나무 사이로 나풀거리며 나뭇가지 사이에서 거울처럼 얼어붙은 달빛을 자잘한 파편으로 바스러트렸다.

'두 사람이 계획한 일은 분명 좋은 일이 아닐 거야. 그렇지 않다면 날 따돌리기 위해 그토록 야비한 거짓말을 지어내지는 않았을 테니까. 지금 그들은 드디어 내게서 해방되었다며 신나게 웃고 있겠지, 정말 저주스러워! 하지만 마지막에는 내가 웃게 될 거야. 그러려면 그들에게 달라붙어서 일거수일투족을 감시해야 하는데 이렇게 갇혀 버렸으니 정말 한심한 노릇이지 뭐야. 하지만 어른들은 늘 조심성이 없으니까 엄마와 남작도 더 이상 비밀을 숨기지는 못할 거야. 어른들은 우리 같은 어린애들은 저녁이면 잠에 곯아떨어진다고 생각하지. 아이들이 잠자는 척하면서 엿듣고, 바보인 척하지만 영리하다는 걸 어른들은 잊어버렸어. 얼마 전에 이모가 아기를 낳았을 때도 어른들은 오래전부터 그 사실을 알았으면서도 내 앞에서는 희한한 일이 벌어진 듯 깜짝 놀란 척 굴었지. 하지만 나도 다 알고 있었어. 몇 주 전 저녁 때 어른들이 내가 자는 줄 알고 소곤대는 걸 다 들었거든. 난 이번에도 이 비열한 어른들을 불시에 덮칠 거야. 오, 문틈으로 엿볼 수만 있다면 두 사람이 안전하다고 마음을 놓은 사이 몰래 둘을 관찰할 수 있을 텐데. 벨을 울

려 볼까? 그러면 하녀가 와서 문을 열고는 뭐가 필요하냐고 묻겠
지. 아니면 소동을 피우며 그릇을 깰 수도 있어. 그러면 누군가 와
서 문을 열어 주겠지? 바로 그 순간 밖으로 빠져나가서 둘을 염탐
하면? 아니, 아니야, 그렇게는 하지 않겠어. 두 사람이 얼마나 파렴
치하게 날 대했는지 아무도 모르게 할 거야. 내게도 자존심이란 게
있으니까. 내일이면 그들에게 모두 갚아 주겠어.'

그때 창밖에서 여자의 웃음소리가 들렸다. 에드거는 소스라치
게 놀랐다. 엄마일지도 모른다. 엄마는 작고 힘없는 아이를 젖은
옷 꾸러미를 구석에 던지듯, 성가시다고 방에 가두어 놓았으니 저
렇게 조롱하며 웃음을 터트릴 만도 했다. 에드거는 조심스럽게 창
밖을 내다보았다. 신바람이 난 웬 처녀들이 총각 하나를 놀려대고
있었다.

순간 에드거는 창문이 그다지 높지 않다는 사실을 깨닫고는 아
래로 뛰어내리자는 생각이 퍼뜩 들었다. 두 사람이 안전하다고 마
음을 놓고 있을 때 창문을 통해 밖으로 나가 둘을 감시할 수 있을
것이다. 이렇게 마음을 먹고 나니 기쁨에 몸이 후끈 달아올랐다.
어린 시절 궁금해했던 눈부시게 빛나는 비밀을 손에 쥔 기분이었
다. '그래, 밖으로 나가자!' 에드거의 심장이 두근거렸다. 위험한 일
은 아니었다. 드디어 지나가는 사람이 보이지 않자 에드거는 창밖
으로 뛰어내렸다. 자갈이 달그락대는 소리를 냈지만 아무도 듣지
못했다.

지난 이틀 동안 에드거는 몰래 상대를 쫓거나 잠복하는 일을
삶의 즐거움으로 삼게 되었다. 소리가 나지 않게 발꿈치를 들고,
강하게 반사되는 빛을 조심스럽게 피하면서 호텔 주변을 살금살

금 걷자니 조금은 겁이 났지만 한편 희열을 느꼈다. 에드거는 먼저 식당으로 다가가 창에 뺨을 조심스럽게 갖다 대고는 안을 들여다보았다. 그들이 늘 앉던 자리는 비어 있었다. 에드거는 계속해서 이 창문에서 저 창문으로 옮겨 가며 염탐했다. 호텔 안으로는 감히 들어갈 수 없었다. 졸지에 두 사람과 복도에서 마주칠 수도 있었기 때문이다. 그 어디에도 두 사람은 보이지 않았다. 아이가 절망에 빠지려는 순간 두 그림자가 문밖에 드리워지더니―아이는 움찔하며 어둠 속에 숨었다―그 지긋지긋한 동반자와 함께 밖으로 나오는 엄마의 모습이 보였다. 정확히 시간을 맞춰 온 셈이었다. 둘이서 무슨 이야기를 나누는 걸까? 두 사람은 나직이 속삭이듯 이야기를 나누었고, 바람은 요란스럽게 나무를 흔들어 대고 있었다. 순간 또렷한 웃음소리가 바람에 실려 왔다. 엄마의 목소리였다. 에드거는 이제껏 엄마가 그렇게 웃는 걸 들어 본 적이 없었다. 묘하게 날카로우면서도 간지럼을 타는 듯, 흥분에 들뜬 신경질적인 웃음이었다. 엄마가 웃고 있다니. 지금 이 상황이 숨겨야 할 만큼 위험하거나 심각하거나 폭력적인 것은 아닐지도 모른다는 뜻이었다. 에드거는 실망했다.

그런데 둘은 왜 호텔을 떠나려 할까? 밤중에 단둘이 어디로 가려는 걸까? 저 위 허공에서 바람이 거대한 날개를 펄럭이고 있었다. 좀 전까지만 해도 달빛이 환하던 하늘이 캄캄해졌다. 보이지 않는 손이 펼쳐 놓은 검은 천 같은 구름이 종종 달을 휘감으면 주변은 칠흑같이 어두워져 길이 보이지 않을 지경이었다. 그러다가 달이 구름을 빠져나오면 밤은 금세 환히 빛났다. 은빛 달은 도도하게 주변 풍경 위를 떠가고 있었다. 빛과 그림자는 마치 여인이 벗

은 몸을 드러냈다 다시 감추며 장난을 치듯이 비밀스럽게, 고혹적
으로 숨바꼭질을 하고 있었다. 그리고 지금 막 풍경은 다시 알몸을
드러냈다.

에드거는 길 건너 비스듬히 움직이는 그림자를 보았다. 정확
히 말하자면 그림자는 하나였다. 두 그림자는 마음속 불안을 떨쳐
내려는 듯, 서로 꼭 붙어서 걸어가고 있었다. 두 사람은 지금 어디
로 가고 있는 걸까? 소나무들이 꺽꺽댔다. 숲에서 무시무시한 일
이 일어나고 있는 것 같았다. 유령들이 사냥하느라 법석을 떠는
건지도 몰랐다.•

'조심조심 따라가야지.' 에드거는 생각했다. '바람이 심하게 부
니 내 발소리를 듣지는 못할 거야.' 에드거는 숲길 위쪽으로 올라
가 이 나무에서 저 나무로 후다닥 뛰면서 나무 그림자에 몸을 숨
겼다. 두 사람은 숲길 아래 넓고 환한 길을 걷고 있었다. 에드거는
이를 악물고 끈질기게 둘을 따라갔다. 바람 덕에 발소리가 들리지
않아 다행이긴 했지만, 저편에서 나누는 이야기를 들을 수 없을 만
큼 요란스러운 바람이 원망스러웠다. '조금이라도 둘의 대화를 들
을 수만 있다면 비밀을 알아낼 수 있을 텐데!'

한편 두 사람은 아무것도 모른 채 걷고 있었다. 어수선한 밤이
었지만 단둘이 있다는 사실에 행복한 나머지 흥분에 들떠 만사를
잊었다. 컴컴한 숲길 위에서 증오와 호기심에 가득 찬 두 눈동자가
자신들을 매섭게 노려보며 뒤쫓고 있다고는 꿈에도 생각하지 않

• 유럽의 여러 민담에 따르면 유령 사냥꾼의 무리는 온갖 소음을 내며 대기를 질주한다. 이들을 본 사람
은 목숨을 잃는다고 전해진다.

았다.

그때 갑자기 두 사람이 걸음을 멈추었다. 에드거도 걸음을 멈추고 나무에 바싹 몸을 붙였다. 아찔한 불안이 아이를 덮쳤다. '그들이 이제 발길을 돌려서 나보다 먼저 호텔에 도착하면 어쩌지? 내가 방에 없다는 걸 엄마가 알게 된다면? 그렇게 되면 모든 게 허사야. 내가 몰래 뒤를 쫓은 걸 알게 될 테고, 난 그들의 비밀을 영영 알아내지 못할 거야.'

다행히도 마침 달이 모습을 드러내 모든 걸 명확히 볼 수 있었다. 아마도 두 사람은 서로 의견이 달라서 잠시 머뭇거리고 있는 듯 보였다. 남작은 골짜기로 내려가는 좁고 어두운 샛길을 가리켰다. 길 위에서는 넓은 강줄기처럼 퍼져 있는 달빛이 샛길에서는 우거진 수풀 틈을 뚫고 조금씩 기묘한 형태의 빛살로 스며들 뿐이었다.

'왜 저곳으로 내려가려는 걸까?' 에드거는 움찔했다. 남작의 몸짓으로 봐서는 싫다고 말하는 엄마를 열을 올리며 설득하고 있는 것 같았다. 에드거는 겁이 났다. '저 작자가 엄마를 어쩌려는 걸까? 왜 이 악당은 엄마를 어두운 곳으로 끌고 가려 하는 거지?' 지금껏 에드거가 아는 세계는 책 속의 것과 똑같았다. 책에서 읽은 살인과 유괴와 끔찍한 범죄 이야기가 문득 생생히 떠올랐다. '그래, 맞아, 남작은 엄마를 죽이려는 거야. 그래서 날 따돌리고는 엄마를 한적한 이곳으로 유인한 거야. 도와달라고 소리를 질러야 하나? 아, 이 살인자!' 외침은 목구멍까지 올라왔지만, 입술이 바싹 말라서 아무 소리도 나지 않았다. 에드거는 흥분한 나머지 신경이 곤두서서 똑바로 서 있기도 힘들었다. 공포에 질린 에드거가 손을 뻗어 몸을 기대려 할 때였다. 에드거의 손에 닿은 나뭇가지가 똑 소리를 내며 부러졌다.

소스라치게 놀란 두 사람은 몸을 돌려 어둠 속을 응시했다. 에 드거는 나무에 기대서서 숨을 죽인 채 작은 몸을 그늘 속에 옴츠 렸다. 일순간 숲은 죽은 듯 고요했다.

"그만 돌아가요." 겁에 질린 여자가 말했다. 남작도 불안했는지 순순히 동의했다. 서로 꼭 붙어 선 두 사람은 천천히 호텔을 향해 걸었다. 에드거에게는 다행스럽게도 그들은 어찌할 바를 몰라 떨 고 있었다. 에드거는 숲 밑바닥에 찰싹 붙어서 네발로 기었다. 손 이 긁혀서 피가 났다. 숲이 끝나자마자 숨이 막힐 정도로 빠르게 달려 호텔에 도착해서는 단숨에 위층으로 올라갔다. 방 열쇠는 다 행히도 문고리에 얌전히 꽂혀 있었다. 에드거는 열쇠를 돌려 방 안 으로 뛰어 들어가 침대에 몸을 던졌다. 2, 3분 정도 휴식이 필요했 다. 심장이 거칠게 가슴팍을 두들겨댔다. 종의 추가 종 벽에 부대 끼며 댕댕 울리는 것 같았다.

잠시 후 에드거는 용기를 내어 일어나서는 창문에 기대 그들 이 올 때를 기다렸다. 시간이 한참 흘렀다. 정말이지 거북이걸음으 로 오는 게 분명했다. 에드거는 조심스럽게 그늘로 덮인 창틀에 몸 을 숨기고 슬쩍 창밖을 내다보았다. 천천히 걸어오고 있는 두 사람 의 모습이 보였다. 달빛이 두 사람의 옷을 비추고 있었다. 검푸른 빛 탓인지 두 사람은 마치 유령처럼 보였다. 에드거는 살인자인 남 작이 저지르려던 끔찍한 사건을 자신이 막은 게 아닐까 생각하며 짜릿한 전율을 느꼈다. 백지장 같은 두 사람의 얼굴이 또렷이 보였 다. 엄마는 황홀한 표정을 짓고 있었다. 아이는 이제껏 엄마의 그런 얼굴을 본 적이 없었다. 반면 의도한 바를 이루지 못한 남작은 짜증스러운 듯 굳은 표정이었다.

바짝 붙어 선 둘은 호텔 바로 앞에서야 서로를 놓아주었다. 그들이 올려다보지 않을까? 에드거는 잠시 긴장했지만 아무도 위를 올려다보지 않았다. '날 잊어버렸군.' 에드거는 격하게 분노하는 한편 내심 쾌재를 불렀다. '하지만 난 당신들을 잊지 않았어. 당신들은 내가 잠들어 있다고, 혹은 이 세상에 없다고 생각하겠지. 하지만 곧 착각이었다는 걸 알게 될 거야. 내가 그 악당에게서 비밀을, 잠도 못 이룰 만큼 끔찍한 그 비밀을 알아낼 때까지 당신들이 하는 모든 짓을 감시할 테니까. 당신들이 맺은 동맹을 부수고 말 거야. 나는 절대 잠들지 않을 거야.'

이제 두 사람은 천천히 호텔 안으로 들어섰다. 한 사람씩 차례로 들어가면서 잠시 그림자가 서로 뒤엉켰다. 한 개의 검은 띠가 되었던 그들의 그림자는 밝은 실내에서 사라졌다. 그러자 달빛을 받은 건물 앞 광장이 눈 덮인 초원처럼 반짝였다.

기습

에드거는 숨을 내쉬며 창문에서 물러났다. 두려움에 몸이 떨렸다. 지금껏 살면서 이처럼 비밀스러운 일을 이토록 가까이 접한 적은 없었다. 책 속에는 언제나 긴장된 모험이 있고, 살인자와 사기범이 들끓는 흥미진진한 세계가 있었지만 아이에게 그것은 동화에서나 가능한 일이었다. 꿈이 그렇듯, 현실이 아니며 도달할 수 없는 세계와 맞닿아 있는 그 무엇이었다. 그런데 이제 아이는 졸지에 그 무시무시한 세계 한복판에 빠져들어 버렸다. 이 세계와 맞닥뜨린 아이는 열병에 걸린 듯 몸을 떨었다. '갑자기 엄마의 조용한 삶에 들어온 이 비밀스러운 남자는 누구일까? 남작은 정말로 살인자일까? 그래서 으슥한 곳을 찾아내서는 엄마를 끌고 가려 했던 걸까?' 끔찍한 일이 일어날 것만 같았다. 아이는 무엇을 해야 할지 알 수가 없었다. '내일 아버지에게 편지를 쓰거나 아니면 전보를 쳐야겠어. 하지만 사악하고 끔찍한 일이, 수수께끼 같은 일이 바로 지금, 오늘 저녁에 일어나는 건 아닐까? 엄마는 지금도 그 가증스러운 수상한 인간과 같이 있는걸.'

에드거는 두 사람의 발소리가 들려오는지 망을 보기 위해 복도 쪽 문과 방문 사이 손 한 뼘 넓이의 어두운 공간 안에 몸을 숨겼다. 단 한순간도 단둘만 있게 두어서는 안 되었다. 자정 무렵이라서 복도는 텅 비어 있었고 촛불 하나만이 기운 없이 타오르고 있었다.

드디어—이 몇 분이 아이에게는 끔찍하리만큼 길게 느껴졌다—조심스럽게 계단을 올라오는 발걸음 소리가 들렸다. 에드거는 바짝 긴장한 채 귀를 기울였다. 곧장 자기 방으로 가려는 사람처럼 거침없이 걷는 게 아니라, 너무도 힘들고 가파른 길을 올라갈 때처럼 발을 질질 끌고 주저하며 지독히 느리게 걷는 소리였다. 그러는 동안에도 속삭이는 소리가 들렸다 멈추기를 반복했다. 에드거는 긴장감에 몸이 떨렸다. 드디어 두 사람이 온 걸까? 남작이 아직 엄마와 함께 있나? 속삭이는 소리는 너무 멀어 알아들을 수 없었다. 하지만 주저하면서 떼는 발걸음 소리는 점점 더 가까이에서 들려왔다. 이제 아이는 가증스러운 남작이 쉰 목소리로 나직하게 무언가 말하는 걸 들었다. 내용은 알아들을 수 없었지만 곧장 엄마가 반항하는 소리가 들렸다. "안 돼요. 오늘은 안 돼요! 이러지 마세요."

에드거는 떨고 있었다. 그들이 더 가까이 왔고 아이는 모든 걸 들어야 했다. 그들의 발걸음 하나하나가 가슴을 짓밟고 가는 것처럼 아팠다. 그리고 그 가증스러운 놈이 게걸스럽게 애걸하는 소리는 너무나 역겨웠고 추악했다.

"그렇게 잔인한 말은 하지 말아요. 오늘 저녁 당신은 너무나 아름다워요." 그러자 다른 목소리가 말했다. "안 돼요. 난 그럴 수 없어요. 그렇게는 못 해요. 날 놓아줘요."

두려움에 가득 찬 엄마의 목소리에 에드거는 소스라치게 놀랐다. 남작이 엄마에게서 뭘 원하는 걸까? 엄마는 뭘 두려워하는 거지? 두 사람은 이제 에드거가 숨은 문 앞까지 왔고, 손 한 뼘 정도의 거리를 둔 채 얇은 가림막 뒤에 숨어 떨고 있는 에드거에게는 그들의 숨소리까지 들리는 듯 했다.

"가만, 마틸데, 그냥 가만있어요!" 다시 엄마의 신음 소리가 들리는가 싶더니 어느새 소리는 약해졌고 저항은 무뎌졌다.

'이게 무슨 일이람? 방을 지나쳐 둘이 계속 어딘가로 걸어가고 있네. 엄마를 어디로 끌고 가는 걸까? 왜 엄마는 아무런 반항도 하지 않지? 그놈이 엄마 입에 재갈을 물렸나, 엄마 목을 조르고 있나?'

에드거는 격해진 감정을 억누르지 못하고 떨리는 손으로 문을 한 뼘 열었다. 어두운 복도에서 걷고 있는 두 사람이 보였다. 남작은 엄마의 허리에 팔을 두르고, 이미 포기한 것 같은 엄마를 조용히 이끌고 있었다. 이제 그는 자신의 방 앞에 멈추어 섰다. '남작이 엄마를 납치하려는 거야.' 에드거는 소스라쳤다. '이제 끔찍한 짓을 저지르려는 거야!'

에드거는 거칠게 문을 젖히고 튀어 나가 두 사람에게 달려들었다. 어둠 속에서 갑자기 무엇인가가 자신을 덮치자 놀란 여자는 비명을 질렀고 거의 기절하기 직전이었다. 남작이 여자를 부축하려는 순간, 작고 가냘픈 주먹이 남작의 얼굴로 날아들었다. 입술이 치아에 심하게 부딪혔다. 고양이처럼 작고 여린 무언가가 그의 몸에 달라붙었다. 남작이 놀란 여자를 놓아주자 여자는 뒤도 돌아보지 않고 급히 달아났다. 남작은 자신이 누구를 상대하는지도 알지 못한 채 무작정 주먹으로 맞받아쳤다.

에드거는 자신이 힘에서 밀린다는 것을 알았지만 물러서지 않았다. 드디어 기다리고 기다리던 순간이 온 것이다. 사랑을 배신당하며 쌓였던 증오를 격렬히 터트리는 순간이었다. 흥분해서 넋이 나간 아이는 이를 악물고 작은 주먹을 미친 듯 휘둘렀다. 남작도 이제야 아이를 알아보았다. 남작 역시 지난 며칠을 망쳐 놓고 사랑의 장난을 훼방 놓은 염탐꾼이 너무도 미웠다. 그는 있는 힘껏 맞은 만큼 되받아쳤다. 에드거는 신음했지만, 공격을 멈추지 않았고 도와달라고 소리를 지르지도 않았다. 그들은 한밤중에 복도에서, 약 1분 정도, 말없이 안간힘을 다해 결투를 벌였다. 차차 정신이 돌아온 남작은 다 자라지도 않은 어린아이와 싸운다는 게 얼마나 한심한 일인지를 깨달았다. 그래서 이제 그만 귀찮은 아이를 단단히 움켜쥐고는 던져 버리려 했다. 하지만 근육이 풀려 가던 아이는 자신이 금세 싸움에 져서 두들겨 맞을 신세임을 직감하고는, 자신의 목을 움켜쥐려 드는 강하고 단단한 손을 악에 받쳐서 덥석 물었다. 물린 남자는 저도 모르게 둔탁한 소리를 질렀고, 아이를 놓쳐 버렸다. 에드거는 이 찰나를 이용해 방으로 달아나서 빗장을 채웠다.

한밤중의 결투는 1분밖에 걸리지 않았다. 주변의 누구도 소리를 듣지 못했다. 밤은 고요했고 세상은 잠에 취한 듯했다. 남작은 손수건을 꺼내 피가 흐르는 손을 훔쳤다. 그러고는 불안해하며 어둠 속을 살폈다. 엿보는 사람은 아무도 없었다. 복도를 밝히는 불빛 하나만이 이리저리 흔들리며 남작을 비웃는 것 같았다.

분노가 폭발하다

'꿈이었을까? 위험에 빠진 악몽을 꾼 걸까?' 에드거는 다음 날 아침 뭔지 모를 두려움에 몸을 떨며 깨어나서는 헝클어진 머리를 한 채 자신에게 물었다. 머리는 윙윙 울리며 지끈거렸고 관절은 마비된 듯 뻣뻣했다. 놀랍게도 어제 입었던 옷을 그대로 입은 채였다. 에드거는 벌떡 일어나서 비틀거리며 거울 앞으로 갔다. 그러고는 창백하고 일그러진 자신의 얼굴에 화들짝 놀랐다. 이마에는 길쭉한 피멍이 나 있었다. 힘겹게 생각을 추스르자니 이내 모든 기억이 되살아났다. 한밤중에 복도에서 싸움을 벌이다가 방으로 뛰어 들어와서는 열병환자처럼 떨면서 옷도 그냥 입은 채로 도망치듯 침대에 몸을 던졌었다. 그러고는 안개에 휘말린 것처럼 아득한 잠 속으로 빨려 들어간 것이다. 그리고 꿈에서 이 모든 일을 한 차례 더 겪었는데, 거기서는 선홍색 피가 흐르며 축축한 냄새를 풍기는 탓에 훨씬 더 무시무시했다는 점만이 달랐다.

창밖으로는 자갈길을 달그락거리며 걷는 발자국 소리가 들렸다. 새가 지저귀듯 사람들의 목소리가 허공을 붕붕 떠다녔고 햇빛은 방 안 깊숙이 파고들었다. 벌써 늦은 아침인 것 같았다. 하지만 시계를 보니 놀랍게도 자정이었다. 어제 너무 흥분한 나머지 태엽을 감는 걸 잊어버렸던 걸까. 에드거는 가늠할 수 없는 시간 어딘가에 자신이 버려져 있다는 생각에 불안해졌다. 대체 무슨 일이 일어났는지를 알 수가 없었기에 불안감은 더욱 커졌다. 급히 매무새를 가다듬은 에드거는 불안한 마음과 조금의 죄책감을 품고 아래층으로 내려갔다.

식당에는 두 모자가 평소 앉던 자리에 엄마가 홀로 앉아 있었다. 적의 모습이 보이지 않자 에드거는 안도의 숨을 내쉬었다. '어제는 화가 치밀어서 그 가증스러운 얼굴을 주먹으로 쳤었지. 이제 그 얼굴을 보지 않아도 되는구나!' 하지만 식탁에 다가가려니 마음이 불안했다.

"안녕히 주무셨어요." 에드거는 엄마에게 인사를 건넸다.

하지만 여자는 대답하지 않았다. 눈길 한번 주지 않은 채, 묘하게 굳은 시선으로 먼 풍경을 바라볼 뿐이었다. 여자는 매우 창백해 보였다. 눈 주변엔 어두운 테두리가 생겼고 콧날은 신경질적으로 떨리고 있어서 여전히 흥분한 상태임을 알 수 있었다. 에드거는 입술을 깨물었다. 엄마가 아무 말도 없으니 당혹스러웠다. 어제 자신이 남작에게 심각한 상처를 입힌 걸까, 엄마가 지난밤의 격돌에 관해 알고 있는 걸까, 도무지 짐작할 수가 없었다. 이처럼 불확실한 상황이 괴로웠다. 굳어 있는 엄마의 얼굴을 차마 쳐다볼 엄두가 나지 않았다. 눈을 내리깔고 있는 엄마가 갑자기 눈을 부릅뜨고 자신을 응시할까 봐 두려웠다. 달그락 소리조차 낼 엄두가 나지 않았다. 에드거는 아주 조심스럽게 찻잔을 들었다가 다시 내려놓으며 신경질적으로 숟가락을 만지작거리는 엄마의 손가락을 몰래 지켜보았다. 구부정한 손가락은 엄마의 은밀한 분노를 보여 주는 듯했다. 15분이 지나도록 에드거는 무슨 일이 일어나기를 기다리며 갑갑한 심정으로 앉아 있었지만 아무 일도 일어나지 않았다. 이 상황을 누그러뜨릴 말이나 몸짓은 전혀 없었다. 여전히 자기 쪽은 쳐다보지도 않은 채 엄마가 자리에서 일어서자, 아이는 어떻게 해야 할지 알 수가 없었다. 여기 혼자 식탁에 앉아 있어야 하나, 아니면 엄마를 따라가야 하나? 마침내 에드거는 자리에서 일어나서는 자신을 거들떠보지도 않는 엄마를 고분고분 따라갔다. 이렇게 졸졸 쫓아가는 자신이 지독히 한심하다는 생각이 들었다. 에드거는 엄마에게서 멀리 뒤처져 걷기 위해 보폭을 점점 더 작게 떼었다. 드디어 문 앞에 도착한 여자는 아이는 본 척도 않은 채 방으로 들어가 버렸다. 에드거가 마침내 방에 이르렀을 때 문은 이미 굳게 닫혀 있었다.

무슨 일이 있었던 걸까? 에드거는 도무지 알 수가 없었다. 어제의 자신감은 사라졌다. 어제 내가 남작을 덮쳤던 게 잘못이었을까? 그들이 내게 벌을 주거나 나를 새삼 모욕하려고 준비를 하는 걸까? 에드거는 곧 무시무시한 일이 일어날 것임을 직감했다. 다가올 폭풍우를 알리는 후덥지근한 분위기가 모자를 감싸고 있었다. 양극은 전기로 가득 차 있어서 긴장을 풀려면 불똥이 튀는 수밖에 없었다. 에드거는 네 시간이 넘게 이런 예감에 짓눌린 채 이 방 저 방을 혼자 서성였다. 결국 에드거의 가녀린 목은 보이지 않는 무게로 인해 푹 꺾였다. 정오가 되자 에드거는 아주 풀이 죽어서 다시 식당으로 내려갔다.

"식사하셨어요?" 에드거는 다시 엄마에게 인사를 건네 보았다. 이 침묵을 깨트려야만 했다. 먹구름처럼 아이의 머리 위에 드리워진 침묵은 지독히도 위협적이었다.

하지만 이번에도 여자는 아무런 대답이 없었고 그를 거들떠보지도 않았다. 에드거는 이제껏 살면서 접해 본 적 없는 차분하면서도 농도 짙은 분노를 지금 마주하고 있음을 느끼고는 새삼 겁이 났다. 지금껏 엄마와의 다툼은 감정이 상해서가 아니라 신경이 예민해져서 생기기 일쑤였고 엄마는 화를 벌컥 내다가도 금세 달래며 미소를 짓곤 했다. 하지만 이번에 아이는 엄마의 존재 가장 밑바닥에 있던 격렬한 감정을 헤집어 놓았다. 에드거는 경솔하게도 자신이 감당 못 할 힘을 들쑤셔 놓았다는 걸 깨닫고는 두려워졌다. 에드거는 음식을 삼킬 수가 없었다. 목구멍이 바싹 마르면서 숨이 막힐 지경이었다. 하지만 여자는 이런 아이를 전혀 신경 쓰지 않는 것 같았다. 마침내 식사를 마치고 자리에서 일어난 여자는 금방 생각이 났다는 듯이 아이에게 몸을 돌리며 말했다.

"방으로 올라오렴, 에드거. 네게 할 말이 있다."

위협적이지는 않았지만, 얼음처럼 싸늘한 말이었다. 에드거는 목에 쇠사슬이 감기는 느낌이 들 정도로 두려웠다. 반항심은 무너져 내렸다. 아이는 두들겨 맞은 개처럼 말없이 엄마를 따라 방으로 올라갔다.

여자는 몇 분 동안 침묵하면서 아이가 더 오래 고통을 겪게 했다. 그동안 아이는 시계 종소리와 웬 아이가 웃는 소리, 그리고 자신의 심장이 방망이질하는 소리를 들었다. 여자 역시 몹시 불안한 상태인 게 분명했다. 그녀는 말을 하면서도 아이를 바로 보지 못하고 등을 돌리고 있었다.

"어제, 네 행실에 대해서는 더 말하고 싶지도 않구나. 기가 막힌 짓이었어. 지금도 그 일만 생각하면 창피해 죽을 지경이야. 너는 어제 네가 한 일에 대해 책임을 져야 해. 네가 어른들 틈에 끼어 있는 건 이번이 마지막이라는 걸 알아 두렴. 방금 네 아버지에게 편지를 써서 네가 예의범절을 배우게끔 너를 가정교사에게 맡기거나 기숙학교에 보내겠다고 말씀드렸다. 더는 너 때문에 골치를 썩지 않을 생각이야."

에드거는 머리를 숙인 채 가만히 서 있었다. 이것은 그저 위협적인 서론에 불과하다는 생각을 하며 불안한 심정으로 본론을 기다렸다.

"너는 지금 당장 남작에게 사과해야 한다."

에드거는 움찔했지만, 여자는 동요 없이 말을 이어 갔다.

"남작은 오늘 출발하셨다. 그러니 내가 부르는 대로 남작께 편지를 쓰거라."

에드거는 다시 움찔하며 무언가 말하려 했지만 여자는 단호했다.

"말대꾸하지 말거라. 자, 편지지와 잉크가 여기 있으니 자리에 앉도록 해."

에드거는 엄마를 쳐다보았다. 두 눈은 한번 내린 결정을 번복하지 않겠다는 듯 결연해 보였다. 이처럼 완강하고 차분한 엄마를 본 적이 없었다. 겁이 덜컥 난 아이는 자리에 앉아 펜을 쥐고는 책상 쪽으로 바싹 고개를 숙였다.

"맨 위에는 날짜를 적는 거야, 다 적었니? 수신인 앞에는 한 줄을 띄고, '존경하는 남작님!' 감탄부호를 찍고, 다시 한 줄을 띄는 거야. '저는 방금 유감스럽게도', 적었니? '유감스럽게도 남작님이 젬머링을 떠나셨음을 알게 되었습니다'. 젬머링에서 젬은 'ㅔ'

가 아니라 '게'다, 알겠니? '그래서 직접 뵙고 하려던 말을 편지로 전합니다. 드리려는 말씀은', 잘 쓰지 않아도 되니까 좀 빨리 쓸 수 없겠니? '어제의 제 행동에 대해 남작님의 용서를 구합니다. 저의 어머니가 전에 말씀드렸듯이 저는 심한 병을 앓은 후 회복기에 있어서 대단히 예민합니다. 이따금 사실과 다르게 과장되게 판단하고 후회할 일을……'."

책상 위로 구부렸던 에드거의 등이 꼿꼿해졌다. 반항심이 다시 깨어난 것이다.

"그렇게 쓰지 않겠어요. 그건 사실이 아니에요!" 에드거는 엄마에게 몸을 돌리며 외쳤다.

"에드거!"

"그건 사실이 아니라고요. 난 후회할 짓을 하지 않았어요. 사과할 만큼 나쁜 짓은 절대 하지 않았다고요. 난 엄마가 외치는 소리를 듣고 도우러 간 것뿐이에요!"

여자의 입술에서 핏기가 가셨고 콧날이 팽팽해졌다.

"내가 도와달라고 외쳤다고? 너 제정신이 아니구나!"

에드거는 분노한 나머지 벌떡 일어섰다.

"그래요. 엄마는 어젯밤 복도에서 도와달라고 외쳤어요. 남작은 엄마를 붙잡고 있었고요. '날 놓아줘요, 날 놓아줘요'라고 엄마가 외쳤잖아요. 방에 있던 내게 들릴 정도로 크게!"

"이제 네가 거짓말까지 하는구나. 난 절대 남작과 함께 복도에 있지 않았어. 남작은 계단까지만 나와 같이 왔을 뿐이야……."

에드거는 이 뻔뻔한 거짓말에 심장이 멎었다. 말문이 막혀서 맑은 눈동자로 뚫어져라 엄마를 쳐다보았다.

"복도에…… 함께 있지 않았다고요? 남작이…… 남작이 엄마를 붙잡지 않았다고요? 억지로 껴안지 않았다고요?"

"네가 꿈을 꿨구나." 여자가 차갑게 웃었다. 싸늘하고 메마른 웃음이었다.

에드거는 더는 참을 수 없었다. 이미 아이는 어른들이 거짓말을 한다는 사실을 알고 있었다. 어른들은 뻔뻔하게도 자잘한 핑계를 대며 거짓말을 하고, 요리조리 빠져나가는가 하면, 교활하게도 엎치나 매치나 다 같은 말을 해 대는 걸 알고 있었다. 하지만 자기와 얼굴을 맞댄 엄마가 이처럼 뻔뻔하고 싸늘하게 모든 걸 부정하다니, 에드거는 더 이상 참지 못하고 폭발했다.

"그렇다면 여기 이 피멍도 꿈에서 생긴 건가요?"

"글쎄, 누군가와 치고받고 싸운 게지. 더 이상 길게 얘기할 생각 없다. 군말 말고 하라는 대로 해. 어서 앉아서 다시 편지를 써!" 여자의 얼굴은 몹시 창백했다. 어떻게든 평정심을 잃지 않으려고 안간힘을 쓰고 있는 모습이었다.

에드거의 마음속에서는 무엇인가가 무너져 내리고 있었다. 마지막까지 남아 있던 믿음의 불씨가 꺼진 것이다. 불타는 성냥개비를 발로 짓이기듯, 진실을 이처럼 쉽게 짓이길 수 있다는 게 이해가 되지 않았다. 아이의 마음은 얼어붙었다. 아이의 말은 신랄하고 심술궂고 거칠어졌다.

"내가 꿈을 꾸었다고요? 복도에서 있었던 일과 얼굴에 난 상처도 다 꿈이라고요? 어젯밤 남작이 엄마와 함께 산책했던 것도, 남작이 엄마를 샛길로 데려가려던 것도 다 꿈이었나요? 내가 어린애처럼 방에 갇혀 있었는 줄 아세요? 아뇨, 난 어른들이 생각하

는 것처럼 바보가 아니에요. 내가 알고 있는 게 맞다는 건 내가 알
아요."

아이는 엄마의 얼굴을 대담하게 응시했다. 여자는 무너졌다.
자신의 아이가 바로 눈앞에서 증오로 얼굴을 일그러뜨린 채 자신
을 바라보고 있는 것을 견딜 수 없었다.

"그만, 그만두지 못 하겠니? 당장 편지를 써! 그렇지 않으
면……." 여자의 분노가 격렬히 터져 나왔다.

"그럼 어쩌실 건데요?" 에드거는 뻔뻔하게 도발했다.

"흠씬 두들겨 패 줄 거야!"

에드거는 조롱하듯 여자에게 한 걸음 다가가서는 웃어 대기 시
작했다. 순간 여자의 손이 아이의 얼굴로 날아갔다. 에드거는 소리
를 질렀다. 귀에서는 윙윙대는 소리가 났고 눈앞에서는 빨간 불똥
이 어른거렸다. 아이는 물에 빠진 사람이 양팔을 벌려 마구 허우적
대듯이 허공에 대고 무작정 두 주먹을 휘저었다. 무언가 말랑말랑
한 것이 닿은 듯싶더니 이내 비명이 들렸다.

'내가 엄마를 때리다니!' 퍼뜩 정신을 차린 에드거의 눈앞에 자
신이 저지른 끔찍한 광경이 보였다. 두려움이 불쑥 아이를 덮쳤다.
수치심과 공포심에 몸이 떨렸고 이곳에서 달아나야만 할 것 같았
다. 땅속으로 꺼지고 싶었다. '이곳에서 떠나야 해! 어디든 엄마의
시선이 닿지 않는 곳으로 사라져야 해!' 에드거는 방을 뛰쳐나가
한달음에 계단을 내려갔다. 호텔을 빠져나와 거리를 달렸다. 미쳐
날뛰는 사냥개들에게 쫓기는 것처럼 달리고 또 달렸다.

첫 번째 깨달음

한참을 달리던 에드거는 마침내 아래편 길가에 멈춰 섰다. 나무를
꼭 붙잡아야 했다. 두렵고 흥분한 나머지 온몸을 덜덜 떨면서 끓어
오르는 가슴으로 숨을 헉헉 내뿜었다. 자신이 저지른 짓에 대한 두
려움이 아이를 덮쳤다. 두려움은 아이의 목덜미를 움켜잡고 미친
듯 마구 흔들어 댔다. 이제 어떻게 해야 하나? 어디로 도망가야 하
지? 묵고 있는 호텔에서 15분밖에 안 걸리는 가까운 숲속이었는
데도 홀로 남겨진 기분이 들었다. 도와주는 사람 없이 혼자가 되고
나니 모든 게 달라 보였다. 모든 게 적대적이고 악의를 품은 듯했
다. 어제만 해도 형들처럼 다정히 쏴쏴 말을 걸던 나무들은 갑자기
위협하듯 음침하게 떼를 지어 서 있었다. 하물며 앞으로 닥칠 온갖
일들은 얼마나 낯설고 생소하겠는가? 거대하고 낯선 세계 앞에서
이렇게 덩그러니 혼자라는 사실에 어지러웠다. '그래, 난 아직 이
런 일을 감당할 수 없어. 아직은 혼자 감당할 수 없어. 그렇다면 누
구에게로 도망을 가야 하나?' 에드거는 아버지가 무서웠다. 아버
지는 쉽게 화를 냈고 가까이하기 어려운 사람이었다. 아이를 보자
마자 즉시 돌려보낼 게 분명했다. 하지만 에드거는 돌아가고 싶지
않았다. 그럴 바에야 차라리 낯설고 생소한 세계에서 위험을 겪는
게 나았다. 엄마의 얼굴을 볼 때마다 자신이 주먹으로 엄마를 때렸

다는 걸 떠올리지 않을 수 없을 것이다.

그때 문득 할머니가 떠올랐다. 선량하고 친절한 할머니는 에드거가 어렸을 적부터 마냥 예뻐하셨다. 아이가 집에서 벌을 받거나 부당한 일을 겪어야 할 처지에 놓이면 늘 따뜻하게 감싸 주시던 분이었다. 에드거는 처음 느낀 분노가 사라질 때까지 할머니가 계신 바덴에 숨어 있기로 결심했다. 그러고 있다가 거기서 부모님께 사과의 편지를 쓰는 것이다. 누구의 도움도 없이 홀로 세상을 살아내야 한다고 15분가량 생각하고 나니, 에드거는 기가 푹 죽어서 자신의 자존심을 저주했다. 웬 낯선 사람이 거짓말로, 어리석은 자존심을 내 머릿속에 흘려 넣었지 않은가! 에드거는 예전처럼 아이가 되어 복종하고 참아 내고 싶을 뿐이었다. 우스꽝스럽게 부풀린 오만불손함을 팽개치고 싶었다.

그런데 어떻게 바덴으로 가지? 가는 데 몇 시간이나 걸릴까? 에드거는 늘 가지고 다니는 작은 가죽 지갑을 찾아 급히 열어 보았다. 다행히도 거기에는 20크로네• 금화 하나가 반짝이고 있었다. 생일날 선물로 받은 것이었다. 에드거는 단 한번도 그 금화를 쓰게 되리라고 생각해 본 적이 없었다. 거의 날마다 금화가 잘 있는지 들여다보며 부자라는 생각에 흐뭇했고, 늘 고마운 마음을 담아 손수건으로 말끔히 닦은 탓에 사랑스러운 금화는 조그만 해님처럼 반짝거렸다. 그런데 문득 이걸로 충분할까 하는 생각이 들었다. 놀랍게도 지금껏 기차 여행을 한 적은 많았지만 그러려면 돈

• 오스트리아-헝가리 제국의 화폐 단위로서, 1892년부터 1918년까지 사용되었다.

을 내야 한다는 생각은 해 본 적이 없었다. 하물며 기차 요금이 얼마인지, 1크로네인지 아니면 100크로네인지조차 생각해 본 적이 없었다.

에드거는 처음으로 삶에는 자신이 한번도 생각해 본 적 없는 것들이 있음을 느꼈고, 자신을 둘러싸고 있는 숱하게 많은 사물들 모두가 각자의 가치와 고유한 비중을 지니고 있음을 느꼈다. 한 시간 전만 해도 모든 것을 안다고 자부했던 아이는 이제 자신이 여태껏 삶의 수많은 비밀과 의문들을 별생각 없이 지나쳐 왔음을 깨달았다. 자신의 알량한 지혜가 삶으로 다가가는 첫 계단에서부터 휘청거린다는 게 부끄러웠다. 에드거는 점점 더 기가 죽었고 기차역으로 내려가는 발걸음은 주저하듯 주춤거렸다. 한때 에드거는 도망가는 상상을 자주 했었다. 삶의 한복판으로 치고 들어가서 황제나 왕, 군인이나 시인이 되겠다고 생각했다. 그런데 지금 기가 죽은 아이는 작고 환한 역사驛舍를 보면서 '할머니 댁까지 가는데 20크로네면 충분할까?' 하는 생각말고는 아무것도 할 수 없었다. 철로는 저 멀리 평지에까지 빛을 발하고 있었다. 역은 텅 비어서 썰렁했다. 에드거는 조심스럽게 창구 쪽으로 가서는 다른 사람들 귀에 들리지 않게끔 조용히 바덴까지 가는 차표가 얼마냐고 물었다. 어둑어둑한 창구에서 의아한 눈빛의 안경 속 두 눈이 아이를 내다보더니 이내 아이에게 미소를 지어 보였다.

"차표 한 장 말이냐?"

"네." 에드거가 더듬거렸다. 자부심은 간데없고 차표가 너무 비쌀까 봐 불안하기만 했다.

"6크로네이다!"

"주세요."

마음이 놓인 에드거는 애지중지하던 반짝이는 금화를 내밀고
는 거스름돈을 돌려받았다. 에드거는 다시 부자가 된 기분이었다.
이제 자유를 보장하는 빳빳한 갈색 차표를 손에 쥐고 있는 데다가
주머니에는 달그락대는 은전이 가득했기 때문이다.

열차 운행 시간표를 보니 기차는 20분 후 도착 예정이었다. 에
드거는 모퉁이에 몸을 웅크렸다. 몇 사람이 플랫폼에 하릴없이 멍
하니 서 있었다. 에드거는 왠지 사람들이 자신을 보고는 어린애 혼
자 기차를 탄다는 데 의구심을 품지나 않을까 불안했다. 마치 탈주
범 혹은 범죄자의 표식이라도 이마에 새긴 듯 아이는 두려움에 떨
며 모퉁이에 바싹 몸을 웅크렸다. 드디어 기차가 멀리서 경적을 울
리며 요란하게 돌진해 오자 에드거는 안도의 숨을 내쉬었다. '나를
넓은 세상으로 데려다줄 기차구나!'

에드거는 기차에 오르고 나서야 자신이 삼등석 차표를 끊었음
을 알았다. 이제껏 언제나 일등석만 타고 다닌 터였다. 다시금 에
드거는 무언가가 달라졌음을 느꼈다. 여태 알아채지 못했던 다양
한 것들이 눈에 보이기 시작했다! 옆자리에 앉은 사람들은 이제껏
보던 사람들과는 달랐다. 바로 맞은편에는 목소리가 거친 이탈리
아 노동자 몇 명이 거칠고 투박한 손에 삽을 쥐고 앉아 멍하니 어
두운 시선으로 앞만 보고 있었다. 도로에서 고된 일을 한 게 분명
했다. 그들 중 몇은 지친 나머지, 털털대는 기차의 딱딱하고 더러
운 나무 좌석에 기대어 입을 쩍 벌린 채 잠들어 있었다. '저 사람들
은 돈을 벌기 위해 일을 하고 돌아가는 걸 거야.' 하지만 얼마나 벌
었을지는 가늠할 수 없었다. 다만 돈이라는 것이 항상 있는 게 아

니라 무슨 일이든 해서 벌어야 하는 것임을 새삼 깨달았을 뿐이었다. 에드거는 태어나 처음으로 자신의 유복한 환경이 당연한 것이 아니며, 자신의 삶 양옆으로는 한번도 경험한 적 없는 아득한 낭떠러지가 시커먼 입을 쩍 벌리고 있음을 깨달았다. 직업과 타고난 팔자 같은 것이 있음을, 자신의 삶 주변에 수많은 비밀이 손을 뻗치면 잡힐 만큼 가까이 있었지만 이제껏 눈여겨보지 않았음을 처음으로 깨달았다.

에드거는 혼자가 되어 보낸 한 시간 동안 많은 것을 배웠다. 좁다란 기차간에서 확 트인 창문을 통해 많은 것을 보기 시작했다. 아득한 두려움 속에서 무언가가 살며시 피어나기 시작했다. 행복감까지는 아니어도, 다양한 삶의 모습들에 경탄하는 마음이 생겼다. 두려운 마음에 비겁하게 도망쳤지만 어쨌건 처음으로 자주적으로 행동했고, 이제껏 그냥 지나친 현실을 조금이나마 경험했다고 느꼈다. 여태껏 아이는 세상을 비밀이라 여겼는데 아마 지금쯤은 자신이 어머니와 아버지에게 비밀스러운 존재가 되어 있을 것이다. 에드거는 이제 다른 시선으로 창밖을 내다보았다. 처음으로 현실이 제대로 보이는 듯했다. 여러 사건의 베일이 벗겨지면서 그 사건들의 숨은 의도가, 행동의 비밀스러운 핵심이 보이는 것 같았다. 건물들이 바람에 휩쓸리듯 획획 지나갔다. 에드거는 그 안에 사는 사람들을 생각하지 않을 수 없었다. '그들은 부자일까, 가난할까? 행복할까, 불행할까? 나처럼 모든 걸 알고 싶다는 동경을 품고 있을까? 거기엔 어쩌면 여태껏 내가 그랬듯이 장난감을 가지고 놀 줄만 아는 아이들도 살고 있지 않을까?'

나부끼는 깃발을 들고 길가에 서 있는 역무원들의 모습이 보였다. 여태껏 그들을 대수롭지 않은 우연이 거기 세워 놓은 흔들대는 인형이나 생명이 없는 장난감 보듯 했던 아이는 이제 거기 서 있는 것이 그들의 운명이며 살기 위한 투쟁임을 깨달았다. 바퀴가 점점 더 빨리 굴렀다. 기차는 꼬불꼬불한 산길을 지나 골짜기로 내려가고 있었다. 산들은 점점 완만해지는가 싶더니 저만치 멀어져 갔고 어느새 드넓은 평지가 모습을 드러냈다. 에드거는 한번 더 돌아보았다. 푸르스름한 산이 그림자처럼 보였다. 멀어서 갈 수 없는 곳이었다. 안개 낀 하늘 속에 서서히 녹아 드는 푸르른 산 어딘가에 자신의 어린 시절을 놓고 온 기분이 들었다.

혼란이 그득한 어둠

어느새 기차는 바덴에 도착했다. 에드거는 불빛이 환하게 비추는
플랫폼에 우두커니 서 있었다. 멀리서 초록과 빨간색의 신호가 번
쩍거렸다. 불쑥 밤이 멀지 않았다는 생각에 두려움이 몰려왔다. 낮
에는 느끼지 못하는 불안감이었다. 낮 동안에는 주변에 늘 사람들
이 있고 벤치에 앉아서 쉬거나 가게의 진열장을 들여다볼 수 있지
만 다들 집으로 들어가 침대에 눕거나 대화를 나누며 조용히 쉬는
밤이 되면 혼자 남아 죄책감에 시달리며 생소한 고독을 벗 삼아
배회하게 될 텐데 그런 일을 어떻게 견딜 수 있을까? 아, 단 1분이
라도 어서 빨리 이 낯선 장소에서 머물 곳 없는 신세를 벗어나 당
장 집 안으로 들어가고 싶은 마음뿐이었다.

　에드거는 좌우를 살피지도 않고 서둘러 익숙한 길을 걸었다.
그리고 오래지 않아 할머니가 사는 저택에 도착했다. 집은 넓은 길
가에 자리 잡고 있었지만, 안이 들여다보이지는 않았다. 수풀과 담
쟁이 넝쿨이 우거진 잘 가꾼 정원 뒤에 자리한 고풍스럽고 친근
한 하얀 집이었다. 초록 구름 저편에서 집이 환히 빛났다. 에드거
는 불청객처럼 철창 사이로 집 안을 엿보았다. 안에서는 어떤 기척
도 느껴지지 않았고 창문도 닫혀 있었다. 아마도 손님들 모두 뒤뜰
에 모여 있는 것 같았다. 어느새 에드거는 차가운 문손잡이를 잡고

있었다. 순간 이상한 일이 벌어졌다. 두 시간 전에는 너무도 쉽고 당연하게 여겼던 일을 지금은 할 수 없을 것 같았다. '어떻게 안으로 들어가나? 어떻게 할머니께 인사를 드려야 하나? 어떻게 질문들을 견디며 대답해야 할까? 엄마 몰래 도망쳤다고 얘기하고 나면 쏟아질 눈총을 어떻게 참아 내지? 나 자신도 이해할 수 없는 끔찍한 행동들을 어떻게 설명해야 하나!' 바로 그때 안에서 문이 열렸다. 돌연 어리석은 불안감이 덮쳐 왔고 문 앞에서 몸을 돌린 에드거는 어디로 가는지도 모르는 채 무작정 달렸다.

어느새 공원 앞에 다다라서야 에드거는 걸음을 멈췄다. 그곳은 어두웠고 아무도 없는 것 같았다. 공원에 앉아서 차분히 생각하고 나면 자신의 운명을 정리할 수 있을 것 같았다. 풀이 죽은 에드거는 공원으로 들어섰다. 풋풋한 나무 잎사귀에 맺힌 투명한 초록 물방울이 가로등 불빛을 받으며 섬뜩하게 빛났다. 언덕을 내려가 공원 뒤편에 이르니, 모든 것이 눅눅하고 시커먼 덩어리로 뭉쳐서는 이른 봄밤 어수선한 어둠 속에서 부글부글 끓어오르는 것 같았다. 에드거는 가로등 빛 아래서 얘기를 나누거나 책을 읽는 사람들 옆을 조심스럽게 지나쳤다. 혼자 있고 싶었다. 하지만 불빛 없는 어두컴컴한 길도 조용하지는 않았다. 빛을 피해 소곤소곤 속삭이는 소리가 시냇물이 졸졸대듯 온 세상을 가득 채우고 있었다. 거기에는 바람이 나풀대는 잎새들 사이로 넘나드는 소리와 멀리서 들리는 발걸음 소리, 나지막이 속삭이는 음성들이 뒤섞여 있었다. 사람과 짐승들, 선잠에 든 자연이 다 함께 쾌락에 겨워 한숨을 쉬다가는 또 한편 두려워 신음하는 것 같은 소음들이 뒤섞여 있었다. 숲속에서 무언가 땅 밑을 헤집고 다니는지, 이곳은 위태롭게 요동치고 있었다. 수수께끼 같은 것이 웅크리고 숨어 있는 듯했다. 어쩌면 봄이라서 그럴지도 몰랐다. 에드거는 어찌할 바를 몰라 두려웠다.

에드거는 아득한 어둠 속 벤치에 앉아서 몸을 한껏 움츠리고는 할머니께 무슨 얘기를 할지 생각해 보려 했다. 하지만 시작도 못한 채 생각은 허공을 떠돌았다. 에드거는 피할 도리 없이, 어둠이 내뱉는 나직한 소리, 그 신비스러운 목소리에 계속 귀를 기울이지 않을 수 없었다. '이런 어둠은 정말 무섭구나! 혼란스러우면서도 신비스럽고 아름다워! 온갖 술렁대는 소리와 달그락대는 소리, 윙윙대는 소리와 유혹하는 소리를 합쳐서 하나로 엮는 건 짐승일까, 아니면 사람일까? 그것도 아니면 바람의 섬뜩한 손길일까?' 에드거는 귀를 기울였다. 바람이 끊임없이 요동치며 나무 사이로 지나가고 있었다. 쌍쌍이 부둥켜안은 남녀들이 아래편 환한 도시에서 언덕을 올라오는 게 이제야 눈에 들어왔다. 수수께끼 같은 이들의 존재로 인해 어둠은 활기를 띠었다. 그들은 뭘 하려는 걸까? 사람들은 아무 말도 하지 않았고 그저 자갈을 밟는 소리만 요란스러웠다. 여기저기 숲속 빈터에서 사람들의 형상이 그림자처럼 휙휙 스쳐가는 게 보였다. 지난밤 엄마와 남작처럼 다들 서로를 꼭 끌어안고 있었다. 비밀, 찬란히 빛을 발하는 엄청난 비밀, 피하려야 피할 수 없는 비밀은 이곳에도 있었다.

발걸음 소리가 점점 더 가깝게 들리더니 숨죽여 웃는 소리도 들렸다. 에드거는 사람들이 자신을 발견할까 봐 덜컥 겁이 났다. 에드거는 더 깊이 어둠 속으로 파고들며 몸을 움츠렸다. 그때 한 치 앞도 안 보이는 어둠을 뚫고 서로를 꼭 끌어안은 채 조심조심 언덕을 오르던 두 남녀가 벤치에 앉은 에드거를 보지 못하고 바로 앞에서 걸음을 멈추었다. 그러고는 서로 얼굴을 찰싹 마주 댔다. 에드거는 제대로 볼 수는 없었지만, 여자의 입에서 신음이 터져 나오고 남자가 열에 들떠 정신 나간 소리를 내뱉는 걸 들을 수 있었다. 불안에 떨던 에드거는 무언지 후덥지근한 예감과 동시에 온몸에 짜릿한 전율을 느꼈다. 두 남녀는 1분 정도 그렇게 서 있었다. 이윽고 그들이 발걸음을 떼자 다시 자갈이 바스락대더니 얼마 후 그 소리마저 어둠 속으로 사라졌다.

에드거는 소스라쳤다. 피가 거꾸로 돌면서 몸이 뜨겁게 달아오르는 것 같았다. 돌연 이토록 혼란스러운 어둠 속에서 지독한 외로움이 몰려들었다. 친근한 음성, 안아 주는 따뜻한 품, 환한 방, 사랑하는 사람들에 대한 갈망이 집채만 한 파도가 되어 아이를 덮쳤다. 이처럼 어수선한 밤에 주체할 수 없는 어둠이 마음속을 파고든 탓인지 에드거는 가슴이 터질 것 같았다.

에드거는 벌떡 일어났다. 돌아가자, 돌아가! 어디든 집으로, 따뜻하고 환한 방으로 가서 사람들과 함께 어울리자. 무슨 일이 일어난들 상관없지 않은가? 어둠 속에 혼자 남겨져 고독을 경험하게 된 아이는 이제 매를 맞고 욕을 듣는 게 조금도 겁나지 않았다.

에드거는 무엇에 홀린 듯 앞으로 걸어갔다. 그리고 어느새 다시 할머니 집 앞에 서서 차가운 문손잡이를 손에 쥐고 있었다. 이제 초록 정원 틈으로 불 켜진 창문이 반짝거렸다. 에드거는 환한 창유리 너머 낯익은 공간에 사람들이 모인 광경을 그려 보았다. 이렇게 가까이 왔다는 사실만으로 행복했다. 자신을 사랑하는 사람들 가까이에 있다는 사실만으로 안심이 됐다. 잠시 머뭇거린 것은 행복에의 예감을 더욱 진하게 누리고 싶어서였을 뿐이었다. 그때 갑자기 에드거의 뒤에서 누군가 큰 소리로 외쳤다.

"에드거! 에드거가 여기 있어요!"

할머니 집의 하녀가 에드거에게 달려들어 손을 움켜잡았다. 안에서 문이 활짝 열렸고 개 한 마리가 짖어 대며 아이를 반겼다. 손에 램프를 든 사람들이 밖으로 나왔다. 환호하며 놀라는 소리가 들렸다. 다들 기뻐서 환호성을 지르며 앞다투어 다가와서는 한바탕 소동을 벌였다. 이제 아이는 가까이 오는 모습들을 알아보았다. 맨 앞에는 양 팔을 가득 벌린 할머니, 그 뒤에는—꿈이 아니라면—엄마가 서 있었다. 눈물을 흘리며 북받쳐 오르는 감정을 고스란히 드러내는 사람들 한복판에 에드거는 풀이 죽은 채 떨며 서 있었다. 무엇을 해야 할지, 무슨 말을 해야 할지 알 수가 없었다. 게다가 자신이 느끼는 것이 두려움인지, 행복인지조차 확실치 않았다.

마지막 꿈

사건의 경위는 이러했다. 사람들은 이미 몇 시간 전부터 에드거를 찾아 헤맸고 기다리고 있었다. 아이가 흥분해서 정신없이 뛰쳐나가자, 화를 내던 엄마는 깜짝 놀라서 젬머링 일대에 아이를 찾아달라고 조치했다. 모두가 극도로 흥분해서 온갖 위험한 경우를 추측하고 있을 때, 한 신사가 3시쯤 역 창구에서 아이를 보았다는 소식을 전했다. 에드거가 바덴으로 가는 기차표를 샀다는 걸 알게 된 엄마는 주저하지 않고 곧장 아이의 뒤를 따라 기차에 올랐다. 엄마가 바덴에 도착하기 전에 할머니와 빈에 있는 아버지는 전보를 받았고, 다들 흥분해서 두 시간 전부터 도망간 아이를 찾아 나선 터였다.

이제 그들은 아이를 부여잡았다. 하지만 거칠게 다루지는 않았다. 그들은 기쁨을 감춘 채 아이를 방으로 데려와 호되게 나무랐다. 하지만 희한하게도 에드거는 혼나고 있다는 생각이 들지 않았다. 가족들의 눈에서 기쁨과 사랑을 보았기 때문이다. 게다가 화난 척하는 것도 잠시, 할머니는 금세 눈물을 흘리며 에드거를 끌어안았다. 더는 아무도 잘잘못을 따지지 않았고 너무도 훈훈하게 아이를 염려하고 있었다. 하녀는 에드거의 윗옷을 벗기고 따뜻한 옷을 가져다주었고 할머니는 배고프지 않느냐고, 뭐 필요한 게 없느냐고 물어보았다. 다들 다정하게 걱정을 하며 에워싸는 바람에 에드거가 조금은 난처한 기색을 보이자 가족들도 이내 한발 물러섰다. 아이임을 부정하고 나서 힘들었던 만큼, 에드거는 이제 바라던 대로 다시 온전한 아이가 되었음을 느끼며 충만한 행복을 맛보았다. 지난 며칠, 이런 특권을 지닌 삶을 외로움이 주는 가짜 즐거움과 맞바꾸려 건방을 떨던 자신이 부끄러웠다.

그때 옆방에서 전화벨이 울렸다. 엄마의 목소리가 마디마디 들렸다. "에드거가…… 돌아왔어요. ……여기로 ……마지막 기차로." 엄마가 왜 자신을 호되게 나무라지 않고, 묘하게 착 가라앉은 눈빛으로 보는 건지 에드거는 의아했다. 그럴수록 에드거는 점점 더 격렬하게 뉘우쳤다. 할머니와 이모의 살뜰한 보살핌에서 벗어나 옆방으로 가서 엄마에게 용서를 구하고 싶은 마음뿐이었다. 다시 아이가 되어서 복종하겠다고 아주 겸손하게 말하고 싶었다. 하지만 에드거가 슬그머니 일어서자 할머니는 깜짝 놀라며 물었다.

"어딜 가려는 거냐?"

에드거는 부끄러워하며 멈춰 섰다. 다들 그가 움직이기만 해도 겁을 냈다. 다들 아이가 다시 달아나지나 않을까 불안해했다. 도망간 것을 가장 후회하는 사람은 다름 아닌 에드거 자신이라는 사실을 그들이 어떻게 이해할 수 있겠는가!

잠시 후 식사가 차려졌다. 에드거를 위해 급히 마련한 저녁 식사였다. 할머니는 아이 옆에 앉아서 잠시도 눈을 떼지 않았다. 할머니와 이모, 그리고 하녀까지 조용히 그를 에워싸고 있었다. 에드거는 훈훈한 분위기 속에서 놀라울 만큼 마음이 편해졌다. 다만 엄마가 방으로 들어오지 않는 게 마음에 걸렸다. '내가 얼마나 착해

졌는지 엄마가 짐작할 수 있다면 엄마는 분명히 내게 와 줄 텐데!'

그때 마차 한 대가 덜컹거리며 집 앞에 멈춰 섰다. 다른 가족들이 몹시 놀라는 통에 에드거도 불안해졌다. 할머니가 밖으로 나가자 곧 어둠 속에서 이리저리 고성이 오갔다. 아버지가 온 게 분명했다. 에드거는 자신이 방에 혼자 남겨졌다는 걸 깨달았다. 이처럼 잠시 혼자 있는 것조차 당혹스러웠다. 아버지는 엄격했고 에드거가 정말로 두려워하는 유일한 사람이었다. 에드거는 귀를 기울였다. 아버지는 흥분한 것 같았다. 화가 난 듯 언성을 높이고 있었다. 사이사이 할머니와 엄마의 가라앉은 목소리가 들렸다. 아마도 아버지가 마음을 누그러트리게끔 달래는 것 같았다. 하지만 아버지의 목소리는 단호했다. 지금 다가오는 발걸음 역시 단호했다. 발걸음 소리가 점점 더 가까이 다가오더니 어느새 옆방에 이르렀고, 바로 방문 앞에 다다랐다. 문이 활짝 열렸다.

아버지는 어마어마한 거인이었다. 신경이 곤두선 모습의 아버지가 화가 잔뜩 난 표정으로 들어서자 에드거는 아버지 앞에 선 자신이 지독히도 왜소하다고 느꼈다.

"어쩌자고 도망을 친 거냐, 이 녀석! 엄마를 그렇게 놀라게 해도 되는 거냐?"

아버지의 목소리는 분노에 차 있었고 손은 거칠게 움직였다. 그때 엄마가 살며시 방으로 들어왔다. 엄마의 얼굴은 그늘져 있었다.

에드거는 대답하지 않았다. 자기 자신을 변호해야 할 것 같았다. 하지만 그들이 자신을 속이고 때렸다는 사실을 어떻게 이야기해야 하나? 아버지가 그걸 이해하려나?

"아니, 벙어리가 된 거냐? 무슨 일이 있었던 거야? 속 시원히 얘기해 봐! 마음에 안 드는 일이 있었니? 도망을 친 이유가 있을 것 아니냐! 누가 널 괴롭힌 게냐?" 에드거는 주저했다. 기억이 되살아나면서 새삼 분노가 치솟았다. 다 고해 바치고 싶었다. 바로 그때―순간 에드거의 심장이 멎었다―아버지의 등 뒤에 서 있는 엄마가 묘한 동작을 취하는 걸 보았다. 처음에는 그 동작의 의미를 이해할 수 없었다. 에드거를 보는 엄마의 눈에는 간절한 바람이 담겨 있었다. 살며시, 아주 살며시 엄마는 손가락을 들어 입에 대었다. 침묵을 요구하는 몸짓이었다.

순간 불쑥 무언가 따뜻한 것이 터진 듯, 걷잡을 수 없이 엄청난 행복감이 에드거의 온몸에 퍼졌다. 엄마는 비밀을 지켜 주기를 기대하고 있으며, 자신의 작은 혀에 엄마의 운명이 달렸다는 사실을 에드거는 깨달았다. 엄마가 자신을 신뢰한다는 사실에 마음 가득 자부심이 차올랐다. 돌연 희생을 감수하려는 용기가 치솟았다. 자신이 대단히 믿음직하며 벌써 남자가 다 되었음을 보여 줄 수만 있다면 자신의 잘못을 부풀려도 상관없었다. 에드거는 마음을 가다듬었다.

"아니에요, 그렇지 않아요. 아무 이유도 없었어요. 엄마는 제게 잘해 주셨어요. 그런데 제가 버릇없이 그만, 잘못을 저질렀어요…… 그러고서…… 그러고 나서 겁이 나서 도망친 거예요."

아버지는 어리둥절한 표정으로 아이를 보았다. 아이가 갖은 변명을 늘어놓으리라 예상했는데 이렇게 잘못을 인정하다니 화가 스르르 풀렸다.

"자, 네가 잘못한 걸 안다니 그걸로 됐다. 더는 이 일에 관해 이야기하지 않으마. 다음부터는 더 신중히 행동하리라 믿는다! 이런 일이 또 한번 일어나서는 안 돼."

아버지는 일어나서 아들을 보았다. 목소리는 한층 더 부드러워졌다.

"얼굴이 창백하구나. 그새 더 자란 것 같은데. 앞으로는 그런 어린애 같은 짓은 하지 말거라. 이제는 정말 어린아이가 아니니 분별이 있어야지!"

에드거는 아버지가 이야기하는 내내 엄마만 바라보았다. 엄마의 눈에서 무언가 반짝였다. 그저 불빛이 반사되어 그렇게 보였던 것일까? 그렇지 않았다. 물기를 머금은 엄마의 눈은 환히 빛났고 입가에는 감사를 전하는 미소가 어려 있었다. 이제 에드거는 자러 가야 했다. 하지만 더는 사람들이 자신을 혼자 내버려 둔다는 게 슬프지 않았다. 혼자서 생각할 일들이 다채롭고 풍성했다. 태어나 처음으로 격렬한 감정을 겪고 나니 지난 며칠의 온갖 아픔은 사라져 버렸다. 또 앞으로 겪을 일들이 얼마나 신비로울지를 예감하다 보니 취한 듯 황홀했다. 어둑해진 밤, 나무들이 밖에서 술렁댔지만 아이는 이제 두렵지 않았다. 삶이 얼마나 풍요로운 것인지를 알게 된 지금, 조바심 내며 삶을 궁금해 하던 마음은 사라졌다. 오늘 처음으로 벌거벗은 현실을 본 것 같았다. 어린애에게 하는 수많은 거짓말로 가려진 현실이 아니라, 상상할 수 없을 만큼 아름다우면서도 위태로운 현실의 자태를 본 것 같았다. 며칠이라는 시간 동안 고통과 즐거움이 온갖 모습으로 뒤바뀌는 일을 겪게 되리라고는 꿈에도 생각하지 않았었다. 에드거는 그런 며칠을, 앞으로도 여러 차례 겪게 될 거라는 생각에 행복했다. 아직 펼쳐지지 않은 삶에는 깜짝 놀랄 일들이 기다리고 있을 거란 생각을 하니 행복했다. 삶의 다채로운 모습을 맞닥뜨리고 나니 처음으로 사람의 본질을 이해할 수 있을 것 같다는 생각이 들었다. 사람들은 상대가 적으로 보일 때도 실은 서로를 필요로 하며, 다른 사람의 사랑을 받는다는 건 멋진 일이라는 생각이 들었다. 어떤 것, 혹은 어떤 사람에게 증오심을 품는다는 건 있을 수 없는 일이었다. 후회하는 마음도 들지 않았다. 자신을 유혹한 후 가장 끔찍한 적으로 돌변했던 남작에게 조차 고마운 마음이 들었다. 남작이 새로운 감정의 세계로 가는 문을 열어 주었기 때문이었다.

어둠 속에서 이런 생각을 하는 건 달콤하고 포근했다. 생각들이 꿈속 형상들과 살포시 뒤엉키면서 에드거는 반쯤 잠이 들었다. 그때 갑자기 문이 열리더니 무언가 에드거 쪽으로 조용히 다가왔다. 이미 잠에 취한 에드거는 눈도 뜨지 못한 채 꿈인지 생시인지조차 알 수가 없었다. 순간 부드럽고 따뜻한 얼굴 하나가 숨을 내쉬며 살포시 에드거의 얼굴을 스쳤다. 엄마였다. 아이에게 입을 맞춘 엄마가 아이의 머리카락을 쓰다듬고 있었다. 에드거는 엄마의 손길에 다정히 화답하며, 엄마가 침묵을 지킨 자신에게 고마움을 전하려 한다고 생각했다. 오랜 세월이 지난 후에야 아이는 엄마의 말 없는 눈물이 중년에 접어든 여인의 맹세였음을 알 수 있었다. 엄마는 이제부터는 오직 아이를 위해서 살 것이며, 금지된 사랑을 포기하고 자신의 모든 욕망을 떠나보내겠다는 맹세를 했던 것이다. 엄마가 부질없는 불장난에서 자신을 구해 준 아들에게 고마워하고 있다는 걸 에드거는 몰랐다. 엄마의 포옹이 앞으로 아들의 삶에 쓰고도 달콤한 짐으로 남으리라는 것도 몰랐다. 이 모든 것을 아이는 아직 이해하지 못했다. 그러나 이토록 사랑받는 것이 대단한 행복이며 이러한 사랑으로 인해 자신이 세상의 거대한 비밀에 연루되어 있다고 느꼈다.

이윽고 아이에게서 떨어진 엄마는 조용히 자리를 떠났다. 하지만 온기와 입김은 아직 아이의 입술에 남아 있었다. 더 자주 이런 부드러운 입술을 느끼고 다정하게 안기고 싶다는 소망이 아이를 포근히 감쌌다. 그러나 그토록 알고 싶어 했던 비밀을 조심스레 느껴 보려는 순간 잠의 그림자가 묵직이 아이를 짓눌렀다. 지난날의 온갖 형상들이 갖가지 색으로 머리를 스치며 다시 한번 그의 청춘의 책이 유혹하듯 한 장 한 장 펼쳐졌다. 아이는 이내 잠이 들었다. 삶이라는 깊디깊은 꿈을 꾸기 시작한 것이다.

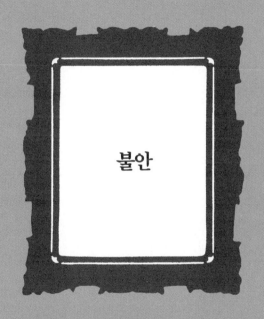

불안

...

불안

이레네는 애인이 살고 있는 집의 계단을 내려오며 문득 말도 안
되는 불안감에 또다시 사로잡혔다. 눈앞이 시꺼멓게 맴을 돌면서
무릎이 무서우리만치 뻣뻣이 굳는 바람에 앞으로 넘어지지 않으
려고 급히 난간을 붙잡아야 했다. 위험을 무릅쓰고 애인을 방문한
것이 처음은 아니었다. 이처럼 불쑥 공포를 느낀 일도 몇 차례 있
었다. 매번 집으로 돌아가려 할 때마다 아무리 마음을 다잡아도 말
도 안 되는 황당한 불안감이 이유 없는 발작처럼 찾아들었다. 밀
회는 사실 아주 간단한 일이었다. 길모퉁이에서 차를 세우고는 뒤
도 안 돌아보고 급히 몇 발짝을 떼어 건물로 들어선 후 계단을 서
둘러 오르면 애인은 뜨거운 포옹으로 맞이했고, 불안감은 애타는
마음과 함께 스르르 녹아내렸다. 하지만 돌아가려 할 때마다 알 수
없는 공포와 죄책감이 마구 뒤엉키며 섬뜩하게 그녀를 덮쳤다. 거
리에서 마주치는 낯선 사람들이 죄다 자신이 어디를 들렀다 오는
지를 알아채고 당황해하는 자신을 향해 짓궂게 웃는 것만 같은 황
당한 망상을 떨칠 수 없었다.

　애인 곁에서 보낸 마지막 몇 분은 이런 생각으로 불안해지는
바람에 엉망이 되어 버렸다. 집을 나서려 할 때는 신경질적으로 서
두르느라 손이 떨렸고 애인이 하는 말을 건성으로 넘기며 뒤늦게

열이 올라 치근대는 애인을 매몰차게 뿌리쳤다. 그저 떠나고 싶은 마음뿐이었다. 애인의 집에서, 애인이 사는 건물에서, 불장난에서 벗어나서 자신의 안정된 부르주아 세계로 돌아가고 싶을 뿐이었다. 남자는 진정시키려고 말을 건넸지만 흥분한 여자의 귀에는 아무 말도 들리지 않았기에 소용이 없었다. 여자는 일단 문 뒤에 숨어서 혹시 누군가 계단에 있지나 않을까 귀를 기울였다. 밖으로 나서자 걷잡을 수 없는 불안감에 사로잡히면서 심장이 제멋대로 멎는 바람에 넋 나간 사람처럼 계단을 몇 개 내려왔다.

그러고는 잠시 눈을 감고서 계단을 채운 아슴푸레한 냉기를 기갈난 듯 들이마셨다. 이때 위층에서 문이 열리는 소리가 들렸다. 소스라치게 놀란 그녀는 마음을 다잡고 떨리는 손으로 얼굴을 가린 베일을 단단히 고정하고는 서둘러 계단을 내려갔다. 이제 가장 두려운 마지막 순간이었다. 낯선 건물에서 거리로 나서야 한다는 게 무서웠다. 그녀는 경주에 나선 육상 선수처럼 머리를 숙이고는 마음을 단단히 먹고 반쯤 열린 건물 문을 향해 돌진했다.

바로 그때 건물로 막 들어서려는 어떤 여자와 몸을 부딪혔고, 당황한 이레네는 "미안합니다"라고 말하고는 서둘러 여자를 지나쳐 문밖으로 나서려 했다. 하지만 여자는 문을 가로막은 채 화난 표정으로 이레네를 노려보며 대놓고 조롱했다. "드디어 붙잡았군!" 여자는 상스러운 목소리로 거리낄 것 없이 소리 질렀다. "정숙한 체하는 부인일 줄 내 알았지. 암, 그렇고말고! 남편도 있고 돈도 많은 여자가 가난뱅이 년한테서 애인까지 빼앗다니……."

"맙소사…… 무슨 말을 그렇게…… 사람 잘못 보셨어요." 이레네는 더듬대며 빠져나가려고 어설프게 시도했다. 하지만 그 여자는 육중한 몸으로 문을 가로막고 서서는 새된 소리를 질러댔다. "아니, 잘못 보지 않았어요. 난 당신을 알아요. 내 애인 에두아르랑 있었잖아. 드디어 붙잡았어. 에두아르가 요새 나랑 보낼 시간이 왜 그렇게 없었는지 이제야 알겠군. 당신 때문에 그랬던 거야. 이 더 러운!"

"맙소사," 이레네는 꺼져 가는 목소리로 여자의 말을 끊었다. "그렇게 소리 지르지 마세요." 그러고는 저도 모르게 다시 건물 안 으로 물러섰다. 여자는 경멸하듯 이레네를 노려보았다. 이레네가 두려움에 비틀대며 쩔쩔매는 것을 보고는 흐뭇한 표정을 지었다. 여자는 흡족한 듯 조롱을 담은 미소를 여유롭게 지으며 자신의 먹 잇감을 위아래로 훑어보았다. 여자는 천박한 만족감에 젖어서 느 릿느릿 허세를 부리며 말했다.

"흠, 남편 있는 사모님이, 고상하고 점잖은 사모님이 서방질하 러 갈 때는 저렇게 차리고 다니는구먼. 얼굴을 베일로 가려야지, 암, 가려야 하고말고. 그래야 나중에 어디서든 정숙한 부인 행세를 할 수 있으니까."

"나한테…… 나한테 왜 이러는 거예요? 난 당신이 누군지 전혀 몰라요. 난 지금 가야 해요."

"가야 한다고…… 암, 당연히 그래야지. 낭군님한테 가셔야지. 따듯한 방으로 가서 점잖은 부인 행세를 하고 시중을 받으며 옷을 갈아입어야지. 그렇게 사는 점잖은 부인네는 우리 따위가 행여 배 고파 뒈진다 해도 신경도 안 쓰거든. 이렇게 점잖은 부인이 우리네 가 가진 마지막 것마저 훔치려 들다니……."

이레네는 마음을 다잡고는 막연히 떠오른 생각을 따라 지갑을 열어 손에 잡히는 대로 지폐를 꺼냈다. "여기, 여기 있어요. 이제 날 놓아줘요. 다시는 여기 오지 않을게요. 맹세하겠어요."

여자는 험상궂은 눈빛으로 돈을 받아 쥐고는 "더러운 계집!" 이라고 중얼댔다. 이레네는 이 말에 움칠했지만, 여자가 문에서 비켜나는 것을 보자 죽을 작정으로 탑에서 뛰어내리는 사람처럼 숨도 쉬지 않고 밖으로 뛰쳐나왔다. 앞으로 걸어가자니 흉하게 일그러진 얼굴들이 지나쳐 가는 듯했다. 이레네는 눈앞이 캄캄했지만, 간신히 모퉁이에 서 있는 택시까지 뛰어가 몸을 짐짝처럼 좌석에 던졌다. 온몸이 굳어 버려서 꼼짝을 할 수가 없었다. 운전사가 손님의 유별난 행동에 의아해하며 어디로 갈 거냐고 묻자 이레네는 잠시 멍하니 운전사를 응시하고 나서야 그 말의 의미를 이해했다. "남부역으로 가 주세요." 급히 말을 뱉고 나서 그 여자가 쫓아올지도 모른다는 생각이 불쑥 들었다. "빨리, 빨리요. 빨리 달려 주세요."

차가 출발하고 나서야 비로소 이레네는 이 만남이 얼마나 충격적이었는지를 깨달았다. 손을 더듬어 보니, 생명이 없는 물체처럼 뻣뻣하고 싸늘한 두 손이 몸에 축 늘어져 있었다. 갑자기 부들부들 온몸이 떨리기 시작했다. 목구멍으로 쓴 덩어리가 올라오며 구역질이 나는 동시에 뜻 모를 막연한 분노가 왈칵 치밀었다. 경련이 일 듯 가슴속을 헤집는 분노였다. 마구 소리를 지르거나 주먹을 휘두르기라도 해서 낚싯바늘처럼 뇌리에 꼭 박혀 버린 끔찍한 기억에서 벗어나고 싶을 뿐이었다. 자신을 비웃던 천박한 얼굴을, 하층민 여자의 퀴퀴한 숨결에서 풍기던 구린내를, 증오에 차서 자신에게 대놓고 상스러운 말을 뱉어 내던 천박한 입을, 위협적으로 들어 올린 벌겋게 부르튼 주먹을 기억에서 지우고 싶을 뿐이었다. 이 레네는 구역질이 더 심해지면서 토할 것 같은 느낌이 들었다. 몹시 괴로운 와중에 택시는 급히 달리느라 이리저리 흔들렸고 천천히 달리라는 말을 하려는 찰나 운전사에게 줄 돈이 모자랄지도 모른 다는 생각이 문득 들었다. 가지고 있던 지폐를 몽땅 강도 같은 여 자에게 다 주었지 않은가. 이레네는 급히 차를 세우고는 의아해하 는 운전사에게 남은 돈으로 겨우 요금을 치렀다. 이제 이레네는 낯 선 지역에 불시착한 신세가 되었다. 두려움에 무릎이 후들거렸지 만, 집으로 가야 했다. 젖 먹던 힘까지 끌어모아 이 골목에서 저 골 목으로 걸어가자니, 마치 진흙탕 속을 저벅대거나 무릎까지 쌓인 눈을 헤치며 걷는 것처럼 안간힘을 써야 했다. 드디어 집에 도착한 그녀는 허둥지둥 뛰어 들어가려다가 자신의 불안한 상태가 눈에 뜨일까 즉시 걸음을 늦추고는 천천히 계단을 올랐다.

문을 열고 들어서자 하녀가 겉옷을 받아 들었고 안에서는 어린 아들이 누이동생과 노는 소리가 들렸다. 마음을 가라앉히고 사방 을 둘러보니 온통 자신에게 속한 것들이 아늑한 모습을 하고 있었 다. 이제야 겉으로는 태연한 척을 할 수 있었다. 하지만 속에서는 격정의 파도가 긴장한 마음을 아프게 때리고 있었다. 이레네는 베 일을 벗고는 마음을 다잡으며 아무렇지도 않게 보이게끔 얼굴을 매만진 후 식당으로 들어갔다. 저녁이 차려진 식탁에 앉은 남편이 신문을 읽고 있었다.

"이레네, 늦었군, 또 늦었어." 남편이 부드럽게 나무라며 일어 서서는 뺨에 입을 맞추자 그녀는 저도 모르게 수치심에 사로잡혀 괴로웠다. 아내가 자리에 앉자 남편은 신문에서 눈도 떼지 않은 채

지나가듯이 물었다. "어디서 그렇게 오래 있다가 온 거요?"

"아, 아멜리랑 같이 있었어요. 아멜리가 살 것이 있다고 해서…… 둘이 같이 거리를 쏘다녔어요." 그녀는 경솔하게도 어설픈 거짓말을 하는 자신에게 화가 치밀었다. 평소에는 늘, 들통날 염려가 전혀 없게끔 치밀히 꾸며낸 거짓말을 미리 준비해 두지 않았던가! 그런데 오늘은 불안감에 넋이 나가서 미처 거짓말을 준비하지 못하는 바람에 어설프게 즉석에서 둘러댈 수밖에 없었다. 만일 남편이 지난번 극장에서 본 연극 속 남편처럼, 전화라도 걸어서 확인하려 든다면 어쩌나 덜컥 겁이 났다.

"당신 무슨 일이 있소? 신경이 날카로워 보이는군. 왜 모자도 벗지 않고?" 남편이 묻자 이레네는 허둥대던 자신을 또 들킨 것 같아 뜨끔했다. 급히 일어나 자기 방으로 간 이레네는 모자를 벗고 불안한 눈이 안정을 되찾을 때까지 거울을 들여다보며 기다린 후 식당으로 돌아갔다.

하녀가 식사를 날랐다. 여느 때와 다를 바 없는 저녁이었다. 어쩌면 평소보다 더 말이 없고 즐겁지 못한 저녁이었다. 저녁 내내 대화는 겉돌며 힘겹게 띄엄띄엄 이어졌다. 이레네의 머릿속에서는 방금 겪었던 일들이 계속 뱅뱅 돌아가고 있었다. 그러다가 생각이 그 끔찍한 순간에 다다르면 매번 소스라쳤다. 그럴 때마다 이제 자신은 안전한 곳에 있음을 실감하기 위해 눈을 열고 근처 물건들을 하나하나 살갑게 보았다. 방 안에 놓인 물건들에는 각기 기억과 의미가 담겨 있었다. 그러고 있으니 조금은 안심이 되었다. 느릿느릿 재깍대며 침묵을 뚫고 전진하는 벽시계는 어느새 그녀의 심장에도 한결같고 안정된 박동을 가져다주었다.

이튿날 아침 남편이 일터인 법률 사무소로 떠나고 아이들이 산책하러 나간 뒤에야 이레네는 혼자가 되었다. 밝은 아침 햇살을 받으며 어제의 그 천박한 여자와의 끔찍했던 만남을 찬찬히 되새겨보자니 불안한 마음은 많이 사그라들었다. 베일로 얼굴을 단단히 가리고 있었으니 그 여자가 자신의 이목구비를 제대로 보지는 못했을 테고, 다시 마주쳐도 알아볼 리 없다는 생각이 맨 먼저 들었다. 이제 그녀는 차분히 온갖 예방책을 검토했다. 두 번 다시 애인의 집은 찾지 않을 작정이었다. 그러면 다시는 여자에게 덜미를 잡힐 일도 없을 것이다. 따라서 우연히 그 여자와 다시 마주칠 위험만이 남아 있었다. 하지만 이백만 명이 넘게 사는 도시에서 그런 가능성은 매우 희박했다. 택시를 타고 달아났으니 그 여자가 뒤쫓아 오지는 못했을 것이다. 이름과 주소를 알 리도 없고 얼핏 본 얼굴 윤곽만으로는 자신을 확실히 알아보지도 못할 게 분명했다. 그러나 이레네는 최악의 상황에 대비해 대책을 마련해 두었다. 만약의 경우 그냥 침착하게 모든 걸 부정할 작정이었다. 자신이 그 집을 방문했다는 사실은 현장에서가 아니면 증명이 거의 불가능했기에 그 여자가 착각한 거라고 싸늘하게 우기며, 필요하다면 그 여자에게 협박죄를 뒤집어씌울 작정이었다. 이레네는 빈의 유명 변호사를 남편으로 둔 만큼, 협박을 당하는 경우 즉시 극도의 냉정함으로 상대를 제압해야 한다는 사실을 남편이 동료들과 나눈 대화를 통해 알고 있었다. 협박당하는 사람이 조금이라도 머뭇거리거나 불안한 기색을 보이면 상대는 금세 기세등등해질 게 뻔했다.

그녀는 첫 번째 조치로 애인에게 짤막한 편지를 보냈다. 내일 약속 시각에 갈 수 없고 다음 날에도 갈 수 없다는 내용이었다. 자신의 애인이 이전에 그토록 천박하고 상스러운 여자와 관계를 맺었다는 데 자존심이 상한 이레네는 증오심에 가득 차서 편지 문구를 훑어보며, 맘이 내키면 갈지도 모른다는 식으로 혹독하게 표현한 것에 흡족했다.

이레네는 이름난 피아니스트인 청년을 이따금 참석하는 저녁 모임에서 알게 되었다. 그러고는 얼마 안 되어 그의 애인이 되어 버렸다. 그러려고 작정한 것도 아니었고 어쩌다 그렇게 되었는지도 알 수가 없었다. 그를 뜨겁게 열망해서는 아니었다. 관능적으로는 물론이고 정신적으로도 그 남자에게 끌렸던 적은 없었다. 그런데도 그녀는 그와 관계를 맺었다. 그가 필요해서라거나 그를 강렬히 욕망해서가 아니라 그의 의지에 저항하기에는 게으른 탓도 있었고 호기심이 꿈틀댄 탓도 있었다. 그녀는 부부의 행복이 너무도 안정적이라거나, 다른 여자들처럼 결혼생활에서 자신의 정신적 욕구를 채울 수 없다는 이유로 애인을 필요로 한 게 아니었다. 자신보다 지적으로 월등하며 부유한 남편을 둔 그녀는 사회적 통념으로 보면 행복하다고 할 수 있었다. 두 아이의 엄마였고 무풍지대에서 쾌적한 부르주아의 삶을 누리고 있었다. 하지만 느슨한 분위기는 후덥지근한 열기나 폭풍우만큼이나 육욕을 일깨우며, 잘 조율된 행복은 불행보다 더 자극에 민감한 법이고, 포만감은 굶주림 못지않게 사람을 도발적으로 만든다. 위험이 없고 안정된 삶을 살던 여자는 불륜 관계가 어떤 것인지 궁금했다.

그녀는 지금껏 만족스러운 삶을 지극히 당연한 것으로 여기며 살아 왔다. 그녀가 속한 부르주아 세계의 남자들은 대개 그녀에게 무난한 농담을 건네고 적당히 비위를 맞추며 "아름다운 부인"이라고 정중하게 떠받들 뿐, 남자가 여자를 욕망하듯이 그녀를 진지하게 욕망한 적이 없었다. 그때 이 젊은 남자가 그녀의 부르주아 세계에 들어서자 그녀는 처녀 시절 이후 처음으로 마음속 깊이 설레었다. 이 남자의 특성 가운데 그녀를 가장 매혹한 것은 지나치리만치 잘 가꾼 얼굴에 드리운 슬픔의 그림자였다. 온통 배부른 부르주아들에게 둘러싸인 그녀에게 이런 설명할 수 없는 멜랑콜리는 한층 더 고귀한 세계를 암시하는 것이었다. 저도 모르게 그녀는 이 새로운 현상을 관찰하기 위하여 자신의 일상적 감정의 테두리를 넘어섰다. 여자가 호기심을 느끼는 경우 늘 성적인 요소가 저절로 연루되기 마련이다. 그녀는 예술적 감동에 휘말려 찬사를 건넸는데, 통상적 수위를 넘는 정열이 거기 담겨 있어서였는지 피아노 앞의 남자는 고개를 들어 그녀를 쳐다보았다. 이 첫 번째 시선에는 이미 그녀에 대한 열망이 담겨 있었다. 그녀는 깜짝 놀라는 동시에 불안하면서도 짜릿한 쾌감을 느꼈다. 그와의 대화는 물밑에서 타오르는 불꽃처럼 반짝였고 뜨거웠기에 그녀의 호기심은 한층 더 강렬하게 달아올랐다. 그래서 그녀는 대중 연주회에서 그와 다시 마주칠 기회를 마다하지 않았다. 그러고 나서 둘은 자주 보게 되었고 얼마 지나지 않아 우연히 만나는 사이 이상이 되었다. 남자는 그녀가 진짜 예술가인 자신을 이해하고 조언을 해 주는 소중한 존재라고 거듭 다짐했기에 그녀의 공명심은 커졌다. 그래서 몇 주 후 남자가 자신의 새로운 곡을 자기 집에서, 오직 그녀에게만 들려주겠다고 제안하자 이레네는 너무 성급히 응해 버리고 말았다. 그는 아마 절반쯤은 새로운 곡을 연주할 생각이었겠지만 실제로는 입을 맞추기 시작했고, 결국 놀랍게도 그녀는 몸을 허락해 버렸다.

처음 그녀는 이 만남이 예기치 않게 육체적인 관계로 변했다는 사실에 경악했다. 맨 처음 이 관계에 깃들었던 정신적인 경외감은 그녀의 삶이 손상을 입으면서 순식간에 사라졌다. 이레네는 뜻하지 않게 간통을 저질렀다는 죄의식을 잠재우기 위해, 스스로의 결정으로 자신이 속한 부르주아 세계를 부정했다는 짜릿한 허영심을 동원해 보았지만 잘 되지 않았다. 하지만 이런 참신한 흥분마저도 시간이 지나자 느슨하게 풀어져 버렸다. 그녀의 본능은 은근히 이 남자를 거부했고, 특히 처음 그녀의 호기심을 일깨웠던 그의 새롭고 색다른 면모를 거부했다. 그의 열정적인 연주에 흠뻑 도취되었지만 육체관계에서 남자가 보이는 열정은 불편했다. 원래 그녀는 갑작스럽고 거친 포옹을 좋아하지 않았다. 몇 년을 같이 보내고도 여전히 수줍게 예의를 갖추고 다가오는 남편과 비교하면 애인은 상대를 배려하지 않고 제멋대로 관계를 하려 했다. 하지만 일단 불륜을 저지르고 나자 그녀는 재차 그를 찾았다. 그렇게 행복도, 실망도 주지 않는 이 관계를 일종의 의무감과 나태한 습관 때문에 이어 왔다. 몇 주가 지나자 그녀는 애인인 젊은 남자를 자신의 삶 한구석에 깔끔히 끼워 놓았다. 시부모를 한 주에 한 번 만나듯이, 애인에게도 한 주에 하루를 비워 놓으면 됐다. 새로운 관계를 유지한다고 해서 이전의 질서를 포기한 것이 아니라 자신의 삶에 무언가를 추가했을 뿐이었다. 애인의 존재는 그녀 삶의 쾌적한 메커니즘을 조금도 바꿔 놓지 않았다. 애인은 셋째 아이, 혹은 자동차처럼 잘 조율된 행복에 더해진 어떤 것이 되었고 불륜 관계는 금세 금지되지 않은 향락과 다름없이 진부해져 버렸다.

그런데 이제 불륜의 대가를 정말로 치러야 하는 위험한 순간이

닥치자 그녀는 소심하게 그것의 가치를 계산해 보기 시작했다. 운명의 은총으로 부유한 가정에서 가족의 사랑을 듬뿍 받으며 부족한 것 없이 자란 그녀는 처음 닥친 불편함이 버거웠다. 그녀는 근심 없는 삶을 포기할 생각은 없었기에 오랜 고민 없이 애인을 버리고 안락함을 택할 생각이었다.

오후에 심부름꾼이 가져온 답장에서 애인은 놀라 어쩔 줄 모르며 간청과 탄식과 비난을 늘어놓고 있었다. 편지를 보자 관계를 끝내겠다는 이레네의 결심이 다시 흔들렸다. 애인은 간곡한 말로 잠깐이라도 만나 달라고 간청했다. 자신이 실수로 그녀의 마음을 상하게 했다면 해명할 기회라도 달라는 내용이었다. 이제 그녀는 그에게 뾰로통하게 굴고 이유도 없이 퇴짜를 놓아서 자신의 가치를 높이는 장난을 치고 싶었다. 그래서 그를 제과점으로 불러냈다. 풋풋한 소녀 시절 어떤 배우와 거기서 단둘이 만났던 기억이 불쑥 떠올랐다. 지금 생각해 보면 그 배우는 아주 정중했고 흑심을 품지 않았기에 그 만남은 천진난만하게 여겨졌다. 이상한 일이야, 그녀는 혼자 미소를 지었다. 결혼한 후로 몇 년 동안 내 삶에서 낭만이라고는 찾아볼 수 없었는데, 이제 그 낭만이 다시 꽃피려 하는구나. 어제 그 여자와 마주친 끔찍한 순간조차 나쁘지 않았다는 생각이 들 지경이었다. 어제의 그 순간 이후로 오랜만에 제대로 된 감정이 강렬하고도 짜릿하게 되살아났고 평소에는 늘어져 있던 신경이 수면 아래에서 진동하고 있었다.

이레네는 그 여자와 마주쳐도 알아보지 못하게끔 어두운 빛깔의 수수한 옷을 입고 다른 모자를 썼다. 베일로 얼굴을 가리려고 하다가 문득 오기가 생겨서 베일을 내려놓았다. 존경받고 평판 좋은 부인인 내가 누군지도 모를 여자가 두려워서 거리로 나서지도 못한다는 게 있을 법한 일인가?

거리로 나서는 순간 불안감이 잠시 그녀를 덮쳤다. 파도에 뛰어들기 전 시험 삼아 발끝을 물에 담글 때처럼 싸늘한 기운이 퍼지며 몸이 부르르 떨렸다. 그러나 이런 냉기가 몸을 꿰뚫는 것도 잠시, 흔치 않은 희열감이 단숨에 그녀를 사로잡았다. 그녀는 날아갈 듯 가볍게 자신감에 가득 차서 사뿐사뿐 걸었다. 자신이 이렇게 활기 넘치고 품위 있게 걸을 수 있을 줄은 몰랐다. 제과점이 너무 가까운 거리에 있다는 게 아쉬울 지경이었다. 무어라 말할 수 없는 어떤 의지가 그녀를 자석과도 같은 신비스러운 힘으로, 모험의 세계로 끌어당기고 있었다. 만나기로 한 시간이 얼마 남지 않았다. 그녀는 애인이 벌써 와서 자신을 기다리고 있을 거라는 확신에 즐거웠다.

제과점에 들어서자 정말로 먼저 와서 구석에 앉아 있던 그가 흥분해서 벌떡 일어났다. 그녀에게는 그런 행동이 재미있기도 했지만 민망하기도 했다. 남자가 흥분을 가라앉히지 못하고 쉴 새 없이 질문과 비난을 마구 퍼붓는 바람에 그녀는 목소리를 좀 낮추라고 경고해야 했다. 그녀가 약속을 지키지 않은 진짜 이유에 대해 최소한의 암시조차도 하지 않은 채 모호한 말장난으로 일관하자 남자는 더욱 몸이 달았다. 그녀는 이번에는 그의 소원을 들어주려 하지 않았고 약속조차 하려 들지 않았다. 비밀스러운 이유로 갑자기 그를 피하고 내칠수록 그의 욕망이 강렬해진다는 것을 느꼈기 때문이었다.

반 시간 가까이 팽팽한 대화를 나눈 뒤 이레네는 그를 남겨 두고 자리에서 일어섰다. 그에게 최소한의 애정 표현을 할 기회도, 이렇다 할 언질도 주지 않았다. 불쑥 그녀는 처녀 시절에나 겪었던 아주 묘한 감정에 마음이 달아올랐다. 마치 작은 불꽃이 맨 아래에서 희미하게 파닥이며, 바람이 일어서 불길이 번지면 머리 꼭대기까지 덮칠 작정으로 기다리는 것 같았다. 그녀는 골목을 걸어가면서 자신에게 쏠리는 시선들을 모두 감지했다. 예상치도 않게 남자들의 관심을 끄는 데 성공하고 나니 자신의 얼굴이 너무도 궁금해져서 그녀는 돌연 꽃가게 진열장에 놓인 거울 앞에 멈추어 섰다. 빨간 장미와 이슬을 머금은 제비꽃을 액자 삼아서 자신이 얼마나 아름다운지 보기 위해서였다. 처녀 시절 이후로 지금처럼 이렇게 날아갈 것 같이 모든 감각이 살아난 기분이었던 적은 없었다. 신혼 초에도, 애인의 품 안에서도 지금처럼 불꽃이 몸을 간질이는 기분을 느낀 적이 없었다. 이제 틀에 박힌 일과를 위해 피를 감도는 달콤한 열기를 포기해야 한다고 생각하니 견딜 수가 없었다. 그녀는 짜증스러운 마음으로 걸음을 재촉했다. 그러고는 집 앞에서 다시금 주저하며 서 있었다. 후끈한 공기를, 혼란스러운 이 순간을 다시 한번 가슴을 활짝 펴고 들이마시기 위해서였다. 금지된 관계가 마지막 파도로 쏠려 나가는 것을 심장 깊숙이 느끼고 싶었다.

바로 그때 누군가 이레네의 어깨를 건드렸고 몸을 돌린 이레네는 경악했다. "어쩌자고…… 어쩌자고 여길 온 거예요?" 뜻밖에 가증스럽고 천박한 여자의 얼굴을 다시 보게 된 이레네는 혼비백산해서 더듬거렸다. 그러고는 자신이 해서는 안 될 말을 해 버린 것을 알아차렸다. 행여나 다시 만나더라도 아는 체 말고 모든 걸 부인하면서 배짱 좋게 맞설 작정이었는데, 이제 물 건너간 일이 되었다.

"30분 전부터 여기서 당신을 기다렸어요, 바그너 부인."

이레네는 움찔했다. 이름과 집까지 알고 있구나! 이제 다 글렀다. 이 여자에게 꼼짝없이 당할 수밖에 없는 처지였다.

"30분 전부터 여기서 당신을 기다렸다고요, 바그너 부인." 여자는 나무라듯이 협박조로 같은 말을 되풀이했다.

"어떻게 하면…… 내가 어떻게 하면 되겠어요?"

"잘 알잖아요, 바그너 부인." 이레네는 여자가 자신의 이름을 부르자 또다시 움찔했다. "내가 왜 왔는지 잘 알잖아요."

"나는 그 사람을, 그 후로 다시는 만나지 않았어요. 이제 날 놔주세요. 다시는 그 사람을 만나지 않을 거예요. 다시는……."

여자는 이레네가 감정이 격해져서 말을 잇지 못하게 될 때까지 유유히 기다렸다. 그러고는 아랫사람을 다루듯이 거칠게 내뱉었다.

"거짓말 말아요! 난 당신을 제과점까지 따라갔다고요." 여자는 이레네가 주춤대는 것을 보자 비웃으며 말했다. "나는 일자리를 잃었어요. 직장에서 더는 일거리가 없고 경기도 나쁘니 나가라고 하더군요. 이렇게 마침 기회가 되면 우리 같은 사람도 산책을 나서죠. 점잖은 부인들이 하듯이 말이에요."

신랄하고 악의에 찬 말은 이레네의 심장에 비수처럼 꽂혔다. 자신은 이처럼 대놓고 야비하게 괴롭히는 상대를 대적할 수 없다는 걸 느꼈다. 이 여자가 큰 소리로 떠들기 시작하거나 남편이 지나가기라도 한다면 모든 게 끝이라는 생각에 두렵고 불안했다. 이레네는 급히 토시 안을 더듬어 은지갑을 열고는 손에 잡히는 대로 죄다 꺼냈다. 하지만 여자는 돈을 보고도, 지난번처럼 그 뻔뻔한 손을 내리지 않았다. 여자는 손을 허공에 치켜들고 맹수의 발톱처럼 활짝 벌렸다.

"돈을 넣을 수 있게 은지갑도 내놔요!" 여자는 빈정대며 말하고는 흐뭇하게 웃었다.

이레네는 여자를 똑바로 쏘아보았지만 이내 눈을 돌렸다. 이처럼 뻔뻔하고 야비하게 조롱당하는 것을 견딜 수가 없었다. 구역질이 나면서 온몸이 타는 듯이 아팠다. 어서 이 자리를 뜨자, 이 얼굴이 보이지 않는 데로 가자! 이레네는 여자를 외면한 채 서둘러 값비싼 지갑을 내밀고는 공포에 쫓겨 계단을 뛰어 올라갔다.

남편은 아직 돌아오지 않았기에 그녀는 소파에 몸을 던졌다. 망치로 두들겨 맞은 것처럼 꼼짝도 못 하고 누워 있었다. 밖에서 남편의 목소리가 들리자 가까스로 일어서서는 여전히 넋을 놓은 채 자동인형처럼 다른 방으로 건너갔다.

이제 공포는 그녀 안에 둥지를 틀고 나가려 하지 않았다. 그 끔찍했던 만남의 매 순간들은 몇 시간 내내 끊임없이 철썩대는 파도처럼 뇌리에 몰아치고 있었다. 그녀는 이제 아무런 희망도 없는 처지임을 깨달았다. 그 여자는 어떻게 알아냈는지 이레네의 이름과 주소를 알고 있으며, 한번 돈을 뜯어내는 데 멋지게 성공했으니 앞으로 계속 수단과 방법을 가리지 않고 협박을 해 댈 것이다. 몇 년이 지나가도 그 여자는 악귀처럼 이레네의 삶을 짓누를 것이고, 이레네가 아무리 안간힘을 써도 떨어져 나가지 않을 것이다. 이레네는 부유했고 자산가의 아내였지만 영영 그 여자를 떼어 낼 만큼의 큰돈을 남편 몰래 마련할 능력은 없었다. 그뿐만 아니라 남편에게

서 들은 소송 이야기들을 보면 교활하고 파렴치한 사람들과 계약을 맺고 약속을 받아내 봤자 아무 소용이 없었다. 한 달이나 두 달 정도는 파국을 피할 수 있겠지만 결국 행복한 가정이라는 수려한 건축물은 와르르 무너져 내릴 것이다. 그렇게 되면 협박범도 함께 몰락하겠지만 그것은 아무런 도움도 되지 않을 것이다.

파국은 돌이킬 수 없고 빠져나갈 길도 보이지 않았다. 이제 어떤 일이 일어날까? 아침부터 저녁까지 그녀는 이 물음에 매달려 있었다. 어느 날 남편 앞으로 한 통의 편지가 배달될 것이다. 남편은 파랗게 질려서는 어두운 시선을 던지며 그녀의 팔을 잡고 물을 것이다. 그다음에는 무슨 일이 벌어질까? 남편은 어떻게 행동할까? 이 대목에서 갑자기 미칠 듯한 공포가 밀려오며 눈앞이 캄캄해져 아무런 장면도 더는 떠올릴 수 없었다. 그저 막막했다. 그녀의 생각은 깊이를 알 수 없는 아찔한 나락으로 빨려들었다. 그런데 이렇게 곰곰이 생각하다 보니 무서우리만치 분명해진 게 하나 있었다. 남편에 대해 아는 게 거의 없다는 사실이었다. 남편이 어떤 결정을 내릴지 도무지 짐작할 수가 없었다. 이레네는 부모의 주선으로 남편을 만났고, 아무런 저항 없이 호감을 품고 그와 결혼했으며 그 호감은 몇 년 후에도 여전했다. 8년을 남편 곁에서 편안히 아무런 탈 없이 행복하게 살았고, 아이들을 낳았고, 한 지붕 아래에서 수없이 많은 시간을 살을 맞대고 살아왔다. 하지만 남편이 어떤 태도를 보일지 궁리하다 보니 이제야 자신이 그에 대해서 아는 게 없다는 사실이 분명해졌다. 이레네는 남편의 성격을 밝힐 만한 개별 특성들을 근거로 그가 살아온 삶을 측정하기 시작했다. 그의 심장에 자리한 비밀의 방, 그 문에 맞는 열쇠를 찾기 위해 이레네는 불안에 떨면서 조심스레 온갖 자잘한 기억을 떠올렸다.

남편이 했던 말에서 단서가 잡히지 않았기에 이레네는 그의 얼굴을 탐색했다. 마침 소파에 앉아서 책을 읽는 남편의 얼굴을 전등불이 환히 비추었다. 이레네는 낯선 얼굴을 보듯이 남편의 얼굴을 들여다보면서, 친숙하면서도 돌연 낯설게 보이는 이목구비에서 8년을 같이 살고도 무심했던 탓에 알아내지 못한 남편의 성격을 알아맞혀 보려 했다. 이마는 강인한 정신적 노력으로 단련된 듯이 명석하고 고귀한 형상이었지만 입은 엄격하고 고집스러워 보였다. 남자다운 이목구비는 간결했고 활력과 의지력을 드러냈다. 남편의 얼굴이 발산하는 아름다움에 놀란 이레네는 그 절제된 진지함과 숨김없는 준엄함을 감탄하며 관찰했다. 하지만 진짜 비밀을 숨기고 있음이 분명한 눈은 책을 향해 있어서 관찰할 수가 없었다. 그러니 그저 불빛에 흔들리는 남편의 윤곽에서 풍기는 게 은총인지, 아니면 저주인지 자문하며 그의 옆모습을 뚫어져라 보는 수밖에 없었다. 옆모습은 낯설고 냉혹해 보여서 섬뜩했지만, 그 단호한 모습에 독특한 아름다움이 담겨 있음을 처음으로 깨달았다. 문득 자신이 즐겁게, 자랑스러운 마음으로 남편을 보고 있다는 사실을 깨달았다. 그때 남편이 갑작스럽게 책에서 눈을 뗀 탓에 그녀는 급히 어둠 속으로 물러섰다. 애타는 질문을 담은 시선을 들키면 남편의 의심을 살 게 분명했으니 말이다.

사흘 동안 이레네는 집 밖을 나서지 않았다. 갑자기 꼼짝도 하지 않고 집에만 있으니 식구들이 의아해하는 것 같아서 마음이 편치 않았다. 워낙 세련된 사교 활동을 즐기던 성품인지라 집에서 긴 시간을 보내거나 종일 집에 있는 일이 거의 없었기 때문이었다.

이 변화를 처음으로 알아챈 것은 아이들이었다. 특히 아들은 엄마가 외출하지 않고 오래 집에 머무는 걸 보고는 순진하게도 놀라움을 숨기지 않아서 그녀를 난감하게 했다. 반면에 하인들과 가정교사들은 등 뒤에서 온갖 추측을 해 댔다. 이레네는 꽤 그럴싸한 온갖 구실로 둘러대려고 했지만 그다지 소용이 없었다. 도와주려고 나서면 방해가 되었고 관심을 품고 끼어들면 의심을 불러일으킬 뿐이었다. 현명하게 뒤로 물러나 방에서 조용히 책을 읽거나 일거리를 잡고 있었더라면 자발적으로 집 안에 틀어박혀 있는 게 그다지 눈에 띄지 않았겠지만, 그녀에게는 그런 요령이 없었다. 감당하기 어려운 불안감 때문에 신경이 날카로워진 이레네는 끊임없이 이 방 저 방을 돌아다녔다. 전화가 오거나 초인종이 울리면 소스라칠 만큼 과민한 상태가 되다 보니 삶이 산산조각 났다는 예감이 들곤 했다. 집에 갇혀서 보낸 사흘은 8년에 걸친 결혼생활보다 더 길게 느껴졌다.

사흘째 되는 저녁은 몇 주 전에 약속했던 부부 동반 모임이 있었다. 적당한 이유 없이 이제 와서 갑자기 초대를 거절할 수는 없는 노릇이었다. 게다가 미쳐 죽지 않으려면 자신의 삶을 빙 에워싼 보이지 않는 공포의 쇠창살을 부숴야 했다. 이레네는 사람들이 필요했다. 자신의 목을 조이는 무서운 고독감에서 단 몇 시간이라도 벗어나 쉬고 싶었다. 더군다나 남의 집에서 친구들과 함께라면 자신의 주위를 맴도는 보이지 않는 추적자로부터 떨어져 가장 안전한 곳에 있는 게 아닐까? 그 여자와 마주친 이후 처음으로 집을 나서 잠시나마 거리를 걷자니 다시금 공포가 밀려왔다. 이레네는 저도 모르게 남편의 팔을 붙잡고 눈을 감은 채 보도를 몇 발짝 걸어 대기 중인 자동차에 올랐다. 텅 빈 밤거리를 쏜살같이 달리는 자동차 안에 남편과 나란히 앉아 있자니 어느새 무거운 마음이 싹 가셨다. 초대받은 집 계단을 오르는 순간 이제 안전하다는 기분이 들었다. 두어 시간 동안은 지난 몇 년처럼 근심 없이 즐길 수 있을 것이다. 이레네는 감방을 나와서 다시 햇볕을 쬐게 된 사람처럼 격렬한 기쁨을 느꼈다. 이곳은 어떤 추적도 막아 줄 장벽이 있으며, 증오심이 새어 들 수 없는 장소였다. 이곳에는 그녀를 아끼고 존중하고 떠받드는 사람들만 있었다. 잘 꾸민 우아한 사람들이 경쾌한 열정의 불꽃을 화사하게 수놓으면서 즐기는 한복판에 드디어 다시 들어선 것이다. 안에 들어선 순간 이레네는 사람들이 감탄 어린 시선으로 자신의 아름다움에 주목하는 것을 느꼈다. 그러한 느낌은 며칠 동안 누리지 못한 만큼 더욱 강렬히 와 닿았다.

곧 매혹적인 음악이 흐르며 달아오른 살갗 아래로 깊숙이 파고들었다. 춤이 시작되자 어느새 그녀는 춤추는 무리 속에 있는 자신을 발견했다. 여태껏 지금처럼 춤을 춘 적은 없었다. 회오리바람처럼 빙빙 돌며 춤을 추다 보니 온갖 근심은 떨어져 나갔고, 리듬이 팔다리와 하나가 되면서 온몸이 정열적으로 움직였다. 음악이 멈추면 갑작스러운 정적이 고통스러울 정도였다. 정적의 순간에는 바로 '그 일'이 기억났기 때문이었다. 잠시도 가만있지 못하는 불꽃처럼 팔다리가 요동을 쳤다. 마치 서늘한 냉탕에 몸을 담그고 안정을 찾으려는 듯이 그녀는 다시금 춤추는 무리에 뛰어들었다. 평소에 그녀의 춤 솜씨는 늘 보통 수준을 넘어서지 않았다. 그녀의 동작은 지나치게 정확했고, 단정했고, 뻣뻣했고, 조심스러웠다. 그러나 지금은 해방된 기쁨에 취한 탓에 온갖 육체의 제동장치가 풀려 버렸다. 중심을 잃고 펑펑 돌다가 황홀감 속에서 녹아내리는 느낌이었다. 몸에 팔과 손이 닿았다가 멀어지는가 하면 숨결처럼 말소리가 스쳤고, 킥킥대는 웃음소리가 들렸고, 핏속에서는 음악이 요동치는 바람에 그녀의 몸은 팽팽해졌다. 너무도 팽팽해진 나머지 옷이 몸을 따갑게 파고드는 것 같아서 옷가지를 모조리 벗어 던지고 알몸이 되어 이 황홀함을 속속들이 맛보고 싶을 정도였다.

"이레네, 당신 무슨 일이야?" 파트너에게 안겨서 열정적으로 춤을 춘 후 넋이 나간 듯 웃던 이레네는 이 말에 몸을 돌렸다. 의아해하는 남편의 굳은 시선이 그녀의 심장을 싸늘하게 파고들었다. 그녀는 화들짝 놀랐다. 내가 너무 난폭하게 굴었나? 미친 듯 춤추는 통에 무언가를 들켜 버린 걸까?

"뭐, 뭐가 어때서요, 프리츠?" 갑작스럽게 파고드는 그의 시선에 어쩔 줄 모르며 그녀는 더듬거렸다. 그의 시선은 점점 더 깊숙이 그녀를 뚫고 들어와 심장을 찌르는 듯했다. 단호히 자신의 내부를 파고드는 남편의 시선 때문에 비명이라도 지르고 싶었다.

"이상한 일이군." 중얼거리는 남편의 목소리에는 의아함이 가득 묻어 있었다. 이레네는 그게 무슨 말이냐고 물을 엄두가 나지 않았다. 하지만 남편이 말없이 등을 돌리는 순간 그의 넓고 단단한 어깨 위로 힘줄이 불거진 무쇠 같은 목이 솟아 있는 것을 보자 등골이 오싹해졌다. 저건 살인자의 목이라는 생각이 번개처럼 뇌리를 스쳤다가 금세 사라졌다. 마치 오늘 처음 남편을 보기라도 한 것처럼 이레네는 겁에 질렸다. 남편은 건장했고 위험해 보였다.

음악이 다시 시작되었다. 한 신사가 춤을 청했고 그녀는 기계적으로 신사의 팔을 잡았다. 그러나 이제는 모든 것이 힘들었고 경쾌한 멜로디도 굳어 버린 몸에 활기를 주지 못했다. 알 수 없는 무게감이 심장에서 발로 퍼지면서 스텝을 밟는 게 고통스러웠다. 그녀는 파트너에게 춤을 멈추자고 양해를 구해야 했다. 자리로 되돌아오면서 무의식중에 남편이 가까이 있는지 주위를 살펴보던 그녀는 그만 움찔했다. 프리츠는 그녀가 되돌아올 줄 알고 있었다는 듯이 바로 뒤에 서서 그녀를 향해 비수 같은 시선을 던지고 있었다. 어떻게 된 일일까? 뭔가 알아챈 걸까? 그녀는 부지중에 남편 앞에서 맨 가슴을 감추려는 듯 옷자락을 여몄다. 그의 침묵은 그의 시선만큼이나 완강했다.

"그만 갈까요?" 그녀가 불안해하며 물었다.

"그러지." 프리츠의 목소리는 무뚝뚝하고 퉁명스러웠다. 그가 앞서 나갔다. 그녀는 또다시 굵직하고 위협적인 목덜미를 보았다. 모피 코트를 걸쳤지만 한기가 느껴졌고, 달리는 자동차 안에서도 둘은 침묵했다. 그녀는 한마디 말도 꺼낼 수 없었다. 새로운 위험이 닥쳐온다는 걸 막연히 느낄 수 있었다. 이제 그녀는 양쪽으로 포위된 신세였다.

그날 밤 이레네는 악몽을 꾸었다. 꿈속에서 그녀는 어디에선가 생소한 음악이 흘러나오는 밝고 천장이 높은 홀로 들어섰다. 사람들이 많았고 온갖 색채로 눈이 부셨다. 바로 그때 한 젊은 남자가 그녀에게 다가와 춤을 청했다. 아는 사람 같은데 이름이 생각나지 않았다. 그녀는 그의 팔을 잡고 함께 춤추었다. 즐겁고 포근했다. 음악의 파도에 올라탄 듯 바닥에 발이 닿지 않았다. 그렇게 둘

은 이 홀 저 홀을 오가며 춤을 추었다. 천장 높이 매달린 황금 촛불
은 별처럼 반짝이며 작은 불꽃들을 퍼트리고 있었다. 벽마다 붙은
무수한 거울에서는 자신의 얼굴이 미소 지으며 손짓했고, 거울에
비친 얼굴이 또 거울에 비치고 또 비치는 탓에 온통 자신의 얼굴
뿐이었다. 춤은 점점 더 뜨거워졌고 음악도 더욱 달아올랐다. 젊은
남자가 바싹 달라붙어서는 맨 팔을 힘껏 움켜쥐는 바람에 그녀는
고통스러운 쾌감에 신음했다. 순간 그의 눈을 들여다보니 그가 누
군지 알 것 같았다. 소녀 시절 멀리서 열광적으로 숭배했던 연극배
우다 싶어서 황홀해하며 그의 이름을 부르려는 순간 그는 뜨거운
입맞춤으로 그녀의 입을 막아 버렸다. 입술이 녹아내리면서 서로
엉켜 한 몸뚱이가 된 둘은 낙원에서 부는 바람에 실려 이 홀 저 홀
을 날아다녔다. 건물 벽들이 흘러가듯 사라지고 머리 위에 있던 천
장조차 사라지는 듯했다. 이루 말할 수 없는 가뿐함에 팔다리가 몸
에서 떨어져 따로따로 노는 듯한 기분이었다.

이때 갑자기 누군가 그녀의 어깨를 쳤다. 그녀가 멈춰 서자 음
악도 멈췄고 빛은 사라졌다. 벽들이 시커멓게 다가들었다. 같이 춤
추던 남자도 보이지 않았다. "남자를 내놔, 이 도둑년아!" 그 끔찍
한 여자가—정말로 그 여자였다—벽이 울리도록 소리를 질러대
며 얼음장처럼 차가운 손가락으로 그녀의 손목을 움켜쥐었다. 이
레네는 몸부림을 쳤다. 깜짝 놀라 미친 듯 새된 소리를 지르는 자
신의 목소리가 들렸다. 두 여자는 몸싸움을 벌였지만, 이레네는 그
여자를 당해 낼 수 없었다. 여자는 이레네의 진주목걸이를 잡아당
기다가 드레스를 절반쯤 찢어 버렸다. 그 바람에 갈기갈기 찢긴 옷
자락 아래로 가슴과 팔이 고스란히 드러났다. 갑자기 사람들이 다

시 나타났다. 여러 홀에서 시끌벅적하게 모여들더니 반 벌거숭이
가 된 이레네를 보며 웃어댔고 그 여자는 째지는 소리로 외쳐댔다.
"저 여자가 내 서방을 훔쳤어요. 간통녀, 추잡한 년!" 이레네는 어
디에 숨어야 할지, 어디로 눈을 돌려야 할지 알 수가 없었다. 추악
한 얼굴을 한 사람들은 점점 더 가까이 다가왔고, 호기심에 씩씩
대면서 그녀의 벌거벗은 몸을 뚫어져라 보고 있었다. 빠져나갈 구
멍을 찾아 정신없이 헤매던 그녀의 시선은 문득 어둑한 문을 배경
삼아 꼼짝 않고 선 남편 앞에서 멎었다. 남편은 오른손을 등 뒤로
숨기고 있었다. 그녀는 비명을 지르며 달아났다. 여러 장소를 지나
달리는 그녀 뒤를 게걸스러운 군중이 으르렁대며 쫓았다. 드레스
는 점점 더 흘러내려서 도저히 추스를 수가 없었다. 바로 이때 앞
문이 벌컥 열렸고 그녀는 도망가려고 구르듯이 계단을 뛰어 내려
갔다. 그러나 아래에는 벌써 털로 짠 치마를 입은 그 미친한 여자
가 갈고리 같은 손톱을 내뻗고 기다리고 있었다. 이레네는 옆으로
돌아서 미친 듯이 달렸고 그 여자는 계속 쫓아왔다. 이렇게 두 여
자는 한밤중에 쫓고 쫓기며 조용한 거리를 질주했다. 가로등은 히
죽 웃으며 이들을 내려다보고 있었다. 등 뒤로 여자의 나막신이 달
그락거리는 소리가 들렸지만, 길모퉁이를 돌아서려고 하면 여자
가 앞에서 튀어나왔고, 다음 길모퉁이에서도 이런 일이 반복됐다.
건물 뒤로 돌든, 오른편, 왼편으로 가든 그 여자는 숨어서 기다리
고 있었다. 몸이 여러 개라도 되는 것처럼 어디든 벌써 와 있어서
도저히 따돌릴 수가 없었다. 그 여자는 계속 곳곳에서 튀어나와 이
레네를 잡으려 들었고 이레네는 더는 달릴 수 없을 것 같았다. 겨
우 집에 도착해 문을 여니 남편이 손에 칼을 들고 서서 이글거리

는 눈빛으로 그녀를 노려보았다. "당신 어딜 다녀오는 거요?" 그가 가라앉은 목소리로 물었다. "아무 데도 안 갔어요." 그녀가 대답하자 옆에서 천박한 웃음소리가 들렸다. "난 다 봤다고! 다 봤다니까요!" 어느새 다시 옆에 와 있던 여자가 입을 비죽대며 외치고는 미친 듯이 웃어댔다. 그러자 남편이 칼을 치켜들었다. "살려 줘요!" 이레네는 소리 질렀다. "살려 줘요!"

겁에 질려 번쩍 눈을 뜬 그녀를 남편이 걱정스러운 눈빛으로 바라보고 있었다. 어떻게 된 일이지? 이레네는 자신의 방 침대에 누워 있었다. 침실 전등이 희미하게 빛났다. 모든 게 꿈이었다. 그런데 어째서 남편이 침대 모서리에 앉아서 나를 환자 보듯이 쳐다보는 걸까? 누가 전등을 켰을까? 왜 남편은 저렇게 심각한 표정으로 꼼짝 않고 있는 걸까? 공포가 그녀를 덮쳤다. 저도 모르게 남편의 손을 보니 칼은 없었다. 서서히 잠이 깨면서 섬뜩했던 장면들도 물러났다. '꿈을 꾼 게 틀림없어. 꿈에서 비명을 지르는 바람에 남편을 깨운 거야. 그런데 왜 저렇게 심각한 모습일까? 왜 저렇게 날카롭고 심각한 표정으로 나를 보고 있는 거지?'

그녀는 미소를 지어 보이려 했다. "무슨······ 무슨 일이라도 있어요? 왜 날 그렇게 보는 거예요? 프리츠, 나 악몽을 꾼 것 같아요."

"그래. 당신이 크게 소리를 질렀어. 옆방에 있는 내게 들릴 정도로."

이레네는 덜컥 겁이 났다. '내가 뭐라고 소리를 지른 걸까, 해서는 안 될 말을 한 건 아닐까? 남편이 뭔가 눈치챘을까?' 그녀는 감히 남편의 눈을 바라볼 수가 없었다. 하지만 그는 이상하리만치 침착하게 그녀를 내려다보았다.

"무슨 일이요, 이레네? 뭔가 고민이 있는 것 같군. 며칠 전부터 좀 이상했소. 열에 시달리는 사람처럼 신경이 곤두서 있고, 무슨 일인지 심란해 보이고. 이제는 잠결에 살려 달라고 비명을 지르잖아?"

그녀는 다시 미소를 지어 보이려 했다. "그럴 것 없어." 남편은 물러서지 않았다. "내게 아무것도 숨기지 말아요. 무슨 걱정이 있소? 아니면 괴로운 일이 생긴 거요? 식구들 모두 당신이 달라졌다는 걸 벌써 알아채고 있어요. 이레네, 날 믿고 얘기해 봐요."

프리츠는 어느새 그녀에게 다가와서는 그녀의 맨 팔을 쓰다듬고 어루만졌다. 그의 눈에는 묘한 빛이 번득였다. 그녀는 자신이 괴로워하는 모습을 남편이 본 바로 이 순간, 그의 든든한 품에 꼭 안겨서 모든 것을 고백하고 싶은 욕구에 사로잡혔다. 그가 용서하기 전에는 놓아 주지 않으리라.

하지만 침실 등의 흐릿한 빛이 자신의 얼굴을 비추자 이레네는 그만 수치심이 들었고 말을 꺼내기가 두려웠다.

"걱정하지 말아요, 프리츠." 그녀는 억지로 미소를 지었지만, 온몸이 발끝까지 떨렸다. "조금 신경이 날카로울 뿐이에요. 금세 나아질 거예요."

프리츠는 그녀를 안고 있던 손을 순식간에 거두어들였다. 이레네는 두려움에 떨었다. 투명한 불빛을 받은 남편의 얼굴은 창백했고 이마에는 어두운 그늘이 덮여 있었다. 그는 천천히 몸을 일으켰다.

"무슨 일인지는 알 수 없지만, 지난 며칠 동안 당신이 뭔가 할 말이 있는 것 같다는 느낌이 들었소. 당신과 나만 알면 되는 어떤 문제에 대해서 말이오. 지금 우리 둘뿐이지 않소, 이레네!"

그녀는 누운 채 꼼짝도 하지 않았다. 진지하면서도 의중을 드러내지 않는 남편의 눈빛에 최면이라도 걸린 것 같았다. 이제 모든 게 잘 풀릴 거야. 한마디 말만, 용서해 달라는 짧은 말 한마디면 되는 거야. 그러면 남편은 무얼 용서해 달라는 거냐고 묻지 않을 거야. 그런데 어쩌자고 전등 빛은 저렇게 환할까? 주책없이 뻔뻔하게 엿들을 기세잖아? 방이 조금만 더 어두웠다면 말할 수 있을 것 같았다. 하지만 환한 불빛이 그녀의 용기를 앗아 갔다.

"정말 내게 할 말이 없는 거요? 어떤 말도?"

털어놓고 싶은 유혹은 너무도 강렬했고 남편의 목소리는 부드럽기 그지없었다. 그가 이렇게 부드럽게 말하는 것을 들어본 적이 없었다. 하지만 저 불빛, 전등이 뿜어내는 뻔뻔한 노란 불빛은!

이레네는 마음을 다잡고 웃으며 말했다. "무슨 말이에요? 내가 잠을 잘 못 잔다고 해서 비밀을 숨기고 있어야 하나요? 누가 보면 내가 바람이라도 피는 줄 알겠어요." 이레네는 자신이 내뱉은 뻔뻔스러운 말에 화들짝 놀랐다. 이토록 질 나쁜 거짓말을 해 놓고 나니 등골이 오싹해졌다. 스스로가 역겨워 뼛속까지 뒤틀렸다. 그녀는 저도 모르게 눈을 돌렸다.

"그렇군……. 잘 자요." 싸늘하게 변한 남편의 날선 목소리는 어쩐지 위협을 하는 것 같기도 하고 화가 나서 조롱하는 것 같기도 했다. 그는 조용히 일어나 방의 불을 껐다. 그의 흰 그림자가 소리 없이 흐릿하게, 유령처럼 문 뒤로 사라졌다. 문이 닫히자 이레네는 자신의 관 뚜껑이 닫히는 기분이 들었다. 온 세상이 죽어 버린 것 같았다. 그녀의 굳은 몸 안에서만 심장이 거칠게 흉벽을 쾅

콩 두들겨댔고 그럴 때마다 너무도 고통스러웠다.

이튿날 온 가족이 함께 점심 식사를 하는 자리에서 다투는 아이들을 애써 달래는 이레네에게 하녀가 편지를 가져왔다. 하녀는 사모님 앞으로 온 거라며 편지를 가져온 사람이 답을 받아 가려고 기다린다고 말했다. 낯선 필체에 의아해하며 서둘러 봉투를 뜯은 이레네는 파랗게 질렸다. 얼결에 자리를 박차고 일어서니 가족 모두 의아한 눈으로 바라보았다. 이레네는 신중하지 못하게 서두른 탓에 의심을 불러일으켰음을 깨닫고는 눈앞이 캄캄했다.

편지의 내용은 단 세 줄뿐이었다. "이 편지를 전달한 사람에게 당장 100크로네를 줘요." 엉터리 글씨체로 쓰인 편지는 서명도 날짜도 없이, 무서우리만치 노골적인 명령만을 담고 있었다. 이레네는 돈을 가져오려고 방으로 달려갔다. 그런데 늘 있던 자리에 개인 금고의 열쇠가 보이지 않았다. 정신없이 서랍이란 서랍은 다 열어젖히고 뒤엎고 나서야 열쇠를 찾을 수 있었다. 이레네는 덜덜 떨리는 손으로 지폐를 접어 봉투에 넣고는 문에서 기다리는 심부름꾼에게 직접 봉투를 건넸다. 그녀는 최면에 걸린 사람처럼 잠시도 머뭇대지 않고 넋이 나간 채 이 모든 일을 처리했다. 그러고는 2분도 채 되지 않아 다시 자리로 돌아왔다.

아무도 말이 없었다. 난감한 심정으로 자리에 앉아 그럴싸한 핑계를 둘러대려던 찰나 그녀의 눈에 접시 위에 펼쳐진 편지가 들어왔다. 갑작스러운 충격에 얼이 빠진 탓에 저지른 실수였다. 무시무시한 공포로 인해 손이 떨린 나머지 이레네는 들고 있던 잔을 급히 내려놓아야 했다. 그녀는 슬그머니 쪽지를 쥐고 구겨 버렸다.

그런데 마침 눈을 드니 남편의 강렬한 시선이 그녀를 바라보고 있었다. 집요하고 엄격한 시선에는 고통이 서려 있었다. 전에 단 한 번도 남편에게서 본 적 없는 눈빛이었다. 뼛속까지 시려 오는 눈빛이었다. 며칠 전부터 시작된 남편의 의심 가득한 시선에 어떻게 맞서야 할지 도무지 알 수 없었다. 지난번 무도회에서도 남편은 바로 그 시선으로 그녀를 보았었다. 그리고 어젯밤 꿈속에서도 그 시선은 비수처럼 번득이고 있었다.

팽팽한 긴장을 깨트리기 위해 할 말을 찾던 중 문득 잊었던 기억이 떠올랐다. 남편에게서 들은 얘기였다. 남편은 변호사로서 어떤 예심판사를 상대한 적이 있는데 그 판사는 특유의 비법을 썼다고 했다. 눈앞의 서류만 들여다보며 심문하다가 결정적인 질문을 던질 때는 눈을 번개처럼 들어서 비수를 꽂듯이 피고인을 노려보며 기겁하게 하는 수법이었다. 벼락을 맞듯 갑작스레 압박하는 시선과 맞닥뜨린 피고인은 자제력을 잃고는 치밀하게 꾸몄던 거짓말을 맥없이 내던진다는 얘기였다. 남편은 지금 그런 위험한 기술을 시험해 보는 걸까? 그가 심리학에 열렬한 관심을 품고 있으며, 그 관심이 법률가로서 알아야 할 수준을 훌쩍 뛰어넘는다는 것을 알고 있었기에 그녀는 더욱 등골이 오싹했다. 다른 이들이 도박과 성욕에 몰두하듯이 남편은 범죄 사건을 조사하고 풀어내고 해명하는 데 몰두했다. 범죄자의 심리를 추적할 때면 그는 속속들이 열기로 꽉 차 있었다. 극도로 예민해져서 밤이면 이미 잊힌 판결 사례들을 뒤적였고 외부 세계를 향해 철조망을 치다시피 했다. 제대로 먹지도, 마시지도 않은 채 줄담배를 피웠고, 재판이 열리기 전에는 말을 아꼈다. 그녀는 그가 법정에서 변호하는 것을 한 번 본 적이 있었다. 그의 연설은 무시무시한 열정과 사악함에 가까운 기운으로 가득했고 그의 얼굴은 아무런 감정 없이 냉혹한 표정을 짓고 있었다. 그녀는 너무도 경악했고 두 번 다시는 남편이 변호하는 걸 보려 하지 않았다. 지금 위협적으로 흰 눈썹 밑에서 꼼짝 않는 남편의 시선을 마주하니 문득 그때의 그 얼굴을 다시 보는 것 같았다.

어색하게나마 입을 열어 보려던 찰나 잊고 있던 온갖 기억들이 몰려드는 바람에 이레네는 말문이 막혀 버렸다. 그녀는 침묵했다. 이렇게 침묵하는 게 얼마나 위험한지를 알기에 더욱 괴로웠다. 다행히도 점심 식사는 곧 끝이 났고 아이들은 벌떡 일어나 즐겁게 재잘대면서 옆방으로 달려갔다. 보모가 신이 난 아이들을 진정시키려고 애썼지만, 소용이 없었다. 프리츠도 곧 자리에서 일어나 뒤도 돌아보지 않은 채 무거운 걸음을 옆방으로 옮겼다.

혼자가 되자마자 이레네는 저주스러운 편지를 꺼내 들고는 다시 한번 훑어보았다. "이 편지를 전달한 사람에게 당장 100크로네를 줘요." 이레네는 편지를 갈기갈기 찢어서 쓰레기통에 던지려던 순간 누군가 조각들을 붙여서 읽을 수도 있다는 생각에 벽난로의 타오르는 불길 속으로 종이 뭉치를 던졌다. 하얀 불꽃이 올라오며 게걸스럽게 협박 편지를 집어삼키자 조금 마음이 놓였다.

순간 방으로 돌아오는 남편의 발소리가 들렸다. 그녀는 급히 몸을 일으켰다. 불 가까이 있었던 데다가 몰래 하던 일을 들킨 탓에 얼굴이 발갛게 달아올랐다. 사건 현장을 폭로하듯 열려 있는 벽난로 문을 이레네는 서툴게 몸으로 가리려고 했다. 프리츠는 겉보기에는 태연하게 탁자로 가서는 성냥을 켜고 시가에 불을 붙였다.

불꽃이 얼굴 가까이에 다가가자 화가 날 때면 늘 그렇듯 그의 콧날이 벌름거리는 게 보였다. 그는 조용히 아내를 바라보았다. "당신이 내게 편지를 보여 줄 의무는 없어요. 내가 모르는 비밀을 가지고 싶으면 그래도 된다는 말이오." 그녀는 침묵했고 감히 그를 볼 수가 없었다. 프리츠는 잠시 기다리더니 가슴 깊숙이에서 한숨을 토하듯 담배 연기를 내뱉고는 무거운 걸음으로 방을 나갔다.

　이제 그녀는 아무 생각도 하지 않으려 했다. 하찮은 일들에 신경을 쓰면서 마음을 텅 비우고 그저 멍하니 살아가려 했다. 집에 있는 건 견딜 수 없었다. 두려움에 미치지 않으려면 거리로 나가서 사람들 틈에 섞여야 했다. 100크로네를 주었으니 적어도 며칠 동안은 협박꾼에게 시달리지 않을 것이다. 장만할 것도 많은 데다가 가족들이 그녀의 행동이 달라진 것을 눈치채지 못하게 해야 하는 만큼 다시 외출을 감행하기로 마음을 먹었다. 그녀는 이제 특이한 방식으로 도망치듯 움직였다. 도약판에서 뛰어내리는 수영선수처럼 집 문 앞에서 눈을 질끈 감고는 거리의 인파로 뛰어드는 것이었다. 발로 단단한 포석鋪石을 딛고 따뜻한 인파에 둘러싸이게 되면 신경질적으로 허둥대며 무턱대고 앞으로 나아갔다. 귀부인이 남의 이목을 끌지 않고 낼 수 있는 최대 속도로 바닥만 보면서 걸었다. 행여 그 위험한 여자를 마주칠까 두려웠다. 염탐을 당하는 처지일지라도 그 사실을 모르는 채로 살고 싶었다. 하지만 오직 그 생각에만 매달려 있었기에 우연히 누군가가 몸을 스치면 소스라치게 놀랐다. 작은 소리 하나에도, 발소리가 가까워지거나 웬 그림자가 스쳐 가기만 해도 신경이 곤두서며 고통스러웠다. 차를 타고 있거나 남의 집에 있을 때만 숨을 조금 돌릴 수 있었다.

그때 한 신사가 인사를 건넸다. 그녀 가족의 오랜 친구인 친절하고 말 많은 노신사였다. 몇 시간씩 자신의 사소한 통증에 대해 과장되게 얘기하는 습관이 있는 사람이라서 평소라면 피하고 싶은 인물이었다. 하지만 지금은 그의 인사에 감사히 답례만 하고는 같이 걷자고 청하지 않은 게 아쉬웠다. 지인이 옆에 있다면 협박꾼이 불쑥 말을 걸지는 못할 텐데. 잠시 주저하던 이레네는 걸음을 돌려 신사에게 가려던 찰나 누군가 뒤에서 자신을 향해 걸어오는 것 같은 느낌이 들었고 이내 망설임 없이 본능적으로 앞으로 돌진했다. 하지만 불안한 탓에 예리해진 직감 덕분에 등 뒤로 누군가 빠르게 다가오는 것을 알아챘고 추적자를 따돌릴 수 없으리라는 것을 알면서도 그녀는 더 급히 걸음을 재촉했다. 발소리는 점점 더 가까워졌고 곧 추적자의 손이 자신의 어깨를 잡아챌 거라는 예감에 몸이 떨리기 시작했다. 더 빨리 걸으려 할수록 무릎은 묵직해져만 갔다. 이제 추적자는 바로 뒤에 있었다. "이레네!" 뒤에서 누군가 절박한 목소리로 나직하게 이름을 불렀다. 협박꾼의 목소리가 아니었다. 가쁜 숨을 내쉬며 몸을 돌리고 보니 그녀의 피아니스트 애인이었다. 그녀가 불쑥 멈춰 서는 바람에 그녀와 부딪힌 그는 그만 넘어질 뻔했다. 그는 창백하고 넋 나간 얼굴로 흥분을 감추지 못했고, 당황한 그녀의 시선과 마주치자 수치스러운 듯 보였다. 남자는 주저하며 악수를 하려고 손을 내밀었지만, 그녀가 손을 내밀지 않자 도로 거두었다. 그녀는 1, 2초쯤 남자를 뚫어져라 쳐다보았다. 그를 다시 보리라고는 전혀 예상하지 못했다. 불안감에 시달리던 날들 내내 이 남자를 까맣게 잊고 있었다. 그런데 창백한 얼

굴을 한 그가 멍청하니 어찌할 바를 모르고 불안한 눈빛으로 쭈뼛
대는 걸 보니 갑자기 분노가 치밀었다. 말을 하려고 했지만 입술
이 파들파들 떨렸고 얼굴은 격앙된 감정을 고스란히 드러냈기에
남자는 너무 놀라서 여자의 이름만 더듬대며 불렀다. "이레네, 무
슨 일이야?" 여자의 거친 몸짓에 남자는 벌써 잔뜩 주눅이 들어서
"내가 대체 뭘 잘못했다고 이러는 거야?"라고 더듬거렸다.

그녀는 분노를 참지 못하고 그를 노려보았다. "선생께서 제게
뭘 잘못했느냐고요?" 그녀는 비웃었다. "잘못한 거 없으십니다!
암, 없고말고요! 좋은 일만 하셨다고요! 맘에 꼭 드는 일만 하셨다
니까요!"

놀란 남자는 어리둥절해서 입을 반쯤 벌렸다. 그러고 있으니
더 바보스럽고 우스꽝스러워 보였다. "아니, 이레네…… 이레네!"

"남들이 보겠어요." 그녀는 그를 퉁명스럽게 제지했다. "제 앞
에서 연극은 그만하시지요. 선생의 잘난 여자친구분이 근처에 숨
어 있는 걸 아니까요. 곧 제게 다시 달려들겠지요."

"누구? 누구 얘기를 하는 거야?"

남자는 멍청하고 아둔한 얼굴을 일그러뜨렸고, 이레네는 남자
의 면상을 주먹으로 후려치고 싶을 뿐이었다. 그녀의 손이 우산을
움켜쥐었다. 여태껏 지금처럼 이렇게 누군가를 경멸하고 증오한
적은 없었다.

"아니, 이레네…… 이레네!" 남자는 점점 더 당황해하며 중얼
댔다. "내가 대체 뭘 잘못했다고 이러는 거야? 갑자기 당신이 사
라졌잖아? 난 낮이고 밤이고 당신을 기다렸다고. 오늘도 당신과
잠깐이라도 얘기하려고 온종일 당신 집 앞에서 기다리고 또 기다

렸어."

"당신이 날 기다렸다고? 그러니까…… 당신도 같이?" 분노가 치밀어서 이레네는 제정신이 아니었다. 저 면상을 후려갈길 수만 있다면 얼마나 후련할까! 하지만 그녀는 꾹 참았다. 역겨움에 진저리를 치며 그를 다시 한번 보고는, 대놓고 욕설을 퍼부어서 쌓이고 쌓인 분노를 풀어 볼까 생각해 보았다. 그러다가 갑자기 몸을 홱 돌리고는 뒤돌아보지도 않고 인파 속으로 빨려 들어갔다. 남자는 간청하듯 손을 뻗친 채로 서 있었지만 이내 그 역시 거리의 물결에 휘말렸다. 낙엽이 공중제비를 돌며 반항하다가 결국은 맥없이 바람에 휩쓸리듯이 남자는 앞으로 밀려갔다.

상황은 그녀가 낙관적인 희망을 품고 있도록 내버려 두지 않았다. 바로 다음 날 다시 쪽지가 날아왔다. 희미해졌던 불안감이 매서운 채찍질에 깨어났다. 이번에는 200크로네를 요구해 왔고 그녀는 아무런 저항 없이 돈을 내주었다. 협박꾼이 자신이 감당하기 힘들 만큼 갑작스럽게 액수를 올렸다는 데 경악하지 않을 수 없었다. 그녀는 부유한 가문 출신이긴 했지만, 남편 모르게 거액의 돈을 마련할 만큼의 재력은 없었다. 그리고 돈을 마련한다 해도 무슨 소용이 있겠는가? 내일이면 400크로네를, 그다음에는 1000크로네를 요구할 것이다. 그녀가 돈을 내어 줄수록 요구는 더 많아질 것이다. 돈을 다 줘 버리고 나면 결국은 익명의 편지와 함께 파국이 찾아올 것이다. 그녀는 돈으로 숨을 돌릴 시간을 샀을 뿐이었다. 이틀 아니면 사흘, 어쩌면 한 주의 여유를 샀지만, 그것은 고통과 긴장으로 가득한 끔찍한 시간이었다. 불안감이라는 악령에 쫓기게 된 이레네는 책을 읽을 수도, 무슨 일을 할 수도 없었다. 병에 걸린 듯 아팠다. 때로는 심장이 너무도 급하게 뛰는 통에 갑자기 주저앉아야 했고, 온몸이 끈끈한 점액으로 가득 찬 듯 팔다리가 납처럼 무겁게 느껴지며 쑤시고 피곤했다. 그런데도 잠은 오지 않았다. 신경이 곤두서 있는데도 그녀는 미소를 짓고 명랑한 척해야 했다. 쾌활하게 구느라 엄청난 영웅적 노력을 쏟아붓고 날마다 자신을 갉아먹고 있다는 사실을 그 누구도 알아서는 안 되었다.

그녀 주변에서 단 한 사람만이 그녀가 남몰래 얼마나 괴로워하고 있는지를 어느 정도 알고 있는 것 같았다. 그 사람이 그럴 수 있었던 건 그녀를 감시하고 있었기 때문이었다. 그녀는 자신이 남편만을 생각하고 있듯이, 남편 역시 끊임없이 자신에 대해 궁리한다고 확신했기에 곱절로 조심하려고 했다. 둘은 낮이고 밤이고 살금살금 상대에게 다가가서는 서로의 주변을 맴돌면서 상대의 비밀을 알아내고 자신의 비밀은 숨기려 들었다. 프리츠 역시 며칠 새 달라져 있었다. 처음 며칠은 종교 재판관처럼 위압적이고 엄격했던 사람이 지금은 특유의 친절하고 배려하는 태도를 보이고 있었다. 그녀는 저도 모르게 신혼 시절을 떠올렸다. 남편이 자신을 환자처럼 배려하며 다루는 게 혼란스러웠다. 그가 간혹 구원의 말을 건네면서 고백할 마음이 절로 들게끔 한다는 사실에 그녀는 기묘한 전율을 느꼈다. 그녀는 그의 의도를 이해했고 그의 너그러움에 감사했다. 하지만 남편을 좋아하는 마음이 강렬해지는 만큼 남편 앞에서 느끼는 수치심은 커졌다. 전에는 남편이 무서워서 말을 꺼내지 못했다면 지금은 수치심이 더 엄격하게 그녀의 말문을 막았다.

그러던 어느 날 남편이 그녀와 눈을 맞대고 아주 명확하게 속내를 얘기하는 일이 일어났다. 외출에서 막 돌아온 그녀는 집 안에서 새어나오는 시끄러운 소리를 들었다. 남편의 날카롭고 힘찬 목소리와 보모가 심술궂게 지껄여대는 틈새로 엉엉 울며 훌쩍이는 소리가 들렸다. 그녀는 소스라치게 놀랐다. 집에서 시끄러운 소리가 들리거나 소동이 벌어질 때마다, 평소와 다른 낌새가 느껴질 때마다 그녀는 두려움에 떨었다. 또 편지가 와서 자신의 비밀이 발각되기라도 했을까 봐 너무도 불안했다. 문을 열고 집 안으로 들어설 때면 항상 가족들 얼굴을 먼저 살피며 자신이 없는 동안 무슨 일은 없었는지, 혹시 벌써 파국이 닥친 건 아닌지 확인하곤 했다. 하지만 오늘의 소동은 그저 아이들이 작은 다툼을 벌였고 즉석에서 소규모 재판이 열리는 중이라는 걸 알게 된 그녀는 그제야 마음을 놓았다. 며칠 전 친척 아주머니가 아들에게 알록달록한 장난감 말을 선물하면서 딸아이에게는 그에 비하면 보잘것없는 선물을 주는 바람에 벌어진 일이었다. 동생은 오빠의 말을 같이 가지고 놀자고 조르며 떼를 썼고, 오빠는 동생이 말에 손도 대지 못하게 했다. 동생은 처음에는 화를 내더니 곧 토라져서 고집스럽게 말 한마디 하지 않았다. 그런데 다음 날 말은 흔적도 없이 사라졌고 아무리 찾아도 보이지 않았다. 그러던 중 우연히 장난감 말이 난로 안에서 발견되었는데 나무로 된 몸체는 산산조각이 나고 알록달록한 거죽은 뜯겨 나간 채 속이 다 끄집어내진 채였다. 당연히 딸아이가 의심을 받게 되었다. 아들은 울면서 아빠에게 달려가 동생의 악행을 일러바쳤고, 이제 막 심문이 시작된 터였다.

소규모 재판은 곧 결론에 이르렀다. 딸아이는 처음에는 모든 걸 부인했지만 이내 겁에 질려 눈을 내리깔았고 목소리는 떨렸다.

보모는 딸아이에게 불리한 진술을 했다. 아이가 화를 내며 말을 창밖으로 던져 버리겠다고 협박을 했다는 것이다. 아이는 그런 적이 없다고 우겼지만 아무 소용없었다. 딸아이가 한바탕 울고불고하는 바람에 잠시 소란스러운 와중에도 이레네는 남편만을 보고 있었다. 남편이 딸아이가 아닌 자신을 재판하고 있다는 생각이 들었다. 어쩌면 내일쯤 자신이 남편 앞에 서서 딸아이처럼 떨면서, 딸아이처럼 갈라진 목소리로 말을 이어 가게 될지도 몰랐다. 남편은 아이가 거짓말을 고집하는 동안에는 엄한 시선을 보내긴 했지만, 아이가 아니라고 잡아떼도 화 한번 내지 않고 아이의 말을 조목조목 반박했다. 아이가 자신의 잘못을 부인하는 것을 멈추고 고집스럽게 입을 꾹 다물자, 남편은 부드럽게 말을 걸며 아이의 행동이 어쩔 수 없는 심정에서 비롯된 것임을 몸소 증명해 보이기까지 했다. 아이가 화가 난 나머지 생각 없이 그런 나쁜 짓을 했으며 그런 짓이 오빠의 마음을 얼마나 상하게 할지를 미처 생각하지 못했을 거라는 얘기였다. 남편은 딸아이의 죄를 덜어 줄 만한 요소들을 설득력 있게 묘사했으며 점점 어쩔 줄 몰라 하는 아이에게 아이의 행동을 이해할 수는 있지만 그건 잘못된 행동임을, 따뜻하면서도 명쾌하게 설명해 주었다. 결국 딸아이는 눈물을 흘리면서 마구 울부짖기 시작했다. 그러고는 눈물범벅이 되어서 더듬거리며 자신의 잘못을 고백했다.

이레네는 우는 아이를 안아 주려고 달려갔지만 아이는 화를 내며 엄마를 밀쳐 냈다. 프리츠 역시 너무 일찍 동정을 보이지 말라며 아내를 제지했다. 아빠는 딸의 잘못을 처벌 없이 묻어 둘 생각은 없었다. 그래서 그는 가벼운 벌을 내렸다. 아이에게는 물론 엄청난 벌이었다. 바로 다음 날 아이가 몇 주 전부터 손꼽아 기다리던 파티가 열리는데 거기 갈 수 없게 된 것이다. 아이는 판결을 듣고는 울부짖었다. 사내 녀석은 신이 나서 만세를 불렀다. 하지만 심술궂게 누이를 비웃던 오빠도 마찬가지로 벌을 받게 되었다. 동생의 불행을 기뻐하는 잘못을 저지른 벌로 그 역시 파티에 갈 수 없게 된 것이다. 아이들에게는 함께 벌을 받는다는 게 그나마 위안이었다. 두 아이는 슬퍼하며 방을 나갔고 이레네는 남편과 단둘이 남게 되었다.

이레네는 딸아이에 관해 이야기하는 척하면서 자신이 저지른 일에 대해 드디어 털어놓을 기회가 왔다고 생각했다. '딸 편을 드는 나를 남편이 부드럽게 받아들인다면, 아마 나도 내 이야기를 할 수 있지 않을까.'

"프리츠, 당신 정말 내일 아이들을 파티에 못 가게 할 생각이에요? 아이들이 너무 속상해할 거예요. 특히 딸애는. 그 아이가 한 짓이 그렇게까지 나쁜 건 아니잖아요. 왜 그렇게 엄하게 벌을 주려고 해요? 아이가 불쌍하지도 않아요?"

프리츠는 그녀를 빤히 쳐다보았다.

"아이가 불쌍하지 않느냐고 묻는 거요? 내 대답은 이렇소. 이제 아이는 그렇게 불쌍한 처지가 아니에요. 아이는 벌을 받은 지금 외려 마음이 가벼울 거요. 어제 애꿎은 장난감 말을 부숴서 난로에 집어넣은 후 아이는 온종일 불행했어. 온 집안이 말을 찾으려 법석을 떨었고 아이는 종일 말이 발견될까 봐 불안에 떨었을 거요. 불안감은 벌보다 더 힘든 것이니까. 벌은 심하든 심하지 않든 분명한 것이기에, 잔인하리만치 끝없는 긴장 속에서 너무도 불분명한 상태를 견디는 것보다는 나아요. 죄인이 처벌을 받을 각오를 하면 마음이 편해지지. 아이가 운다고 해서 당황해하지 말아요. 좀 전까지 속에 눌러 두었던 울음이 지금 터져 나온 것뿐이니까. 대놓고 우는 것보다는 속으로 우는 게 더 힘든 법이오."

그녀는 새삼 남편을 바라보았다. 남편의 말 한마디, 한마디가 자신을 겨냥하는 것 같았다. 하지만 그는 아내의 심경에 아예 무심한 듯했다.

"정말 그렇다니까. 내 말을 믿어요. 수많은 재판과 수사를 하면서 알게 된 사실이에요. 피고에게 가장 힘든 일은 사실을 숨기는 일이지. 수많은 자잘한 공격으로부터 자신의 거짓말을 지켜내야 한다는 끔찍한 강박에 시달리는 것만큼 힘든 일은 없을 거요. 피고가 몸을 뒤틀며 허우적대는 걸 보면 섬뜩한 기분이 든다오. 피고에게서 '내가 그랬습니다'라는 말을 들으려면 꿈틀대는 살덩이에 박힌 낚싯바늘을 뽑아내는 절차를 거쳐야 하기 때문이요. 때로 그 말은 이미 목구멍까지 올라와 있어요. 내부의 막강한 힘이 이 말을 올려 보내거든. 피고는 목을 쥐어짜듯이 말을 하려 들고 거의 성공할 뻔하지. 이때 사악한 힘이 피고를 덮치면 알 수 없는 반항심과 불안감에 피고는 그 말을 도로 삼켜 버린다오. 그러면 싸움은 처음부터 다시 시작되는 거요. 때로는 판사가 피고인보다 더 고통스러워하기도 한다오. 그런데도 피고들은 판사를 항상 적이라고 여기지. 사실 판사는 피고를 도우려 하는데 말이요. 피고를 방어해야 하는 변호사인 나는 원래는 내 고객에게 고백하지 말라고 경고해야 맞소. 고객의 거짓말을 빈틈없이 만들고 공고히 해야 하지. 하지만 난 고백하지 못하는 피고인은 털어놓고 벌을 받는 피고

인보다 더 괴로워하고 있다는 것을 알기에 쉽게 그렇게 하지도 못한다오. 위험하다는 걸 알면서도 일을 저질러 놓고는 자백할 용기를 내지 못하는 사람들을 난 여전히 이해할 수가 없소. 내 눈에는 불안한 마음에 자백도 못 한다는 사실이 범죄를 저지른 것보다 더 한심해 보여요."

"당신은…… 그게, 사람들이 말을 못하는 게, 늘 그저 불안감 때문이라고 생각해요? 그게…… 어쩌면 입 밖에 내는 게 수치스러워서…… 사람들 앞에서 벌거벗은 모습을 보이는 게 수치스러워서 그럴 수도 있지 않을까요?"

프리츠는 놀란 눈으로 아내를 쳐다보았다. 평소에는 아내가 그의 말에 반박하는 일이 거의 없었기 때문이었다. 하지만 아내의 말은 그의 마음을 사로잡았다.

"수치심이라고 생각하오? 그것도 일종의 불안감일 뿐이오. 다만 더 나은 불안감이겠지. 벌이 무서워서가 아니라…… 당신이 무슨 말을 하려는지 알 것 같소."

프리츠는 갑자기 벌떡 일어서서 묘하게 흥분한 채 방 안을 이리저리 걸었다. 머릿속에서 떠오른 어떤 생각 때문에 몹시 동요하는 것처럼 보였다. 그러고는 갑자기 멈춰 섰다.

"사람들 앞에서, 낯선 사람들 앞에서, 매끼 밥을 먹듯이 신문에 실린 남의 운명을 게걸스럽게 삼켜대는 저속한 군중 앞에서라면…… 수치스러울 거라는 걸 이해하오. 하지만 그럴수록 가까이 있는 사람들에게라도 고백할 수 있지 않을까?"

"아마도……." 남편이 빤히 쳐다보는 바람에 이레네의 목소리가 떨렸다. "아마도…… 수치심을 가장 크게 느끼는 건 가장 가까운 사람들 앞에서일 것 같아요."

프리츠는 보이지 않는 주먹에 뒤통수를 맞은 것처럼 다시 멈춰 섰다.

"당신은 그러니까…… 당신 생각은……." 갑자기 그의 목소리가 부드럽게 가라앉았다. "그러니까 당신은…… 딸아이가…… 헬레네가…… 다른 사람에게라면 더 쉽게 죄를 고백했을 거라고 생각하는 거요? 예를 들어 보모에게라면……."

"내 생각에는, 헬레네가 하필 당신에게 그토록 완강히 진실을 부인한 이유는…… 그 애에게는 당신의 판단이 가장 중요하기 때문에…… 그 애가 당신을 가장 사랑하기 때문일 거예요."

프리츠는 다시 멈춰 섰다.

"당신이…… 아마도 당신 말이 맞는 것 같소. 아니, 정말 그래. 이상하군. 거기까지는 미처 생각을 못 했다니 말이야. 하지만 당신이 옳아요. 내가 용서할 줄 모르는 사람이라고 생각하지 말아요. 그래서는 안 되지…… 다른 사람이 아닌 당신이, 날 그렇게 여기는 건 원하지 않아, 이레네."

프리츠가 바라보자 그녀는 얼굴이 빨개지는 것을 느꼈다. 그는 의도적으로 이런 말을 하는 걸까, 아니면 우연히, 심술궂은 우연에 의해 이런 말이 남편 입에서 나온 걸까? 그녀는 여전히 답을 찾을 수가 없었다.

"판결을 취소하겠소." 그는 이제 명랑해 보였다. "헬레네는 자유의 몸이오. 내가 직접 아이에게 알려 주겠소. 이제 당신 마음도 조금 편해졌소? 혹시 또 원하는 게 있소? 당신…… 당신이 보다시피 나는 오늘 너그러운 기분이요. 아마도 내가 저지른 부당한 일을 제때 인정해서 기쁜 것 같소. 그러고 나면 언제나 홀가분해지지. 이레네, 언제나 그렇다니까."

그녀는 남편이 힘주어 말하려는 게 무언지 알 것 같았다. 그녀는 저도 모르게 남편에게 다가갔다. 그 말이 속에서 솟구쳐 오르는 걸 느꼈다. 프리츠 역시 그녀에게 다가갔다. 마치 그녀를 이토록 짓누르는 무언가를 서둘러 건네받으려는 것 같았다. 하지만 고백을 들으려는 갈망이 가득한 그의 눈을 본 순간 그녀의 용기는 무너져 내렸다. 그녀는 피곤한 듯 손을 떨구고 외면했다. 소용없는 일이었다. 그녀는 결코 해방을 가져다주는 말을 하지 못할 것이다. 그 말은 마음속에서 타오르며 그녀의 평온을 갉아먹고 있었다. 그녀는 가까이에서 천둥이 울리며 경고하는 걸 들었지만, 자신이 폭풍우를 피할 수 없음을 알고 있었다. 그래서 마음속 깊이에서는 어서 번개가 치기를, 여태까지 두려워했던 일이 일어나기를 고대하기까지 했다. 차라리 발각된다면 마음이 놓일 것 같았다.

이레네의 소원은 기대했던 것보다 더 빨리 이루어졌다. 14일째 싸움이 진행 중이었고 이레네는 더는 버틸 힘이 없다고 느꼈다. 나흘째 협박꾼은 모습을 드러내지 않았다. 불안감은 몸 안에 파고들어 피에 섞여 흘렀고 이레네는 초인종 소리만 울려도 총알처럼 튀어 나갔다. 하인들보다 먼저 협박꾼이 보낸 전갈을 받기 위해서였다. 그녀는 이렇게 매번 돈을 내어 준 대가로 하룻밤의 평온과 아이들과 조용히 보낼 시간과 산책할 기회를 샀다.

초인종 소리에 방에서 튀어 나가 문으로 달려가니 웬 낯선 부인이 서 있었다. 처음에는 의아해하던 이레네가 곧 화들짝 놀라며

뒷걸음질 쳤다. 그 가증스러운 협박꾼이 새 옷을 차려입고 우아한
모자를 쓰고 있는 게 아닌가!

"아, 직접 나오셨군요, 바그너 부인. 잘됐네요. 중요한 얘기가
있어요." 너무 놀라 떨리는 손으로 문고리를 부여잡고 있는 이레
네를 밀치고 여자는 대답을 기다리지도 않은 채 집 안으로 들어섰
다. 그러고는 천박할 정도로 새빨간 양산을 바닥에 내려놓았다. 분
명 뜯어낸 돈으로 장만한 것이리라. 여자는 마치 자신의 집에라도
온 것처럼 지독히도 당당하게 굴었다. 태연한 걸음걸이로 화려한
실내를 유쾌히 관찰하면서 주인은 권하지도 않았는데 반쯤 열린
응접실 문으로 걸어갔다. "여기로 들어가는 거 맞죠?" 여자는 빈정
대듯 물었다. 그러고는 여전히 충격으로 말문이 막힌 이레네가 여
자를 막아서려 하자 달래듯이 덧붙여 말했다. "당신이 거북하다면
빨리 끝냅시다, 우리."

이레네는 아무 소리도 못 하고 여자를 따랐다. 협박꾼이 집까
지 쳐들어오다니, 최악의 상상을 뛰어넘는 뻔뻔스러움에 정신을
차릴 수 없었다. 이 모든 게 꿈이려니 싶었다.

"역시 잘 사시는군요. 정말 잘 사시네." 여자는 자리에 앉으며
흐뭇한 표정으로 감탄했다. "아, 여기 앉으니 정말 편하군요. 그림
도 많고. 이런 델 보니 우리 따위가 얼마나 가난한지 새삼 알겠어
요. 잘 사시는군요, 정말 잘 사시네요. 바그너 부인."

이 범죄자가 자신의 공간에서 이토록 편안해하는 것을 보자 꾹
참던 이레네는 마침내 분노를 터트렸다. "대체 어쩌자는 거예요,
협박꾼 주제에! 집까지 와서 날 괴롭히다니요. 나도 가만히 당하고
있지만은 않겠어요. 나는……."

"그렇게 크게 말하지 말아요." 여자가 모욕적일 만큼 친밀한 어조로 이레네의 말을 끊었다. "문이 열려 있어요. 하인들이 듣겠어요. 나야 상관없지만. 당신 말이 틀렸다고 하지는 않겠어요. 젠장, 난 감옥에 간대도 지금보다 더 나쁠 수 없을 거예요. 우리 따위야 어차피 더럽게 사니까. 하지만 바그너 부인, 당신은 좀 조심해야죠. 핏대를 세우겠다면 먼저 방문이라도 닫아요. 미리 말해 두겠는데 날 욕해 봤자 난 까딱도 하지 않아요."

잠시 분노 때문에 되살아났던 이레네의 기력은 끄떡도 하지 않는 여자 앞에서 다시금 맥없이 무너져 내렸다. 과제를 받아 적으려고 기다리는 아이처럼 이레네는 비굴한 태도로 불안해하며 서 있었다.

"자, 바그너 부인, 난 오래 폐를 끼칠 생각은 없어요. 당신이 알다시피 난 살기가 힘들어요. 전에도 얘기했었죠. 난 이자를 갚아야 해요. 오래전부터 빚을 지고 있어요. 다른 데도 돈이 필요하고. 나도 이제 좀 제대로 살고 싶어요. 그래서 온 거예요. 당신이 날 좀 도와줘요. 흠, 400크로네면 될 거예요."

"그건 안 돼요." 이레네는 액수를 듣고 놀라서 더듬거렸다. 사실 더는 내어 줄 현금이 없었다. "난 이제 정말 가진 게 없어요. 이번 달만 벌써 300크로네나 당신에게 줬잖아요. 내가 어디서 돈을 구하겠어요?"

"자, 어떻게든 될 거예요. 궁리를 좀 해 봐요. 당신처럼 부유한 여자는 마음만 먹으면 돈을 마련할 수 있어요. 그저 마음만 먹으라고요. 그러니 잘 궁리해 봐요, 바그너 부인. 어떻게든 될 거예요."

"하지만 난 정말 돈이 없어요. 있다면야 기꺼이 줄 거예요. 그렇게 많은 액수는 정말 없어요. 어쩌면 조금은 있을지도 몰라요. 100크로네 정도……."

"400크로네가 필요하다고 했잖아요." 황당한 요청에 기분이 상하기라도 한 듯 여자는 쌀쌀맞게 쏘아붙였다.

"하지만 난 정말 없어요!" 이레네가 절망하며 소리쳤다. 지금 남편이 들어올지도 모른다는 생각이 얼핏 머리를 스쳤다. 마침 남편이 집에 올 시간이었다. "맹세컨대 난 가진 게 없어요."

"어디서든 좀 장만해 봐요. 당신이라면 돈을 꿀 수 있잖아요."

"그럴 수는 없어요."

협박꾼은 이레네를 머리부터 발끝까지 훑어보았다. 마치 값이라도 매기려는 것 같았다.

"그렇다면 흠, 거기 그 반지는…… 그걸 저당 잡히면 될 것 같군요. 난 사실 보석은 잘 몰라요. 가져 본 적도 없고요. 하지만 내 짐작으로는 그거라면 400크로네는 받을 것 같군요."

"반지요!" 이레네가 소리를 질렀다. 아주 값진 아름다운 보석이 박힌 약혼반지를 그녀는 단 한번도 손에서 뺀 적이 없었다.

"왜 어때서요? 전당포 영수증을 보내 드릴 테니 당신이 필요할 때 찾아오면 되잖아요. 그럼 반지를 도로 찾을 수 있을 거예요. 난 반지를 가질 생각은 없어요. 나 같은 가난뱅이가 그런 귀한 반지로 무얼 하겠어요?"

"왜 나를 쫓아다니는 거예요? 왜 나를 괴롭히는 거죠? 난 못 해요…… 그렇게는 못 해요. 당신도 알잖아요? 내가 할 수 있는 건 다 했어요. 당신도 알잖아요? 제발 날 좀 불쌍히 여겨 주세요!"

"날 불쌍히 여긴 사람은 아무도 없어요. 다들 배고파 뒈질 지경인 나를 그냥 내버려 두었다고요. 어째서 이렇게 딱한 내가 돈 많은 부인을 불쌍히 여겨야 하나요?"

이레네는 여자에게 심한 말로 맞서려고 했다. 바로 그때 현관문을 여는 소리가 들렸고 이레네는 온몸의 피가 멈추는 기분이었다. 남편이 사무실에서 돌아왔구나! 미처 생각할 겨를도 없이 이레네는 손가락에서 반지를 뽑아 기다리는 여자에게 내밀었다. 여자는 서둘러 반지를 집어넣었다.

"겁내지 말아요. 이제 갈 테니까." 여자는 이레네가 공포에 떨며 현관에서 나는 남자 발걸음 소리에 귀 기울이는 것을 흐뭇하게 바라보며 고개를 끄덕였다. 여자는 응접실을 나와서 이레네의 남편에게 인사를 하고 급히 자리를 떠났다. 남편은 흘낏 쳐다볼 뿐 여자를 눈여겨보지는 않는 듯했다.

"어떤 부인이 물어볼 게 있다고 왔어요." 이레네는 여자 뒤로 현관문이 닫히는 소리가 들리자 마지막 남은 힘을 끌어모아 변명하듯 말했다. 가장 끔찍한 순간은 무사히 넘겼다. 프리츠는 아무 대꾸도 하지 않고 조용히 점심이 차려져 있는 식당으로 들어갔다.

이레네는 평소 반지의 서늘한 촉감이 감돌던 손가락이 활활 타오르는 기분을 느꼈다. 모두가 맨살을 드러낸 그 자리를 치욕스러운 낙인을 보듯 바라보는 것만 같았다. 이레네는 식사하는 내내 손을 감추려 했지만 지나치게 흥분한 탓인지 남편의 시선이 계속 자신의 손을 향해 있고, 손이 움직일 때마다 따라다닌다는 느낌이 들어 좌불안석이었다. 그녀는 남편의 관심을 딴 데로 돌리기 위해 끊임없이 이것저것 물어보며 대화를 이어가려고 갖은 노력을 했다. 남편과 아이들과 보모에게 자꾸 말을 걸면서 맥없이 늘어지는 대화에 불이 붙게 만들려 했다. 하지만 계속 숨이 가빠 왔고 대화는 활기를 잃고 끊어지기를 반복했다. 그녀는 신이 난 척하면서 가족들도 즐거워서 환호하게끔 유도해 보았다. 아이들을 놀리며 오누이가 다투게끔 부추겨도 보았지만, 아이들은 싸우지도 않았고 웃지도 않았다. 엄마가 억지로 명랑한 척하는 탓에 아이들이 본능적으로 어색해하는 게 분명했다. 아무리 노력을 해도 대화에는 불이 붙지 않았다. 결국 그녀는 지쳐서 입을 다물었다.

가족들 역시 말이 없었다. 접시가 나직이 달그락대는 소리를 듣고 있자니 마음속에서 불안감이 샘솟았다. 그때 갑자기 프리츠가 입을 열었다. "당신 반지는 어디에다 둔 거요?"

그녀는 움칠했다. 마음속에서 무언가 큰 소리로 "이젠 다 끝났어!"라고 외치는 것 같았다. 하지만 그녀의 본능은 아직 반항했다. 이제 젖 먹던 힘까지 끌어모아야 한다는 생각이 들었다. '한마디만 더, 한 단어만 더 하면 돼. 거짓말을 하나만 더 지어내, 마지막 거짓말을 말이야!'

"반지를…… 반지를 닦아 달라고 맡겼어요."

그러고는 거짓의 동력에 휘말려 거침없이 덧붙여 말했다. "모레 찾아올 거예요." 모레라니! 이제 이레네는 덫에 걸린 꼴이었다. 스스로 기한을 정해 놓았으니 말이다. 그런데 그때 불쑥 새로운 감정이 어수선한 불안감 속으로 파고들었다. 결정의 순간이 이제 멀지 않았다는 묘한 행복감이었다. 마음속에서 새로운 힘 같은 것이 자라났다. 살려는 힘과 죽으려는 힘이었다.

이튿날 오전 이레네는 편지들을 태워 버리고 여러 사소한 일들을 정리했다. 하지만 되도록 아이들을 비롯해 자신이 아끼는 온갖 것들을 보지 않으려 했다. 삶은 즐겁고 유혹적인 것들로 그녀를 붙잡으려 들었고 그러다 보면 이미 내린 결정을 주저하게 되기에 공연히 더 힘들어질 뿐이었다. 그녀는 마지막으로 운명에 도전장을 던지는 심정으로 거리로 나섰다. 협박꾼을 만날 준비가 되어 있는 것은 물론이고 만나고 싶어서 애가 탈 정도였다. 그녀는 쉬지 않고 거리를 걸었지만, 예전처럼 팽팽한 긴장감을 느끼지는 않았다. 이미 지친 탓이었다. 두 시간 동안 의무를 이행하듯 걷고 또 걸었지만, 어디에도 그 여자는 보이지 않았다. 하지만 만나지 못한 실망감에 괴로울 틈도 없이 그녀는 지쳐 있었다. 거리를 지나는 낯선 이들의 얼굴이 모두 죽은 사람처럼 보였다. 이 모든 것이 이미 멀리 사라져 버린 것들이고 그녀와는 상관이 없는 것들이었다.

이레네는 저녁까지 남은 시간을 헤아려 보고는 아직 시간이 많이 남아 있다는 사실에 깜짝 놀랐다. 이별을 위해 그렇게 많은 시간이 필요한 건 아니라는 사실이 신기했다. 아무것도 가지고 갈 수 없음을 알게 되면 모든 것이 하찮아 보이는구나. 졸음이 밀려왔다. 그녀는 멍하니 발길 닿는 대로 걸었다. 생각도 하지 않았고 둘러보지도 않았다. 교차로에서 마부가 아슬아슬하게 말을 세우는 순간, 마차 손잡이가 바로 앞에서 물러서는 게 보였다. 마부가 거친 욕설을 던졌지만, 그녀는 돌아보지 않았다. 내가 목숨을 구한 걸까, 아니면 운명을 잠시 미룬 걸까? 우연히 사고가 났더라면 결정을 내릴 필요가 없었을 것이다. 기운 없이 그녀는 계속 걸었다. 아무런 생각 없이, 다 끝났다고 막연히 느끼니 마음이 편했다. 안개가 살포시 내려와서 모든 걸 감싸는 것 같았다.

무심코 고개를 들어 거리의 이름을 본 이레네는 화들짝 놀랐다. 무작정 걷다 보니 옛 애인 집 근처에 와 있는 게 아닌가! 이건 운명의 신호가 아닐까? 그 사람이 어쩌면 날 도울 수 있을 거야. 그 여자의 주소를 알고 있을 테니까. 그녀는 기쁨에 떨었다. 이토록 간단한 것을 왜 생각하지 못했을까? 그가 지금 나와 함께 그 여자를 찾아가서 완전히 결말을 내 줄 것이다. 협박을 그만두라고 그 여자에게 호통을 칠 것이다. 어쩌면 돈을 주고 그 여자를 이 도시에서 떠나게 할 수도 있을 것이다. 그 딱한 남자를 지난번에 너무 매정하게 대했던 것이 뒤늦게 후회가 됐지만, 그가 자신을 도와주리라고 그녀는 확신했다. 이 구원의 길이 이제야, 최후의 시간에야 비로소 생각이 났다니 참 희한했다.

그녀는 서둘러 계단을 올라가서는 초인종을 눌렀다. 문은 열리지 않았다. 귀 기울여 들어 보니 문 뒤에서 사람이 살금살금 걷는 소리가 들렸다. 또다시 초인종을 눌렀지만 아무 반응이 없었다. 다시금 안에서 바스락거리는 소리가 들렸다. 그녀는 그만 참을성을 잃고 끊임없이 초인종을 눌러댔다. 사느냐 죽느냐의 문제였다.

드디어 문 뒤쪽에서 움직이는 소리가 들리더니 자물쇠가 달그락거렸고 문이 한 뼘 정도 열렸다. "나예요." 그녀가 급히 말했다.

남자는 깜짝 놀란 듯 문을 열었다. "이레네, 당신이…… 아, 부인께서…… 어쩐 일이십니까?" 남자는 눈에 띄게 당황하며 더듬댔다. "저는…… 죄송합니다…… 저는 부인께서 오실 줄은 모르고 그만…… 꼴이 이 모양이라." 그의 셔츠는 반쯤 열려 있었고 옷깃도 떨어져 있었다.

"급히 할 말이 있어요. 당신이 날 도와줘야겠어요." 이레네는 신경질적으로 말했다. 남자는 아직도 여자를 거렁뱅이 대하듯 복도에 세워 둔 채였다. "안에 들어가서 1분만 얘기할 수 있을까요?" 그녀가 짜증스럽게 물었다.

"아, 제가 지금은……." 남자는 당황해서 웅얼대며 곁눈질을 했다. "제가 사실 좀……."

"내 말을 들어봐요. 당신 때문에 이렇게 됐어요. 당신은 날 도와야 할 의무가 있어요. 당신이 내 반지를 찾아와야 해요. 그래야 하고말고요. 아니면 주소라도 말해 줘요. 그 여자가, 날 항상 쫓아다니던 그 여자가 이제 보이질 않아요. 당신이 나서야 해요. 당신이요."

그는 이레네를 뚫어져라 보았다. 이레네는 그제야 자신이 숨이 턱에 차서 알아듣기 힘든 소리들을 지껄였음을 깨달았다.

"아, 모르고 있군요? 당신 애인이, 당신의 옛 애인이 지난번 내가 여기서 나가는 것을 봤어요. 그 후로는 날 쫓아다니며 협박하고 있고. 날 죽일 듯이 괴롭힌다고요. 이젠 내 반지까지 가져갔어요. 난 그 반지를 돌려받아야 해요. 오늘 저녁까지는 돌려받아야 해요. 오늘 저녁까지요. 그러니 날 좀 도와줘요."

"하지만 저는……."

"도와줄 건가요, 아닌가요?"

"하지만 저는 부인께서 누구를 말씀하시는 건지 도통 모르겠습니다. 저는 협박을 일삼는 여자들과 관계를 맺은 적이 없어요." 그는 싸늘하게 말했다.

"아, 그렇군요. 댁은 그 여자를 모르는군요. 그렇다면 그 여자가 다 지어냈다는 말인가요? 그 여자는 댁 이름도 알고 내 주소도 알아요. 그 여자가 협박한 게 사실이 아니라고요? 그렇다면 죄다 내가 꿈을 꾼 것이겠네요."

이레네는 까르르 웃었다. 남자는 불안해졌다. 순간 이 여자가 미친 게 아닐까 하는 생각이 들 정도로 이레네의 눈은 불꽃을 튀기고 있었다. 그녀의 거동은 정상이 아니었고, 그녀가 하는 말은 알아들을 수가 없었다. 남자는 겁에 질려 주위를 둘러보았다.

"부디 진정하세요, 부인. 부인께서 착각하고 계신 게 분명합니다. 당치도 않아요, 그런 일은…… 그럴 리가 없습니다. 무슨 일인지 도통 짐작이 가지 않아요. 저는 그런 종류의 여자들을 알지 못합니다. 분명 오해가 있으신 거예요."

"나를 도와주지 않겠다는 말인가요?"

"물론 제가 할 수 있는 일이라면 기꺼이……."

"그럼, 가요. 같이 그 여자한테 가요."

"누구, 누구한테 간단 말인가요?" 그녀가 그의 팔을 움켜쥐자 그는 이 여자가 미쳤구나 싶어 덜컥 겁이 났다.

"그 여자에게 같이 갈 건가요, 안 갈 건가요?"

"물론…… 물론 그래야지요." 여자가 그를 맹렬히 다그칠수록 여자가 미쳤다는 의심은 점차 확신으로 변했다. "물론 그래야지요."

"그럼 어서 가요. 내겐 생사가 달린 문제라고요!"

남자는 웃음을 참으려고 노력했다. 그러고는 갑자기 점잔을 빼며 대답했다.

"죄송합니다, 부인. 지금은 곤란합니다. 지금…… 피아노 교습 중이라서요. 교습을 중단할 수가 없습니다."

"아…… 그래요?" 이레네는 남자의 면상에 대고 까르르 웃었다. "피아노 교습 중이라? 셔츠 바람으로요…… 거짓말 말아요." 무슨 생각이 떠오른 듯 그녀는 갑자기 앞으로 나섰다. 남자는 그녀를 붙잡으려 했다. "그 여자가 여기 있군요. 그 협박꾼이랑 같이 있죠? 결국 당신들 한통속이었어. 아마 그 여자가 내게서 뜯어간 것 모두를 둘이 나눠 가졌겠죠? 그 여자를 가만두지 않겠어. 이제 난 겁날 게 없어요." 이레네는 악을 썼다. 남자가 그녀를 붙잡았지만, 이레네는 버둥대며 몸을 빼서는 침실로 돌진했다.

누군가 문 뒤에서 엿듣고 있다가 뒷걸음질 쳤다. 이레네는 넋이 나가서 낯선 여인을 응시했다. 옷매무새가 흐트러진 여인이 급히 얼굴을 돌렸다. 이레네가 미쳤다고 생각한 애인은 불행한 사태를 막으려고 그녀를 쫓아 침실로 달려들어 왔다. 하지만 이레네는 이미 침실을 빠져나오고 있었다. "미안해요." 그녀가 우물대며 말했다. "내일…… 내일이면 다 알게 될 거예요. 그러니까 내가…… 하지만 나 역시 뭐가 뭔지 모르겠어요." 그녀는 모르는 사람을 대하듯 그에게 말했다. 자신이 한때 이 남자의 애인이었다는 게 믿기지 않았다. 자신의 몸조차 자신의 의지와 상관없이 움직이는 것 같았다. 이제 모든 게 전보다 더 혼란스러웠다. 확실한 거라고는 누군가가 거짓말을 하고 있다는 사실이었다. 하지만 너무 지친 탓에 다시 생각해 볼 수도, 돌아볼 수도 없었다. 이레네는 사형수가 단두대로 향하듯 눈을 감고 계단을 내려왔다.

밖으로 나오니 거리는 어두웠다. 어쩌면 그 협박꾼이 저승사자처럼 저편에서 기다리고 있다가 최후의 순간에 구원의 손길을 뻗칠지도 모른다는 생각이 들었다. 두 손을 모아 그동안 잊고 있던 신께 기도를 드려야 하나? 아, 그저 두어 달만 더 주어지기를, 여름까지 두어 달만이라도 협박꾼이 없는 곳에서, 풀밭과 들판에서라도 평화롭게 살 수 있기를, 여름까지만이라도 살 수 있기를 바라는 마음뿐이었다. 그녀는 정신없이 어두운 거리를 훑어보았다. 맞은편 건물 문 앞에 누군가 도사리고 있는 듯했다. 하지만 그녀가 가까이 다가가자 어두운 그림자는 복도 깊숙이 사라졌다. 순간 남편의 모습이 떠올랐다. 사람 많은 길에서 남편이 자신을 지켜보고 있는 것 같아 불쑥 불안해진 게 오늘만 벌써 두 번째였다. 그녀는 잠시 머뭇거렸지만 이내 불안한 심정으로 다시 길을 걸었다. 뒤에서 누군가 노려보고 있는 듯한 묘한 기분이 들며 목 뒤가 뻣뻣해졌다. 한번 더 돌아보았지만 보이는 건 어둠뿐이었다.

약방은 멀지 않았다. 이레네는 살짝 오한을 느끼며 안으로 들어섰다. 약사가 처방전을 받아들고는 조제에 들어갔다. 1분 동안 그녀는 반짝이는 저울과 앙증맞은 저울용 추, 자그마한 상표들, 그리고 위에 걸린 찬장에 일렬로 늘어선 원액 용기들을 보면서 용기에 부착된 생소한 라틴어 이름들을 저도 모르게 따라 읽고 있었다. 시계가 똑딱대는 소리를 들으며 약방 특유의 기름지고 들큼한 냄새를 맡고 있자니 문득 어린 시절 약방 심부름을 하러 가겠다고 어머니를 조르던 기억이 떠올랐다. 이런 냄새가 너무 좋았고 도가니 여러 개가 반짝이는 낯선 광경이 좋아서였다. 순간 이레네는 어머니에게 작별 인사를 하지 않았다는 사실이 마음에 걸렸다. 어머니께는 죄송한 마음뿐이었다. 어머니가 얼마나 놀라실까 생각하니 섬뜩했다. 하지만 약사는 벌써 볼록한 통에 담긴 투명한 액체를 파란 약병 안으로 한 방울씩 떨어트리고 있었다. 그녀는 죽음의 약이 자그마한 병 안으로 옮겨 가는 것을 멍하니 지켜보았다. 곧 죽음은 이 병에서 내 혈관으로 흘러가리라 생각하니 온몸에 냉기가 스며들었다. 약사가 다 채워진 병에 마개를 틀어박고 둥근 병 위에 종이를 붙이는 동안 그녀는 멍하니 일종의 최면 상태에서 약사의 손가락을 뚫어져라 보고 있었다. 끔찍한 생각을 하느라 모든 감각이 마비된 상태였다.

"2크로네입니다." 약사가 말했다. 이레네는 마비 상태에서 깨어나서는 낯설어하며 주위를 둘러보았다. 그러고는 돈을 꺼내려고 기계적으로 지갑을 쥐었다. 아직도 모든 게 꿈같기만 했다.

동전을 찾았지만 눈앞이 어른거려 머뭇거리고 있을 때였다. 순간 누군가 이레네의 팔을 성급히 밀치더니 유리그릇에 돈이 짤그랑 떨어지는 소리가 들렸다. 웬 손이 뻗어 나와 약병을 낚아챘다. 이레네는 저도 모르게 몸을 돌렸다. 그녀의 시선이 얼어붙었다. 입을 꽉 다문 남편이 거기 서 있었다. 사색이 된 얼굴에 이마에는 땀이 송골송골 맺혀 있었다.

그녀는 기절할 듯 놀라 탁자에 기댔다. 방금 전 건물 문 앞에 숨어 있던 사람이 남편이었음을 단번에 알 수 있었다. 이미 거기서 저도 모르게 남편의 존재를 느꼈고, 그 순간 뒤엉킨 생각이 들었던 게 분명했다.

"갑시다." 프리츠는 착 가라앉은 목소리로 쥐어짜듯 말했다. 그녀는 멍하니 그를 보았다. 자신의 의식에서 아득히 먼 몽롱한 세계 속에 있는 자신이 그의 말을 따르고 있다는 게 신기했다. 그녀가 채 깨닫기도 전에 발은 걸음을 내딛고 있었다.

그들은 나란히 길을 걸었다. 아무도 상대를 쳐다보지 않았다. 프리츠는 여전히 병을 쥐고 있었다. 그는 문득 멈춰 서서 이마의 땀을 닦았다. 그녀 역시 걸음을 늦추었다. 그러나 감히 남편을 쳐다보지는 못했다. 둘 다 말이 없었기에 거리의 소음만이 둘 사이를 채우고 있었다.

집 앞에 다다르자 그는 아내가 계단을 먼저 올라가도록 기다렸다. 남편이 비켜서자 이레네의 걸음이 휘청였다. 그녀는 멈춰 서서 숨을 골랐다. 그러자 프리츠가 아내의 팔을 잡고 부축했다. 몸이 닿자 그녀는 소스라치게 놀라며 급히 마지막 몇 계단을 올라갔다.

이레네는 방으로 들어갔고 프리츠도 곧 뒤따랐다. 사방의 벽이 어둠 속에서 번쩍였고 물건들은 다 비슷비슷하게 보였다. 여전히 둘은 아무 말이 없었다. 프리츠는 약병의 포장지를 뜯고는 뚜껑을 열어 내용물을 쏟아 버렸다. 그러고는 있는 힘껏 병을 구석에 내던졌다. 그녀는 쨍그랑 소리에 움칠했다.

둘은 여전히 말없이 침묵했다. 이레네는 눈으로 보지 않아도 남편이 감정을 억누르려고 얼마나 애쓰는지 느낄 수 있었다. 드디어 그가 이레네에게 가까이 다가오는가 싶더니 어느새 바로 옆에 와 있었다. 남편이 힘겹게 숨 쉬는 게 느껴졌고, 넋이 빠진 희미한 눈으로도 남편의 눈이 어두운 방 안에서 불꽃을 튀기는 게 보였다. 남편이 분노를 터트리기를 기다리던 이레네는 그의 손이 자신을 꽉 붙잡자 공포에 얼어붙었다. 심장이 멎었고, 팽팽해진 바이올린의 현처럼 온 신경이 바르르 떨렸다. 곧 징벌이 이어질 게 분명했다. 차라리 남편이 화를 냈으면 싶었다. 그러나 그는 계속 침묵했다. 그런데 뜻밖에도, 가까이 다가온 그가 부드럽게 말했다. "이레네," 그의 목소리는 놀라울 만큼 포근했다. "우리는 얼마나 오래 서로를 괴롭혀야 한단 말이오?"

순간 그녀는 경련을 일으켰고, 짐승이나 낼 법한 뜻 모를 비명이 활화산처럼 그녀를 뚫고 나왔다. 지난 몇 주 동안 꾹 참고 눌러 두었던 울음이 폭발한 것이다. 마음속 누군가 성난 손으로 그녀를 부여잡고는 마구잡이로 흔드는 것 같았다. 그녀는 술 취한 사람처럼 비틀댔다. 남편이 붙잡아 주지 않았더라면 그대로 쓰러졌을 것이다.

"이레네," 프리츠가 달래듯이 이름을 불렀다. "이레네, 이레네!" 그는 나직하게 달래듯이 아내의 이름을 자꾸 불렀다. 이렇게 다정하게 이름을 불러서라도 감정이 북받쳐 발작하듯 우는 아내를 진정시키려는 듯했다.

하지만 흐느낌만이 대답으로 돌아왔다. 고통이 마구 치고 올라오면서 그녀의 몸은 파도에 올라탄 듯 이리저리 요동쳤다. 프리츠는 떨고 있는 아내를 부축해서 소파에 눕혔다. 그래도 흐느낌은 멎지 않았다. 우는 동안 전기 고문을 받는 것처럼 온몸이 경련을 일으켰고 섬뜩한 냉기가 고문당한 몸에 스며드는 것 같았다. 몇 주 내내 극도의 긴장을 견뎌 냈던 신경은 이제 산산조각이 났고, 억눌렀던 고통이 고삐를 풀고 나와 무감각한 육체를 난도질했다.

프리츠 역시 몹시 흥분해서는, 덜덜 떠는 아내를 안고 차가운 두 손을 쥐었다. 그리고는 불안에 떨며 열정적으로 아내의 옷과 목에, 처음에는 달래듯이 그러다가 격렬히 입을 맞추었다. 하지만 여전히 웅크린 그녀의 몸을 경련이 덮치고 있었다. 몸속에서 마침내 봇물이 터진 듯 울음이 솟구쳤다. 그는 아내의 얼굴을 만져 보았다. 눈물범벅이 된 얼굴은 싸늘했고 관자놀이의 혈관은 요동치고 있었다. 그는 이루 말할 수 없는 불안감에 사로잡혔다. 그는 아내의 얼굴을 바라보며 무릎을 꿇었다.

"이레네," 여전히 그는 아내를 안고 있었다. "왜 우는 거요. 이제…… 이젠 다 끝났소. 왜 그렇게 고통스러워하는 거요? 더는 두려워하지 않아도 돼요. 그 여자는 다신 안 올 거요. 결코, 다시는."

그녀의 몸이 다시 부르르 떨렸다. 하지만 프리츠는 양손으로 아내를 꽉 붙잡았다. 그러고는 끊임없이 아내에게 입을 맞추며 사과의 말을 어수선하게 더듬거렸다.

"다신 안 와, 결코 다시는…… 내 맹세하겠소. 당신이 이토록 공포에 질리리라고는 예상하지 못했소. 내가 바란 거라곤 그저 당신이, 당신이 돌아와서 의무를 다하기를…… 당신이 그 남자를 떠나기를, 영영 떠나기를…… 그렇게 우리에게 돌아오기를 바랐을 뿐이오. 우연히 그걸 알게 되었을 때 나는 달리 방법이 없었소. 당신한테 직접 말을 할 수가 없어서…… 내 생각은…… 그렇게 하면 당신이 돌아올 줄 알고, 그래서 그 여자를 당신에게 보낸 거요. 그 딱한 여자가 당신을 다그치도록 말이요. 그 불쌍한 여자는 직장을 잃은 배우인데 마지못해 이 일을 맡았지, 나는 그렇게 해서라도……지금 생각하니 내가 잘못한 거요. 당신이 내게 돌아오게 하려고…… 나는, 늘 용서를 하려고 기다리고 있었고 그걸 당신에게 계속 보여 주었지만…… 당신은 내 진심을 모르고…… 하지만 이렇게까지, 이렇게까지 당신을 몰아갈 생각은 없었는데……. 이 모든 걸 보는 나는 더 괴로웠소. 당신의 일거수일투족을 관찰하면서…… 아이들 때문에, 그래, 아이들 때문에 당신에게 그렇게 한 거요. 하지만 이제 다 끝났소……. 이제 모든 게 잘 될 거요."

그녀는 아득히 먼 곳에서 들려오는 듯 가까이에서 울리는 말들을 멍하니 들었지만 무슨 뜻인지 알 수 없었다. 바람이 일 듯 마음속에서 쏴쏴 소리가 나서 다른 소리를 덮어 버렸고 모든 감각이 요동을 쳐서 그 무엇도 느낄 수 없었다. 그녀는 남편이 자신의 살갗을 쓰다듬으며 입을 맞추고 있고, 자신의 눈물이 싸늘하게 식었음을 느꼈다. 하지만 몸속의 피는 둔탁한 소음을 내며 콸콸 흘렀고 그 소음은 점점 커지더니 급기야는 미쳐 날뛰는 종소리처럼 쾅쾅 댔다. 그러고는 모든 게 흐릿해졌다. 기절했다가 깨어난 듯 몽롱한 상태에서 외출복을 벗기는 손길을 느꼈다. 걱정에 찬 남편의 온화한 얼굴이 안개에 싸인 듯 아련하게 보였다. 그녀는 오랫동안 누리지 못했던 깊은 잠의 세계로 고꾸라져서는 꿈도 없이 캄캄한 잠으로 빨려들었다.

이튿날 아침, 눈을 뜨니 방 안은 이미 환했다. 마음도 먹구름이 걷힌 듯 환했고 몸속의 피는 폭풍우로 씻긴 듯 깨끗해져 있었다. 그녀는 무슨 일이 있었는지 생각해 보려 했다. 하지만 모든 게 아직 꿈만 같았다. 꿈속에서 공간을 떠다니듯이 가뿐하고 자유로운 느낌이 드는 게 현실이 아닌 것 같았다. 꿈이 아니라는 걸 확인하기 위해 손을 더듬던 그녀는 화들짝 놀랐다. 손가락에는 반지가 반짝이고 있었다. 단숨에 잠이 확 깼다. 절반은 기절한 상태에서 들었던 어수선한 말들과 막연히 떠올랐던 예감이 서로 엉키면서 갑자기 모든 것이 명료해졌다. 그녀는 단번에 모든 걸 이해했다. 남편이 왜 전에 그런 것들을 물었는지, 왜 애인이 어리둥절했는지 이

해가 됐다. 모든 속임수가 모습을 드러내면서 자신이 무시무시한
그물에 걸려들었단 걸 깨달았다. 분노가 치밀었고 수치스러웠다.
다시 신경이 경련을 일으켰다. 꿈도 없고 불안감도 없는 잠에서 깨
어난 것이 후회스러울 지경이었다.

바로 그때 가까이에서 웃음소리가 들렸다. 아이들이 잠에서 깨
어 아침을 맞는 새들처럼 지저귀고 있었다. 이레네는 아들의 목소
리를 똑똑히 들으며 그 소리가 자기 아빠 목소리와 너무나 똑같다
는 사실에 새삼 놀랐다. 그녀의 입가에 살며시 미소가 감돌더니 그
대로 거기 머물렀다. 그녀는 눈을 감고 누워서 이 모든 것을, 자신
의 삶과 행복을 깊이 음미했다. 마음은 아직 조금 통증을 느꼈지
만, 그것은 치유를 약속하는 고통이었다. 찌릿찌릿 아팠지만, 상처
가 영원히 아물기 전에 욱신대는 아픔이었다.

세 번째 비둘기의
전설

태초의 시간을 다룬 책에는 인류의 선조 노아가 하늘의 수문이 닫히고 아득히 깊은 물이 잦아들 무렵, 첫 번째 비둘기와 두 번째 비둘기를 전령으로 방주에서 날려 보냈다는 이야기가 실려 있다. 그런데 세 번째로 날려 보낸 비둘기의 여정과 운명에 관해서 누가 이야기한 적이 있었던가? 대홍수 당시 목숨을 건진 온갖 생명체들을 실은 구원의 배는 아라라트산˙ 정상에 좌초해 있었다. 노아가 돛대에서 사방을 둘러보니 파도만 끝없이 출렁댈 뿐이었다. 행여 어딘가 구름 걷힌 하늘 아래 뭍이 드러났는지 알아보기 위해 그는 첫 번째 비둘기를 전령으로 날려 보냈다.

　첫 번째 비둘기는 양 날개를 펴고 날아올랐다고 전해진다. 그러고는 동으로 서로 날아가 보았지만, 아직 사방이 물이었다. 어디에도 발을 딛고 쉴 데라곤 없었기에 차츰 날개가 뻐근해졌다. 그래서 세상에서 유일하게 단단한 곳인 방주로 돌아가서 산꼭대기에 얹힌 배 주위를 퍼덕이니 노아는 손을 뻗어 새를 안으로 들여보냈다.

● 해발 5,137미터로 터키에서 가장 높은 산을 말한다. 이란과 아르메니아와의 접경지대에 있다. 창세기 8장에 따르면 노아의 방주는 대홍수 때 150일을 표류하다가 이 산 정상에 멈춰서 물이 줄어들기를 기다렸다.

노아는 일곱 날을 기다렸다. 일곱 날 동안 비 한 방울 내리지 않았고 물이 줄어들자 다시 비둘기 한 마리를 두 번째 전령으로 날려 보냈다. 아침에 날아갔다가 저녁에 돌아온 비둘기는 올리브 잎사귀를 부리에 물고 있었는데, 이는 땅이 물에서 풀려났다는 최초의 증거였다. 이렇게 나무 꼭대기가 물 위로 나온 걸 본 노아는 시험을 이겨 냈음을 예감했다.

또 일곱 날이 지난 후 노아는 다시 비둘기 한 마리를 세 번째 전령으로 날려 보냈다. 새는 세상을 향해 날아갔다. 아침에 날아간 새는 저녁이 되어도 돌아오지 않았다. 며칠을 더 기다렸지만 새는 돌아오지 않았고 노아는 이제 물이 가라앉고 뭍이 드러났음을 알게 되었다. 하지만 노아는 물론이고 그 누구도 세 번째 비둘기로부터는 아무런 소식도 듣지 못했다. 얼마 전까지만 해도 세 번째 비둘기의 전설은 전해지지 않았다.

세 번째 비둘기의 여정과 운명은 이러했다. 새는 아침 무렵 갑갑한 선실을 나와 날아올랐다. 그 어둑한 곳에는 빽빽이 들어찬 짐승들이 짜증을 내며 투덜대고 있었다. 다들 발길질하거나 발톱을 곤두세우고는 으르렁대고 괴성을 지르며 짖어대는 통에 시끌벅적했다. 비둘기는 이런 비좁고 어두운 곳에서 끝없이 넓고 환한 곳을 향해 날아올랐다. 몇 번 날개를 퍼덕이니 빗물에 씻겨 달콤하고 투명한 대기 속이었고, 어느새 자유롭게 날며 구속받지 않는 은총을 누리게 되었다. 아래를 내려다보니 물이 은은히 반짝였고, 푸른 숲이 촉촉한 이끼처럼 빛났고, 초원에서는 아침 안개가 뽀얗게 올라오고 있었다. 풀들이 싱그럽게 솟아오르며 초원을 수놓았다. 티 없는 하늘에선 햇살이 찬란히 쏟아졌고, 아침 해는 울퉁불퉁한 산 능선을 빨갛게 물들였다. 바다도 선홍색 핏물처럼 아련히 빛났고, 피어오르는 대지는 더운 김을 뿜어냈다. 깨어나는 세상을 본다는 건 신이나 누릴 법한 즐거움이었다. 비둘기는 행복에 겨워 발갛게 물든 세상을 보며 날개를 활짝 펴고 그 위를 날았다. 꿈에 취한 듯 육지와 바다 위를 날던 비둘기는 점차 하나의 꿈이 되어 날고 있었다. 비둘기는 신이라도 된 듯이, 물에서 풀려난 대지를 처음으로 굽어보았고, 보고 또 보기를 거듭했다. 수염이 허연 노아가 있는 방주로 돌아가서 자신의 사명을 완수해야 한다는 걸 잊은 지는 이미 오래였다. 이제는 세상이 고향이 되었고 하늘이 집이 되었다.

노아의 신뢰를 저버린 전령, 세 번째 비둘기는 몰아치는 행복에 넋을 잃고 텅 빈 세상 위를 계속 날았다. 황홀감에 취해 쉬지도 않고, 날고 또 날다 보니 급기야 날갯짓이 힘들어지고 몸이 납처럼 무거워졌다. 대지가 비둘기를 묵직한 중력으로 당기며 내려오라 부르자, 지친 날개는 점점 아래를 향하더니 축축한 나무 꼭대기를 스쳤다. 마침내 두 번째 날 저녁 비둘기는 숲 깊숙이 내려앉았다. 그 숲은 태초의 만물이 그랬듯이 아직 이름이 없었다. 비둘기는 숲 덤불에 숨어 창공을 나느라 지친 몸을 쉬었다. 잔가지가 이불이 되어 주었고 바람은 자장가를 불러 주었다. 낮에는 나무 그늘이 시원했고 밤에는 숲이 포근한 집이 되어 주었다. 비둘기는 곧 바람 부는 하늘도, 먼 곳을 향한 동경도 잊어버렸다. 초록 지붕 아래 터를 튼 비둘기 곁에서 억겁의 시간이 흘렀다.

길 잃은 새가 집으로 삼은 숲은 우리 세계에서 멀지 않았지만, 아직은 어떤 인간도 거기 살지 않았다. 이렇게 외롭게 지내던 새는 점차 스스로 꿈이 되어 갔다. 새는 칠흑같이 컴컴한 숲에 둥지를

틀었다. 세월은 새를 비켜서 흘렀고 죽음마저 새를 잊었다. 대홍수
이전 태초 세계를 본 생명체 가운데 살아남은 짐승들은, 모두 죽고
싶어도 죽을 수가 없었고 어떤 사냥꾼도 그들을 해칠 수 없었기
때문이다. 이 짐승들은 눈에 띄지 않게, 발길이 닿지 않는 대지 구
석구석에 숨어 살았고, 이 비둘기 역시 깊은 숲에 숨어든 것이다.

물론 비둘기는 인간의 존재를 종종 느끼곤 했다. 총소리가 울
려 퍼지면 겹겹이 둘러선 초록 숲에서 수백 개의 미물이 튀어 올
랐고, 나무꾼이 나뭇등걸에 도끼를 휘두르면 어둠은 비명을 내질
렀다. 부둥켜안고 으슥한 곳으로 들어서는 연인들의 나직한 웃음
소리가 나뭇가지에 살포시 걸렸고, 산딸기를 찾는 아이들의 노랫
소리가 들릴 듯 말 듯 했다. 나뭇잎과 꿈에 감싸여 내려앉은 비둘
기는 종종 세상이 내는 이런 소리를 들었지만 조금도 불안해하지
않고 귀를 기울이며 어둠 속에 머물렀다.

그러던 어느 날 온 숲이 요동치기 시작하더니 땅이 두 동강이
날 듯 천둥이 쳤다. 창공을 뚫고 검은 금속 물체가 윙윙대며 날았
고 그 물체들이 떨어진 곳에선 끔찍하게도 땅이 위로 치솟았고 나
무들은 지푸라기처럼 부러졌다. 각기 다른 색 옷을 입은 인간들이
서로를 향해 죽음을 던졌고 무시무시한 기계들은 불을 내뿜었다.
땅에서 하늘로 번개가 솟아오르더니 곧이어 천둥이 뒤따랐다. 마
치 땅이 하늘을 향해 튀어 오르거나 하늘이 땅으로 무너져 내리는
꼴이었다. 비둘기는 꿈에서 푸드덕 깨어났다. 죽음과 멸망이 비둘
기를 덮친 것이었다. 한때 물이 세상을 뒤덮었다면 이제 불길이 세
상을 뒤덮고 있었다. 비둘기는 급히 날개를 펼치고 날아올랐다. 불
타는 숲을 떠나 다른 안식처를, 평화로운 장소를 찾으려고 말이다.

　비둘기는 평화를 찾기 위해 우리의 세상 위를 날아다녔지만, 어디를 가든 온통 인간이 만들어 낸 번개와 천둥이 요란했고 어디든 전쟁이 한창이었다. 불과 피의 바다가 기세 좋게 대지를 뒤덮었다. 또다시 대홍수가 난 것이다. 비둘기는 다급하게 날개를 퍼덕이며, 우리가 사는 여러 나라를 날아다니며 쉴 곳을 찾으려 했다. 노아에게 돌아가서 축복을 약속하는 올리브 가지를 내어 줄 작정이었다. 하지만 이제 어디에서도 쉴 곳을 찾을 수 없었다. 인류를 덮친 끔찍한 홍수는 시간이 지날수록 심각해졌고 불길은 세계를 계속 삼켜댔다. 비둘기는 아직도 쉴 곳을 찾지 못했고 인류는 아직도 평화를 얻지 못했다. 비둘기는 집으로 돌아갈 수 없으며 영영 쉴 수 없는 처지이다.

　우리 시대에서 평화를 찾아 헤매는 전설 속 비둘기를 본 사람은 아무도 없다. 하지만 이 비둘기는 불안에 떨며 지친 날개로 우리 머리 위를 날아다닌다. 가끔 밤에 악몽에서 깨어나면 허공에서 푸드덕대는 소리를 들을 때가 있다. 어둠 속을 쫓기듯 날며 어딘가로 정신없이 도망치는 소리 말이다. 우리의 온갖 암울한 상념이 비둘기의 날개를 타고 떠다니며, 우리의 온갖 소망이 비둘기의 불안 속에 일렁이고 있다. 하늘과 땅 사이를 떨며 나는 길 잃은 비둘기, 일찍이 신뢰를 저버린 전령이었던 이 비둘기는 이제, 인류의 선조 노아에게 우리의 운명을 알리려 한다. 수천 년 전에 그랬듯이, 세상은 누군가 손을 내밀며 이제 시험은 끝났다고 선언해 주기를 간절히 고대하고 있다.

모르는 여인의
편지

유명 소설가 R은 사흘 동안 산에서 편히 휴가를 보내고는 이른 아침 빈으로 돌아와 역에서 신문을 샀다. 날짜를 흘끔 보니 이날이 자신의 생일인 게 기억났다. 마흔한 살이 됐다는 생각이 얼핏 들었다. 즐겁지도 괴롭지도 않은 일이었다. 그는 신문을 부스럭대며 대강 훑어보다가 택시를 타고 집으로 향했다. 하인은 그가 없는 동안 방문객이 둘 찾아왔고 전화가 몇 통 왔었다고 보고하고는 그동안 모아 둔 우편물을 쟁반에 담아서 가져왔다. 그는 우편물을 대충 들여다보고는 발신인으로 미루어 관심이 가는 편지 몇 통을 뜯어 보았다. 낯선 글씨체에 꽤 두툼해 보이는 편지 한 통은 일단 제쳐 놓았다. 그러는 동안 하인은 차를 한 잔 가져다주었다. R은 편안히 안락의자에 몸을 싣고 신문과 몇몇 인쇄물을 다시 훑어보았다. 그러고는 시가에 불을 붙이고 밀쳐 둔 편지를 집었다.

스물네 장쯤 되는 종이에는 웬 여인이 불안한 상태에서 서둘러써 내려간 듯한 글자들이 가득했다. 편지라기보다는 원고였다. 혹시 동봉한 쪽지가 있나 싶어서 부지불식간에 편지 봉투에 다시 손을 넣어 보았지만 아무것도 없었고, 보낸 이의 주소와 서명조차 없었다. '이상하군.' 그는 다시 편지를 집어 들었다. *"저를 알아본 적이 결코 없는 당신께"*라는 문장이 제목처럼 적혀 있었다. 그는 의

아해하며 잠시 주춤했다. 내게 하는 말일까, 아니면 어떤 허구의
인물에게? 불쑥 호기심이 생긴 그는 편지를 읽기 시작했다.

내 아이가 어제 죽었어요. 난 사흘 동안 밤낮을 가리지 않고 이
작고 가냘픈 생명을 지키려고 죽음과 싸웠어요. 독감에 걸린 아이
는 가엽게도 열에 시달리며 헐떡였고, 난 꼬박 마흔 시간을 침대
옆에 붙어 있었어요. 불덩이 같은 이마에 얼음을 얹어 주었고, 꼼
틀대는 작은 두 손을 밤낮으로 꼭 쥐고 있었어요. 그러다가 사흘째
되던 저녁, 지쳐서 쓰러져 버렸어요. 눈이 더는 떠지지 않더군요.
나도 모르게 눈을 감고는 서너 시간 딱딱한 의자에 앉은 채 잠이
들고 말았어요. 그사이 죽음이 아이를 데려갔더군요. 지금 아이는,
귀염둥이 사내아이는 불쌍하게도 저기, 좁다란 유아용 침상에 누
워 있어요. 죽을 때 모습 그대로예요. 사람들이 아이의 두 눈을 감
겨 놓았을 뿐이지요. 초롱초롱한 까만 두 눈을…… 그러고는 아이
의 양손을 하얀 셔츠 위에 포개 놓았어요. 네 개의 촛불이 침대 네
귀퉁이에서 타오르고 있어요. 난 감히 쳐다보지도 못 하겠어요. 꼼
짝도 못 하겠어요. 촛불이 흔들릴 때면 아이 얼굴 위로, 꾹 다문 입
술 위로 그림자들이 획획 스치는 바람에 그 애 표정이 바뀌는 것
처럼 보여요. 그러면 아이가 죽지 않은 것만 같아요. 다시 깨어나
서 해맑은 목소리로 천진난만하게 다정한 말을 내게 건넬 것만 같
아요. 그러나 난 아이가 죽었다는 걸 알아요. 그래서 더는 아이를
보지 않으려고요. 다시 한번 희망을 품었다가 실망하고 싶지는 않
으니까요. 난 알아요. 알고말고요, 내 아이는 어제 죽었어요. 이제
이 세상에서 내게 남은 건 당신뿐이에요. 나에 대해 아무것도 모르

는 당신, 그동안 무슨 일이 있었는지도 모른 채 즐기며, 사람들과 사물들을 가벼이 스쳐 지나간 당신뿐이에요. 단 한번도 나를 알아본 적 없지만 내가 늘 사랑했던 사람, 당신만이 내게 남아 있네요.

　난 다섯 번째 초를 집어 여기 책상 위에 세워 두고 당신에게 편지를 쓰고 있어요. 죽은 아이와 단둘이 있자니 속마음을 죄다 털어놓지 않고는 견딜 수가 없어요. 이런 끔찍한 순간에 내가 당신 말고 누구에게 말을 건넬 수 있겠어요? 당신은 내 모든 것이었고 지금도 내 모든 것이잖아요! 어쩌면 난 당신에게 명료히 말할 수 없을지도 몰라요. 어쩌면 당신은 내 말을 알아듣지 못할 수도 있겠지요. 난 머리가 멍해요. 관자놀이가 쿡쿡 쑤시고 망치로 두들겨 맞는 느낌이에요. 온몸이 너무 아프고 열이 나는 것 같아요. 어쩌면 요즘 한창 이리저리 번지는 독감에 벌써 걸렸는지도 몰라요. 차라리 그러면 좋겠어요. 그럼 나도 아이와 함께 갈 수 있을 테고 나 자신을 해치는 짓을 하지 않아도 되니까요. 가끔 눈앞이 아득해지기도 해요. 어쩌면 이 편지를 끝까지 쓸 수 없을지도 몰라요. 아니, 난 안간힘을 다해 쓰겠어요. 단 한번, 이번 한번만이라도 당신에게 말하려고요. 날 한번도 알아보지 못한 사랑하는 당신에게요.

　당신에게만 얘기하겠어요. 처음으로 당신에게 모든 걸 말하겠어요. 내 삶 전부를 당신은 아셔야 해요. 내 삶은 항상 당신 것이었지만 당신은 내 삶에 대해 아무것도 몰랐지요. 하지만 당신은 내가 죽고 나서야 내 비밀을 알게 될 거예요. 그때는 당신이 내게 답을 할 필요가 없겠지요. 그때는 내 온몸이 뜨겁게 달아올랐다가 추워서 덜덜 떠는 일도 더는 없을 겁니다. 계속 살아야 한다면 난 이 편지를 찢어 버리고 늘 그래왔듯이 계속 침묵할 거예요. 그러니 당신이 이 편지를 손에 쥐고 있다는 건, 어쩌면 죽은 여인이 이 자리에서 당신에게 자신의 삶을 이야기한다는 뜻이에요. 첫 순간부터 마지막 순간까지 당신밖에 몰랐던 바로 그 삶 말이에요. 내가 하는 말에 겁먹지는 마세요. 죽은 여자는 더는 원하는 게 없어요. 사랑도, 동정도, 위로도 바라지 않아요. 내가 당신에게 바라는 건 오직 하나뿐이에요. 내가 하는 이야기를 전부 믿어 주세요. 난 고통에 못이겨 당신을 붙잡고 사정을 털어놓는 거니까요. 내 말을 죄다 믿어 줘요. 이거 하나만 부탁할게요. 하나밖에 없는 자식이 죽은 마당에 누가 거짓말을 하겠어요?

내 삶 모두를 당신에게 털어놓으려 해요. 내 삶은 당신을 알게 된 바로 그날 시작되었답니다. 그 전 일은 그저 뿌옇게 헝클어져 있어서 통 기억이 나질 않아요. 내 마음에서 사라진 윤곽 없는 사물과 사람들을 모아 둔, 먼지와 거미줄로 덮인 지하실 같다고나 할까요. 당신이 오셨을 때 난 열세 살이었고 당신이 지금 살고 있는 바로 그 건물에 살고 있었어요. 당신이 내 마지막 숨결이 담긴 이 편지를 손에 쥐고 있는 바로 그곳에서요. 복도를 사이에 두고 당신 집 바로 맞은편에 살았지요. 당신은 분명 우리를 기억하지 못할 거예요. 늘 상복 차림이던 초라한 서기관의 미망인과 말라깽이 아이를 말이에요. 우리는 소시민의 궁색함에 푹 절어 쥐죽은 듯 조용히 지냈지요. 당신은 아마 우리 이름을 들은 적도 없을 거예요. 우리 현관에는 문패도 없었어요. 우리를 찾아오는 사람도 없었고 우리를 궁금해하는 사람도 없었으니까요. 아주 오래전 일이지요. 15년, 16년 전쯤일까요? 아니, 당신은 분명 기억도 못 할 거예요. 사랑하는 이여, 하지만 난, 아, 나는 세세한 것들까지 애타게 기억하고 있어요. 그날은 오늘처럼 또렷하답니다. 그날, 아니, 내가 당신에 대해 처음 들었던 순간, 당신을 처음 본 순간은 내게는 오늘처럼 여겨질 뿐이에요. 어떻게 그러지 않을 수 있겠어요. 그때 내게는 세상이 시작된 셈이니까요. 사랑하는 이여, 당신에게 모든 것을, 모든 것을 처음부터 이야기할 테니 참을성 있게 들어 줘요. 부탁이니 15분쯤 내 이야기를 지겨워 말고 들어 줘요. 난 평생 당신을 사랑하는 것에 지치지 않았잖아요.

당신이 이사 오기 전 그 집에는 싸움만 하는 상스럽고 못된 사람들이 살았어요. 그들은 자기네도 가난하면서 가난한 이웃들, 특히 가난한 우리를 증오했어요. 우리는 그들과는 달리 몰락한 프롤레타리아의 비천한 면모를 전혀 지니지 않았으니까요. 남자는 술주정뱅이였고 아내를 때렸지요. 우리는 종종 의자가 엎어지고 접시가 깨지는 소음 때문에 한밤중에 잠에서 깨곤 했어요. 한번은 아내가 맞아서 피를 흘리면서 머리는 산발인 채 계단을 달려 내려갔어요. 술 취한 남자가 고함을 지르며 뒤쫓는 바람에 사람들이 문밖으로 나와서 경찰을 부르겠다고 그를 협박해야 했어요. 어머니는 처음부터 그들을 아예 상대하지 않았고 내가 그 집 아이들과 말도 나누지 못하게 하셨어요. 그래서 그 아이들은 기회가 있을 때마다 내게 앙갚음을 했지요. 거리에서 날 마주치면 등 뒤에서 상스러운 욕을 내뱉었고 한번은 돌멩이처럼 딴딴한 눈덩이를 던져 내 이마에서 피가 흐르기까지 했어요. 같은 건물 거주자 모두가 한마음으로 이들을 싫어했지요. 그런데 갑자기 무슨 일이 생겨서—남자가 절도죄로 잡혀 들어갔던 것 같아요—그들은 살림살이를 들고 집을 나가야 했어요. 우리는 모두 안도의 한숨을 내쉬었지요. 며칠 동안 건물 문에 세입자를 구하는 광고가 걸려 있더니, 어느 날 사라졌어요. 그러고는 관리인을 통해 순식간에 소문이 퍼졌지요. 작가가 혼자 그 집에 살게 되었는데 조용한 신사라고요. 그때 난 처음 당신의 이름을 들었답니다.

며칠 후 칠장이, 청소부, 도배장이들이 와서 너저분한 전 주인들이 살던 그 집을 말끔히 닦아 냈어요. 망치질도 하고 두들기고, 닦아 내고 긁어내기도 했어요. 어머니는 마냥 흡족해하셨어요. 이제야 저 앞집의 난장판 살림이 끝났다고 말씀하셨지요. 이사가 진행되는 동안에도 난 당신을 보지 못했어요. 이 모든 일을 감독한 건 당신 하인이었어요. 머리가 허옇게 센 자그마하고 착실한 분이었지요. 그분은 차분히, 사무적으로 모든 지시를 내렸어요. 우리 모두에게는 그분의 존재가 몹시 인상적이었어요. 그 이유는 우선 도심 외곽의 공동주택에 사는 우리에게는 하인을 거느린다는 게 낯선 일이었고, 다음으로는 그가 우리 모두에게 지극히 공손하면서도, 여타 심부름꾼들과는 달리 기품이 있었기 때문이에요. 그는 첫날부터 귀부인을 대하듯 내 어머니에게 정중히 인사했고 심지어 나 같은 철부지에게도 늘 상냥하고 친절했어요. 그가 당신의 이름을 언급할 때면 거기에는 항상 경외심과 각별한 존경심이 실려 있었지요. 그가 통상적인 주종관계를 훌쩍 넘어서 당신에게 애정을 품고 있음을 즉시 알 수 있을 정도였으니까요. 그래서 난 그를, 착한 요한 할아버지를 얼마나 좋아했는지 몰라요. 비록 늘 당신 곁에 있을 수 있고 당신 시중을 들었던 그를 시샘하기는 했지만 말이에요.

당신에게 전부 이야기할게요. 사랑하는 이여, 사소하고 우스꽝스럽기까지 한 일들을 모조리 말하겠어요. 그래야 당신이 어떻게 수줍고 겁 많은 아이였던 나에게 처음부터 막강한 영향력을 끼칠 수 있었는지를 이해할 수 있을 테니까요. 당신이 몸소 내 삶에 들어오기 전에도 당신은 후광에 둘러싸여 있었어요. 부자이고 특별하며 비밀스러운 존재였으니까요. 외곽의 작은 공동주택 주민인 우리들은—좁은 범주의 삶을 사는 사람들은 항상 문 앞에서 벌어지는 온갖 새로운 일에 호기심을 갖게 마련이지요—당신이 이사 오기를 목을 빼고 기다리고 있었어요. 당신에 대해 호기심이 생긴 건 학교에서 돌아온 어느 날 오후, 가구를 실은 차가 건물 앞에 서 있는 것을 보았을 때예요. 짐꾼들은 묵직한 짐들 대부분을 올려다 놓고는 이제 작은 것들을 나르는 중이었어요. 나는 문에 붙어 서서 놀라워하며 온갖 것들을 지켜보았어요. 당신 물건들은 내가 여태 한번도 본 적이 없는 진기하고 색다른 것들이었어요. 인도의 낯선 신들, 이탈리아 조각상들, 현란한 색채의 커다란 그림들이 잇따랐고 마지막으로 책들이 있었어요. 그렇게 멋진 책들이 가득 있으리라고는 생각도 못 해 봤어요. 책들은 문 앞에 층층이 쌓였고 하인은 그것들을 받아 하나하나 꼼꼼히 먼지를 털어냈어요. 나는 점점 더 늘어나는 책 더미 주위를 호기심에 차서 맴돌았어요. 하인은 나를 쫓아내지는 않았지만 그렇다고 가까이 와서 보라고 하지도 않았어요. 나는 그 많은 책의 보드라운 가죽 표지를 무척이나 쓰다듬고 싶었지만, 감히 건드리지 못하고 그저 옆에서 제목만 슬쩍 훔쳐보았지요. 그중에는 프랑스어와 영어도 있었고 몇몇은 내가 이해할 수 없는 언어였어요. 마음 같아서는 몇 시간이고 책들을 구경하고 싶었지만, 하필 그때 어머니가 부르셨어요.

그날 저녁 내내 당신 생각을 했어요. 아직 당신을 알기도 전인데 말이에요. 내가 가진 책이라야 고작 열두어 권이었고 그것도 너덜너덜한 마분지로 묶은 싸구려였어요. 난 그 책들이 너무 좋아서 읽고 또 읽곤 했지요. 난 근사한 책들을 많이 가진 그 남자가 대체 어떤 사람인지 궁금해 미칠 지경이었어요. 그 책들을 읽었으며, 수많은 언어를 알고, 그토록 부유하면서 학식이 풍부한 남자는 대체 어떤 사람일까? 그 많은 책을 떠올리려니 초자연적 존재에게 품을 법한 경외심마저 들었지요. 난 당신의 모습을 그려 보았어요. 당신은 안경을 끼고 흰 수염을 길게 기른 노인일 거라고요. 우리 학교 지리 선생님과 비슷하지만, 훨씬 더 인자하고 잘생기고 온화하실 거라 상상했어요. 어째서 내가 당신을 노인이라 여기던 순간에도 당신이 잘생겼을 거라고 확신했는지는 알 수 없어요. 바로 그날 밤, 난 아직 알지도 못하는 당신 꿈을 꾸었어요.

다음 날 당신이 이사를 왔어요. 하지만 아무리 주의를 기울여도 당신 얼굴을 볼 수 없었어요. 그러니 호기심만 더 커졌지요. 드디어 사흘째 되던 날 당신을 보고는 내가 얼마나 기겁을 하며 놀랐었는지요. 당신은 어린애가 상상한 하느님 아버지의 모습과는 전혀 딴판이었으니까요. 난 안경을 낀 인자한 노인 꿈을 꾸었는데 당신이 온 거예요! 당신은 지금도 그때 모습 그대로예요. 세월도 슬쩍 당신을 비껴가는 건지 당신은 통 변하질 않는군요. 당신은 멋들어진 연갈색 운동복 차림에 경쾌하기 그지없는 소년의 발걸음으로 계단을 올라갔지요. 늘 한 번에 두 계단씩 껑충껑충 뛰면서요. 당신이 모자를 손에 들고 있어서 당신의 밝고 생기 넘치는 얼굴과 풍성한 머리카락을 볼 수 있었어요. 난 깜짝 놀라서 정신을 차릴 수 없을 지경이었어요. 당신이 어찌나 젊고, 잘생기고, 새털처럼 날렵하고 우아하던지, 너무 놀라울 따름이었어요. 희한하게도 이 최초의 순간에 난 아주 또렷이 당신 특유의 면모를 감지했어요. 나뿐 아니라 모든 사람이 당신 특유의 면모라고 거듭 감지하며 놀라워하는 바로 그것을 말이에요. 당신은 이중적인 사람이에요. 열정적이고 경쾌하며 오락과 모험에 탐닉하는 철부지인 동시에 당신의 예술에 대해서는 냉혹하리만치 진지하고 책임감이 투철한 데다가, 대단히 박식하고 교양이 풍부한 분이지요. 난 누구든 당신을 보면 느낄 법한 사실을 무의식중에 감지했어요. 당신이 두 개의 삶을 살고 있다고요. 당신은 한편으로는 밝게, 세상을 향해 열린 자세로 살지만 다른 한편으로는 당신 자신만이 아는 어두운 영역에서 살고 있지요. 이 깊디깊은 양면성은 당신이라는 존재에 담긴 비밀이고요. 이 양면성을 열세 살 소녀인 내가 첫눈에 알아보고는 마법에 걸린 듯 빨려들었던 거예요.

사랑하는 이여, 이제 이해하시겠어요? 어린애였던 내게 당신이 얼마나 경이로운 존재였는지, 얼마나 매혹적인 수수께끼였는지를? 책을 쓰고, 저 너머 넓은 세계에서 명성을 얻고, 사람들의 존경을 받는 사람이 뜻밖에도 젊고 우아하고 소년처럼 명랑한 스물다섯 살 남자라니! 그날 이후 나란 아이의 누추한 세계였던 이 건물에서 당신 말고는 내 관심을 끄는 게 아예 없었다는 얘기를 꼭 해야겠군요. 난 열세 살 소녀다운 고집으로 몹시도 집요하게 당신의 삶, 당신의 존재 주변만을 맴돌았어요. 난 당신을 관찰했어요. 당신에게 어떤 습관이 있는지, 당신을 찾아오는 사람들은 누구인지 관찰했지요. 하지만 그런다고 해서 당신에 대한 호기심은 줄기는 커녕 늘어나기만 했어요. 당신의 방문객들은 다양했어요. 거기서 당신의 양면적 성격이 고스란히 드러났지요. 당신의 동료인 젊은 이들이 오면 당신은 그들과 함께 웃으며 유쾌하게 어울렸어요. 남루한 행색의 대학생들이 오는가 하면, 자동차를 탄 귀부인들도 있었지요. 한번은 오페라 감독인 유명 지휘자가 오셨더군요. 지휘대에 서신 그분 모습을 난 멀리서 경외심에 찬 눈으로 바라본 적이 있었어요. 그런가 하면 상업학교에 다니는 풋풋한 아가씨들이 와서는 멋쩍어하며 황급히 당신 집으로 들어가곤 했어요. 주로 여자들이 많이, 참 많이도 왔어요. 난 그걸 이상하게 여기지 않았어요. 어느 날 아침 학교에 가려는데 베일에 싸인 어떤 귀부인이 당신 집에서 나가는 걸 보고도 그랬어요. 그때 난 겨우 열세 살이었으니까요. 불타는 호기심을 품고 당신을 염탐하긴 했지만, 아직 아이였던 탓에 그 호기심이 사랑이라는 걸 알지 못했어요.

하지만 사랑하는 이여, 내가 영원히 헤어날 수 없게 당신에게 푹 빠져 버린 날이, 그 순간이 언제인지는 아직도 정확히 기억하고 있어요. 학교 친구와 산책을 하고서 우리는 건물 문 앞에 서서 얘기를 나누고 있었어요. 그때 자동차 한 대가 오더니 멈추어 섰어요. 그러고는 당신이 특유의 서두르듯 경쾌한 동작으로—지금도 난 당신이 그러는 걸 보면 마음이 설레요—차 발판을 딛고 내려서는 문으로 들어서려 했지요. 나도 모르게 당신에게 문을 열어 주러 나서게 되더군요. 그렇게 내가 당신 앞을 막는 바람에 하마터면 당신과 부딪칠 뻔했어요. 당신은 포근히, 부드럽게 감싸는 듯한 눈빛으로 다정히 어루만지듯이 나를 보았고 내게 미소 지었지요. 그래요, 다정히 어루만지는 듯했다고밖에 달리 말할 길이 없군요. 그러면서 당신은 나직이 속삭이듯 말했지요. "정말 고마워요, 아가씨."

그게 다예요, 사랑하는 이여. 그러나 난 그 순간부터, 당신의 부드럽고 다정한 눈빛을 느낀 그 순간부터 당신에게 빠져 버렸어요. 나중에야, 아니, 얼마 지나지 않아, 당신은 스쳐 가는 모든 여인에게, 상점의 판매원 아가씨나 문을 열어 주는 하녀에게도 안아 주는 듯, 끌어당기는 듯한 눈빛, 감싸는 듯하다가 옷을 벗기는 듯한 유혹의 눈빛을 보낸다는 것을 알게 되었어요. 당신은 호감을 품고 의도적으로 그런 눈빛을 보내는 게 아니에요. 워낙 여자들에게 다정한 사람이기에 당신 눈빛은 여자들을 향하면 저절로 부드럽고 따듯해진다는 걸 난 알게 되었어요. 그러나 열세 살 먹은 아이였던 난 그런 것을 상상도 못 했기에 그냥 불길에 휩쓸려 버렸어요. 난 당신이 오직 나만을, 나 하나만을 다정하게 대한다고 믿었어요. 바로 이 순간, 채 자라지 않은 소녀 안에서 한 여인이 눈을 떴고 그 여인은 영원히 당신의 것이 되어 버렸어요.

"저 사람 누구야?" 친구가 물었지요. 난 바로 대답하지 못했어요. 당신의 이름을 도저히 입에 올릴 수가 없더군요. 이 지극히 짧은 한순간, 당신 이름은 내게는 성스럽기 그지없는, 나만의 비밀이었으니까요. "아, 여기 이 집에 사는 신사분이야." 난 바보같이 더듬대며 답했어요. "근데 그 사람이 널 쳐다봤을 때 왜 그렇게 얼굴이 빨개졌니?" 친구는 호기심 많은 아이답게 짓궂게 놀려댔어요. 친구가 내 비밀을 비웃으며 들쑤신다는 생각에 피가 얼굴로 솟구치는 듯했어요. 나는 당황한 나머지 난폭해져서는 "바보 멍청이!"라고 심한 욕을 했지요. 맘 같아서는 친구를 목 졸라 죽이고 싶었어요. 그러나 그 애는 더 큰 소리로 웃으며 마구 비아냥댔어요. 화는 치솟는데 아무것도 할 수 없으니 결국 눈물이 왈칵 쏟아졌어요.
난 그 애를 거기 내버려 두고 올라가 버렸지요.

이 순간부터 난 당신을 사랑했어요. 당신은 여자들에게 이 말
을 자주 들었을 거라고 짐작해요. 하지만 부디 믿어 줘요. 노예나
개가 주인을 사랑하듯, 그토록 헌신적으로 당신을 사랑한 여자는
어디에도 없을 거예요. 내가 바로 그랬어요. 당신에게 평생 난 그
런 존재였어요. 이 세상 그 어떤 사랑도 어둠에 묻힌 어린아이가
아무도 모르게 한 사랑에 비길 수는 없어요. 어린아이는 아무런 희
망을 품지 않고 그저 상대를 섬기려 하고 자신을 낮춘 채 애간장
을 끓이며 열정을 불태울 뿐이기에, 성숙한 여인처럼 욕망을 품고
저도 모르게 상대에게 요구하는 일이 결코 없답니다. 외로운 아이
들만이 자신의 열정을 온전히 간직할 수 있어요. 그렇지 않은 소녀
들은 친구들과 어울리는 자리에서 자신의 감정을 수다거리로 끌
어내려서는 속마음을 털어놓는답시고 망가트리지요. 그런 소녀들
은 사랑에 관해 들은 것도 많고 읽은 것도 많아서 누구나 사랑을
겪는다는 걸 알아요. 그래서 장난감을 가지고 놀 듯이 사랑을 가지
고 논답니다. 사내애들이 담배를 처음 피우고 자랑하듯이, 사랑을
경험했다고 자랑하지요. 그러나 나는, 정말이지 나는 마음을 털어
놓을 사람이 아무도 없었어요. 가르쳐 주는 사람도, 주의하라고 알
려 주는 사람도 없었고, 경험도 없고 아는 것도 없었어요. 그렇게
난 낭떠러지로 떨어지듯 내 운명 속으로 빨려들었어요.

내 안에서 자라고 피어나는 것 모두는 오직 당신, 내가 꿈꾼 당
신만을 향해 열려 있었어요. 아버지는 일찍 돌아가셨고 어머니는
늘 울적하고 의기소침하신 데다 연금으로 생활하는 사람답게 소

심하셨기 때문에 난 어머니가 편치 않았어요. 겉멋이 든 학교 친구들도 싫었어요. 내게는 다시 없을 열정인 감정을 가지고 경솔하게 장난을 쳤으니까요. 그래서 나는, 이전에는 산만하게 흩어져 있던 감정을 모두 모아서는, 억누르려 해도 항상 성급히 솟구쳐 오르는 나라는 존재를 당신에게 바친 거예요. 내게 당신은, 무슨 말을 해야 할까요? 그 무엇과 비교한다 해도 너무 미흡해요. 당신은 나의 모든 것이었고 내 삶의 전부였어요. 모든 것은 당신과 연관되어 있어야만 존재했어요. 나라는 존재 안의 모든 것은 당신과 결부되어 있을 때만 의미가 있었어요. 당신은 내 삶을 온통 바꾸어 놓았지요. 그전에는 학교에 별 관심이 없던 중간 정도의 학생이던 내가 갑자기 1등을 하게 되었고, 수많은 책을 밤늦도록 읽어댔어요. 당신이 책을 좋아한다는 걸 알고 있었으니까요. 당신이 음악을 좋아한다고 여겼기에 갑자기 고집스럽고 끈덕지게 피아노를 연습하는 바람에 어머니는 어리둥절하셨지요. 난 옷들을 꿰매고 손질했어요. 당신에게 예쁘고 단정한 모습을 보이고 싶어서였어요. 어머니의 실내복을 잘라 만든 낡은 교복 치마 왼편에는 네모난 얼룩이 있었는데 난 그것이 죽도록 싫었어요. 당신이 그것을 보고 날 무시할까 두려웠어요. 그래서 계단을 올라갈 때면 행여 당신이 볼까 불안에 떨며 그 부분을 책가방으로 가렸어요. 하지만 그건 정말 바보짓이었지요. 당신은 내게 다시는 시선을 던지지 않았으니까요.

그래도 나는 하루 종일 당신을 기다리고 염탐하며 보냈어요. 우리 현관문에는 놋쇠로 된 작은 구멍이 있어서 동전만 한 틈새로 건너편 당신의 문을 볼 수 있었어요. 그 구멍은—부디 웃지 말아요, 사랑하는 이여, 오늘도 난 그렇게 보낸 많은 시간을 부끄러워하지 않아요—내게는 세상을 내다보는 눈이었어요. 방과 후에는 어머니에게 들킬까 겁내며 몹시도 추운 현관 앞에서 책 한 권을 손에 들고 당신을 엿보며 여러 달 여러 해를 보냈답니다. 현악기의 줄이 팽팽하게 당겨져 있으면 바람에도 울리듯이, 난 당신의 모습에 반응했어요. 난 항상 당신 주위에 머물며 긴장 속에서 요동치고 있었지만, 당신은 전혀 느끼지 못했지요. 당신이 주머니에 넣고 다니는 시계태엽의 긴장을 느끼지 못하는 것과 똑같아요. 시계태엽은 어둠 속에서 쉬지 않고 당신의 시간을 세고 나누며, 들리지 않는 심장 박동 소리를 내며 당신을 따라다니지만, 당신은 초침이 수백만 번 똑딱거리는 동안 무심히 딱 한 번 힐끗 시선을 던질 뿐이잖아요.

난 당신에 관해 모든 걸 알고 있었어요. 당신 습관과 당신이 가진 넥타이와 신사복을 죄다 알고 있었어요. 곧 당신의 지인들을 하나하나 구별할 수도 있었지요. 난 그들을 내 맘에 드는 사람과 맘에 들지 않는 사람으로 나누었어요. 열세 살부터 열여섯 살까지의 모든 순간을 당신 안에서 살았어요. 아, 난 정말 너무도 바보스러운 짓을 꽤 했지요! 당신의 손길이 닿았던 문손잡이에 입을 맞추는가 하면, 당신이 집 안으로 들어가기 전에 내버린 담배꽁초를 훔치기도 했어요. 당신 입술이 닿았던 꽁초는 내게는 성스러운 물건이었어요. 저녁마다 수백 번도 넘게 무슨 핑계를 대고 골목길로 나갔어요. 당신의 여러 방 중 어디에 불이 켜졌는지를 보면 당신을 볼 수는 없어도 당신이 거기 있다는 걸 느낄 수 있었으니까요. 당신이 여행을 떠난 몇 주 동안—충직한 요한이 당신의 노란 여행용 가방을 들고 내려오는 걸 보면 난 늘 겁이 나서 심장이 멎는 것만 같았어요—나는 산송장과 다를 바가 없었어요. 나는 투덜대며 지루해하고 화를 내며 이리저리 쏘다녔어요. 어머니가 울어서 통통 부은 내 눈을 보고 내가 절망에 빠져 있는 걸 알아채지 못하게끔 늘 조심해야 했지요.

알아요. 내가 지금 당신에게 이야기한 것들 모두가 비정상적으로 여겨질 만큼 과도한 열정이고 어린애의 바보짓이라는 것을요. 그런 것을 부끄러워해야 마땅하지만 난 부끄럽지 않아요. 이런 도를 넘는 바보짓을 하던 어린 시절만큼 당신을 향한 내 사랑이 순수하고 열정적이었던 때는 다시 없으니까요. 내가 당신과 함께 어떻게 그 시절을 살았는지 당신에게 이야기하려면, 몇 시간, 아니, 며칠은 걸릴 거예요. 당신은 날 제대로 볼 수 없었을 거예요. 당신을 계단에서 마주쳐 피할 길이 없으면 난 당신의 타는 듯한 눈빛이 두려워 고개를 푹 숙이고 당신 곁을 지나쳤으니까요. 불길에 타 버리지 않으려고 물로 뛰어드는 격이었지요. 몇 시간, 아니, 며칠 내내 당신은 벌써 기억도 못 하는 그 시절에 관해 이야기할 수도 있겠지요. 당신 삶의 온갖 일정들을 모조리 펼쳐 보일 수도 있고요. 하지만 난 당신을 지루하게 만들고 싶지 않아요. 괴롭히고 싶지도 않고요. 그래도 내 어린 시절에서 가장 황홀한 경험 하나만은 당신에게 털어놓으려 해요. 부탁이니, 아주 하찮은 일 아니냐고 비웃지는 말아 줘요. 내게는, 어린애였던 내게는 가늠할 수 없을 만큼 대단한 일이었으니까요.

일요일이었을 거예요. 당신은 여행 중이었어요. 당신 하인이 먼지를 털어 낸 묵직한 양탄자를 현관으로 질질 끌어들이고 있었어요. 쉽지 않아 보였어요. 갑자기 난 대담하게도 그에게 다가가 도와드려도 되냐고 물었어요. 그는 놀라긴 했지만 이내 그러라고 했어요. 그래서 난 당신 집 안을 볼 수 있었어요. 당시 내가 얼마나 경외심과 존경을 한가득 품고 경건히 실내를 둘러보았는지를 당신에게 말로 표현할 수만 있다면 얼마나 좋을까요! 당신의 세계를 본 거예요. 당신의 책상이 있었고 그 위에는 꽃이 몇 송이 꽂힌 파란 크리스털 꽃병이 있었어요. 당신의 책장, 그림, 책들이 보였어요. 당신의 삶을 한순간 훔쳐본 것에 불과했지요. 충직한 요한은 내가 자세히 살펴보도록 내버려 두지 않았을 거예요. 하지만 난 그저 한번 훑어보고도 분위기 전체를 들이마셨어요. 그렇게 해서 깨어 있건 잠을 자건 언제든 당신 꿈을 꿀 수 있게끔 자양분을 얻게 된 거예요.

이 짧은 1분의 시간은 내 어린 시절에서 가장 행복한 순간이었어요. 이 순간을 당신에게 들려주고 싶었어요. 그러면 나를 모르는 당신도 한 생명체가 당신만 보며 살다가 사라진다는 걸 드디어 깨달을 테니까요. 그 순간 말고도 바로 뒤에 겪었던 가장 끔찍한 순간에 관해서도 이야기하려고 해요. 이미 말했듯이 난 당신한테 신경 쓰느라 만사를 잊고 지냈어요. 어머니를 챙기지도 않았고 아무한테도 관심을 두지 않았어요. 어머니의 먼 친척 중에 인스부르크에서 장사를 하는 나이 지긋한 신사가 있었는데 종종 와서는 오래 머물다 가곤 했지만 나는 신경 쓰지 않았어요. 난 그게 외려 좋았어요. 그분이 어머니를 종종 극장에 데려갔거든요. 그러면 난 홀로 남아 당신 생각을 하며 당신을 엿볼 수 있었어요. 내게는 최고로 행복한 순간이었지요. 그러던 어느 날 어머니가 왠지 어색한 태도로 나를 방으로 불렀어요. 중요한 얘기가 있다는 거예요. 난 창백해졌고 심장이 갑자기 쿵쿵 뛰더군요. 어머니가 뭔가 눈치를 챈 걸까? 무슨 일이 있었는지 알아챈 걸까? 맨 먼저 당신을 떠올렸어요. 나를 이 세상과 연결하는 비밀인 당신 말이에요. 그러나 어머니 또한 난처해하셨어요. 평소에는 절대 내게 입을 맞춘 적이 없던 분이 내게 다정하게 연거푸 입을 맞추더니 나를 끌어당겨 소파 옆자리에 앉히고는 머뭇머뭇 부끄러워하며 말을 꺼냈어요. 어머니의 먼 친척분은 부인과 사별했는데, 어머니에게 청혼을 했다고요. 어머니는 나를 위해서 청혼을 받아들이기로 했다고 말이에요. 뜨거운 피가 심장으로 올라왔어요. 마음속에 떠오른 오직 한 가지 생각은 바로 당신이었죠. "그래도 우리는 여기 사는 거죠?" 난 간신히 더듬더듬 말했어요. "아니, 우린 인스부르크로 간단다. 페르디난트가 거기에 멋진 저택을 가지고 있거든." 더는 아무것도 들리지 않았어요. 눈앞이 캄캄해지더군요. 나중에야 내가 기절했다는 걸 알았어요. 어머니가 문 뒤에서 기다리고 있던 새아버지에게 나지막이 이야기하는 걸 들었는데, 내가 갑자기 양손을 뻗고 뒷걸음질 치더니 납덩어리처럼 쓰러져 버렸대요.

그 후 며칠 동안 무슨 일이 있었는지, 힘없는 아이인 내가 어머니의 막강한 의지에 맞서 얼마나 싸웠는지를 당신에게 차마 이야기하지 못하겠어요. 그때를 떠올리기만 해도 펜을 쥔 손이 파르르 떨릴 지경이에요. 난 진짜 속사정을 털어놓을 수 없었어요. 그러니 내가 반대하는 것은 그저 어리석고 심술궂은 반항처럼만 보였을 거예요. 누구도 더는 나랑 말하지 않고 모든 걸 나 몰래 처리했어요. 사람들은 내가 학교에 있는 시간을 이용해서 조금씩 집을 정리했지요. 집으로 돌아가면 늘 뭔가가 치워져 있거나 팔려 나가고 없었어요. 난 내 둥지가 파괴되면서 내 삶도 함께 무너져 내리는 걸 보고만 있었어요. 어느 날 점심을 먹으러 집으로 갔더니 짐꾼들이 와서 모든 것을 싣고 나간 뒤였어요. 텅 빈 방에는 이미 꾸려 놓은 트렁크들과 어머니와 나를 위한 간이침대 두 개만 덩그러니 놓여 있더군요. 우리는 거기서 딱 하룻밤을 더 잔 후 다음 날 인스부르크로 떠나야 했어요.

이 마지막 날, 난 불쑥 당신을 떠나서는 살 수 없음을 확실히 느꼈어요. 당신 말고는 날 구해 줄 사람이 없다는 생각이 들었어요. 내가 어쩌다가 그런 생각을 했는지, 절망에 빠졌던 시간에 명료하게 생각이나 할 수 있었는지는 영영 알 수 없겠지요. 하지만 나는 갑자기―그때 어머니는 외출 중이었어요― 교복 차림 그대로 몸을 일으켜 당신에게 갔어요. 아니, 내가 갔다고는 할 수 없어요. 뻣뻣한 다리로 마디마디를 파르르 떨면서 자석에 끌리듯 당신 집 문을 향하게 되었으니까요. 이미 말했듯이 내가 무엇을 원하는지 나도 제대로 몰랐어요. 당신 발아래 몸을 던지고 나를 하녀로, 노예로 곁에 두어 달라고 간청하려 했다면 당신은 열다섯 소녀가 세상 물정 모르고 미쳐 날뛴다고 웃어넘겼겠지요? 하지만 사랑하는 이여, 그때 복도는 지독히 추웠고 난 겁에 질려 몸이 얼었지만 어떤 알 수 없는 힘에 밀려 앞으로 나갔다는 것을 당신이 아신다면, 그러고는 덜덜 떨리는 팔을 가까스로 몸통에서 떼어내 들어올리고는―나 자신과 싸웠던 몇 초는 영원히 이어질 듯 끔찍했어요―손가락으로 초인종을 눌렀다는 것을, 그걸 아신다면 당신도 더는 웃어넘기지 못할 거예요. 지금도 내 귓가에는 그 요란한 초인종 소리가 울리고 있어요. 그러고 나서 정적이 흘렀고 내 심장은

멈춰 섰지요. 몸속의 피도 멈춘 채 행여 당신이 나올까, 귀를 곤두
세울 뿐이었어요.

　그러나 당신은 나오지 않았어요. 아무도 나오지 않았어요. 당
신은 그날 오후 외출했고 요한은 장을 보러 나간 게 분명했어요.
난 대답 없는 초인종의 메아리를 들으며 터덜터덜, 짐을 모두 들
어내 적막한 우리 집으로 돌아와서는 기운 없이 담요 위에 쓰러졌
어요. 겨우 네 발짝을 걸었는데 마치 깊은 눈길을 여러 시간 걸은
것처럼 피곤하더군요. 그렇게 지쳤는데도 그들이 나를 여기서 끌
고 가기 전에 당신을 만나 이야기를 하겠다는 결심은 사그라지지
않고 타올랐어요. 맹세하건대 그때 그 결심은 육체적 욕구와는 무
관했어요. 난 아직 그런 걸 몰랐어요. 당신 말고는 아무것도 생각
하지 않았거든요. 그저 당신을 보고 싶었어요. 한번 더 보고 당신
에게 매달리고 싶었어요. 사랑하는 이여, 그날 밤 내내, 길고도 끔
찍했던 밤 내내 난 당신을 기다렸어요. 어머니가 침대에 누워 잠
이 들자마자 살그머니 현관 쪽으로 가서는 당신이 언제 돌아올지
귀를 기울였어요. 밤새 기다렸지요. 지독히 추운 1월의 밤이었어
요. 난 지쳤고 사지가 쑤시고 아팠어요. 앉을 만한 의자 하나 없어
서 차가운 바닥에 그냥 누웠어요. 문 틈새로 외풍이 스며들었지요.
얇은 옷차림이어서 찬 바닥에 누워 있는 게 고통스러웠지만, 이불
을 덮지는 않았어요. 몸을 따뜻하게 했다가 잠이 들면 당신의 발소
리를 듣지 못할까 두려웠거든요. 정말 힘들었어요. 두 발은 경련이
일어 오그라들었고 팔은 덜덜 떨렸어요. 난 여러 차례 몸을 일으
켜야 했어요. 끔찍이도 어두웠고 어찌나 춥던지요. 그래도 나는 내
운명을 기다리듯 당신을 기다리고, 기다리고 또 기다렸어요.

이미 새벽 두세 시경이었을 거예요. 드디어 저 아래 건물 문이 열리는 소리에 이어 계단을 올라오는 발걸음 소리가 났어요. 순간 냉기가 몸에서 후다닥 빠져나가고 몸이 후끈 달아올랐어요. 난 살며시 문을 열었어요. 당신에게 달려가 발치에 몸을 던지려고요…… 아, 그때 어리석은 아이였던 내가 무슨 짓을 했었을지는 알 수가 없네요. 발걸음 소리가 점점 더 가까워졌고 촛불이 깜박거리며 올라오더군요. 난 덜덜 떨면서 손잡이를 잡았어요. 그때 올라온 사람이 당신이던가요?

그래요, 사랑하는 이여, 당신이었어요. 하지만 당신은 혼자가 아니었어요. 나지막이 킥킥 웃는 소리에 이어 비단옷이 사각거리더니 당신 목소리가 나직이 들리더군요. 당신은 어떤 여자를 집에 데리고 온 거예요.

내가 어떻게 그 밤에 죽지 않고 살았는지 도무지 모르겠어요. 다음 날 아침 여덟 시, 난 인스부르크로 끌려 갔어요. 저항할 기운이 더는 없었어요.

내 아이가 어젯밤 죽었어요. 이내 난 다시 혼자가 되겠지요. 정말 계속 살아야 한다면요. 내일 그들이 올 거예요. 검은 옷을 입은 투박한 낯선 남자들이 관을 가져와 내 불쌍한 아이를, 하나뿐인 내 아이를 거기 눕히겠지요. 아마 친구들도 화환을 들고 올 거예요. 하지만 관 위에 놓인 꽃이 무슨 의미가 있을까요? 친구들은 날 위로할 테고 몇 마디 말을 하겠지요. 말, 말을 할 거예요. 하지만 그 말들이 내게 무슨 소용이 있을까요? 난 알아요, 다시 혼자가 되어야 한다는 것을. 사람들 속에서 혼자인 것보다 더 괴로운 것은 없어요. 그때, 인스부르크에서 너무도 길었던 두 해를 보내며 난 그걸 알게 되었어요. 열여섯에서 열여덟이 되던 시절, 난 가족들 사이에서 감옥의 죄수처럼, 내처진 사람처럼 살았으니까요. 새아버지는 아주 조용하고 과묵한 분이셨고 내게 잘해주셨어요. 어머니는 본의 아니게 내게 부당한 짓을 했던 것을 사죄하려는 듯 내가 바라는 것을 죄다 들어주려고 했어요. 주변의 청년들은 나와 가까워지려고 애썼지만 난 그들을 막무가내로 뿌리쳤어요. 당신과 떨어져 있는 만큼 행복하게, 만족하면서 살 생각이 없었어요. 나 자신을 자학과 외로움이라는 암울한 세계에 가두었어요. 부모님이 화사한 색의 새 드레스를 여러 벌 사 주셨지만 입지 않았어요. 음악회나 극장에 가는 것도, 사람들과 어울려 소풍을 즐기는 것도 마다했어요. 집 앞의 골목길로 나온 적도 별로 없어요. 사랑하는 이여, 내가 두 해를 그 작은 도시에 살았으면서도 아는 길이 채 열 개도 안 된다는 걸 믿을 수 있겠어요? 나는 슬펐고 슬픔 속에 머무르려 했어요. 당신을 볼 수 없다는 결핍에 또 다른 결핍들을 보태며 그것을 만끽했어요. 더구나 난 오직 당신 안에서만 살고 싶다는 열망에서 한 치도 벗어나고 싶지 않았어요. 나는 몇 시간이고, 며칠이고 집에 홀로 있었어요. 아무것도 하지 않고 그저 당신만 생각했지요. 당신과 마주치고, 당신을 기다렸던 수없이 많은 자잘한 기억을 늘 다시 되새기기를 되풀이했어요. 이런 사소한 사건들을 연극을 상연하듯 내 머릿속에서 반복했어요. 예전의 순간들을 수도 없이 복기했던 까닭에 어린 시절의 기억은 아프리만치 생생해요. 지난 시절의 매 순간이 마치 어제 내 핏속을 돌다 나온 듯 뜨겁게 펄떡거리네요. 당시 난 오직 당신 안에서만 살았어요. 당신 책은 모조리 샀지요. 당신 이름이 신문에 실리는 날은 경축일이었어요. 내가 당신 책을 하도 많이 읽어서 한 줄 한 줄 죄다 외울 수 있다는 게 믿어지나요? 누군가가 한밤중에 나를 잠에서 깨워 당신 책 중 아무 데서나 한 구절을 뽑아 읽어 준다면 난 지금도, 13년이 지난 지금도, 잠꼬대하듯 다음 구절을 줄줄 이어 말할 수 있을 거예요. 그 정도로 당신의 말 한마디, 한마디는 내게는 복음서였고 주기도문이었어요. 세상 전부가 오직 당신과 연관이 있어야만 존재했으니까요. 빈에서 발행된 신문을 볼 때면 당신이 관심을 가질 만한 음악회와 연극에 관한 기사를 찾곤 했어요. 저녁이 되면 난 멀리서나마 당신과 함께 있었어요. 지금쯤 그분이 홀에 들어섰어, 이제 자리에 앉는구나, 그려 보면서 말이에요. 난 그런 꿈을 수천 번은 꾸었어요. 딱 한번 당신을 음악회에서 본 적이 있어서 그럴 거예요.

하지만 대체 난 어쩌자고 이 모든 것을 이야기하는 걸까요? 어느 외로운 아이가 자신을 파괴하는 광기에 헤어날 길 없이 빠져드는 비극적인 이야기를 어쩌자고 늘어놓는 걸까요? 대체 어쩌자고 그 아이를 전혀 모르고 짐작조차 못 하는 사람을 붙잡고 이야기를 하는 걸까요? 그런데 난 당시 정말 그저 아이였을까요? 난 열일곱이 되고 열여덟이 되었어요. 거리에 나가면 젊은이들이 날 눈여겨보기 시작했어요. 하지만 난 그런 게 짜증 날 뿐이었어요. 당신 아닌 다른 사람을 사랑하거나 사귄다는 건 꿈에도 생각할 수 없었으니까요. 유혹을 느낀다는 것 자체가 내게는 범죄나 마찬가지였어요. 당신을 향한 내 열정은 그대로였지만 내 몸이 변화하고 내 감각이 깨어나면서 그 열정은 달라졌어요. 그것은 달아오르면서 육체로 번졌고 여자의 열정이 되었어요. 아둔하고 고집만 세던 아이, 옛날에 당신 현관의 초인종을 울렸던 그 아이는 상상할 수 없었던 것이지요. 이제 난 바로 그것만 생각하고 있었어요. 나를 당신에게 바치고 내맡기려는 생각이었어요.

주변 사람들은 내가 수줍음이 많고 낯을 가린다고 생각했어요. 난 비밀을 숨기려고 이를 악물었으니까요. 하지만 나의 내면에서는 강철 같은 의지가 굳어졌어요. 내 모든 생각과 노력은 한 방향으로 쏠려 있었어요. 빈에 있는 당신에게로 돌아가는 게 목표였어요. 난 내 뜻을 관철했어요. 다른 사람들은 내가 이해할 수 없는 고집을 부린다고 여겼지요. 새아버지는 부자였고 날 친딸처럼 대했지만 나는 막무가내로 내 돈은 내가 벌겠다고 고집을 부렸고 결국 빈에 있는 친척이 하는 큰 옷가게에서 점원으로 일하게 되었어요.

안개 낀 가을 저녁, 드디어! 드디어! 난 빈에 도착했어요. 내가 맨 처음 간 곳이 어디인지 당신에게 말할 필요는 없겠지요? 난 트렁크를 역에 두고 부랴부랴 전차에 올라탔어요. 전차가 어찌나 느리던지 역에 정차할 때마다 답답해서 미칠 지경이었어요. 그렇게 집으로 달려갔어요. 당신 창문에는 불이 환했어요. 심장이 뛰더군요. 이제야 낯설기만 하고 무의미하게 웅성대던 도시가 살아나면서 나도 다시 살아나더군요. 당신이, 나의 영원한 꿈인 당신이 내 곁에 있음을 느꼈으니까요. 그러나 난 미처 깨닫지 못했어요. 이제 환히 빛나는 내 눈빛과 당신 사이에 있는 것은 불 밝힌 창문의 얇은 유리뿐이었지만, 현실의 나는 당신에게 산 넘고 물 건너 있는 골짜기만큼이나 먼 존재라는 사실을요. 난 그저 올려다보고 또 보았어요. 거기 불이 켜져 있었고 거기 당신이 사는 건물이 있었고,

나의 세계가 있었어요. 두 해 동안 내내 이런 순간을 꿈꾸었는데 이제 그 순간이 내게 온 거예요. 안개가 살포시 깔린 저녁 내내 난 당신 창에 불이 꺼질 때까지 서 있었어요. 그리고 한참이 지나서야 숙소를 찾아갔답니다.

난 그 후로도 매일 저녁 당신 집 앞에 서 있었어요. 6시까지는 가게에서 일했어요. 일은 힘들고 고됐지만 난 일하는 게 좋았어요. 정신없이 일하다 보면 불안감에 고통스러워할 틈이 없었으니까요. 철제 셔터가 등 뒤에서 드르륵 내려지면 난 곧장 그리워하던 목적지로 달려갔어요. 내가 원했던 것이라고는 오직 당신을 한번 보는 것이었고, 당신과 마주치는 것이었어요. 다시 한번 멀리서나마 당신 얼굴을 나의 시선으로 감싸고 싶었을 뿐이에요. 한 주가 지났을 무렵 드디어 나는 당신과 마주쳤어요. 하필이면 내가 전혀 예측하지 못했던 순간이었어요. 내가 막 당신 창문을 올려다보고 있는데 당신이 길을 건너오고 있었어요. 난 갑자기 다시 열세 살 아이가 되어 버렸지요. 피가 양 볼로 치솟는 걸 느꼈어요. 당신의 눈길을 받아 보기를 마음속 깊이 갈망했건만 나도 모르게 맘과는 정반대로 머리를 푹 숙이고 쫓기듯 후다닥 당신 곁을 지나쳤어요. 그러고 난 후에야 어린 소녀처럼 겁먹고 도망친 게 부끄러웠어요. 이제는 내가 무얼 원하는지 분명했거든요. 난 당신을 만나길 원했어요. 여러 해를 그리움에 애태우다가 당신을 찾아간 만큼 당신이 나를 알아봐 주기를 원했어요. 당신이 날 눈여겨보고 사랑하길 원했어요.

그러나 당신은 오래도록 나를 눈여겨보지 않았어요. 난 눈보라가 치건, 살을 에는 찬바람이 빈을 덮치건 상관없이 매일 저녁 당신이 사는 골목길에 서 있었는데도요. 어떤 날은 몇 시간을 기다리다 허탕을 쳤고, 어떤 날은 당신이 지인들과 함께 외출하는 것을 지켜보았어요. 당신이 여자와 함께 있는 것도 두어 번 보았지요. 그제야 내가 어른이 되었음을 알겠더군요. 웬 낯선 여인이 당연하다는 듯 당신 팔짱을 끼고 가는 모습을 보자, 영혼이 뜯겨 나가듯 돌연 내 심장이 경련을 일으키는 바람에 당신을 향한 나의 감정이 달라졌고 무언가 새로운 것이 들어섰음을 알았어요. 난 어린 시절부터 여자들이 끊임없이 당신을 방문한다는 걸 알고 있었기에 놀라지는 않았어요. 하지만 이제는 왠지 모르게 몸이 아팠어요. 내안에서 뭔가가 팽팽히 당겨졌어요. 당신이 다른 여자와 몸을 섞는 사이라는 분명한 사실에 적대감을 느끼는 동시에 나 또한 그러고 싶은 욕구를 느꼈어요. 하루는 당신 집에 가지 않았어요. 어린애다운 자존심 때문이었지요. 어쩌면 난 지금껏 그런 자존심을 부렸는지도 몰라요. 하지만 고집을 부리고 반항하며 저녁 내내 떨어져 있는 게 얼마나 괴로웠는지요! 다음 날 저녁 난 다시 당신 집 앞에 겸허히 서서 기다리고 또 기다렸어요. 그렇게 난 운명을 모두 걸고 평생 굳게 잠긴 당신의 삶 앞에 서 있게 된 거예요.

드디어 어느 날 저녁, 당신은 날 눈여겨보았어요. 난 이미 멀리서 당신이 오는 걸 보고는 당신을 피하지 않으리라 마음을 다잡고 있었어요. 마침 우연히 짐을 내리는 차 때문에 길이 좁아져서 당신은 내 곁을 바짝 스치듯 지나가야 했어요. 자연스레 당신의 무심한 눈길이 날 스쳤고, 이어서 관심이 그득 실린 내 눈길과 마주치자마자 당신은 여자를 볼 때의 그 특유한 눈빛으로 나를 보았어요. 기억이 떠올라서 난 소스라쳤어요. 다정하고 감싸는 듯하면서도 옷을 벗기는 듯한 눈빛, 안아 주는 듯하면서 어느새 움켜쥐는 듯한 눈빛, 아이였던 나를 처음 여인으로, 사랑에 빠진 여인으로 깨어나게 했던 바로 그 눈빛이었어요! 1, 2초 동안 그 눈빛은 나를 향했어요. 난 꼼짝도 할 수 없었고 그러려고 하지도 않았어요. 곧 당신은 나를 지나쳐 갔어요. 심장이 마구 뛰었어요. 나도 모르게 걸음이 느려졌어요. 호기심을 누를 길 없어 몸을 돌리니 당신이 멈춰 서서 날 보고 있더군요. 당신이 호기심에 차서 유심히 나를 관찰하는 모습에서 난 단번에 알 수 있었어요. 당신이 날 알아보지 못한다는 걸 말이에요.

당신은 날 알아보지 못했어요. 그때도 그랬고 나중에도, 단 한 번도 날 알아보지 못했어요. 사랑하는 이여, 그 순간의 실망을 어떻게 당신에게 묘사해야 할까요? 당신이 날 알아보지 못하는 운명에 아파한 건 그때가 처음이었어요. 이 운명을 난 한평생 견뎌 왔고 이 운명을 부둥켜안고 죽게 되겠지요. 당신은 날 알아보지 못했고 여전히 알아보지 못하고 있으니까요. 어떻게 이 실망을 묘사할 수 있을까요! 한번 상상해 봐요. 인스부르크에서 보낸 두 해 동안 난 매 순간 당신을 생각했어요. 빈에서 우리가 처음으로 다시 만나는 걸 그려 보는 것 말고는 하는 일이 없었어요. 그때그때 기분에 따라 지극히 행복한 상황을 상상하기도 했고 너무도 황당한 상황까지도 상상했어요. 가능한 모든 상황을 상상해 보았다고 감히 말할 수 있어요. 우울한 순간에는 내가 너무 보잘것없고 못생기고 치근덕거려서 당신이 날 거절하고 무시하리라고 생각했어요. 당신이 나를 싫어하는 모습, 내게 냉담한 모습, 내게 무관심한 모습 모두를 열정적으로 머릿속에 떠올리곤 했지요. 그러나 내가 아주 참담한 심정이었을 때도, 열등감이 극도에 달했을 때조차도 당신이 나라는 존재를 전혀 알지도 못하리라고는 생각하지 않았어요. 이런 일, 이런 가장 끔찍한 일만큼은 생각할 수도 없었어요.

그래요, 지금은 이해할 수 있어요. 아, 당신이 이해하게끔 가르쳐 주었어요! 소녀나 여자의 얼굴은 남자에게는 몹시도 변화무쌍한 것이라는 사실을 말이에요. 여자의 얼굴은 대개 거울에 지나지 않기에 때론 열정을, 때로는 천진난만함을, 때로는 피곤함을 비추지요. 그런 얼굴은 거울에 비친 상처럼 쉽게 사라져 버리기에 남자는 여자의 얼굴을 쉽게 잊어버릴 수 있어요. 여자의 얼굴에 새겨진 나이는 명암에 따라 이리저리 변하고, 어떤 옷을 입었느냐에 따라 모습은 달라 보이니까요. 체념의 경지에 이른 여자들은 그 사실을 비로소 알게 되지요. 그러나 아직 소녀인 나는 당신이 날 잊은 것을 도무지 이해할 수 없었어요. 내가 당신 생각을 끊임없이 과도하게 했던 까닭에 당신 역시 나를 종종 생각하고 기다릴 거라는 망상을 어느새 품게 된 거예요. 당신에게는 내가 아무것도 아니고 당신은 나를 조금도 기억하지 않는다는 사실을 알았더라면, 난 숨인들 제대로 쉴 수 있었을까요! 당신의 눈빛을 보니, 당신이 날 전혀 알지 못하며 당신 삶의 기억을 얽는 실타래 중 단 한 오라기도 내 삶까지 와 닿지는 않는다는 사실을 알 수 있었어요. 이렇게 깨어난 나는 현실로 처음 곤두박질쳤고 처음으로 내 운명을 예감했어요.

그때 당신은 날 알아보지 못했어요. 이틀 후 다시 만났을 때, 당신의 눈길은 특유의 친근함으로 나를 감쌌지만, 당신은 당신을 사랑한 여자, 당신이 잠에서 깨운 여자인 나를 알아보지 못했어요. 난 그저 이틀 전 같은 장소에서 마주쳤던 예쁘장한 열여덟 살 소녀일 뿐이었어요. 당신은 놀라며 날 친절히 바라보았어요. 입가에는 가벼운 미소가 감돌았어요. 당신은 지난번처럼 나를 지나치고는 곧장 걸음을 늦추었어요. 난 떨면서 환호했고 당신이 내게 말을 걸어 주기를 기도했어요. 내가 처음으로 당신에게 살아 있는 존재가 되었음을 느꼈어요. 나도 걸음을 늦췄어요. 난 당신을 피하지 않았어요. 몸을 돌리지 않고도 당신이 날 따라오는 걸 느꼈어요. 이제 당신의 사랑스러운 목소리가 처음으로 나에게 말을 걸 것임을 알았어요. 내 안에서 출렁대는 기대감으로 몸이 마비된 듯 걸음을 뗄 수 없을 지경이었어요. 심장은 쿵쿵거렸고요. 바로 그때 당신이 내 곁으로 왔어요. 당신은 특유의 경쾌하고 명랑한 태도로 내게 말을 걸었어요. 마치 우리가 오래전부터 친한 사이였던 것처럼요. 아, 당신은 내가 누군지 꿈에도 몰랐어요. 내가 어떻게 살았는지 꿈에도 몰랐던 거예요! 당신이 너무나 매혹적으로 거리낌 없이 말을 걸어서 난 당신에게 대답까지 할 수 있었어요. 우리는 골목길을 따라 걸었지요. 함께 식사하지 않겠냐고 당신이 내게 물었어요. 난 그러자고 했어요. 어떻게 내가 당신을 거절할 수 있겠어요?

우리는 작은 레스토랑에서 함께 식사를 했어요. 어디인지 아직 기억하나요? 아, 그럴 리 없지요. 당신은 분명 많은 저녁을 그렇게 보냈을 테니 그 일이 특별하지 않겠지요. 내가 당신에게 어떤 존재였겠어요? 수백 명의 여자 중 하나, 끝없이 이어지는 애정 행각 중 하나잖아요. 당신이 날 기억할 리가 없지요. 난 거의 입을 떼지 않았어요. 당신이 가까이 있다는 것, 당신이 말하는 것을 듣는다는 게 너무나 행복해서였어요. 한순간도 질문이나 어리석은 말로 허비하고 싶지 않았어요. 당신이 주신 고마운 그 시간을 난 절대 잊지 않을 거예요. 당신은 내가 열렬히 우러러볼 만한 인물임을 제대로 보여 주었어요. 부드럽고 경쾌하고 재치 있게 나를 대했고 전혀 치근대지 않았고 성급히 애무하려 들지도 않았어요. 당신이 처음부터 너무나 당연한 듯 친구같이 편안히 대해 주었기에, 내가 이미 오래전부터 온 마음을 바쳐 당신을 사랑하지 않았다 해도 당신은 날 가질 수 있었을 거예요. 아, 당신은 자신이 얼마나 엄청난 일을 해냈는지 모르실 거예요. 당신은 내가 자그마치 5년 동안이나 품었던 유치한 기대감을 저버리지 않았으니까요!

시간이 늦어서 우리는 자리에서 일어났어요. 레스토랑을 나서며 당신은 내게 급한 약속이 있는지, 아니면 시간이 좀 있는지 물었지요. 당신을 맞이할 준비가 되어 있음을 내가 어찌 숨길 수 있겠어요! 시간이 있다고 말하자 당신은 조금 주저하더니 금세 아무렇지도 않게, 당신 집으로 가서 얘기를 나누는 게 어떻겠냐고 물었어요. "좋아요." 나는 느끼는 대로 거리낌 없이 말했어요. 그러고는 당신이 내가 당장에 동의하는 바람에 왠지 민망해하는 것을 즉시 알아챘어요. 아니, 기뻐하는 것 같기도 했어요. 어쨌든 놀라는 기색이 역력하더군요. 지금의 나는 당신이 왜 놀랐는지 이해해요. 여자들은 몸을 허락하고 싶은 욕구가 불타올라도 대개는 그런 욕구를 부정하며 짐짓 놀라거나 분개하는 척하다가 남자가 간곡히 간청하거나 거짓 맹세와 약속을 한 후에야 비로소 마음을 가라앉히곤 하지요. 직업적으로 사랑을 하는 창녀들만이 그러한 초대에 단번에 흔쾌히 응한다는 걸 이제 나도 알아요. 아니, 아주 순진하고 미성숙한 소녀들도 그럴 거예요. 그러나 내 경우—당신은 알 길이 없었겠지만—결의가 말이 되어 나왔고, 천 일에 걸친 동경이 뭉쳐서 불거진 거예요. 아무튼, 뜻밖의 일을 겪은 당신은 내게 관심을 가지기 시작했어요. 우리가 걸어가며 대화를 나누는 동안 당신이 놀란 눈빛으로 내 옆모습을 관찰하는 걸 느꼈어요. 당신은 인간의 온갖 면모를 비상하리만치 확실히 직감하는 분이기에 이 예쁘고 유순한 소녀가 뭔가 예사롭지 않은 비밀을 품고 있음을 눈치챘어요. 당신의 호기심이 깨어났어요. 빙빙 돌며 슬그머니 던지는 질문에서 당신이 비밀을 탐색하려 한다는 걸 알 수 있었지요. 하지만 난 대답을 피했어요. 당신에게 비밀을 들키기보다는 차라리 바보처럼 보이려고 했어요.

우리는 당신 집으로 올라갔어요. 사랑하는 이여, 미안하지만 당신이 그 순간의 내 심정을 결코 이해할 수 없을 거란 말을 해야겠어요. 그 복도와 계단이 내게 무슨 의미를 지니는지, 당신은 이해할 수 없을 거예요. 얼마나 황홀하고 혼란스럽던지, 몸을 뒤흔드는 행복에 거의 죽을 지경이었답니다. 지금도 난 눈물 없이는 그때를 생각할 수 없어요. 이제 눈물도 나오지 않지만요. 당신도 한번 느껴 보세요. 그곳에 있는 물건 하나하나에는 나의 열정이 가득 서려 있었고, 하나하나가 내 어린 시절의 동경을 상징하고 있었답니다. 건물 문, 이 앞에서 수천 번이나 당신을 기다렸어요. 계단, 당신 발걸음이 들리는지 늘 귀를 기울였던 장소네요. 당신을 처음 본 곳이기도 하고요. 현관문에 난 작은 구멍, 이곳을 통해 내 영혼을 탐색했지요. 당신 문 앞의 깔개, 이 위에 털썩 주저앉은 적이 있어요. 열쇠의 딸그락 소리, 숨어서 엿보다가 이 소리를 듣고는 벌떡 일어나곤 했어요. 내 어린 시절이, 내 열정 모두가 거기에, 불과 몇 미터밖에 안 되는 그 공간에 깃들어 있었어요. 내 삶의 전부가 여기 있었어요. 삶이 폭풍우처럼 나를 덮쳤어요. 모든 게, 모든 게 이루어졌고 난 당신과 함께 걷고 있잖아요! 당신과 함께, 당신 집으로, 우리 집으로 가고 있잖아요! 생각해 봐요. 통속적으로 들리겠지만 달리 말할 길이 없네요. 내게는 늘 당신 집 문 앞까지의 공간은 온통 현실의 우중충한 일상 세계였고, 그 문을 지나면 아이가 꿈꾸던 마법의 세계, 알라딘의 왕국이 시작되었어요. 수천 번을 불타는 눈으로 이 문을 뚫어져라 보던 내가 이제 황홀감에 취해 이 문을 통과한다고 한번 생각해 봐요. 그러면 당신은 막연하게나마 짐작할 수 있을 거예요. 물론 짐작할 뿐이고 제대로 알 수는 없겠지요, 사랑하는 이여. 이 순간이 얼마나 강렬히 내 삶으로 들이닥쳤는지를.

난 그날 밤 내내 당신 곁에 있었어요. 그전에 단 한 남자도 나를 건드린 적이 없다는 걸, 내 몸을 만지거나 본 적이 없다는 걸 당신은 짐작도 하지 못했어요. 당신이 어떻게 그걸 짐작할 수 있었겠어요? 난 아무런 저항도 하지 않았으니까요. 난 부끄러움을 누르고, 쭈뼛대지 않으려 애썼어요. 그렇지 않으면 당신은 내 사랑의 비밀을 알아챌 테고 분명 기겁을 했을 거예요. 당신은 경쾌한 놀이 같은, 묵직하지 않은 것만 좋아하잖아요. 당신은 운명에 개입하길 꺼리지요. 당신은 세상의 모든 여인에게 당신을 베풀려고 해요. 그리고 희생을 싫어하지요. 사랑하는 이여, 내가 지금 당신에게 순결을 바쳤다고 말한다 해도 부디 오해는 하지 말아요! 당신을 원망하려는 게 아니니까요. 당신은 날 꾀어내지도 않았고 거짓말로 유혹하지도 않았어요. 내가, 나 스스로 당신에게 다가갔고 당신 품에 나를 던졌고 그렇게 해서 나 자신을 내 운명에 던졌으니까요. 절대로, 절대로 당신을 원망하지 않을 거예요. 아니, 오히려 당신에게 늘 고마워할 거예요. 그날 밤은 너무도 풍요로웠고 쾌락의 불꽃으로 찬란했고 난 행복에 취해 하늘을 떠다녔으니까요. 어둠 속에서 눈을 뜨고 옆에 당신이 있는 걸 느끼자, 천장에 별들이 없다는 게 이상하게 여겨질 만큼 하늘을 나는 듯했어요. 그래요, 사랑하는 이여! 난 절대 후회하지 않았어요. 절대 그 시간을 후회하지 않았어요. 당신이 자는 동안 난 당신의 숨소리를 들었고 당신의 몸을 만졌고, 내가 당신과 이다지도 가까이 있다는 걸 느꼈지요. 난 행복에 겨워 어둠 속에서 울었어요.

다음 날 아침, 난 서둘러 일찍 집을 나섰어요. 가게에 나가 봐야 하는 데다가 하인이 오기 전에 가야 했어요. 그에게 내 얼굴을 보이고 싶지 않았어요. 내가 옷을 입고 당신 앞에 섰을 때, 당신은 나를 안고 한참 바라보았어요. 당신 마음에서 흐릿하게, 아스라이 기억이 일렁였던 걸까요, 아니면 내가 그저 예쁘고 행복해 보여서였을까요? 당신은 내게 입을 맞추었어요. 나는 살며시 몸을 빼고는 가려 했어요. 그러자 당신이 물었지요. "꽃을 몇 송이 가져가겠어요?" 난 그러겠다고 했어요. 당신은 책상 위에 있는 파란 크리스털 꽃병에서—아, 어린 시절 딱 한번 훔쳐본 적이 있어 낯익은 물건이었어요—하얀 장미를 네 송이 뽑아서 내게 주었지요. 난 온종일 꽃에 입을 맞추었어요.

헤어지기 전에 우리는 다른 날 저녁에 만나기로 약속했어요. 나는 약속 장소로 갔고 멋진 시간을 보냈어요. 당신은 내게 세 번째 밤도 선물해 주었어요. 그러고는 여행을 떠나야 한다고 말했지요. 오, 어릴 때부터 당신이 여행을 떠나는 걸 내가 얼마나 싫어했는데! 당신은 여행에서 돌아오면 즉시 내게 연락하겠다고 약속했어요. 나는 당신에게 사서함 주소를 건넸어요. 내 이름을 당신에게 알리고 싶지는 않았어요. 비밀을 지켜야 했으니까요. 다시금 당신은 장미 몇 송이를 작별 인사로 주었어요. 그래요, 그건 작별 인사였어요.

두 달 동안 난 날마다 소식이 왔는지 확인했어요……. 아니, 이 얘기는 그만할게요. 기대와 절망을 오가며 겪던 지옥의 고통을 당신에게 들려준들 무슨 소용이 있겠어요. 난 당신을 원망하지 않아요. 있는 그대로의 당신을 사랑하니까요. 당신은 정열적이지만 쉽게 잊지요. 사랑에 뛰어들지만, 그 사랑을 오래 지키지는 않지요. 지금도 당신은 그런 사람이에요. 그런 당신을 난 사랑해요. 당신은 오래전에 돌아와 있었어요. 당신의 창문에 불이 환한 걸 보고 알았지요. 그런데 당신은 내게 편지를 쓰지 않았어요. 이 마지막 순간까지 당신의 편지 한 줄 받아 본 적이 없군요. 난 내 삶을 당신에게 바쳤건만 단 한 줄의 편지도 없네요. 난 기다렸어요. 절망하면서 기다렸어요. 하지만 당신은 날 부르지 않았고 내게 편지 한 줄 쓰지 않았어요. 단 한 줄조차…….

내 아이가 어제 죽었어요. 당신 아이였어요. 그 애는 당신 아이였어요. 사랑하는 이여, 당신과 보낸 사흘 밤에 생긴 아이예요. 맹세할 수 있어요. 죽음을 앞에 두고 왜 거짓말을 하겠어요! 맹세하건대, 그 애는 우리 아이였어요. 내가 당신 품에 안겼던 순간부터, 아이가 내 몸 밖으로 나오려 안간힘을 쓰던 순간까지 나는 그 어떤 남자도 가까이하지 않았어요. 당신이 나를 만졌기에 나는 나 자신을 성스러운 존재로 여겼어요. 내게는 당신이 전부인데, 어떻게 잠시 내 삶을 스칠 뿐인 사람들에게 나를 나누어 줄 수 있겠어요?

그 애는 우리 아이였어요. 사랑하는 이여, 알면서 사랑한 나와, 마음 편히 아무것도 모른 채 여기저기 사랑을 뿌리고 다니던 당신이 만나서 생긴 아이였어요. 하나밖에 없는 우리 아이, 우리 아들이었어요. 당신은 경악을 금치 못하며, 혹은 그저 황당해하며 묻겠지요. 그토록 오랜 세월을 아이가 있는 걸 숨기다가 왜 이제야 말하느냐고요. 아이가 어둠 속에서 영원히 잠든 채 멀리 떠나가고 나서야, 다시는, 다시는 돌아올 수도 없게 되어서야 말하느냐고요. 하지만 어떻게 내가 당신에게 아이 이야기를 할 수 있었겠어요? 당신은 사흘 밤 동안 너무도 흔쾌히 당신 품에 안긴 낯선 여자를 절대 믿지 않았을 거예요. 저항은 고사하고, 오히려 욕망에 타오르며 당신을 받아들인 여자, 어쩌다 마주친 이름 모를 여자가 당신을 위해 정조를 지켰다는 걸, 정조를 지킨 적이 없는 당신은 믿지 못했을 거예요. 아무런 의심 없이 그 아이가 당신 아이라고 인정하지 않았을 거예요! 설사 당신이 내 말을 믿지 않을 수 없었다 해도 마음속에서는 내가 다른 관계에서 생긴 아이를 부유한 당신에게 떠넘기려 한다는 의심을 떨쳐내지 못했을 거예요. 당신은 날 의심했을 테고 당신과 나 사이에는 서먹한 불신의 그림자가 드리워졌을 거예요. 난 그렇게 되는 걸 원하지 않았어요.

게다가 난 당신이 어떤 사람인지 잘 알아요. 당신이 당신 자신에 대해 알고 있는 것 이상으로 난 당신을 잘 알고 있어요. 당신은 마음 편히 가볍게, 놀이를 즐기듯 사랑을 하고 싶어 하기에 갑자기 아버지가 되어서 한 생명을 책임진다는 게 곤혹스러웠을 거예요. 당신은 자유로워야만 숨을 쉴 수 있는 사람인데, 내게 묶여 버렸다고 느꼈을 거예요. 당신은 나를, 당신을 이렇게 묶어 놓은 나를, 증오했을 거예요. 그래요. 당신이 그러지 않으려 애써도 어쩔 수 없이 날 증오했으리란 걸 난 알아요. 어쩌면 당신이 나를 귀찮게 여기고 증오한 건 불과 몇 시간, 아니, 몇 분에 그쳤을지도 모르지요. 하지만 내게도 자존심이 있었기에 난 당신이 평생 아무런 부담 없이 나를 기억하기를 원했어요. 당신에게 짐이 되느니 차라리 나 혼자 모든 걸 감당하려 했어요. 나는 그 많은 여인 중 당신이 항상 사랑과 감사의 마음으로 생각하는 유일한 여자이고 싶었어요. 하지만 그렇게 되진 않았어요. 당신은 나를 생각한 적이 결코 없어요. 나를 잊었으니까요.

사랑하는 이여, 난 당신을 원망하지 않아요. 결코, 원망하는 게 아니에요. 혹시 노여움이 펜 끝에서 조금이라도 묻어 나왔다면 용서하세요. 부디 용서하세요. 내 아이, 우리 아이가 저기 흔들리는 촛불 아래 죽어 누워 있어요. 신을 향해 주먹을 휘두르며 살인자라고 욕을 했을 만큼 난 정신이 나간 듯 혼란스러워요. 내가 원망한 걸 용서하세요. 날 용서하세요! 난 당신이 선량한 사람이고 성심껏 도움을 준다는 걸 알아요. 당신은 누구든 돕고, 낯선 사람이라도 당신에게 도움을 청하면 도와주지요. 하지만 당신의 선량함은 특이해요. 당신은 누구에게든 선량함을 베풀기에 누구든 손에 잡히는 만큼 당신의 선량함을 누릴 수 있지요. 당신의 선량함은 끝이 없을 만큼 크니까요. 그러나 그것은―이렇게 말하는 걸 용서하세요― 게으른 선량함이에요. 누군가가 당신의 선량함을 독촉하고 그것을 누리려 해야만 작동하는, 그런 선량함이에요. 당신은 누군가가 당신에게 도움을 청하면 도와주지요. 하지만 부끄럽고 약한 마음에서 도와줄 뿐이고, 즐거이 도와주지는 않아요. 솔직히 말할

게요. 당신은 곤궁에 처해서 괴로워하는 사람보다는 행복한 사람을 가까이하고 싶어 해요. 당신 같은 사람들에게 도움을 청하기는 쉽지 않아요. 그중 가장 선량한 사람에게조차도 어렵지요.

내가 어렸을 때, 한번은 당신이 초인종을 누른 거지에게 뭔가 주는 걸 문에 난 구멍을 통해서 본 적이 있어요. 당신은 거지에게 상당히 많은 돈을 주었지요. 거지가 구걸하기도 전에 말이에요. 당신은 불안에 떨며 서둘러 돈을 건네주더군요. 거지가 그저 빨리 가주길 바라면서요. 당신은 거지와 눈이 마주치는 걸 두려워하는 듯 보였어요. 불안해하고 어색해하며 도움을 주고는, 감사를 받지 않으려 하던 당신의 모습을 난 잊을 수 없었어요. 그래서 난 당신을 찾지 않았던 거예요. 물론 당신은 그 아이가 당신 아이라는 확신이 없었어도 날 도왔을 거예요. 잘 알아요. 당신은 날 위로하며 돈을 주었겠지요. 아주 많은 돈을요. 하지만 불편한 상황에서 한시라도 빨리 빠져나오려고 몰래 조바심을 쳤을 거예요. 그래요, 심지어 아이를 제때 지우라고 날 설득했을지도 몰라요. 그것이 무엇보다도 두려웠어요. 당신이 원하는 일이라면 나는 뭐든지 했을 테니까요. 어떻게 내가 당신의 뜻을 거스를 수 있었겠어요!

하지만 이 아이는 나의 전부였어요. 당신 아이였으니 또 다른 당신이었지요. 그러나 이 아이는 행복하고 근심 없는 당신, 그래서 내가 붙잡을 수 없는 당신이 아니라 영원히—난 그렇게 믿었어요—내게 주어진 당신이었어요. 내 몸에 갇히고 내 삶에 묶인 당신이었지요. 이제 나는 당신을 드디어 붙잡은 거예요. 난 내 혈관을 통해 당신이, 당신의 생명이 자라는 것을 느낄 수 있었어요. 당신을 먹이고 젖을 물리고, 내가 원할 때마다 애무하고 입 맞출 수 있었어요. 사랑하는 이여, 당신 아이를 가졌다는 걸 알았을 때 난 너무도 행복했어요. 그래서 당신에게 말하지 않았어요. 이제 당신은 더는 내게서 달아날 수 없었으니까요.

사랑하는 이여, 그러나 난 상상했던 것처럼, 축복으로 넘치는 시간만을 보내지는 못했어요. 몇 달 동안은 견딜 수 없을 만큼 무섭고 고통스러웠고, 인간의 비천함에 진저리를 칠 수밖에 없었어요. 난 힘든 일을 겪어야 했어요. 출산 몇 달 전에는 가게에 나갈 수 없었어요. 친척들 눈에 띄면 집에서 알게 될 테니까요. 어머니에게 돈을 달라고 하기는 싫었어요. 그래서 가지고 있던 약간의 보석을 팔아서 해산할 때까지 먹고 살았어요. 그런데 출산하기 일주일 전, 장롱에 있던 마지막 돈 몇 푼을 세탁부에게 도둑맞는 바람에 난 출산 시설로 갈 수밖에 없었어요. 찢어지게 가난한 사람들, 쫓겨난 사람들, 버림받은 사람들이나 어쩔 수 없이 가는 곳이었어요. 그런 비참한 쓰레기 소굴에서 아이가, 당신 아이가 태어났던 거예요. 거기서는 죽지 못해 사는 꼴이었어요. 모든 것이 낯설고, 또 낯설 뿐이었어요. 거기 누워 있던 우리는 서로에게 낯선 존재였어요. 외로운 처지이면서 다들 서로를 미워했지요. 우리는 가난했고 똑같은 고통을 겪어야 했기에 음습한 출산 시설에 오게 된 신세였어요. 그곳에선 소독약과 피비린내가 코를 찌르고, 비명과 신음이 귀를 따갑게 했어요. 가난한 이들이 겪는 굴욕과 정신적, 육체적 수모를 난 거기서, 창녀와 환자들과 지내며 몸소 견뎌 내야 했어요. 창녀들은 어차피 다 똑같은 팔자라면서 못되게 굴었어요. 새파랗게 젊은 의사들은 음흉한 미소를 지으며 꼼짝 못 하는 여자의 이불을 들추고, 학자인 양 허세를 부리며 몸을 더듬을 만큼

뻔뻔스러웠고, 산파들은 돈에 걸신이 들려 있었어요. 아, 그곳에서
는 수치심을 가진 인간은 사람들의 눈총이라는 십자가를 걸머져
야 했고 사람들이 내뱉은 말에 채찍질을 당해야 했어요. 그곳에서
는 이름표만이 환자의 존재를 의미할 뿐이고 침대에 누워 있는 것
은 그저 꿈틀거리는 살덩어리에 불과해요. 호기심 많은 이들이 마
구 만져대는, 관찰과 연구의 대상이지요. 아, 가슴 졸이며 집에서
기다리는 남편에게 아이를 선사하는 여자들은 혼자서, 아무런 저
항도 못 하고, 실험대 같은 곳에서 아이를 낳는다는 게 어떤 건지
상상도 하지 못할 거예요! 요즘도 난 책에서 지옥이라는 단어를
보면 문득 나도 모르게 사람이 꽉 들어차고 습기가 자욱한 분만실,
한숨과 폭소와 고통스러운 비명으로 가득했던 그곳, 내 수치심을
송두리째 짓밟았던 분만실을 떠올리곤 해요.

용서하세요, 그때 일을 이야기하는 걸 용서하세요. 이번 한번
만 말하고 다시는, 절대로 다시는 말하지 않겠어요. 난 11년 동안
그때 일에 대해 침묵했고 이제 곧 영원히 입을 다물게 될 거예요.
그래도 한번은 목청껏 외쳐야만 했어요. 저 아이, 축복이었던 저
아이를, 이제는 숨도 쉬지 않고 누워 있는 저 아이를 얼마나 큰 대
가를 치르며 얻었는지, 한번은 목청껏 외쳐야 했어요. 난 그때 일
들을 이미 잊었어요. 이미 오래전에, 아이의 미소를 보고 아이의
목소리를 듣는 축복을 누리며 잊었어요. 그러나 지금, 아이가 죽
은 지금, 고통이 생생히 되살아나는군요. 그러니 마음껏 외치는 수
밖에요. 이번 한번만, 이번 한번만이라도 말이에요. 하지만 당신을
원망하지는 않아요. 오직 신을, 그 고통을 헛되게 만들어 버린 신
을 원망할 뿐이지요. 당신을 원망하지 않는다고 맹세하겠어요. 나

의 분노가 당신을 향한 적은 절대 없어요. 내 몸이 산고에 꿈틀대던 순간에도, 의대생들의 눈길이 온몸을 더듬는 걸 느끼고 수치심에 몸 둘 바를 모르던 순간에도, 고통에 넋이 나가다시피 한 짧은 순간에도 나는 신 앞에서 당신을 원망하지 않았어요. 절대로 그 밤들을 후회하지도, 당신을 향한 나의 사랑을 탓하지도 않았어요. 늘 당신을 사랑했고 늘 당신을 만난 시간을 축복이라 여겼어요. 다시 한번 그 지옥 같은 시간을 겪는다고 해도, 내게 무슨 일이 있을지 미리 안다고 해도, 사랑하는 이여, 난 또 한번, 아니, 수천 번이라도 그렇게 할 거예요!

우리 아이가 어제 죽었어요. 당신은 그 아이를 알지 못했지요. 길에서 우연히 마주쳤을 때 당신을 품은 작은 생명체는 꽃처럼 피어나고 있었지만, 당신은 아이에게 눈길 한번 주지 않았어요. 아이를 갖게 되자 난 오랫동안 당신 앞에 나타나지 않고 숨어 지냈어요. 당신을 향한 동경 때문에 겪던 고통은 줄어들었어요. 그래요, 난 당신을 전처럼 열정적으로 사랑하지는 않았던 것 같아요. 아이를 선물 받고 난 후에는 사랑 때문에 그전처럼 괴로워하지는 않았으니까요. 난 나를 당신과 아이에게 절반씩 나누어 주고 싶지는 않았어요. 그래서 행복한 당신, 나를 스쳐 지나간 당신 대신 내가 돌봐야 하는 아이, 내가 먹여야 하고, 입을 맞추고 안아 줄 수 있는 아이에게 나를 송두리째 바쳤어요. 나는 당신을 향한 갈구라는 저주에서 구원받은 것 같았어요. 또 다른 당신이면서도 온전히 나의 것인 아이 덕분이었지요. 초라한 심정으로 당신 집을 떠올리곤 하는 일은 점점 드물어졌어요. 그러나 단 한 가지만은 빠트리지 않았어요. 당신 생일에는 늘 하얀 장미 한 다발을 당신께 보냈어요. 그때 우리가 처음 사랑을 나눈 밤, 당신이 내게 선물한 것과 같은 하얀 장미였어요. 당신은 지난 10년, 11년 동안 누가 장미를 보내는지 궁금했던 적이나 있나요? 장미를 선물했던 여자가 기억이 나던가요? 당신 대답을 듣지 못할 테니 알 도리가 없군요. 그저 아무도 모르게 장미를 당신에게 건네면서 한 해에 한 번, 그때 기억을 활짝 꽃피우는 것만으로 난 충분했어요.

당신은 우리 아이, 그 불쌍한 아이를 보지도 못했지요. 지금은 당신에게 아이를 숨겼던 나 자신이 원망스러워요. 당신은 그 아이를 사랑했을 거예요. 당신은 그 불쌍한 사내애를 한번도 보지 못했지요. 그 애가 웃는 모습도 보지 못했고요. 그 아이가 살며시 눈을 치켜뜨면 그 까맣고 영리한 눈에서—당신 눈 그대로예요!—빛이 한가득 퍼지며 내 주변을 환히 밝혔어요. 아, 그 애는 아주 명랑하고 사랑스러웠어요. 당신의 경쾌한 성격을 물려받은 아이였어요. 당신의 민첩하고 활달한 상상력을 아이에게서 새삼 볼 수 있었지요. 당신이 삶을 가지고 놀이를 하듯이, 그 아이도 몇 시간이고 무언가에 푹 빠져 놀았어요. 그러고 나서는 진지하게 눈썹을 추켜올리고 책을 읽곤 했어요. 아이는 점점 더 당신을 닮아 갔어요. 진지하면서도 놀이를 즐긴다는 점에서 당신 특유의 양면성이 벌써 확연히 펼쳐지기 시작했어요. 아이가 당신을 닮아 갈수록 난 더욱 아이를 사랑하게 되었어요. 그 애는 공부도 잘했어요. 새끼 참새처럼 프랑스어로 조잘댔고 학급에서 가장 깔끔하게 필기를 했답니다. 게다가 너무나 예뻤어요. 까만 벨벳 양복이나 흰 세일러복을 입으면 아주 우아해 보였어요. 어디를 가든 그 애는 군계일학처럼 돋보였어요. 아이를 데리고 그라도 해변에 갔을 때는 여자들이 멈추어 서서 아이의 긴 금발을 쓰다듬고, 젬머링에서 썰매를 탔을 때는 다들 감탄하며 아이를 돌아보곤 했지요. 정말 예쁘고 온순하고 붙임성 있는 아이였어요. 그 애가 작년에 테레지아눔 기숙학교에 입학했을 때는 교복을 입고 작은 단검을 찬 모습이 마치 18세기 귀족 도련님 같았어요. 하지만 이제 아이는 셔츠 바람으로 누워 있어요. 불쌍하게도 창백한 입술에 두 손을 가지런히 포개고 누워 있어요.

혹시 당신이 의아해할지도 모르겠군요. 어떻게 아이를 그토록 호사스럽게 키울 수 있었느냐고요. 어떻게 아이가 상류사회에서 밝고 환하게 자라게끔 해 주었느냐고요. 사랑하는 이여, 어둠 속에 몸을 숨긴 채 당신에게 말하려 해요. 수치스럽지 않아요. 당신에게 말하겠어요. 놀라지 말아요. 사랑하는 이여, 난 몸을 팔았어요. 거리의 여자라고 불리는 그런 창녀가 되지는 않았지만, 난 내 몸을 팔았어요. 내게는 부자 친구들, 부자 애인들이 있었어요. 처음에는 내가 그런 사람들을 찾아 나섰지만, 나중에는 그들이 나를 찾았어요. 내가 아주 아름다웠기 때문이지요. 당신은 한번이라도 그렇게 느낀 적이 있나요? 내가 몸을 맡긴 남자는 모두 날 좋아했어요. 내게 고마워했고 날 아끼며 사랑했어요. 당신만 그러지 않았어요. 내가 사랑하는 당신만 그러지 않았다고요!

몸을 팔았다고 털어놓은 나를 이제 경멸하나요? 아니, 당신이 날 경멸하지 않으리라는 걸 알아요. 당신은 모든 걸 이해할 거예요. 내가 오직 당신을 위해서, 또 다른 당신인 당신 아이를 위해 그랬다는 것을 이해하리라고 믿어요. 나는 이미 출산 시설의 분만실에서 가난이 얼마나 끔찍한 것인지 알게 되었어요. 이 세상에서 가난한 사람은 항상 짓밟히고 모욕당하며 희생당한다는 것을 말이에요. 난 무슨 짓을 해서든 당신의 아이, 밝고 예쁜 당신 아이가 저 밑바닥에서 자라는 걸 막으려 했어요. 당신 아이가 쓰레기가 널브러진 상스러운 빈민촌에서, 악취가 풀풀 나는 뒤채에서 자라는 걸 막으려 했어요. 아이의 고운 입에서 천박한 말이 튀어나오게 할 수는 없잖아요. 그 하얀 몸에 가난으로 찌든 너저분한 속옷을 입힐 수는 없잖아요. 당신 아이는 모든 걸 가져야 했어요. 세상의 모든 부와 즐거움을 누려야 했어요. 그 애는 당신에게로, 당신 삶의 영역으로 올라가야 했어요.

그래서, 단지 그러기 위해서 난 몸을 팔았어요. 내게는 희생이 아니었어요. 흔히들 명예니, 수치니 떠드는 것들이 내게는 아무 의미가 없었으니까요. 당신이, 내 몸의 유일한 소유자인 당신이 나를 사랑하지 않으니, 내 몸에 무슨 일이 일어난들 매한가지라고 생각했어요. 남자들의 애무는 물론이고, 그들의 진심 어린 열정도 내 마음 깊은 곳에 와닿지는 못했어요. 그들 중 몇몇은 정말 존경할 만한 사람들이었지요. 사랑을 보답받지 못하는 그들을 보면 나 자신의 운명이 생각나 동정심에 괴롭기도 했지만 어쩔 수 없었어요. 내가 알고 지낸 이들 모두 내게 잘해 주었어요. 다들 나를 떠받들었고 존중해 주었어요. 그중 부인과 사별한, 나이 지긋한 백작이 한 분 계셨어요. 그분은 아비 없는 자식인 당신 아이를 테레지아눔에 입학시키려고 문턱이 닳도록 학교를 드나들었어요. 날 딸처럼 사랑했던 분이에요. 서너 번인가 내게 청혼을 했었지요. 그 청혼을 받아들였더라면 난 지금 백작 부인이 되었을 테고 티롤에 있는 매혹적인 성의 안주인으로 근심 없이 살 수 있었을 거예요. 그분은 아이를 몹시 예뻐했기에 아이에게 자상한 아버지가 되었을 거예요. 나 또한 조용하고 점잖고 선량한 남편 곁에서 살 수 있었겠지요. 난 그렇게 하지 않았어요. 그분은 몹시 간곡히 여러 차례 간청했지만 난 매번 거절해서 그를 아프게 했어요. 어쩌면 어리석은 짓이었는지도 몰라요. 그와 결혼했더라면 난 지금 어디에선가 조용히 아늑하게 살고 있을 테고, 아이도, 사랑하는 아이도, 내 곁에 있었을 거예요.

하지만—당신께 숨길 이유는 없겠지요—난 누군가와 인연을 맺지 않으려 했어요. 언제라도 자유로운 몸으로 당신 앞에 서고 싶었으니까요. 마음속 깊이, 내 무의식 속에는 어린 시절의 꿈이 여전히 살아 있었어요. 언젠가 당신이 나를 한번 부를 거라는 꿈이었어요. 그저 한 시간짜리 만남일지라도 나를 부를 거라는 꿈이 있었어요. 혹시 모를 한 시간을 위해서, 당신이 부르면 즉시 당신 곁으로 가기 위해서 난 모든 것을 팽개쳤어요. 어린 시절에서 깨어난 이후 내 삶은 그저 기다림뿐이었어요. 당신이 나를 원하기를 기다리는 것 말고는 아무것도 없었어요!

그런데 그 시간이, 바로 그 시간이 정말 온 거예요. 물론 당신은 모르는 일이지요. 사랑하는 이여, 당신은 짐작도 못 할 거예요. 이번에도 당신은 날 알아보지 못했어요. 한번도, 단 한번도 당신은 날 알아보지 못 하더군요! 난 이미 전에도 당신과 몇 번 마주쳤어요. 극장에서, 음악회에서, 프라터 공원에서, 거리에서 당신과 마주쳤지요. 그때마다 난 심장이 움찔했지만, 당신은 무심히 나를 지나쳤어요. 그럴 만도 하지요. 내 겉모습은 아주 달라져 있었으니까요. 수줍음을 타던 아이는 여인이 되어 있었어요. 미인이라는 평을 듣는 여인이 되어 값진 옷을 걸치고 숭배자들에게 에워싸여 있었지요. 그러니 당신이 이런 내 모습에서 예전에 당신 침실의 가물대는 불빛 아래 수줍어하던 소녀를 떠올릴 수나 있었겠어요! 이따금 나와 함께 있던 신사 중 한 분이 당신에게 인사한 적도 있었어요. 당신은 답례하며 나를 보았지요. 하지만 당신 눈길은 정중하고 낯설었어요. 내 아름다움을 알아보지만 나를 알아보지는 못한 채 끔찍하리만치 낯선 눈길로 나를 보았지요.

한번은 당신이 나를 알아보지 못한다는 사실에 미치도록 고통스러웠던 적이 있었어요. 아직도 생생히 기억이 나는군요. 당신이 날 알아보지 못하는 것에 익숙해져 있던 때였어요. 남자친구와 함께 오페라 극장의 특별석에 앉아 있는데 당신이 바로 옆 칸에 있더군요. 서곡이 시작되며 불이 꺼졌어요. 당신 얼굴을 더는 볼 수 없었지만 내 옆에 있는 당신 숨결만은 마치 그날 밤처럼 너무도 가깝게 느껴졌어요. 특별석들 사이에 설치된 벨벳 난간 위에 당신 손이, 섬세하며 부드러운 당신 손이 얹혀 있었어요. 사랑스러운 그 손이 얼마나 낯설던지요. 난 예전에 나를 다정히 안아 주던 그 손에 몸을 숙여 겸손히 입 맞추고 싶은 욕망에 걷잡을 수 없이 휘말렸어요. 파도치는 음악이 내 속을 들쑤셔 놓으면서 욕망은 커져만 갔어요. 난 몸을 바짝 다잡으며 안간힘을 써야만 했어요. 그렇지 않으면 내 입술이 당신의 사랑스러운 손에 강제로 끌려갈 것만 같았으니까요. 1막이 끝난 후 난 남자친구에게 나가자고 했어요. 당신을 바로 옆에 두고도 어둠 속에 낯설게 앉아 있어야만 하는 것을 더는 참을 수가 없었어요.

하지만 그 시간이 왔어요. 다시 한번 온 거예요. 파묻혀 살던 내게 마지막으로 온 기회였어요. 정확히 1년 전이었어요. 당신 생일 바로 다음 날이었지요. 당신 생일이면 항상 경축일처럼 하루를 보내서 그런지 이상하게도 온종일 당신 생각이 났어요. 꽤 이른 아침에 나가서 하얀 장미를 샀어요. 해마다 당신은 기억조차 못 하는 그 시간을 기념하기 위해 당신에게 보내는 장미였지요. 아이와 외출해서 오후엔 데멜 제과점에 들렀다가 저녁에는 극장엘 갔어요. 난 아이가 어릴 때부터, 그날이 무슨 날인지는 잘 몰라도 왠지 신비로운 경축일이라고 느끼기를 원했어요. 바로 다음 날은 당시 남자친구였던 젊고 부유한 브륀의 공장주와 함께 보냈어요. 그와는 2년째 동거 중이었어요. 그는 나를 지극히 사랑했어요. 원하는 것을 다 들어주었고 다른 남자들이 그랬듯, 내게 결혼하자고 했지만 난 이번에도 별다른 이유 없이 거절했어요. 나와 아이에게 선물 공세를 퍼붓는 데다가 다소 아둔한 머슴처럼 선량한 그 사람이 싫지는 않았지만, 청혼은 거절했어요. 우리는 함께 음악회에 갔다가 거기서 지인들과 만나 링슈트라세의 어느 식당에서 저녁을 먹었어요. 그곳에서 한참 웃고 떠들던 중 타바린 댄스홀로 가자고 내가 제안했어요. 사실 나는 갖은 오락과 술의 힘으로 쾌활함을 유도하는 그런 클럽을 비롯한 '야간 유흥업소' 일체를 혐오했어요. 평소에는 누군가가 그런 데로 가자고 하면 늘 거절하곤 했어요. 그러나 이번에는 마치 알지 못할 마법의 힘이 내 안에 파고들었는지, 나도 모르게 불쑥 다른 이들에게 그런 제안을 했고 그들은 즐거움에 들떠서 흔쾌히 동의했어요.

난 돌연 거기에서 뭔가 특별한 일이 나를 기다리고 있을 거라는 묘한 기대에 사로잡혔어요. 다들 내가 하자는 대로 하는 데 익숙했던 터라 모두 당장 자리에서 일어나 그리로 가서 샴페인을 마셨지요. 갑자기 여태 한번도 느껴보지 못한 아주 격렬한 쾌감이 거의 고통스러울 지경으로 나를 덮쳤어요. 난 술을 연거푸 마시면서 유치한 노래들을 따라 불렀지요. 춤을 추거나 환호성을 지르지 않고는 못 배길 지경이었어요. 그런데 마치 심장이 싸늘한 것에, 아니, 뜨겁게 달궈진 것에 불쑥 닿기라도 한 듯, 갑자기 정신이 번득 들었어요. 바로 옆 테이블에 당신이 친구 몇 명과 함께 앉아서는 경탄과 욕망을 담은 눈빛으로, 늘 내 몸을 깊숙이 뒤흔드는 바로 그 눈빛으로 나를 보고 있었던 거예요. 10년 만에 처음으로 무의식적인 열정이 듬뿍 담긴 당신 특유의 눈빛으로 나를 다시 바라본 거예요. 몸이 떨렸어요. 하마터면 높이 치켜든 술잔을 떨어트릴 뻔했어요. 다행히도 테이블에 둘러앉은 일행은 내가 당황해하는 걸 눈치채지 못했어요. 웃음소리와 음악이 너무나 요란했으니까요.

당신의 눈빛은 점점 더 뜨겁게 타올랐고 나는 온통 그 불길에 휩싸였어요. 당신이 나를 마침내, 마침내 알아본 걸까요, 아니면 나를 다른 여자로, 낯선 여자로 여기고 새삼 가지고 싶어 하는 걸까요? 난 알 길이 없었어요. 뺨으로 피가 솟구쳤어요. 일행이 묻는 말에 건성으로 대답하고 있었지요. 내가 당신 눈빛에 얼마나 당황해하고 있는지 당신은 알아챘을 거예요. 다른 사람이 눈치채지 못하게 당신은 머리를 까닥이며 잠시 로비로 나오라고 내게 신호를 보냈어요. 그러고는 보란 듯이 술값을 지불하고 친구들에게 작별 인사를 하더니 밖으로 나가더군요. 바깥에서 나를 기다릴 거라고 다시 한번 암시하고서 말이에요. 몸이 얼음장이 됐다가 후끈 달아오르면서 마구 떨렸어요. 더는 아무 대꾸도 할 수 없었고 들끓는 피를 어찌할 수 없었어요. 때마침 달그락대는 구두를 신은 흑인 무용수 한 쌍이 괴성을 지르며 괴상한 춤을 추기 시작했어요. 모두가 넋을 놓고 바라보았지요. 나는 이 틈을 이용했어요. 자리에서 일어나 남자친구에게 금방 돌아오겠다고 말하고는 당신 뒤를 따랐어요.

당신은 로비에 있는 외투 보관소 앞에서 날 기다리고 있었어요. 내가 나오자 당신 눈은 환히 빛났어요. 당신은 미소를 지으며 서둘러 내게 다가왔지요. 당장 알겠더군요. 당신이 나를 알아보지 못한다는 것을. 당신은 오래전 이웃집에 살던 아이도, 길에서 만난 소녀도 알아보지 못한 채, 나를 처음 보는 모르는 여인이라 여기고 또다시 접근한 거예요. "저에게도 한 시간 정도 시간을 내어 주실 수 있을까요?" 당신은 친근하게 물었어요. 여유 만만한 태도로 보아 당신은 나를 하룻밤 살 수 있는, 그런 부류의 여자로 생각한다는 걸 알 수 있었어요. 난 "네"라고 대답했어요. 10년도 더 전, 어떤 소녀가 어둠이 깔린 거리에서 당신에게 했던 바로 그 대답이었지요. 떨렸지만 당연히 당신 뜻에 따를 수밖에 없었으니까요. "그럼 언제 볼 수 있을까요?" 당신이 물었지요. "당신이 좋다면 언제든지요." 내가 대답했어요. 당신 앞에서 난 전혀 부끄럽지 않았어요. 당신은 조금 놀란 듯 날 쳐다봤어요. 내가 당장 승낙하자 놀라던 그때처럼 미심쩍어하면서도 호기심에 찬 표정을 짓더군요. "지금도 괜찮은가요?" 당신이 조금 망설이며 물었어요. "네, 가요." 내가 대답했어요.

나는 보관소에서 내 외투를 찾으려고 했어요. 그때 남자친구와 함께 외투를 맡겨서 번호표를 그가 가지고 있다는 게 생각났어요. 돌아가서 그에게 번호표를 받아 오려면 구차한 변명을 해야만 했어요. 하지만 당신과 함께하는 시간을 수년 전부터 애타게 기다렸던 만큼 기회를 놓치고 싶지 않았어요. 그래서 나는 잠시도 망설이지 않고 이브닝드레스 위에 숄만 걸치고 안개가 자욱한 밤거리로 나섰어요. 외투는 아무래도 좋았고 몇 년째 나를 먹여 살린 착하고 자상한 사람도 아무래도 좋았어요. 나는 그 사람을 친구들 앞에서 한심하기 짝이 없는 멍청이로 만들어 버렸어요. 몇 년을 함께하던 애인이 웬 낯선 남자가 신호를 보내자마자 달아나 버리다니, 얼마나 굴욕적이었겠어요. 오, 내가 이 충실한 친구에게 얼마나 비천하고 배은망덕하고 수치스러운 짓을 했는지, 뼈저리게 잘 알고 있었어요. 내가 한심한 짓을 했다는 걸, 내 광적인 집착 때문에 선량한 남자에게 치명적인 상처를 가했을 뿐 아니라, 내 삶도 망가트렸다는 걸 알고 있었어요. 하지만 다시 한번 당신의 입술을 느끼고 당신이 내게 다정히 말하는 걸 듣고 싶은 갈망에 비한다면 친구들과의 관계나 내가 어떻게 생계를 꾸려 갈지는 중요하지 않았어요. 그정도로 난 당신을 사랑했어요. 이제는 말할 수 있어요. 모두가 지나간 옛일이 될 테니까요. 그런데 죽음을 앞둔 지금도 당신이 나를 부른다면 벌떡 일어나 당신과 함께 갈 힘이 갑자기 생길 것 같아요.

자동차 한 대가 입구에 서 있었어요. 우리는 차를 타고 당신 집으로 갔지요. 난 다시 당신 목소리를 들었고 당신의 다정한 손길을 느꼈어요. 옛날처럼 난 넋을 잃었고 어린아이처럼 행복에 겨워 어찌할 바를 몰랐어요. 10년도 더 지나서 그 계단을 다시 올라가다니, 아, 도저히, 도저히 그때 기분을 묘사할 길이 없군요. 순간순간

지난날과 현재가 겹쳐지며 모든 걸 이중으로 느끼면서도 난 무엇을 보든 오직 당신만을 느끼고 있었어요. 당신 방은 달라진 게 별로 없었어요. 그림이 몇 점 더 생겼고 책이 더 늘었고 낯선 가구가 두엇 있었지만, 모든 게 날 친숙히 맞아 주었어요. 책상 위에는 장미가 꽂힌 꽃병이 있더군요. 내가 하루 전 당신 생일에 보낸 장미였어요. 당신이 기억하지 못하는 여인을 기억하라고 보낸 장미였어요. 그 여인은 지금 당신 곁에서 손을 맞잡고 입술을 맞대고 있었지만, 당신은 여전히 알아보지 못했지요. 그렇지만 당신이 꽃을 아끼는 듯해서 기분이 좋았어요. 나라는 존재의 아지랑이, 내 사랑의 숨결이 당신 곁에 있었으니까요.

당신은 나를 품에 안았어요. 난 다시금 당신과 함께 황홀한 밤을 보냈어요. 당신은 벌거벗은 내 몸을 보고도 날 알아보지 못했어요. 난 당신의 능숙한 애무를 행복에 취해 받아들였어요. 당신은 연인이든 매춘부든 상관없이 열정적으로 대한다는 것을 알겠더군요. 당신은 앞뒤를 가리지 않고 펑펑 쏟아붓는 천성대로 욕망에 몸을 맡기더군요. 당신은 나를, 야간 유흥업소에서 데려온 나를 다정하고 부드럽게 대해 주었어요. 그리도 점잖고 정중하신 분이 여자를 즐길 때는 몹시도 정열적이었어요. 난 예전처럼 행복에 넋이 나갔지만, 그런 상태에서도 다시금 당신 특유의 양면성을 느꼈어요. 관능적인 열정 안에 지적이고 정신적인 열정이 자리하고 있는 그 양면성, 바로 거기에 어린 소녀는 말려든 거예요. 난 애무의 순간에 당신만큼 몰입하는 남자를 본 적이 없어요. 그런 순간 당신의 가장 깊숙한 본성이 터져 나오고 빛을 발하지요. 하지만 빛이 꺼지면 비인간적이라 할 만큼 철저히 모든 걸 잊어버려요. 하지만 나

또한 나 자신을 잊고 있었어요. 어둠 속에서 당신 곁에 누운 나는 누구였나요? 지난날 사랑에 불타던 소녀였나요? 당신 아이의 엄마? 아니면 낯선 여인이었나요? 이 뜨거운 밤은 한번 경험했던 만큼 친숙하면서도, 모든 게 넋이 나갈 만큼 새로웠어요. 이 밤이 끝나지 않기를 얼마나 빌었는지 몰라요.

그러나 아침은 오고야 말았어요. 우리는 느지막이 일어났지요. 당신은 아침 식사를 같이하자고 권했어요. 시중드는 하인이 눈에 띄지 않게 식당에 차를 준비해 놓았고 우리는 함께 차를 마시며 이런저런 이야기를 했어요. 이번에도 당신은 늘 그러듯이 마음을 열고 따뜻하게, 친근히 나를 대했고 눈치 없이 사적인 질문을 하거나 하지 않았어요. 나라는 사람을 전혀 궁금해하지 않더군요. 내 이름이나 사는 곳을 묻지도 않았어요. 당신에게 나는 그저 잠자리 상대에 불과했고 이름을 알 필요가 없는 존재였어요. 망각의 연기 속에서 흔적 없이 사라질 열정적인 시간일 뿐이었어요. 또다시 당신은 장거리 여행을 떠나려 한다고 말했어요. 두어 달 북아프리카로 갈 예정이라고요. 행복에 겨워하던 나는 덜덜 떨었어요. '끝났어, 이렇게 끝나고 잊힐 거야!' 어느새 비명이 귀청을 찢는 듯했어요. 당신 무릎에 몸을 던지고 외치고 싶을 뿐이었어요. '날 데려가 줘요. 그래야 당신은 드디어, 그토록 많은 세월이 지난 후에야 드디어 날 알아볼 테니까요.' 그러나 난 당신 앞에서는 너무나 수줍었고 비겁한 데다가 비굴하고 나약했기에 "아, 유감이네요"라는 말밖에 할 수 없었어요. 당신은 미소 지으며 나를 보았지요. "정말 유감인가요?"

그 말에 난 돌연 격렬한 감정을 억누를 수 없었어요. 벌떡 일어서서는 당신을 오랫동안 꼼짝도 안 하고 바라보았지요. 그러고는 말했어요. "내가 사랑했던 남자도 늘 여행을 떠났어요." 난 당신을, 당신의 빛나는 눈동자를 정면으로 들여다보았어요. '이제, 이제 그가 나를 알아볼 거야!' 이 생각에 온몸이 떨리며 온갖 감정이 솟구쳤어요. 하지만 당신은 내게 미소 지으며 위로하듯 말했어요. "떠난 사람은 다시 돌아오는 법이에요." "그래요," 내가 대답했어요. "그래요, 떠난 사람은 돌아오지요. 하지만 죄다 잊고 돌아오더군요."

내가 이 말을 왠지 예사롭지 않게 열정적으로 했었나 봐요. 당신도 일어서서 날 바라보았거든요. 의아해하면서도 사랑을 듬뿍 담은 눈빛으로. 당신은 내 어깨를 잡고는 말했어요. "좋은 것은 잊히지 않아요. 당신을 잊을 수는 없을 거예요." 그러면서 당신은 내 모습을 확실히 새겨 놓으려는 듯 진지한 눈빛으로 나를 뚫어져라 들여다보았어요. 탐색하고 감지하는 눈빛이 내 속을 파고들며 내 존재를 송두리째 빨아들이는 걸 느꼈어요. 그때 난 드디어, 드디어 마법의 눈가리개가 힘을 잃었다고 믿었어요. '그는 날 알아볼 거야. 당연히 알아볼 거야!' 이 생각에 내 영혼은 온통 떨렸어요.

그러나 당신은 날 알아보지 못했어요. 그래요, 알아보지 못했어요. 이 순간만큼 당신이 나를 낯설게 느낀 적은 없을 거예요. 그렇지 않다면 당신은 절대로 몇 분 뒤에 그런 행동을 하지 않았을 테니까요. 당신은 내게 입을 맞추고는, 다시 한번 뜨겁게 입을 맞추었어요. 난 헝클어진 머리를 다시 매만져야 했어요. 그렇게 거울 앞에 서 있는데, 당신이 슬그머니 내 방한용 머프 속에 고액권 지폐 몇 장을 집어넣는 게 거울에 비쳤어요. 난 수치심과 분노로 기절할 것만 같았어요. 그 순간 악을 쓰며 당신 뺨을 갈기지 않았던 게 신기할 지경이에요! 어린 시절부터 당신을 사랑해 온 나에게, 당신 아이의 엄마인 나에게, 하룻밤의 대가로 돈을 주다니요! 난 당신에게 타바린에서 데려온 창녀일 뿐이었던 거예요. 돈을, 내게 돈을 주다니요! 난 당신에게 잊힌 것만으로도 모자라 그런 굴욕까지 겪어야 했어요.

난 서둘러 내 물건들을 챙겼어요. 가려고, 당장 가 버리려고요. 너무나 고통스러웠어요. 모자를 집어 들었지요. 모자는 책상 위에 있었고 모자 옆에는 나의 장미, 하얀 장미가 꽂힌 꽃병이 있었어요. 그 순간 난 거부할 수 없는 강한 힘에 사로잡혀서 다시 한번 당신의 기억을 되살릴 수 있는지 시험하기로 했어요. "내게 하얀 장미를 한 송이 주시겠어요?" "물론이지요." 당신은 즉시 한 송이를 뽑아 들었어요. "하지만 어떤 여인이, 당신을 사랑하는 어떤 여인이 준 꽃인지도 모르잖아요?" 내가 말했어요. "그럴지도 몰라요. 알 도리가 없어요. 누군가 꽃을 보내지만 누가 보냈는지는 모르겠어요. 그래서 난 이 꽃을 무척 사랑한답니다." 난 당신을 바라보았어요. "혹시 당신이 잊어버린 여인 중 하나가 보낸 게 아닐까요?"

당신은 놀라서 나를 보았지요. 난 당신을 똑바로 응시했어요. '나를 알아봐, 제발 나를 알아보라고!' 나의 눈빛이 아우성을 쳤어요. 하지만 당신의 눈은 영문도 모른 채 친절히 미소를 짓기만 했어요. 당신은 다시 한번 내게 입을 맞췄어요. 그러나 나를 알아보지는 못했어요.

난 급히 문 쪽으로 갔어요. 눈물이 왈칵 쏟아지더군요. 당신에게 이런 모습을 보이고 싶지 않았어요. 서둘러 나가다가 현관에서 하마터면 당신의 하인 요한과 부딪힐 뻔했어요. 그는 멋쩍어하며 황급히 옆으로 비켜 서서는 내가 나가게끔 문을 열어 주었어요.
1초나 될까 싶은 짧은 순간에—당신 듣고 있나요?—난 눈물 고
인 눈으로 그를, 늙어 버린 요한을 바라보았어요. 그 순간 갑자기
그의 눈이 움찔 빛을 발했어요. 그 짧은 순간에—당신 듣고 있나
요?—1초밖에 안 되는 순간에 노인은 날 알아보았던 거예요. 어린
시절 이후로 단 한번도 나를 본 적이 없는데도요. 나는 날 알아본
노인 앞에 무릎을 꿇고 손에 입을 맞추고 싶을 지경이었어요. 나는
당신이 채찍을 휘두르듯 내게 찔러 넣은 지폐를 얼른 머프에서 꺼
내어 노인에게 쥐여 주었어요. 그는 떨면서 소스라치게 놀라 나를
쳐다보았어요. 이 짧은 순간 그는 아마 당신이 평생 나에 대해 알
고 있던 것보다 훨씬 더 많은 것을 알아차렸을 거예요. 모두가, 모
든 이들이 나를 떠받들고 모두가 내게 잘해 주었는데…… 당신은,
당신 한 사람만은 날 잊어버렸어요. 당신은, 당신 한 사람만은 날
알아보지 못했어요!

내 아이가 죽었어요. 우리 아이가 죽었어요. 이제 나는 이 세상
에서 당신 말고는 사랑할 사람이 없어요. 하지만 당신은 내게 어떤
존재인가요? 나를 결코, 결단코 알아보지 못한 당신, 물을 피하듯
나를 그냥 스쳐 지나가는 당신, 돌을 딛고 지나가듯 나를 딛고 가
는 당신, 늘 먼 길을 떠나서 나를 끝없이 기다리게 하는 당신이 아
니던가요? 한때는 당신을 붙잡았다고 생각했지요. 늘 도망 다니는
당신을 아이라는 존재를 통해 붙잡았다고요. 하지만 그 아이는 당
신 아이였어요. 매정하게도 하루아침에 나를 두고 여행을 떠나 버
렸어요. 아이는 나를 잊었고 절대로 돌아오지 않을 거예요. 난 다

시 외톨이예요, 그 어느 때보다 더 외톨이예요. 아무것도 가진 게 없어요. 당신이 준 거라고는 하나도 남아 있지 않아요. 아이도 이젠 없고 당신은 말 한마디, 글 한 줄 전하지 않는 데다가 날 기억하지도 않잖아요. 누군가가 당신에게 내 이름을 언급한다 해도 당신은 낯선 그 이름을 흘려듣겠지요. 난 당신에게는 죽은 사람이나 마찬가지인데 즐거이 죽지 않을 이유가 있겠어요? 당신은 나를 떠났는데, 내가 떠나지 않을 이유가 있겠어요?

오해 말아요, 사랑하는 이여, 난 당신을 원망하지 않아요. 명랑한 당신의 세계를 내 비탄의 소리로 채우고 싶지는 않아요. 내가 계속 성가시게 할까 봐 겁먹지는 말아요. 부디 날 이해해 줘요. 아이가 죽어서 저기 쓸쓸히 누워 있는 이 시간에 나도 한번은 내 마음을 속 시원히 털어놓지 않을 수 없었어요. 이번 한번만은 당신에게 말하지 않을 수 없었어요. 그러고 나면 난 다시 어둠 속으로 돌아가 침묵할 거예요. 늘 당신 곁에서 침묵해 왔듯이. 당신은 내가 살아 있는 동안은 나의 절규를 듣지 못할 거예요. 내가 죽고 나서야 이 유언장을 받게 되겠지요. 그 누구보다도 당신을 사랑했지만, 당신은 단 한번 알아보지도 못했던 어떤 여인, 항상 당신을 기다렸지만, 당신은 단 한번도 불러 주지 않았던 어떤 여인의 유언장이랍니다. 어쩌면, 어쩌면 이걸 읽고 당신이 나를 부를 수도 있겠군요. 그렇다면 난 처음으로 당신에게 충성하지 못할 거예요. 죽어 있다면 당신이 부르는 소리를 들을 수 없으니까요. 난 당신에게 사진 한 장, 징표 한 개 남기지 않으려 해요. 당신도 내게 아무것도 남기지 않았으니까요. 당신은 절대 날 알아보지 못하겠지요. 절대로 그러지 못할 거예요. 그게 살아생전 내 운명이었으니 죽어서도 내 운

명이겠지요. 임종의 순간에도 당신을 부르지 않으려 해요. 당신이
내 이름과 내 얼굴을 모르는 채로 떠날래요. 난 편히 죽을 거예요.
당신은 멀리 있으니 내가 죽는 걸 알지 못할 테죠. 내 죽음이 당신
을 괴롭게 한다면 난 죽을 수도 없을 것 같아요.

더는 써 내려갈 수가 없어요…… 머리가 너무나 멍하고, 온몸
이 아파요. 열도 나고요. 당장 누워야 할 것 같아요. 어쩌면 곧 끝이
나겠지요. 한번쯤 운명이 내게 친절을 베푼다면, 사람들이 아이를
실어 나르는 것을 보지 않아도 될 거예요…… 더는 쓸 수가 없네
요. 행복하세요, 사랑하는 이여, 행복하세요. 고마웠어요…… 이렇
게 끝나지만 이대로가 좋아요……. 마지막 숨을 내쉬는 순간까지
당신에게 고마워하려 해요. 난 괜찮아요. 당신에게 모든 걸 말했으
니까요. 내가 당신을 얼마나 사랑했는지 이제 당신도 알겠지요, 아
니, 알지는 못해도 짐작은 하겠지요. 그렇다 해도 이 사랑이 당신
에게 짐이 되지는 않을 거예요. 내가 없다 해도 당신에게는 아쉬울
게 없을 테니까요. 그래서 마음이 놓여요. 아름답고 환한 당신 삶
은 전혀 달라지지 않겠지요. 내가 죽는다 해도 당신을 아프게 하지
는 않을 테니까요……. 그래서 마음이 놓여요, 사랑하는 이여.

하지만 누가, 누가 당신 생일에 지금껏 그랬듯이 하얀 장미를
보낼까요? 아, 꽃병은 텅 비어 있겠군요. 1년에 한 번 당신 주변을
맴돌던 내 가냘픈 숨결, 내 가냘픈 입김마저도 스러져 버리나요!
사랑하는 이여, 부디 들어줘요…… 내가 당신에게 처음이자 마지
막으로 하는 부탁이에요. 나를 위해서 해마다 당신 생일에—원래
자기 자신을 돌아보는 날이잖아요—장미를 사서 꽃병에 꽂아 주
세요. 사랑하는 이여, 부디 그렇게 해 주세요. 사람들이 1년에 한

번 세상을 떠난 연인을 위해서 미사를 올리듯이 말이에요. 하지만 나는 더는 신을 믿지 않아요. 그러니 미사는 필요 없어요. 난 오직 당신만을 믿고 당신만을 사랑하며 당신 안에서만 계속 살려고 해요……. 1년에 딱 하루만, 내가 지금껏 당신 곁에서 살아온 것처럼 숨 죽은 듯 조용히, 그렇게 말이에요……. 부탁할게요. 그렇게 해주세요. 사랑하는 이여…… 당신에게 처음이자 마지막으로 하는 부탁이에요. 고마워요. 당신을 사랑해요. 당신을 사랑해요…… 행복하세요…….

　그는 떨리는 손으로 편지를 내려놓았다. 그러고는 오랫동안 생각에 잠겼다. 어수선하나마 어렴풋이 기억이 떠오르는 듯했다. 이웃집 아이가, 어느 소녀가, 야간업소에서 만난 어느 여인이 기억을 스쳐 갔다. 그러나 그 기억은 너무나 흐릿하고 헝클어져 있었다. 웬 돌 하나가 흐르는 물 밑에서 아른거리며 형체 없이 떨고 있는 것처럼, 그림자들이 밀려왔다가 밀려갔지만 아무런 이미지도 남기지 않았다. 감정의 조각들이 기억을 훑고 지나가는 걸 느꼈지만 그 기억들은 손에 잡히지 않았다. 마치 이 모든 형상에 관한 꿈을 꾸는 것만 같았다. 자주 꾸는 깊은 꿈이지만, 그저 꿈에 불과한 것만 같았다.
　그때 그의 시선이 책상 위 파란 꽃병을 향했다. 꽃병은 비어 있었다. 그의 생일에 꽃병이 비어 있는 건 지난 몇 년 이래 처음이었다. 그는 소스라쳤다. 갑자기 보이지 않는 문이 하나 벌컥 열리더니 다른 세계로부터 차디찬 외풍이 그의 평온한 공간으로 들이닥치는 듯했다. 그는 한 사람의 죽음을 느꼈고 불멸의 사랑을 느꼈다. 그의 영혼 깊숙이에서 무언가 불거져 나왔다. 그는 멀리서 들리는 음악을 생각하듯, 보이지 않는 여인을 생각했다. 육체가 없이도 열렬히 생각했다.

보이지 않는
소장품

독일에서 인플레이션이 한창이던
시절 이야기

드레스덴으로부터 두 정거장 지나서 한 중년 신사가 우리 찻간에 올라타서는 정중히 인사를 했다. 그러고는 고개를 들어 나를 보더니 다시 한번 잘 아는 사람에게 하듯 인사를 건넸다. 처음에는 그가 누구인지 생각이 나지 않았다. 하지만 그가 잔잔히 미소 지으며 자신의 이름을 말하자 곧 기억이 났다. 그는 베를린에서 손꼽히는 고古미술품 상점의 주인이었다. 나는 전쟁이 일어나기 전에 자주 그의 상점에서 고서와 육필 원고를 둘러보고 때로 구입하곤 했다. 우리는 처음에는 대수롭지 않은 얘기를 나누었다. 그러다 불쑥 그가 자신의 이야기를 꺼냈다.

"제가 지금 어디서 오는지 선생님께 말씀드려야겠습니다. 37년을 고미술품 상인으로 일하면서 이처럼 신기한 일을 겪은 적은 없으니까요. 선생님은 아마 돈의 가치가 가스처럼 휙 증발한 후부터 미술품 거래가 어떻게 되어 버렸는지 짐작하실 겁니다. 벼락부자들은 하루아침에 고딕 시대의 마돈나와 15세기의 고판본, 옛날 동판화와 그림들에 맛을 들였습니다. 우리 같은 사람들이 아무리 갖다 바쳐도 모자라는 통에 우리는 벼락부자들이 상점과 창고를 싹쓸이하지 못하게끔 막아야 할 정도입니다. 그들은 누군가의 옷소매에 달린 커프스단추부터 책상에 놓인 램프까지 사려고 달려듭니다. 그러다 보니 항상 신상품을 장만한다는 게 점점 더 어려워집니다. 제가 평소에는 경외심을 품고 대하는 대상을 엉겁결에 상품이라 불러 버렸군요. 부디 용서하십시오. 하지만 이 불쾌한 종자들을 대하다 보니 저도 모르게 경이로운 베네치아 고판본을 달러로 환산해 얼마 짜리라고만 여기게 되고 구에르치노˙의 그림을 백 프랑켄 지폐 두서너 장과 다름없이 보는 데 익숙해져 버렸습니다. 갑자기 구매욕에 불타서 물불을 가리지 않고 달려드는 이들을 막을 길은 없습니다. 그래서 하루아침에 팔 것이 없는 처지가 되어 버린 저는 이대로 상점을 접고 싶은 심정이었습니다. 제 아버지가 할아버지께 물려받은 유서 깊은 상점에 한심하기 짝이 없는 잡동사니만 뒹구는 걸 보니 부끄러웠습니다. 옛날 같으면 오지에서 온 거리의 고물상도 그따위 물건은 수레에 싣지 않았을 테니까요.

이런 난처한 상황에 처하자 지난 시절의 영업용 장부를 들춰보자는 생각이 들었습니다. 옛날 고객들을 찾아내면 그들이 중복되게 소유한 몇몇 미술품을 다시 확보할 수 있을까 싶어서였지요. 옛날 고객 목록을 뒤지다 보면 이미 고인이 된 경우가 다반사지만 요즘 같은 시절에는 그런 일이 더 잦습니다. 그러다 보니 목록에서 얻을 게 별로 없었습니다. 예전에 우리 상점과 거래했던 고객 대부분은 오래전에 소장품을 경매에 내놓았거나 사망했고, 얼마 안 되는 강직한 이들에게서는 가져올 것이 없었습니다. 그런데 문득 우리 상점의 가장 오랜 고객이 보낸 한 묶음의 편지가 눈에 띄었

• Giovanni Francesco Barbieri(1591~1666): 이탈리아 화가. 본명은 조반니 프란체스코 바르비에리이다.

습니다. 그 고객은 전쟁이 발발한 1914년 이후 단 한번도 우리에게 주문이나 문의를 하지 않았기 때문에 그분을 기억해 내지 못했던 겁니다. 오간 편지는 전혀 과장하지 않고도 거의 60년 전까지 거슬러 올라갔습니다. 그는 제 아버지와 할아버지에게서 미술품을 샀습니다. 그런데도 제가 37년을 일하는 동안 단 한번도 상점에 온 적은 없었습니다. 이 모든 사실로 미루어 그는 특이하고 고풍스러우며 유별난 사람임이 분명했습니다. 멘첼•이나 슈피츠벡••의 그림에 나오는 독일인들은 거의 멸종되었지만, 그중 몇몇은 우리 시대까지 가까스로 살아남아 지방의 소도시 곳곳에서 보기 드문 진품으로 명맥을 이어 가고 있는데, 그도 그런 사람 중 하나가 아닐까 싶었습니다. 그의 편지들은 유려한 글씨체로 깔끔히 채워져 있었고 금액에는 빨간 잉크로 일직선이 그어져 있었습니다. 착오가 없게끔 숫자는 항상 두 번 적혀 있었습니다. 편지지는 예외 없이 책의 맨 앞에 있는 흰 종이를 뜯어낸 것이었고 싸구려 봉투에 넣어져 있다는 점에서 그는 소심하고 지독히 깐깐한 구두쇠인데다가 구제 불능의 촌뜨기인 듯했습니다. 그는 이 진기한 문서에 자신의 이름 말고도 '퇴직 산림청 과장 겸 농업 고문관, 퇴직 소위, 철십자 훈장 제1등급 수령자'라는 장황한 칭호로 서명했습니다. 1870년대 보불전쟁에 참전한 노병인 듯하니, 만일 살아 있다면 적어도 여든은 훌쩍 넘긴 나이일 게 분명했습니다. 그런데 이 유별나고 우스꽝스러운 괴짜 자린고비는 몹시 영리하게 고 인쇄본을

• Adolph Menzel(1815~1905): 독일 화가
•• Carl Spitzweg(1808~1885): 독일 화가

수집했습니다. 대단히 박식한 데다가 취향이 탁월하더군요. 저는
그가 거의 60년에 걸쳐 주문한 것들을 천천히 헤아려 보았습니다.
처음 주문한 것들은 지금은 사용하지 않는 은화로 값을 치렀더군
요. 그러니 이 대단치 않은 촌사람은 1탈러°만 내면 탁월한 품질의
목판화 한 무더기를 살 수 있던 시절에 소리 소문 없이, 앞에서 언
급한 벼락부자들이 요란스럽게 모은 것에 절대로 뒤지지 않을 수
준의 동판화들을 수집했다는 걸 짐작할 수 있었습니다. 그가 우리
상점에서만 반세기에 걸쳐 얼마 안 되는 가격으로 사들였던 것들
은 오늘날에는 엄청난 고가품이 되어 있었으니까요. 게다가 그는
한 재산 모으려고 소장품을 경매장이나 다른 상인들에게 내어 놓
지는 않은 듯했습니다. 물론 그는 1914년 이후로는 아무런 주문도
하지 않았지만, 예술품 시장에서 생기는 온갖 일들을 꿰뚫고 있는
제가 그런 분량의 소장품이 경매되었거나 비공개로 팔렸다면 모
를 리 없으니까요. 그러니 이 진기한 인간은 아직 살아 있거나 그
의 유족이 소장품을 가지고 있을 게 분명했습니다.

　저는 궁금해졌습니다. 그래서 다음 날, 그러니까 어제 저녁이
군요. 곧장 작센에 있는 지극히 볼품없는 지방 도시를 향해 출발했
습니다. 조그만 역에서 내려 큰 거리를 따라 걷다 보니 소시민 취
향이 물씬 풍기는 따분하고 통속적인 건물들이 보였습니다. 이런
건물 속 어느 방에 렘브란트와 뒤러와 만테냐°°의 빼어난 동판화들

• Taler: 16세기부터 발행되어 유럽에서 널리 쓰였던 은화. 독일의 경우 프로이센 제국이 수립된1871년
부터 1908년까지 1탈러는 3마르크 동전으로 쓰였다.
•• Andrea Mantegna(1431~1506): 이탈리아의 화가

을 빠짐없이 다 소장한 사람이 살고 있다는 건 도무지 상상할 수가 없었습니다. 우체국으로 가서 여기에 이런 이름의 산림청 과장 겸 농업 고문관이 사느냐고 문의하니, 놀랍게도 정말 그런 노신사가 살고 있었습니다. 솔직히 고백하자면 저는 심장이 두근거렸습니다. 그래서 정오도 되기 전에 그를 찾아갔습니다.

그의 집을 찾기는 어렵지 않았습니다. 그는 1860년대에 영리를 목적으로 급히 벽돌로 지어 올린 듯한 촌스러운 싸구려 건물 3층에 살고 있었습니다. 2층에는 무뚝뚝한 재단사가 살았고, 3층 왼편에는 우체국 관리인의 문장이 반짝였고, 오른편에 산림청 과장 겸 농업 고문관 누구누구라고 쓰인 도자기 문패가 드디어 보였습니다. 제가 조심스럽게 초인종을 울리자 즉시 말쑥한 검은 두건을 쓴 백발의 노부인이 문을 열었습니다. 저는 노부인에게 제 명함을 건네며 산림청 과장님을 뵐 수 있냐고 물어보았습니다. 그녀는 놀라며 미심쩍은 듯 일단 저를 훑어보고는 명함을 보았습니다. 이런 외진 소도시의 구닥다리 집에 타지 손님이 온다는 건 대단한 사건인 듯했습니다. 하지만 그녀는 기다려 달라고 친절하게 말하고는 명함을 들고 방으로 들어갔습니다. 그녀가 나직이 속삭이는 소리가 들리더니 갑자기 남자 목소리가 쩌렁쩌렁 울렸습니다. "아, R씨가, 베를린에서 큰 골동품 상점을 하는…… 들어오라고 해요, 어서 들어오라고. 정말 반갑구먼!" 곧 노부인이 총총거리며 다시 와서는 저를 방으로 안내했습니다.

저는 모자를 벗고 들어섰습니다. 검소한 방 가운데에 나이는 들었지만 아직 정정한 노인이 꼿꼿이 서 있었습니다. 무성한 콧수염에 어딘지 군대 풍의 실내복을 여며 입은 노인은 제게 반갑게 양손을 내밀었습니다. 하지만 분명 기쁜 마음에서 우러난 인사를 건네는 것 같은데도 빳빳이 굳은 채 서 있는 게 이상했습니다. 그가 제게 한 걸음도 다가오지 않았기에 저는 조금 의아해하며 악수를 하기 위해 그에게 바짝 다가가야 했습니다. 다가가 그의 손을 잡으려는데 그의 양손은 수평으로 뻗은 채 꼼짝도 하지 않았습니다. 그제야 저는 그의 손은 제 손을 볼 수 없어서 제 손이 다가오길 기다리고 있다는 걸 알아챘습니다. 다음 순간 모든 걸 알겠더군요. 노인은 앞을 볼 수 없었습니다.

어린 시절부터 저는 눈먼 사람을 대하는 게 거북했습니다. 제 앞의 상대가 저를 볼 수 없는데 저 혼자 그를 살필 수 있다는 게 왠지 수치스럽고 불편한 마음이 드는 걸 어쩔 수 없었으니까요. 그때도 수북이 헝클어진 하얀 눈썹 아래, 생명을 잃고 빳빳이 허공을 응시하는 눈을 본 순간 저는 먼저 공포를 이겨 내야 했습니다. 하지만 앞 못 보는 노인은 제가 어색해할 시간을 주지 않았습니다. 제 손이 그의 손을 스치자마자 그는 힘차게 악수를 하고는 감격에 겨운 듯 즐거워하며 떠들썩하게 거듭 인사를 건넸습니다. "귀한 손님이 오셨구려." 그는 저를 마주 보며 활짝 웃었습니다. "베를린의 대단한 신사분이 우리 촌구석까지 오다니, 정말이지 이건 기적이군. 그런데 거래상께서 기차를 타고 오셨다면 조심해야겠군요. 내 고향 속담 중 집시가 오면 문과 지갑을 닫아야 한다는 말이 있소이다. 암, 당신이 어째서 날 찾아왔는지 벌써 짐작이 갑니다. 이제 우리 독일이 빈털터리가 되었으니 장사가 잘되지 않을 테고 구매자도 없을 테지요. 그러다 보니 대단하신 신사분들이 문득 옛날 고객을 다시 떠올리고 뭘 팔아 보려는 게지요. 하지만 안타깝게도 내게는 아무것도 팔지 못할 거요. 연금으로 사는 우리 가난한 노인들은 배를 채울 빵만 있어도 감지덕지니까요. 요즘 당신네가 정신 나간 가격을 부르는 통에 우리는 더는 끼어들 수 없어요. 우리 같은 사람들은 영영 내쳐졌다니까요."

저는 즉시 정정했습니다. "오해십니다, 어르신! 저는 어르신께 무얼 팔려고 온 게 아닙니다. 제가 마침 이 근방에 볼일이 있는데 오랜 세월 우리 상점의 고객이시며 독일 최고의 소장가 중 한 분이신 어르신을 뵙고 인사드릴 기회다 싶어서 온 겁니다." 제가 '독일 최고의 소장가 중 한 분'이라는 말을 입에 담자마자 신기하게도 노인의 얼굴은 돌변했습니다. 그는 여전히 방 한가운데에 뻣뻣한 자세로 꼿꼿이 서 있었지만, 갑자기 그의 모습은 환해졌고 마음속 깊숙이에서 자부심이 넘쳐나는 듯 보였습니다. 그는 아내가 있으리라 추정한 방향으로 몸을 돌리더군요. 마치 "들었소, 여보?"라고 말하려는 듯했습니다. 그러고는 기쁨이 가득한 목소리로—조금 전까지 쓰던 군인답게 무뚝뚝한 어조는 흔적 없이 사라졌습니다—온화하고 다정하게 제게 말을 건넸습니다.

"그건 정말이지 대단히 고마운 일입니다. 하지만 선생을 아무런 소득 없이 그냥 돌아가시게 할 수는 없습니다. 선생이 사시는 그 호화스러운 베를린에서조차 날마다 볼 수 없는 것을 구경시켜 드리리다. 알베르티나 박물관°이나 그 망할 파리에 있는 것들 못지 않은 작품들이 몇 점 있습니다. 암, 60년을 모으다 보면 거리에서

° 오스트리아 빈에 있는 미술 박물관. 세계 최고의 판화들을 20만 점 넘게 소장하고 있는 것으로 유명하다.

는 쉽게 볼 수 없는 온갖 것들이 모여들게 마련이지요. 루이제, 장롱 열쇠를 줘요!"

그런데 이 순간 뜻밖의 일이 벌어졌습니다. 남편 옆에 서서 미소 지으며 우리의 대화를 조용히 듣고 있던 친절하고 예의 바른 할머니가 갑자기 제게 애원하듯 양손을 들어 올리더니 머리를 격하게 흔들며 안 된다는 몸짓을 했습니다. 처음에는 그 신호를 이해하지 못했습니다. 그러자 그녀는 남편에게 다가가서는 양손을 그의 어깨에 살포시 얹고 말했습니다. "헤어바트, 당신은 신사분이 지금 소장품을 보실 시간이 있는지 물어보지도 않았잖아요. 곧 정오예요. 당신은 점심 식사 후에는 한 시간 쉬어야 해요. 의사가 분명히 그렇게 지시했어요. 식사 후에 신사분께 소장품을 보여 드리고 나서 함께 커피를 마시는 게 낫지 않겠어요? 그렇게 하면 안네마리도 여기 있을 거예요. 그 애는 모든 걸 훨씬 잘 이해하니 당신을 도울 수 있을 거예요."

그녀는 이 말을 채 마치기도 전에 다시 한번, 아무 눈치도 채지 못한 남편 너머로 절박하게 애원하는 몸짓을 되풀이했습니다. 이제 저도 그녀를 이해했습니다. 그녀는 제가 당장 소장품을 보자는 제안을 거절하기를 바라고 있었습니다. 그래서 저는 재빨리, 점심 약속이 있다고 꾸며댔습니다. "어르신의 소장품을 본다는 건 제게는 크나큰 기쁨이고 영광입니다. 하지만 3시 전에는 시간을 낼 수 없습니다. 그 시각 이후에 다시 찾아뵙는 걸 허락해 주십시오."

노인은 제일 좋아하는 장난감을 빼앗긴 아이처럼 역정을 내며 몸을 뒤틀었습니다. "그럼 그렇지!" 그가 투덜댔습니다. "베를린 신사답구먼. 항상 시간이 없는 게 베를린 신사들이지. 하지만

이번에는 선생이 시간을 내야 할 거요. 네다섯 점이 아니라 작품집
만 스물일곱 개를 봐야 하니까요. 작품집마다 각기 다른 거장에 할
당되어 있는데 그중 절반을 못 채우고 비어 있는 작품집은 하나도
없소이다. 그러면 3시에 봅시다. 제시간에 맞춰 오시오. 안 그러면
죄다 볼 수가 없을 거요."

그는 다시 저를 향해 손을 허공으로 내뻗었습니다. "명심하시
오. 선생은 기뻐할 겁니다. 아니, 어쩌면 속상해할 수도 있겠군요.
선생이 속상해하면 할수록 나는 기뻐할 거요. 우리 소장가들은 모
든 걸 다 본인이 가지려 들고 아무것도 남에게 넘기지 않으려 드
는 족속이니까요!" 그는 다시 한번 힘차게 제 손을 잡고 흔들었습
니다.

노부인은 저를 현관까지 배웅했습니다. 저는 그녀가 계속 불편
해하는 것을 눈치챘습니다. 당황하며 불안해하는 게 보였습니다.
출구에 다 와서야 그녀는 아주 나지막한 음성으로 더듬대며 말했
습니다. "저…… 저…… 선생이 이리로 오시기 전에 제 딸 안네마
리가 선생을 모시러 가도 될까요? 그렇게 하는 게 여러 모로……
더 나을 것 같은데…… 호텔에서 식사를 하시겠지요?"

"물론입니다. 기꺼이 그렇게 하겠습니다. 배려해 주셔서 감사
합니다." 제가 대답했습니다.

1시간 후 제가 광장에 있는 호텔의 작은 식당에서 점심 식사를
막 마쳤을 무렵, 소박한 차림의 나이 든 처녀가 식당으로 들어와
두리번거리는 게 보였습니다. 저는 그녀에게 다가가서 저를 소개
하고 당장 소장품을 보러 갈 수 있다고 말했습니다. 하지만 그녀는
갑자기 얼굴을 붉히며 어머니와 마찬가지로 쩔쩔매며 당황하더니,

그러기 전에 이야기를 할 게 좀 있으니 허락해 달라고 청했습니다.
그녀가 힘들어하는 게 눈에 보였습니다. 마음을 다잡고 말을 꺼내
려고 할 때마다 얼굴이 점점 더 빨개지더니 이마까지 달아올랐고,
손은 신경질적으로 옷을 만지작거렸습니다. 드디어 그녀는 입을
떼고는 계속 어쩔 줄 모르며 더듬더듬 이야기를 이어 갔습니다.

"어머니께 이야기를 들었어요…… 어머니께서, 선생님께 가 보
라고…… 저희는, 선생님께 어려운 부탁을 드리려고 해요. 아버지
께 가시기 전에 아셔야 할 것이 있습니다. 아버지는 당연히 선생
님께 당신의 소장품을 보여 드리려 할 거예요. 그런데 그 소장품
은…… 소장품은…… 이제는 전처럼 온전하지가 않답니다. 거기
에는 일련의 작품들이 빠져 있어요. 유감스럽게도 상당히 많은 작
품들이……."

그녀는 다시금 숨을 가다듬어야 했습니다. 그러고는 갑자기 저
를 마주 보며 서둘러 말했습니다.

"선생님께 솔직히 말씀드릴게요. 선생님께서는 이 시절이 어
떤지 아시니 모든 걸 이해하실 거예요. 아버지는 전쟁이 일어난 후
완전히 실명하셨답니다. 그전에도 자주 시력에 문제가 생기곤 했
는데 흥분 상태에 빠지시는 바람에 앞을 전혀 못 보시게 되었어요.
아버지는 일흔여섯의 고령이신데도 프랑스로 가서 싸우려 하셨고,
군대가 1870년 때처럼 밀고 나가지 못하자 펄펄 뛰며 격노하셨습
니다. 그러면서 아버지의 시력은 무서우리 만큼 급속도로 나빠졌
어요. 아버지는 시력 말고는 여전히 정정하십니다. 얼마 전까지만
해도 몇 시간을 걸어 다니셨고 좋아하는 사냥까지 나가셨으니까
요. 하지만 지금은 산책도 못 하십니다. 그러니 아버지께는 소장품

이 유일한 기쁨이에요. 아버지는 그걸 매일 보세요…… 무슨 말이냐 하면, 아버지는 앞을 못 보니까 소장품을 직접 보지는 못하시지만, 그저 만지기라도 하시려고 오후마다 작품집을 모두 끄집어내세요. 아버지는 정리된 작품들의 순서를 십여 년 전부터 외우고 계시기에 늘 똑같은 순서대로 하나하나 잡고 만져 보십니다. 요즘 아버지는 다른 것에는 전혀 흥미가 없으세요. 저는 항상 신문에서 경매에 관한 기사를 아버지께 읽어 드려야 하는데 아버지는 가격이 오를수록 마냥 좋아하세요. 왜냐하면…… 정말 끔찍한 이야기지만 아버지는 물가가 하늘로 치솟으며 세상이 어떻게 돌아가는지 전혀 이해하지 못하시거든요. 우리가 모든 걸 잃었고, 아버지의 연금으로는 한 달 중 이틀밖에 살 수 없다는 걸 모르세요. 게다가 형부가 전사하는 바람에 언니는 네 아이와 홀로 남았답니다……. 하지만 아버지는 우리가 먹고살기가 힘들다는 생각은 꿈에도 하지 않으세요. 처음에는 우리도 최선을 다해 아끼고 또 아꼈습니다. 하지만 그걸로는 충분하지 않았어요. 그래서 우리는 물건들을 팔기 시작했습니다. 물론 아버지가 아끼시는 소장품은 건드리지도 않았어요. 저희가 가진 장신구 몇 점을 팔았지만, 아, 그것들은 정말이지 하찮은 것들에 불과했답니다. 아버지는 60년 내내 남는 돈을 모조리 그림 사는 데에만 쓰셨으니까요. 그러다가 어느 날 우리는 무일푼이 되었고, 어떻게 살아야 할지 막막하더군요. 그래서…… 그래서 어머니와 저는 작품 한 점을 팔았습니다. 아버지는 절대 허락하지 않으셨을 거예요. 아버지는 상황이 얼마나 나쁜지, 밀수품 시장에서 먹을 걸 조금 장만하는 게 얼마나 힘든지 상상도 못 하세요. 우리가 전쟁에서 졌고 엘사스와 로렌을 빼앗겼다는 것도 모르십니다. 저희는 그런 기사를 더는 아버지께 읽어 드리지 않아요. 만약 알게 되면 흥분해서 건강을 해치실 테니까요.

저희가 판 것은 아주 값진 렘브란트의 동판화였어요. 상인은 저희에게 몇 천 마르크라는 거액을 주었고, 저희는 그 돈으로 몇 년을 버틸 수 있기를 바랐습니다. 하지만 선생님께서 아시다시피 돈은 스르르 녹아 버렸어요. 저희는 받은 돈 전부를 은행에 넣었지만 두 달 후에는 남은 게 없었습니다. 그래서 저희는 한 점을 또 팔아야 했고 다른 한 점도 팔아야 했어요. 그런데 상인이 돈을 항상 늦게 보내는 바람에 돈이 저희 수중에 들어오면 가치가 뚝 떨어져 있었죠. 그래서 어머니와 저는 경매로 팔려고 했지만 거기서도 그만 백만 마르크에 달하는 가격을 사기당하고 말았답니다. 약속받은 수백만의 금액이 수중에 들어오면 그 돈은 늘 가치 없는 휴지 조각이 되어 버렸죠. 그렇게 해서 저희는 아버지의 소장품 중 최상의 것들을—두서너 점을 빼고는—입에 풀칠하며 살기 위해 차차 떠나보내야 했습니다. 아버지는 전혀 짐작도 못 하시는 일이에요.

그래서 선생님이 오늘 저희 집을 방문하셨을 때 어머니가 그토록 두려워 떠신 겁니다…… 아버지가 선생님께 작품집을 보여 드리면 모든 게 탄로 날 테니까요. 아버지는 오래된 마분지 액자 안에 판화들을 끼워 놓으셨는데 액자들을 만지면 어떤 판화인지 아십니다. 그래서 저희는 그 액자 안에 팔아 버린 작품들 대신 복사본이나 비슷한 판화들을 끼워 놓아서 아버지가 알아채시지 못하게 했답니다. 그것들을 만지고 순서대로 헤아릴 수만 있다면—아버지는 순서를 정확히 기억하고 계세요—아버지는 전에 그것들을 눈으로 보실 때와 다름없는 기쁨을 느끼시니까요. 이 작은 도시에는 아버지가 당신의 보물을 보여 줄 만큼 대단하다고 여기는 사람이 아무도 없답니다……. 아버지는 판화 하나하나를 미칠 듯이 사랑하시기에 그것들이 당신 몰래 오래전에 사라졌다는 걸 아신다면 대단히 상심하실 거예요. 드레스덴의 동판화 진열실에서 이사로 계시던 분이 돌아가신 이후 지난 몇 년간, 아버지가 소장품을 보여 주시겠다고 한 건 선생님이 처음이에요. 그래서 제가 선생님께……."

갑자기 나이 든 처녀는 손을 치켜들었습니다. 눈이 촉촉이 빛나고 있더군요.

"선생님께 부탁드리겠습니다. 아버지를 불행하게 만들지 말아 주세요. 저희를 불행하게 만들지 말아 주세요. 아버지의 마지막 환상을 깨트리지 말아 주세요. 저희를 도와주세요. 아버지가 선생님께 판화들을 묘사하면, 그것들을 모두 실제로 보는 것처럼 반응해 주세요. 아버지가 현실을 행여 짐작이라도 하신다면 아마도 모든 게 끝장이 날 거예요. 어쩌면 저와 어머니는 아버지께 몹쓸 짓을 한 건지도 모릅니다. 하지만 저희에겐 다른 방도가 없었어요. 사람은 살아야 하니까요. 사람 목숨이, 언니의 네 아이가 판화보다 중요하니까요……. 오늘까지 저희는 아버지의 기쁨을 빼앗지 않았어요. 아버지는 매일 오후에 3시간씩 작품집을 넘겨 보며 행복해하세요. 한 점 한 점 사람 대하듯 말을 건네시기도 합니다. 그런데 오늘…… 어쩌면 오늘은 아버지께 가장 행복한 날이 될지도 몰라요. 수년 전부터 전문가에게 당신의 사랑하는 소장품을 보일 기회를 고대하셨으니까요. 제발, 간절히 부탁드립니다. 아버지의 기쁨을 빼앗지 말아 주세요!"

그녀의 사연은 너무나 감동적이었습니다. 다시 이야기하는 저로서는 도저히 그 감동을 표현할 길이 없습니다. 맙소사, 저는 상인으로 일하다 보니 지독하게 탈탈 털리고 인플레이션 때문에 철면피한 사기를 당한 사람들을 여럿 보았습니다. 먹고 살기 위해 수백 년을 거쳐 온 지극히 귀한 가보를 헐값에 빼앗기는 경우가 꽤 있었으니까요. 하지만 이제 운명이 빚은 특별한 장면을 마주한 저는 깊이 감동했습니다. 당연히 저는 침묵을 지키고 최선을 다해 돕겠다고 처녀에게 약속했습니다.

우리는 함께 길을 나섰습니다. 도중에 저는 아무것도 모르는 딱한 여자들이 말도 안 되는 푼돈에 속아 넘어간 걸 알고는 너무도 화가 치밀었습니다. 하지만 그럴수록 그녀들을 끝까지 돕겠다는 결심은 더욱 굳어졌습니다. 우리가 계단을 올라가서 문손잡이를 잡자마자 안에서 노인이 반기는 소리가 쩌렁쩌렁 울렸습니다. "들어오시오! 어서 들어오시오!" 노인은 눈먼 사람의 예민한 청각으로 계단을 오르는 우리의 발걸음 소리를 들었던 겁니다.

"이이는 선생께 자신의 보물을 보이고 싶어 조바심이 나서 낮잠도 못 잤답니다." 노부인이 미소 지으며 말했습니다. 딸이 보낸 눈길만으로 노부인은 제가 동의했다는 걸 알고서 안심한 것 같았습니다. 탁자에는 한 무더기의 작품집들이 저를 기다리고 있었습니다. 앞을 못 보는 노인은 제 손과 스치자마자 더 이상의 인사를 건너뛰고 제 팔을 잡아 저를 안락의자에 앉혔습니다.

"자, 지금 당장 시작합시다. 볼 게 아주 많은데 베를린 신사들은 항상 시간이 없으니까요. 첫 번째 작품집은 거장 뒤러입니다. 곧 아시게 되겠지만 빠진 게 없이 죄다 있습니다. 게다가 어느

것 하나 흠잡을 데 없이 아름답지요. 흠, 직접 보시고 판단하시면
됩니다. 자, 이걸 보세요!" 그는 작품집의 첫째 장을 펼쳤습니다.
"「커다란 말」입니다."

그는 마치 깨지기 쉬운 것을 건드리듯이 다정하고 조심스럽게,
손가락 끝을 살며시 뻗쳐 작품집에서 마분지 액자 하나를 끄집어
냈습니다. 그 안에는 누렇게 바랜 텅 빈 종이가 끼워져 있더군요.
노인은 아무 가치도 없는 물건을 감격스러운 표정으로 들어 올리
더니 몇 분을 들여다보았습니다. 정말 볼 수는 없는데도, 손을 뻗
쳐 텅 빈 종이를 눈높이에 들고는 무아지경에 빠져 있었습니다. 그
의 얼굴은 불가사의하게도 무언가를 보듯이 몹시 긴장된 표정을
지었습니다. 그러더니 생명을 잃은 눈동자에는—종이가 빛을 반
사했던 걸까요, 아니면 내면에서 올라온 빛이었을까요?—문득 이
제야 알겠다는 듯, 반짝이는 광채가 서렸습니다.

"어떻습니까?" 그가 자랑스럽게 말했습니다. "이것보다 더 아
름다운 판화를 보신 적이 있습니까? 온갖 자잘한 부분들이 정말
예리하고 선명하게 찍혀 있지요? 난 이 판화를 드레스덴에 있는
것과 비교해 보았는데 거기 것은 이것에 비하면 아주 흐릿하고 무
디더군요. 그리고 이 감정증명을 보세요! 여기." 그가 종이를 돌리
더니 뒷면의 텅 빈 지면에서 너무도 정확하게 몇몇 지점을 손톱으
로 가리켰습니다. 그래서 저는 저도 모르게 그 표식이 정말 있을까
싶어서 들여다보았습니다. "여기 나글러* 소장품이라는 인장이 보

• Carl Ferdinand Friedrich Nagler(1770~1846): 독일의 예술품 소장가. 현재 베를린 국립박물관에 그
의 소장품이 전시되어 있다.

이지요? 여기에는 레미*와 에스다일**의 인장이 있고요. 이 쟁쟁한 전 소유자들은 자신들의 판화가 이 좁은 방구석까지 오리라곤 꿈에도 생각 못했을 겁니다."

아무것도 모르는 노인이 백지장을 열광적으로 칭찬하는 동안 제 등에는 식은땀이 흘렀습니다. 그가 손톱으로 오직 그의 환상 속에서만 존재하는, 보이지 않는 소장가 표식을 밀리미터까지 짚어서 가리키는 것을 보자니 섬뜩하기까지 했습니다. 저는 두려움에 말문이 막혔고 무어라 대답해야 할지 막막했습니다. 그런데 제가 어쩔 줄 모르며 두 여인을 보니 노부인은 두려움에 떨며 다시금 애원하듯이 양손을 치켜들고 있더군요. 그래서 저는 마음을 다지고 제 역할을 연기하기 시작했습니다.

"이럴 수가!" 드디어 저는 더듬거리며 입을 뗐습니다. "정말 대단합니다." 즉시 노인의 얼굴이 긍지로 빛났습니다. "하지만 이게 다가 아니랍니다." 의기양양해진 그가 말했습니다. "「멜랑콜리아」나 「수난」을 먼저 보셔야 합니다. 서명을 그려 넣은 판본인데 이만한 품질을 지닌 건 다시 없을 겁니다. 한번 보십시오." 다시금 그의 손가락은 상상 속의 그림을 다정히 어루만졌습니다. "참으로 생생하지요. 색조가 통통 튀며 따뜻하지 않습니까! 이걸 보면 베를린의 미술품 상인들과 박물관 박사들은 넋이 나갈 겁니다."

이런 식으로 노인은 두 시간 내내 승리감에 흠뻑 취해서 말을 이어 갔습니다. 아, 노인과 함께 백 개, 혹은 이백 개가량의 텅 빈

• Pierre Rémy(1715~1797): 프랑스의 예술품 소장가
• • William Esdaile(1758~1837): 영국의 예술품 소장가

종이 쪼가리와 엉터리 복제품을 감상하는 일이 얼마나 섬뜩했는 지, 제 능력으로는 도저히 그려 낼 수가 없습니다. 하지만 슬프게 도 아무것도 모르는 노인의 기억 속에서 그 작품들은 의심의 여지 없는 현실이었기에 노인은 헷갈리지도 않고 정확한 순서로 각각 의 작품을 아주 자세하게, 부분 부분을 예로 들어 가며 칭찬했고 설명했습니다. 보이지 않는 소장품은 벌써 곳곳에 흩어져 있을 텐 데도 눈먼 노인은 자신의 소장품이 고스란히 그 자리에 있다고 착 각하고 있다니, 마음이 뭉클했습니다. 그의 환상에 깃든 열정은 너 무도 강렬해서 저 역시 그 소장품을 보고 있다고 믿을 지경이었 습니다. 노인은 열광하며 작품을 보는 동안 몽유병 환자처럼 확신 에 차 있었지만, 딱 한번 그런 상태에서 깨어날 뻔한 아찔한 순간 이 있었습니다. 그는 렘브란트의 「안티오페」─시험 인쇄본이었다 니 정말 가치가 어마어마했을 겁니다─를 들고 인쇄가 얼마나 선 명한지를 칭찬하면서, 눈이 달린 듯 예민한 손가락을 원판이 찍힌 선을 따라 살포시 움직이려 했습니다. 하지만 예리한 촉각으로도 가짜 종이에서는 폭 파인 자국을 찾아낼 수가 없었습니다. 갑자기 그의 이마에 그림자가 드리웠고 목소리가 흔들렸습니다. "지금 이 게…… 이게 「안티오페」인가?" 그가 조금 당황해하며 중얼댔습니 다. 그래서 제가 즉시 나서며 급히 노인의 손에서 틀에 끼워진 종 이를 받아들고는 그 판화에 대해 마침 생각나는 온갖 세부 사항을 열광적으로 묘사했습니다. 그러자 눈먼 노인의 얼굴은 당황한 기 색이 가시고 긴장이 풀렸습니다. 제가 칭찬을 이어 갈수록 폭삭 늙 은 무뚝뚝한 노인은 점점 더 호기롭고 따뜻하면서도 우직하고 명 랑하며 진솔한 모습으로 활짝 피어났습니다.

"이제야 뭔가를 아는 사람이 왔군!" 그가 의기양양하게 아내와 딸에게 몸을 돌리며 환호했습니다. "드디어, 드디어 내 판화들이 값진 것이라고 네 엄마와 너에게 말해 줄 사람이 왔다니까! 네 엄마와 너는 항상 나를 믿지 못하고, 내가 돈을 죄다 소장품에 투자한다고 나무랐지. 사실 그랬어. 60년 세월을 맥주나 포도주를 마시지도 않고, 담배도 피지 않고, 여행도 극장도 한번 안 가고, 책 한 권 사지 않으며 절약하고 또 절약해서 이 판화들을 샀으니까. 하지만 내가 세상을 뜨면 네 엄마와 너는 부자가 됐다는 걸 알게 될 거다. 이 도시 사람 중 제일 부자가 될 테고 드레스덴의 최고 부자들 못지않을 것이다. 그렇게 되면 내가 바보짓을 한 걸 고마워하겠지. 하지만 내가 살아 있는 한 판화 한 장도 이 집 밖으로 나가선 안 돼. 내가 먼저 실려 나간 후에야 내 소장품도 여기서 나갈 수 있다는 걸 명심해라."

그러고는 그의 손은 마치 살아 있는 것을 어루만지듯 다정하게 텅 비어 있는 작품집을 쓰다듬었습니다. 섬뜩하면서도 감동적인 장면이었습니다. 전쟁이 일어난 후 여러 해 동안 독일인의 얼굴이 이처럼 완벽하고 순수한 행복에 빛나는 걸 본 적이 없었으니까요. 그의 옆에는 아내와 딸이 독일 거장의 판화에 나오는 여인들처럼 신비스러운 자태로 서 있었습니다. 그림 속 여인들은 예수의 무덤을 찾았다가 지하 무덤이 열린 채 비어 있는 걸 보고는 두려움에 떨면서도 기적이 일어났다고 믿으며 기뻐서 무아지경에 빠져서 있었지요. 예수를 따르는 여인들이 구세주가 하늘에 계심을 예감하고서는 환히 빛나듯이, 늙고 지친 불쌍한 소시민 여인들도 어린아이처럼 기쁨에 취한 노인을 보며 반은 웃고 반은 울면서 환히 빛났습니다. 이처럼 마음을 뒤흔드는 장면은 그 어디서도 본 적이 없습니다. 노인은 제가 아무리 칭찬을 해도 성이 차지 않는지 계속해서 판화들을 들추고 넘겨대며 제가 하는 말들을 기갈난 듯 들이마셨습니다.

드디어 커피를 마시기 위해 탁자를 치워야 하는 시간이 되었고, 노인은 마지못해 가짜 작품집을 옆으로 밀어 놓았습니다. 그제야 저는 숨을 돌릴 수 있었습니다. 30년은 더 젊어진 노인이 너무도 기뻐서 법석을 떨며 즐거워하신다면야 제가 죄의식 때문에 마음이 조금 불편한 것쯤은 감당해야 하겠지요! 노인은 그림을 사면서 횡재를 했던 일화들을 끝도 없이 풀어 놓았고, 누구의 도움도 마다한 채 계속해서 더듬더듬 판화를 끄집어냈습니다. 포도주라도 마신 듯 흥에 취한 모습이었습니다. 마침내 제가 가야 할 시간이라고 말하자 그는 소스라치게 놀랐습니다. 고집쟁이 아이처럼 화를 내고 발을 구르며 강하게 항의했습니다. "그럴 수는 없소. 선생은 아직 절반도 채 못 보았단 말이오." 아내와 딸은 기분이 상해 고집을 피우는 노인을 상대로, 저를 오래 붙잡으면 제가 기차를 놓칠 거라는 사실을 이해시키느라 갖은 애를 다 써야 했습니다.

그는 격렬히 반대하다가 결국 포기했고 작별의 순간이 오자 목소리는 아주 부드러워졌습니다. 그는 제 양손을 잡더니 손끝에서 손목 관절까지를 열 손가락으로 다정히 쓰다듬었습니다. 눈먼 사람의 손가락이 갖는 섬세함으로, 마치 저를 더 많이 알고 싶으며 말로 전할 수 있는 것보다 더 많은 사랑을 전하고 싶다는 듯이 제 손을 어루만졌습니다. "선생이 방문한 덕에 난 대단히 기쁜 시간을 누렸소이다." 그가 진심에서 우러나오는 감동에 떨며 말했습니다. 저는 그 말을 평생 잊지 못할 겁니다. "드디어, 드디어 다시 금 전문가와 함께 내 사랑하는 판화들을 감상했다는 건 대단한 축 복이었습니다. 이제 선생은 나 같은 눈먼 늙은이를 찾아온 게 헛수 고만은 아니라는 걸 아시게 될 겁니다. 내 이 자리에서 아내를 증 인 삼아 선생에게 약속하리다. 내 유언장에 선생의 유서 깊은 상점 에 내 소장품의 경매를 일임한다는 조항을 덧붙이겠소. 선생은 이 알려지지 않은 보물이," 이렇게 말하며 그는 탈탈 털린 작품집 위 에 한 손을 살포시 얹었습니다. "세상에 흩어지는 날까지 관리하 는 영광을 가지게 될 것입니다. 멋진 도록圖錄을 만들겠다고만 내 게 약속해 주시오. 그게 내 비석이 될 겁니다. 그것 말고 다른 비석 은 필요 없소이다."

저는 노부인과 그의 딸을 보았습니다. 둘은 서로 꼭 끌어안고 있었습니다. 이따금 한 사람이 떨면 그 떨림이 다른 사람에게 건 너가는 모습이 마치 모녀가 충격에도 같이 반응하는 단 하나의 육 체로 뭉쳐져 있는 듯했습니다. 아무것도 모르는 노인이 이미 오래 전에 없어진, 보이지 않는 소장품을 마치 보물을 넘겨주듯 제게 위임하는 순간, 저 역시 매우 숙연한 마음이 들었습니다. 저는 감 동에 떨며 그에게, 제가 결코 지킬 수 없는 약속을 했습니다. 또다 시 생명을 잃은 눈동자에 빛이 반짝였습니다. 그가 저라는 사람을 제대로 보기를 너무도 간절히 원한다는 걸 알 수 있었습니다. 그 의 손가락은 다정하게 제 손가락을 꼭 쥐고 고마워하며 약속을 확 인했습니다.

모녀는 저를 문까지 바래다주었습니다. 귀가 밝은 노인이 죄다 들을까 둘은 말할 엄두를 내지 못했지만 뜨거운 눈물을 흘리며 감사의 마음이 듬뿍 담긴 시선으로 환하게 웃으며 저를 바라보더군요. 저는 넋이 나간 채로 계단을 내려갔습니다. 사실 저는 부끄러웠습니다. 원래 저는 값진 예술품 몇 점을 얻어 낼 수 있을까 해서 온 약아빠진 일개 장사꾼일 뿐인데, 마치 동화 속 천사처럼 가난한 사람들의 집에 들어가서 선의의 기만행위를 도왔고, 뻔뻔하게 거짓말을 함으로써 눈이 먼 사람을 잠시나마 볼 수 있게 만들었으니까요. 하지만 제가 얻은 것은 그 이상이었습니다. 기쁨이 없는 암울한 시대에 다시금 순수한 열광을 생생히 느낄 수 있었으니까요. 오로지 예술에 몰입하여 도취할 수 있는 해맑은 정신, 그런 것을 우리 인간은 오래전에 잊어버렸다고 생각했는데 말입니다. 저는—달리는 표현할 길이 없군요—경외심을 느끼면서도 여전히 부끄러웠고 왜 그런지도 알 수 없었습니다.

제가 어느새 거리에 서 있는데 위에서 창문이 삐걱거리더니 제 이름을 부르는 소리가 들렸습니다. 노인은 제가 있으리라 추측한 방향으로 보이지 않는 눈을 고정하고 멀어지는 저를 배웅하겠다고 고집했던 겁니다. 노인이 몸을 너무 내미는 바람에 모녀는 그를 조심스럽게 부축해야 했습니다. 그는 손수건을 흔들며 소년처럼 명랑하고 힘찬 소리로 외쳤습니다. "안녕히 가시오!" 저 위 창가에 백발이 성성한 노인의 환한 얼굴은 착한 망상이라는 흰 구름에 싸여 살포시 우리의 역겨운 현실 세계 위로 솟아 있었습니다. 그 얼굴이 쫓기듯 거리를 바삐 오가는 퉁명스러운 사람들 위에 둥둥 떠 있던 광경을 저는 잊을 수 없습니다. 오래된 속담이 절로 떠오르더군요. 괴테가 한 말일 겁니다. "소장가는 행복한 사람들이다."

어느 여인의
24시간

전쟁이 일어나기 10년 전, 나는 리비에라의 조그만 펜션에 묵고 있었는데 한번은 식탁에서 격렬한 토론이 벌어졌다. 토론은 뜻하지 않게 과다한 논쟁으로 번졌고 심지어는 서로 악의에 찬 말을 주고받으며 모욕하기 직전까지 갔다. 사람들은 대부분 상상력이 빈약하다. 어떤 것이 눈앞에서 감동을 주거나, 그들의 감각 속으로 집요하게 뾰족한 쐐기를 박아 넣는 경우가 아니라면 동요하지 않는다. 그러나 손을 뻗치면 닿을 만큼 가까운 거리에서 사소한 일이라도 일어나면 사람들은 곧 지나치게 열을 올리곤 한다. 그런 경우 사람들은 상식을 넘어설 정도로 과장되게 격렬한 반응을 보임으로써 자신들의 습관화된 무관심을 보상하려 든다.

바로 그런 일이 당시 전형적인 중산층으로 이루어진 우리의 식사 자리에서 일어났다. 보통 펜션 투숙객들은 평화롭게 잡담을 나누고 가벼운 농담을 주고받다가 식사가 끝나면 대개 제 갈 길을 가곤 했다. 독일인 부부는 취미 삼아 사진을 찍으러 소풍을 나갔고, 뚱뚱한 덴마크 남자는 따분해하며 낚싯대를 잡았고, 점잖은 영국인 부인은 책을 읽었고, 이탈리아인 부부는 한 판 하러 몬테카를로로 갔고, 나는 뜰 안 의자에 앉아 게으름을 피우거나 일을 했다. 그런데 그때는 우리 모두가 맹렬히 토론하느라 꼼짝없이 함께 엉켜 있었다. 누군가 갑자기 벌떡 일어났다면, 그것은 평소처럼 정중히 인사를 하고 자리를 뜨려는 게 아니라, 앞서 말했듯이 화가 머리끝까지 치밀어 선을 넘으려 들었기 때문이었다.

그런데 식사를 위해 모인 우리를 그토록 격분케 한 것은 분명 매우 희한한 사건이었다. 우리 일곱 사람이 머무는 펜션은 겉으로 보면 독립된 별장이었지만—아, 창밖으로 보이는 기암절벽에 에워싸인 바닷가는 참으로 아름다웠다!—사실은 커다란 팰리스 호텔의 값싼 별관에 불과했다. 그 호텔과는 정원을 통해 직접 연결되어 있어서 별관에 머무는 우리는 호텔 손님들과 계속 마주치며 지냈다. 이 호텔에서 그 전날 굉장한 소동이 있었다. 낮 12시 20분에—시간을 이토록 정확하게 제시하는 이유는 시간이 이 이야기에서 매우 중요한 요소인 데다, 우리의 열띤 대화의 주제이기 때문이다—젊은 프랑스인이 도착하여 바다가 잘 보이는 방을 얻었다. 이 사실만으로도 그가 꽤 유복하다는 사실을 알 수 있었다. 그는 은은한 품위를 갖추었을 뿐 아니라 매우 호감이 가는 아름다운 외모를 지녔기에 사람들의 이목을 끌었다. 얼굴은 소녀처럼 갸름했고 육감적인 입술 주위를 매끄러운 금빛 수염이 살포시 감쌌다. 하얀 이마 위로는 갈색 머리카락이 부드럽게 물결쳤고, 포근한 눈은 누구와 마주치든 한결같이 다정히 화답했다. 그는 어디로 보나 부드럽고 감미롭고 사랑스러우면서도 전혀 부자연스럽거나 가식적이지 않았다. 대형 명품 판매장의 쇼윈도에는 장밋빛 마네킹이 멋진 스틱을 들고 제멋에 겨워 비스듬히 서서 남성미의 이상을 과시하곤 하는데, 멀리서 그를 보면 그런 마네킹이 얼핏 떠올랐다. 하지만 그를 가까이에서 보면 겉멋에 들뜬 친구라는 인상은 죄다 사라졌다. 그는, 극히 드물긴 하지만 살갗에 배인 듯 상냥함을 천성적으로 타고난 경우였다. 그는 마주치는 사람 모두에게 공손히 진심 어린 인사를 건넸다. 그가 기회 있을 때마다 늘 우아한 자태로 스스럼없이 나서는 것을 지켜보면 정말이지 기분이 좋아졌다. 외투 보관소에 가는 부인이 있으면 그 부인의 외투를 받으러 서둘렀고, 어느 아이든 다정히 바라보며 농담을 건넸다. 붙임성이 있으면서도 품위를 유지할 줄 아는 사람이었다. 한마디로 그는 명랑한 얼굴과 발랄한 매력으로 다른 사람들의 호감을 살 줄 알며, 이런 자신감에서 우러난 우아함까지 갖춘 행운아에 속하는 듯했다. 호텔 손님들 대다수는 나이가 지긋하고 병약했기에, 그런 무리 틈에 그가 존재한다는 사실이 이미 축복이나 다름없었다. 그는 청년다운 도도한 걸음걸이와 넘치는 경쾌함과 싱그러움으로—우미優美의 여신은 몇몇 사람에게 이런 매력을 듬뿍 나눠 준다—단숨에 모두의 마음을 정복했다.

　도착한 지 두 시간 만에 그는 덩치 좋고 뚱뚱한 리옹 출신 공장주의 두 딸, 열두 살 아네트와 열세 살 블랑슈를 상대로 테니스를 쳤다. 두 딸의 어머니인 앙리에트 부인은 아직 철도 들지 않은 두 딸이 알지도 못하는 청년에게 자연스레 애교를 부리며 시시덕대는 모습을 미소를 지으며 바라보았다. 앙리에트 부인은 섬세하고 여렸으며 감정을 드러내는 법이 없었다. 저녁 무렵 그는 한 시간가량 우리가 체스를 두는 것을 구경하며, 예의 바르게 틈틈이 재미난 일화를 몇 개 들려주었다. 그러고는 공장주인 남편이 평소처럼 사업 친구와 도미노 게임을 하는 동안 앙리에트 부인과 테라스를 이리저리 거닐었다. 늦은 밤에는 호텔의 여비서와 사무실 한구석에서 수상할 만큼 친밀하게 이야기를 나누었다. 이튿날 아침, 그는 내 이웃인 덴마크 사람과 함께 낚시를 나가서는 놀라운 지식을 과시한 후 리옹의 공장주와 오랫동안 정치 이야기를 했는데 이번에도 훌륭한 이야기 상대임을 보여 주었다. 뚱뚱한 신사가 호탕하게 웃는 소리가 파도 소리를 뚫고 울릴 지경이었다. 식사를 마친 후—이어질 상황을 이해하려면 그가 이 시간에 무엇을 하며 소일했는지를 정확히 알아야 할 것이다—그는 다시금 앙리에트 부인과 단둘이 한 시간 정도 정원에서 커피를 마셨고, 부인의 두 딸과 테니스를 쳤으며, 로비에서 독일인 부부와 대화했다. 나는 6시에 편지를 부치러 가다가 역에서 그와 마주쳤다. 그는 급히 내게로 와서는 양해를 구하듯이, 갑자기 돌아오라는 전갈을 받고 출발한다면서 이틀 후 돌아오겠다고 말했다. 정말로 그는 저녁 식사 자리에 보이지 않았다. 그러나 그가 보이지 않아도 어느 식탁에서나 한목소리로 그에 대해서 이야기했고 그의 쾌활하고 명랑한 품성을 칭찬했다.

밤 11시경이었을까, 나는 책을 마저 다 읽으려고 내 방에 있었는데, 갑자기 열린 창문으로 뜰에서 시끄럽게 외치고 부르는 소리가 들렸다. 맞은편 호텔에서 소동이 일어난 게 분명했다. 궁금하다기보다는 불안해진 나는 즉시 50보쯤 급히 걸어서 맞은편 호텔로 갔다. 손님들과 호텔 직원들이 어쩔 줄 몰라 하며 흥분한 모습이었다. 리옹의 공장주가 평소와 같은 시간에 나뮈르*에서 온 친구와 도미노 게임을 하는 동안, 저녁마다 바닷가를 산책했던 앙리에트 부

---

* 벨기에의 도시로 수도 브뤼셀에서 남동쪽으로 약 65킬로미터 떨어져 있다.

인이 여태 돌아오지 않은 것이다. 그래서 다들 사고가 났을 거라며 걱정하고 있었다. 여느 때는 느려 터진 뚱보 남편은 몇 번이나 황소처럼 바닷가로 달려들었고, 격앙된 나머지 갈라진 목소리로 "앙리에트! 앙리에트!"라고 어둠을 향해 외쳤다. 급소를 찔린 거대한 짐승이 낼 법한 무시무시한 태고의 소리였다. 당황한 모습의 사환들과 짐꾼들이 다급하게 층계를 오르내렸다. 손님들은 모두 잠에서 깨어났고, 헌병대에 전화 신고가 접수되었다. 그러는 와중에 뚱보 남편은 조끼를 풀어 헤친 채 여전히 비틀거리고 발을 동동 구르며 정신없이 어둠을 향해 훌쩍이며 외치고 있었다. "앙리에트! 앙리에트!" 그러는 동안에 위층에 있던 딸들도 눈을 뜨고 잠옷 바람으로 창문에서 내려다보며 어머니를 불러댔다. 아버지는 이번에는 딸들을 진정시키려고 서둘러 올라갔다.

그러고 나서 말로 전달한다는 게 거의 불가능할 만큼 끔찍한 일이 일어났다. 지독한 긴장 상태에 있던 인간에게 감당할 수 없는 일이 일어난 순간, 그 인간은 대단히 비극적인 태도를 취하곤 하는데, 그 어떤 그림이나 언어로도 이런 비극을 그에 상응하는 천둥번개 같은 위력으로 재현해 낼 수는 없기 때문이다. 둔하고 뚱뚱한 사내는 갑자기 돌변한 얼굴로 삐걱거리는 층계를 내려왔다. 지친 얼굴에는 분노가 서려 있었고 편지 한 장이 손에 들려 있었다. "모두 돌아오라 하십시오!" 그는 겨우 알아들을 만한 소리로 지배인에게 말했다. "모두 돌아오라 하십시오! 부질없는 일입니다. 내 처가 나를 떠났습니다."

급소를 찔린 남자는 침착한 태도를 유지했고, 초인이라도 된 듯 주변에 모인 사람들 앞에서 체통을 잃지 않았다. 호기심에 차서 그를 지켜보던 사람들은 다들 놀라고 민망해하며 얼굴을 돌렸다.

그는 마지막 남은 힘으로 아무에게도 눈길을 주지 않고 비틀비틀 우리 곁을 지나서 서재로 가서는 등불을 껐다. 이윽고 그의 육중한 몸이 철퍼덕 안락의자에 떨어지는 소리가 들렸다. 뒤이어 아직 한 번도 울어 본 적이 없는 남자만이 낼 수 있는, 짐승처럼 거친 흐느 낌이 들려왔다. 이 원초적인 고통 앞에서 우리는 모두 꼼짝할 수가 없었다. 아주 못된 인간조차도 예외는 아니었다. 직원들과 호기심 에서 모여든 투숙객 중 누구 하나 감히 슬쩍 웃거나 안됐다는 말 을 꺼내지 못했다. 우리는 감정의 무지막지한 폭발을 보는 게 부 끄럽기라도 한 듯이, 말없이 각자 자기 방으로 돌아갔다. 호텔 안 에서 천천히 등불들이 꺼지고, 곳곳에서 속삭대며 소문을 들춰대 고, 수군대며 귓속말을 하는 가운데, 컴컴한 서재에서는 산송장이 나 다를 바 없는 사내가 홀로 몸부림을 치며 흐느껴 울고 있었다.

　태평하게 시간을 보내느라 지루해하던 차에 눈앞에 번갯불처 럼 사건이 들이닥치자 사람들이 한껏 흥분한 것은 이해할 만했다. 우리는 이 놀라운 사건 때문에 식탁에서 격렬하게 언쟁을 벌이다 가 하마터면 주먹을 휘두를 뻔했다. 하지만 사실 우리는 그 사건보 다는 오히려 원칙을 놓고 논쟁을 벌였고, 상반되는 인생관을 내세 우며 팽팽히 맞섰다. 넋이 나간 남편은 홧김에 편지를 구겨서 바닥 에 내동댕이쳤는데, 말 많은 하녀가 그걸 읽고는 떠벌리는 바람에 앙리에트 부인이 혼자가 아니라, 프랑스 청년과 눈이 맞아 도망쳤 다는 소문이 금세 퍼졌다. 대다수는 청년에게 품었던 호감을 순식 간에 잃어버렸다. 이 보바리 부인의 후예가 촌스러운 뚱보 남편을 버리고 세련된 미남 청년을 택한 것은 별다른 설명 없이도 이해할 만했다. 그러나 펜션 손님들 모두를 그렇게도 흥분시킨 것은 공장주와 그의 딸들은 물론이고, 앙리에트 부인조차도 이 카사노바를 전에는 본 적이 없다는 사실이었다. 따라서 서른세 살이나 되는 이 정숙한 부인은 청년과 저녁나절 테라스에서 두 시간에 걸쳐 대화를 나누고, 정원에서 한 시간 동안 커피를 마셨을 뿐인데도, 하루아침에 남편과 두 딸을 내버리고 생판 처음 본 미남 청년을 무턱대고 따라나섰다는 얘기였다. 상황은 이토록 명백해 보였지만, 식탁에 모여 앉은 투숙객들은 불륜 남녀가 음흉하게 주변을 속이며 간교한 술책을 부린 게 틀림없다며 한목소리로 반박했다. 앙리에트 부인은 오래전부터 청년과 은밀한 관계를 맺어 왔고 그 망할 난봉꾼은 그저 도주하는 데 필요한 세부사항을 정하려고 이리로 왔을 거라는 게 그들의 주장이었다. 정숙한 부인이 불과 두 시간을 같이 보낸 남자가 손짓하자마자 단번에 따라나선다는 건 정말이지 있을 수 없는 일이라는 이유에서였다. 그런데 나는 좀 다른 의견을 펼치고 싶어졌다. 그래서 나는 오랫동안 실망스럽고 지루한 결혼 생활을 해 온 여자의 경우 강렬한 자극을 받아들일 마음을 은밀히 품고 있기에, 그러한 일은 가능할 뿐 아니라 충분히 일어날 법하다고 맹렬히 주장했다. 내가 예상 밖의 반론을 제기하는 바람에 그 자리에 있던 모두가 순식간에 토론에 말려들었다. 특히 독일인 부부와 이탈리아인 부부가 첫눈에 사랑에 빠진다는 건 미친 짓이며 한심한 소설가의 망상이라고, 아주 모욕적인 말투로 무시하듯 반박하는 바람에 분위기는 험악해졌다.

식사하는 내내 격렬히 진행된 논쟁을 이 자리에서 일일이 되풀이하지는 않겠다. 펜션의 공동 식탁에 이력이 난 전문가들만이 재치 있게 언쟁할 뿐, 우연히 공동 식탁에 앉은 사람들은 열을 내며 다투게 되면 대부분 급하게 닥치는 대로 긁어모은 진부한 주장을 펼친다. 어쩌다가 우리의 토론이 순식간에 서로를 모욕하는 형태가 되었는지 설명하기는 어렵다. 분위기가 이토록 달아오른 시점은 두 남편이 자신의 처가 그런 천박하고 위험한 짓을 할 가능성은 절대 없다고 주장하면서부터였던 것 같다. 유감스럽게도 그들은 그 주장에 걸맞은 근거를 찾아내려 하지 않고, 운 좋게 아주 쉬운 여자들만 정복해 온 독신 남자만이 여자의 심리를 그렇게 평가할 수 있을 거라며 나를 공격했다. 이 말에 나는 기분이 꽤 상했다. 이 와중에 독일 부인은 한편에는 제대로 된 여자들이 있고 다른 한편에는 창부들이 있는 법인데, 앙리에트 부인은 후자에 속하는 게 틀림없다고 덧붙이며 나를 한 수 가르치려 들었다. 나는 그만 인내심을 잃고 이렇게 반격했다. '여자가 살면서 가끔 자기의 의지나 지식 너머에 있는 신비스러운 힘에 꼼짝없이 휘말린다는 것은 명백한 사실이며, 이 사실을 거부하는 태도 뒤에는 자기의 본능, 즉 우리 천성에 있는 마성적인 요소에 대한 두려움이 숨어 있을 뿐이다. 많은 사람은 자신이 쉽게 유혹당하는 사람과는 달리 강하고 도덕적이며 청결하다고 느끼면서 흡족해하는 듯하다. 나 개인의 생각으로는 남편 품에 안긴 채 눈을 질끈 감고 남편을 속이는 대다수 여자에 비하면 자유롭게 본능을 따르는 정열적인 여자가 훨씬 더 정직하다.' 대강 이런 말이었다. 이제 대화에 불이 붙었고 다른 사람들이 가엾은 앙리에트 부인을 공격하면 할수록 나는 한층 더 열렬히, 실은 내 감정 이상으로 그녀를 변호했다. 두 쌍의 부부는 나의 열띤 태도를—학생들의 말투를 빌린다면—한 판 붙자는 도발로 받아들였다. 그래서 그들은 잘 조율된 사중주단처럼 힘을 모아 분노하며 내게 달려들었다. 덴마크 노신사는 호기로운 얼굴로 스톱워치를 손에 쥔 축구 심판 같은 역할을 맡았는데, 때때로 손가락으로 식탁을 툭툭 치며 "여러분, 그만들 하십시오!"라고 경고해야 했다. 그러나 그 말은 한순간의 효력밖에 없었다. 한 신사는 세 번이나 얼굴이 벌게져 식탁에서 벌떡 일어나는 바람에 그의 아내가 애써 그를 달래야 했다. 갑자기 C 부인이 분노가 극에 달한 대화에 부드럽게 끼어들어 분위기를 가라앉히지 않았더라면, 십여 분만 더 우리의 토론이 계속되었더라면 우리는 주먹다짐을 벌였을 것이다.

C 부인은 하얗게 머리가 센, 점잖은 영국인 노부인으로 우리 식사 모임의 비공식 명예 의장이었다. 그녀는 자리에 꼿꼿이 앉아서 언제나 변함없는 친절로 모두를 대했고, 말수는 적었지만 매우 성심껏 관심을 기울여 이야기를 들어 주곤 했기에 그녀를 보기만 해도 기분이 좋아질 정도였다. 그녀는 귀족답게 자제하는 성품을 지닌 덕분에 감탄스러울 만큼 차분하고 평온했다. 누구에게든 세련된 태도로 친절을 베풀었지만, 누구에게든 어느 정도의 거리를 두었다. 대부분의 시간을 정원에 앉아 책을 읽는 데 썼고 가끔 피아노를 쳤으며, 사람들과 어울리거나 열심히 대화하는 일은 아주 드물었기에 다들 그녀가 있는지 없는지조차 느끼지 못할 정도였다. 그러나 그녀는 우리 모두에게 기묘한 힘을 행사하고 있었다. 그녀가 우리의 대화에 처음으로 끼어들자마자, 우리는 즉시 너무 소동을 피우며 자제력을 잃고 있었음을 깨닫고는 다들 민망해했다.

독일 신사가 벌떡 일어났다가 아내에게 붙잡혀 다시 조용히 앉느라 난처한 침묵이 찾아왔는데 C 부인은 바로 그 틈새를 이용했다. 갑자기 그녀는 맑은 잿빛 눈을 들어 잠시 주저하며 나를 쳐다보고는, 곧 거의 사무적인 투로 우리의 주제를 자기 나름대로 다루기 시작했다.

"그러면 당신은, 제가 당신을 옳게 이해했다고 가정한다면, 앙리에트 부인이, 아니, 어떤 여자가 나쁜 의도 없이 뜻하지 않은 사랑의 모험에 빠져들 수 있으며 그 여자는 한 시간 전에는 불가능하다고 여긴 행위도 불사할 수 있기에, 그녀에게 행동의 책임을 지울 수 없다는 말씀이시군요."

"저는 그렇다고 확신합니다, 부인."

"그렇다면 도덕적인 판단 모두가 무의미해질 테고, 윤리를 위반하는 온갖 행위가 정당화되겠네요. 프랑스 사람이 말하는 '치정에 의한 범죄'는 범죄가 아니라고 가정하신다면 국가의 사법기관은 무엇 때문에 존재할까요? 사법기관이 하는 일은 선의와는 상관이 없습니다. 그런데 당신은 놀랄 만큼 큰 선의를 품고," 여기서 그녀는 미소를 띠며 농담조로 덧붙였다. "모든 범죄 안에서 정열을 찾아내어, 그 정열을 이유 삼아 범죄를 용서하려 하시는군요."

그녀의 명쾌하면서도 명랑하기까지 한 말투는 정말이지 내 마음에 쏙 들었으므로, 나는 나도 모르게 어느새 그녀의 사무적 말투를 따라, 농담 반 진담 반으로 대답했다. "국가의 사법기관은 이러한 사건에 대해서 분명 저보다 엄격히 판결할 겁니다. 사법기관은 동정심에 흔들리지 않고 공공의 도덕과 관습을 수호할 의무가 있으니까요. 그래서 사법기관은 용서하는 대신에 판결할 수밖에 없습니다. 하지만 저는 공적 기관이 아닌 만큼 제가 검사의 직을 자진하여 떠맡아야 한다고는 생각하지 않습니다. 저는 차라리 변호인을 직업으로 택하고 싶습니다. 개인적으로 저는 인간을 심판하기보다는 이해하는 편을 더 즐깁니다."

C 부인은 한참 동안 그 맑은 잿빛 눈으로 나를 똑바로 바라보며 망설였다. 내가 한 말을 혹시 못 알아들었나 싶어서 나는 그 말을 영어로 되풀이하려고 하였다. 그러나 그녀는 야릇하게 정색을 하더니, 시험관이라도 된 듯이 질문을 이어 갔다.

"여자가 남편과 두 자식을 버리고, 사랑할 만한 가치가 있는지도 통 모르는 어떤 사내를 따라간다는 게 한심하고 역겨운 짓이라고 생각하지 않습니까? 아주 젊지도 않은 데다, 애들을 봐서라도 체통을 지켜야 마땅할 여자가 그토록 무책임하고 경솔하게 처신한 것을 정말로 용서할 수 있단 말입니까?"

나는 물러서지 않았다. "한번 더 말씀드리지만, 부인, 저는 이 사건에 관해서 판단하거나 판결하기를 거부합니다. 제가 조금 전한 말에는 약간의 과장이 있었음을 부인께 솔직히 고백하려 합니다. 불쌍한 앙리에트 부인은 여장부는 분명 아닙니다. 사랑의 불장난을 즐기는 성격도 아닙니다. 사랑을 위해 사는 여인은 더군다나 아닙니다. 그 부인은 내가 알고 있는 한 평범하고 연약한 여성에 불과한 듯합니다. 용감하게 자기 의지에 따랐다는 점에서 나는 그분을 조금은 존경하지만, 그분이 오늘은 괜찮을지라도 내일쯤은 대단히 불행할 게 자명하기에 그분을 딱하게 생각하는 마음이 더 큽니다. 그분이 어리석은 행동을 했고 지나치게 조급했다는 사실은 명확하지만, 결코 저급하고 천한 짓을 했다고는 생각하지 않습니다. 저는 여전히 누구든 이 딱하고 불행한 여성을 멸시할 권리는 없다는 의견입니다.”

“그렇다면 당신은 그분을 이전과 똑같이 존경하고 존중하고
계십니까? 그저께 정숙한 부인으로 동석하셨던 여성과 어제 생판
모르는 사내와 도망친 여성, 이 둘이 당신에게는 다를 바가 없단
말씀이십니까?”

“전혀 다르지 않습니다. 단연코 눈곱만큼도 다르지 않습니다.”

“그렇습니까?” C 부인이 자기도 모르게 영어로 되물었다. 묘하
게도 그녀는 이 대화에 푹 빠져 버린 듯했다. 잠시 숙고한 후, 그녀
는 맑은 눈으로 나를 보며 다시 물었다.

“그럼, 당신은 내일 앙리에트 부인이, 예컨대 니스에서 그 청년
의 팔을 끼고 있는 것을 본다면 인사를 하겠습니까?”

“물론이지요.”

“그녀와 대화도 나누시겠습니까?”

“물론입니다.”

“만약 당신이 기혼자였다면, 당신 부인에게 아무 일도 없었던
것처럼 그런 부인을 소개하시겠습니까?”

“물론이지요.”

“정말인가요?” C 부인은 다시 영어로, 믿을 수 없다는 듯 놀라
움에 가득 차서 물었다.

“분명 그렇게 할 겁니다.” 나 또한 무의식중에 영어로 대답했다.

C 부인은 침묵했다. 여전히 골똘히 생각에 잠긴 듯했다. 그러
다가 마치 자기의 용기에 놀란 듯 나를 보며 불쑥 영어로 말했다.
“내가 그렇게 할 수 있을지 모르겠군요. 아마 나도 그렇게 하겠지
요.” 그러고는 조금의 주저도 없이 자리에서 일어서서는 내게 손

을 건네며 작별 인사를 했다. 이처럼 대화를 갑자기 끝맺으면서도 심한 결례라는 인상을 주지 않을 수 있는 건 영국 사람뿐이다. 그녀가 개입한 덕분에 다시 평화가 찾아왔다. 우리는 모두 마음속으로 그녀에게 감사했다. 조금 전까지 대립했던 우리가 그럭저럭 정중히 인사를 나누고, 위태로운 긴장감이 맴돌던 분위기를 가벼운 농담 몇 마디로 풀 수 있었던 건 모두 그녀 덕분이었다.

우리의 말다툼은 점잖게 마무리된 것처럼 보였지만, 격렬한 다툼의 여파로 나의 적수와 나 사이에 약간의 서먹함이 남았다. 독일인 부부는 나를 차갑게 대했고, 이탈리아인 부부는 그 후 며칠 동안 '시뇨라 앙리에타'의 소식을 좀 들었느냐고 내게 비아냥거리며 물었다. 우리는 서로 조심하며 예의를 지켰지만, 식탁에서의 소박하고 편안한 만남은 돌이킬 수 없이 망가져 버렸다.

말다툼이 있고 난 후 C 부인이 나를 특별히 친절하게 대하는 바람에 나의 적들이 빈정대며 차갑게 구는 것이 한층 더 눈에 띄었다. C 부인은 평소에는 상당히 내향적이라서 식사 때 외에는 이웃들과 이야기를 나누는 일이 드물었는데, 이제는 몇 번이나 기회를 보아 정원에서 내게 말을 걸어 왔다. 나를 '편애'한다고 표현할 수 있을 정도였다. C 부인은 워낙 점잖고 내향적이었기에 그녀와 개인적인 대화를 나누는 것조차 아주 특별한 혜택이나 다름없었다. 정직하게 말하자면, 그녀가 나를 서슴없이 찾고, 나와 이야기할 기회를 놓치려 하지 않는다는 게 너무도 명백히 보였기에, 그녀가 백발의 노부인만 아니라면 나는 허영심에 들떠 엉뚱한 상상을 했을 것이다. 그녀와 함께 담소를 나누다 보면 화제는 예외 없이 우리 대화의 출발점인 앙리에트 부인에게로 돌아갔다. C 부인

은 의무를 저버린 앙리에트 부인은 정신적으로 불안하며 신뢰할
수 없는 여자라고 탓했는데, 그러면서 남모를 만족을 느끼는 것 같
았다. 그러나 그녀는 내심 내가 시종일관 흔들림 없이 그 섬세하고
가녀린 부인에게 연민을 품고 있으며 무슨 일이 있어도 절대 그
연민을 부정하지 않는 것에 기뻐하는 듯 보였다. 되풀이하여 그녀
가 우리의 대화를 이 방향으로 돌리는 바람에, 급기야 나는 그녀가
괴팍하다 싶을 정도로 유별나게 이 일에 집착하는 것을 어떻게 받
아들여야 할지 알 수가 없었다.

그렇게 닷새, 엿새가 지나는 동안 C 부인은 어째서 이런 종류
의 대화에 큰 의미를 부여하는지에 관해 아무런 단서도 흘리지 않
았다. 그러나 그녀에게 이런 대화가 중요하다는 사실을 나는 곧 확
인할 수 있었다. 같이 산책을 하던 중 내가 여기 머무는 기간이 끝
나서 모레쯤 출발할 거라고 별생각 없이 말하자, 평상시에는 동요
하지 않는 그녀의 얼굴에 갑자기 묘한 긴장이 서렸다. 구름이 흐르
듯 청회색 눈에 그림자가 스쳐 갔다. "아, 섭섭하군요! 당신에게 하
고 싶은 이야기가 아직 많은데 말이에요." 이 순간부터 그녀는 넋
이 나간 듯 불안해 보였으며 말을 하면서도 다른 생각을 하는 것
같았다. 무언가가 그녀의 뇌리를 떠나지 않고 주의를 분산시키고
있음이 분명했다. 급기야는 그녀 자신이 이처럼 머릿속이 복잡한
상태를 견디지 못하는 듯했다. 갑자기 침묵이 이어진 후 황급히 내
게 손을 내밀며 작별 인사를 했기 때문이다.

"당신에게 정말 하고 싶은 말이 있는데 그걸 분명하게 말할 수
가 없군요. 편지를 보내는 게 낫겠어요." 그러고는 평소와는 다른
빠른 걸음걸이로 숙소로 가 버렸다.

정말로 그날 저녁 식사하러 가기 전, 힘차고 활달한 필치로 쓴 그녀의 편지가 내 방으로 도착했다. 안타깝게도 내가 청년 시절의 편지들을 몹시 부주의하게 다룬 탓에 그 내용을 글자 그대로 옮길 수는 없고 대강의 내용만 기억해 낼 수 있을 뿐이다. 그녀는 자신이 살면서 겪은 어떤 일에 관해 내게 이야기해도 괜찮겠냐고 묻고 있었다. 그 이야기는 아주 오랜 옛날 일이라서 자신의 현재 삶과는 거의 상관이 없으며, 내가 이틀 후면 출발한다고 하니 자신을 20년 넘게 괴롭히며 놓아 주지 않는 어떤 일에 대해 편안히 말할 수 있을 것 같다고 했다. 그러한 대화가 성가시지 않다면 시간을 내어 주었으면 한다는 내용이었다.

대강 이런 내용의 편지는 내게 너무도 강렬한 인상을 주었다. 영어만이 전달할 수 있는 고도의 명료함과 단호함이 빛나는 편지였다. 그러나 답장을 쓰기는 그리 쉽지 않았다. 나는 세 번이나 초고를 찢고 나서야 답장을 완성했다.

"부인께서 저를 이토록 신뢰하신다니 영광입니다. 부인이 바라신다면 저는 성실하게 답변할 것을 약속드립니다. 물론 부인이 마음속으로 원하시는 것 이상을 제게 이야기하여 주십사고 청하지는 않겠습니다. 하지만 이야기하시는 내용만큼은 부인께나 저에게나 진실한 것이었으면 합니다. 부디 제가 부인의 신뢰를 아주 영광스럽게 여기고 있음을 믿어 주시길 바랍니다."

이 쪽지는 그날 저녁으로 그녀의 방에 전달되었다. 이튿날 나는 답장을 받았다.

"정말 당신이 말씀하시는 대로입니다. 절반의 진실은 아무런 가치가 없으며 온전한 진실만이 가치가 있습니다. 나 자신에게, 그리고 당신에게 아무것도 숨기지 않도록 힘껏 노력하겠습니다. 식사가 끝난 후 제 방으로 와 주시겠어요? 저는 예순일곱 살이니까, 오해를 살까 염려는 안 해도 되겠지요. 정원에서나 사람들이 많은 데서는 이야기할 수가 없습니다. 제가 결심하기까지 쉽지 않았다는 걸 믿어 주시겠지요."

낮에 우리는 식탁에서 만나 대수롭지 않은 일에 대해 점잖게 담소를 나누었다. 그러나 정원에서 나와 마주치자 그녀는 당황해하며 나를 피했다. 백발의 노부인이 소녀처럼 부끄러워하며 나를 피해 소나무 숲길로 도망가다니, 민망하면서도 어딘가 감동적인 데가 있었다.

저녁이 되자 약속된 시간에 맞춰 C 부인의 방을 노크했다. 곧 문이 열리고 어슴푸레한 불빛에 싸인 방이 눈에 들어왔다. 책상 위의 조그만 독서용 전등만이 어두침침한 공간에 노란빛을 환히 던지고 있었다. C 부인은 전혀 어색해하지 않고 내게로 다가와 안락의자를 권하고는 나와 마주 앉았다. 이러한 동작 하나하나를 마음속으로 생각해 둔 듯했다. 그럼에도 침묵의 시간이 이어졌다. 의도한 게 아닌 건 분명했지만, 힘든 결정을 앞에 두고 휴식이 필요한 것 같았다. 휴식은 길게 이어졌지만, 나는 그 침묵을 깨뜨릴 엄두가 나지 않았다. 지금 강한 의지가 강한 저항과 맹렬히 싸우고 있음을 느꼈기 때문이다. 아래층 응접실에서 올라온 왈츠의 음향이 토막토막 맥없이 맴을 돌고 있었다. 나는 정적이 갖는 육중한 압박감을 좀 덜기 위하여 귀를 쫑긋 기울였다. 침묵에서 비롯된 어색한 긴장이 고통스러웠는지 그녀가 갑자기 침묵을 깨뜨리며 이야기를 시작했다.

"말을 꺼내기가 어려울 뿐입니다. 저는 이틀 전부터 아주 명료하고 진실하게 말할 각오를 다져 왔습니다. 그렇게 할 수 있으리라 기대합니다. 아마 당신은 지금 생판 남인 당신에게 이런 일을 모조리 이야기하려는 저를 이해하지 못하실 테지요. 제가 이 사건을 떠올리지 않은 날은 단 하루도, 아니, 단 한 시간도 없습니다. 부디 이 늙은 여자의 말을 믿어 주세요. 삶에서 단 한 점에 불과한 하루를 평생 뚫어져라 응시한다는 건 괴롭기 그지없는 일이랍니다. 제가 당신에게 이야기하려는 일은 예순일곱 세월 중에서 불과 스물네 시간이라는 구간에 걸쳐 일어난 것입니다. 저는 어쩌다가 한순간 어리석게 행동한 게 뭐 그리 대단한 일이냐고, 미칠 지경으로 저 자신을 타일렀습니다. 그러나 우리가 극히 애매하게 양심이라고 표현하는 것을 피할 수는 없더군요. 당신이 앙리에트 부인 건에 대해 매우 객관적으로 말씀하시는 것을 들었을 때 이런 생각이 들더군요. 내 삶 중 그 하루의 일을 누구에게든 속시원히 말할 수만 있다면 쓸데없이 회상을 거듭하며 끊임없이 자신을 비난하는 일을 끝낼 수 있을지도 모른다고요. 제 종교가 성공회가 아니고 가톨릭이었더라면 오래전에 고해성사에서 이 비밀을 털어놓을 기회가 있었을 겁니다. 하지만 우리 성공회 교도는 이러한 위로를 얻을 수 없습니다. 그래서 오늘 저는 당신에게 이야기함으로써 저 자신의 죄를 사하는 색다른 시도를 하렵니다. 이런 시도가 몹시 이상해 보일 거란 사실을 잘 압니다. 하지만 감사하게도 당신은 주저하지 않고 제 제안을 받아들이셨습니다.

자, 제 생애 중 단 하루에 관해서만 이야기하고 싶다고 앞서 말씀드렸지요. 다른 일들은 모두 대수롭지 않아서 얘기해 봤자 다른 사람들을 지루하게 할 겁니다. 저는 마흔둘이 될 때까지 평범함에서 한 걸음도 벗어나지 않는 삶을 살았습니다. 저의 부모는 스코틀랜드의 유복한 지주였지요. 우리 가족은 큰 공장과 소작지를 소유하고 있었고, 많은 귀족이 그렇듯이 한 해의 대부분을 소유 영지에서 보내며, 사교 시즌에는 런던에서 살았습니다. 열여덟 살 때 저는 사교 모임에서 남편 될 사람을 알게 되었지요. 그는 유명한 R 집안의 둘째 아들로 10년을 인도에서 군인으로 복무했습니다. 우리는 곧 결혼했고, 우리가 속한 계층에 어울리는 편안한 삶을 이어 갔습니다. 석 달은 런던에서 또 석 달은 우리 영지에서 살았고, 나머지 시간은 호텔을 옮겨 다니며 이탈리아, 스페인, 프랑스에서 보냈습니다. 우리의 결혼 생활에는 지극히 옅은 그림자조차 드리워진 적이 없었습니다. 우리 사이에 태어난 두 아들은 이제 성인이 되었습니다. 그러다가 제가 마흔이 되었을 때 남편이 갑자기 죽었습니다. 그는 열대에서 복무하던 시절 간 질환에 걸렸고 두 주일을 끔찍하게 앓다가 저를 떠나갔습니다. 저의 큰아들은 그즈음 이미 군대에 복무하고 있었고, 둘째는 대학에 다니고 있었습니다. 그래서 저는 하룻밤 만에 허공에 붕 뜬 신세가 되어 버렸습니다. 남편과 함께 사는 데 익숙했던 제게는 혼자라는 사실이 끔찍이도 괴로웠습니다. 텅 빈 집은 사랑하는 남편을 잃은 슬픔을 일깨우는 물건들로 가득했기에, 하루라도 더 거기 머물 수는 없을 것 같았습니다. 그래서 저는 아들들이 결혼하기 전까지 몇 해를 여행하며 보내기로 했습니다.

이 순간부터 저는 마음속으로 제 삶은 아무런 의미가 없고 소용도 없다고 여겼습니다. 스물세 해 동안 온갖 시간과 생각을 함께 나누었던 남편은 죽고, 자식들은 저를 필요로 하지 않았으니까요. 저는 자식들의 청춘을 저의 암울한 심기와 우울증으로 방해할까 두려웠습니다. 저 자신은 바라는 것도 욕심나는 것도 전혀 없었습니다. 저는 우선 파리로 이사해서는 심심풀이로 상점과 박물관을 드나들었습니다. 그러나 제게 이 도시와 거리는 낯설게만 여겨졌습니다. 저는 사람들을 피해 다녔습니다. 상복을 입은 저를 정중히 동정의 눈초리로 보는 것을 견딜 수가 없었으니까요. 멍하니 초점 풀린 눈으로 쏘다니다 보니 몇 달이 지나 있더군요. 그 시절에 대해 무어라 이야기해야 할지 막막하지만 기억나는 것은 딱 하나입니다. 저는 늘 죽고 싶은 마음뿐이었는데 절실히 고대하는 그것을 앞당길 힘이 나질 않았다는 사실입니다.

남편이 죽은 지 2년째 되는 해, 그러니까 제가 마흔둘이 되던 해였습니다. 가치를 잃었지만 밟아 죽일 수도 없는 시간을 피해 도망을 다니던 저는 3월 말에 몬테카를로로 가게 되었습니다. 엄밀히 말하자면 권태로움 때문에, 구역질처럼 솟구치는 고통스러운 내적 공허감 때문에 그리로 간 것입니다. 텅 빈 속은 하다못해 사소한 외적 흥분제라도 양분으로 섭취해야 하니까요. 저 자신의 마음속 감정이 꿈쩍조차 하지 않을수록, 저는 인생의 수레바퀴가 가장 빨리 돌아가고 있는 곳에 강하게 끌리게 되었습니다. 스스로 체험을 할 수 없는 자에게는 다른 사람들이 열을 내며 조바심 치는 걸 보는 게 연극이나 음악을 관람하는 것처럼 신경을 오싹하게 하는 체험이니까요.

그래서 저는 가끔 카지노에 갔습니다. 사람들의 얼굴에 희열이 나 절망이 파도처럼 쉴 새 없이 넘나드는 것을 볼 때면, 썰물 때의 황량한 갯벌 같은 제 마음에도 흥분의 물결이 일곤 했습니다. 거기 에다 제 남편은 종종 적당한 선에서 카지노 도박을 즐겼기에, 저 는 별생각 없이 경건한 태도로 남편의 습관 전부를 충실하게 계속 이어 가고 있었습니다. 거기서 그 스물네 시간이 시작된 것입니다. 그것은 어떠한 노름보다도 자극적이었으며 제 운명을 여러 해에 걸쳐 망가트렸습니다.

낮에 저는 제 친척인 M 공작부인과 식사를 했습니다. 저녁 식 사 후에도 피곤하지가 않아 잠이 올 것 같지 않더군요. 그래서 카 지노에 들어가 노름은 하지 않고 테이블 사이를 이리저리 거닐면 서 뒤엉킨 무리를 나름 특별한 방법으로 구경했습니다. 특별한 방 법이 무어냐고요? 언젠가 구경하는 데 지친 제가 항상 똑같은 얼 굴들을 멍하니 쳐다보고 있자니 지루하기 짝이 없다고 불평을 토 로했을 때 고인이 된 제 남편이 가르쳐 준 거랍니다.

당신도 아시다시피 몇 시간을 소파에서 진을 치고 있다가 겨우 게임 칩을 하나 거는 연로한 부인들과 약아빠진 전문가들, 카드놀 이를 하는 창녀들은 싸구려 소설에 묘사된 아름답고 낭만적인 모 습과는 거리가 먼 수상쩍은 오합지졸일 뿐입니다. 그런데도 소설 가들은 노름꾼들을 유럽의 우아한 꽃이며 귀족으로 그려 내고 있 지만요. 20년 전의 카지노는 진짜 돈이 눈앞에서 굴러다니는 곳이 었습니다. 바스락대는 지폐와 나폴레옹 금화, 거만한 자태의 5프 랑짜리 은화가 쌓였다가 흩어지곤 했으니까요. 유행에 맞게 새로 지은 화려한 요즘 도박장에서는 평준화된 단체 여행객들이 멋대가리 없는 게임 칩을 재미없이 날려 버리곤 하는데, 거기에 비하면 당시의 카지노는 이루 말할 수 없이 매력적이었습니다. 그러나 그때에도 저는 한결같이 무표정한 얼굴들을 보는 게 그다지 흥미롭지 않았습니다. 그러자 손금을 보는 취미를 갖고 있던 남편이 아주 특별한 구경 방법을 가르쳐 주었는데 정말 그 방법대로 하면 그냥 느긋이 서서 볼 때보다 훨씬 더 재미있었고 짜릿한 흥분을 느낄 수 있었습니다. 그 방법은 이렇습니다. 절대, 노름하는 사람들의 얼굴을 보지 말고 네모난 탁자만 봐야 하며 더 정확히는 탁자 위에 있는 손들과 그 손들의 독특한 동작에만 집중해야 합니다.

혹시 우연히라도 초록빛 탁자에만 주목해 본 적이 있으신가요? 탁자 한가운데를 출발한 공이 주정뱅이처럼 이 숫자 저 숫자를 비틀비틀 넘나드는 동안, 탁자 가장자리에 네모로 나뉜 칸들 안에는 지폐 한 무더기와 은화, 금화가 밭에 씨를 뿌리듯 쏟아지지요. 잠시 후 딜러는 낫으로 밭을 매듯이 그것들을 갈퀴로 단번에 긁어모으거나, 볏단을 삽으로 퍼 나르듯 이긴 자에게 퍼 나릅니다. 이처럼 초록 사각형에 시선을 고정해 놓으면 여러 손이 변화하는 광경이 눈에 들어옵니다. 초록 탁자 주변에는 여러 개의 손들이 꿈틀대며 기다리고 있지요. 제각기 다른 옷소매에서 삐죽 나온 손들은 모두 맹수처럼 달려들 태세를 하고 있지만, 그 생김은 각기 다르고 색깔도 다릅니다. 어떤 손은 맨살만을 보이지만 어떤 손은 반지와 사슬을 휘감고 있지요. 어떤 손은 짐승처럼 털로 뒤덮여 있고 어떤 손은 축축하고 뱀장어처럼 휘어 있습니다. 하지만 어떤 손이든 모두 무시무시한 초조감에 바싹 떨고 있습니다. 그걸 볼 때마다 저도 모르게 경마장의 말들이 경기 시작 직전에 흥분해 있는 장면을 떠올리지 않을 수 없었습니다. 말들은 신호가 떨어지기도 전에 달려 나가려 들기 때문에 기수는 애써 고삐를 당겨 쥐고 말을 멈춰야 하지요. 제가 본 손들은 떨면서 몸을 들어 뒷발로 서던 그 말들과 다를 바가 없었습니다. 손을 보면 모든 걸 알 수 있습니다. 기다릴 때, 무언가를 붙잡을 때, 주춤할 때 손이 어떤 모습을 취하는지를 보면 됩니다. 움켜쥐는 손은 욕심쟁이의 손이고 느슨한 손은 낭비를 일삼는 자의 손이며 차분한 손은 타산적인 사람의 것이고 떨리는 손은 절망한 사람의 것이지요. 돈을 잡는 손짓에서도 번갯불처럼 짧은 순간에 수많은 성격이 드러나는 법입니다. 지폐를 돌돌 마는 사람이 있는가 하면, 신경질적으로 구기는 사람이 있고, 지친 나머지 주먹을 쥔 채 게임이 진행되는 동안 지폐를 그대로 놓아두는 사람도 있지요.

　노름하는 걸 보면 그 사람의 성품을 알 수 있다고들 합니다만, 저는 노름을 하는 사람의 손을 보면 한층 더 뚜렷하게 그 성품을 알 수 있다는 의견입니다. 노름하는 사람들은 전부 다는 아니라 해도 거의 모두가 얼굴을 단속하는 법을 금세 익히기 때문입니다. 이들은 꿰뚫어 볼 수 없는 차디찬 가면을 목 위에 얹고 다닙니다. 입가의 주름을 힘껏 내려뜨리고, 흥분된 감정을 이를 악물며 삼키고, 두 눈에 불안한 기색이 드러나지 않게끔 합니다. 불거져 나오는 얼굴 근육을 반반히 펴서는 점잖게 보이는 무관심한 얼굴로 만들어 놓는 겁니다. 하지만 이들은 자신의 상태를 가장 잘 보여 주는 얼굴을 통제하느라 온통 신경을 쏟아붓는 바람에 손을 잊어버립니다. 오직 이 손만을 관찰하는 사람이 있다는 사실도 잊어버립니다. 손을 관찰하는 사람은 웃음 짓는 입술과 무관심을 가장한 눈

동자가 감추려 하는 것을 죄다 알아냅니다. 손은 사람들의 맨 밑바
닥 비밀을 부끄러운 줄도 모르고 드러내니까요. 애써 진정시켜서
재워 놓았다 싶은 손가락들이 점잖은 여유로움을 단번에 던져 버
려야 하는 순간은 피할 수 없이 찾아오기 때문이지요. 룰렛의 공이
작은 칸 안에 떨어지면서 승자의 번호가 불리는 그 긴장된 순간에,
백 개 내지는 오백 개의 손들은 저도 모르게 원시적인 본능에 따
라 아주 개성 있게, 제각기 움직입니다.

저처럼, 남편의 취미 덕분에 이러한 손들이 포진한 경기장을
관찰하는 데 이력이 난 사람은 늘 다른 기질을 가진 인물들이 예
기치 않게, 늘 다른 방식으로 폭발하는 이 경기장을 보면서 연극
이나 음악을 관람할 때보다 더 강렬한 자극을 받게 됩니다. 수천
종류의 손이 있다는 걸 어떻게 묘사해야 할지 모르겠군요. 거미처
럼 돈을 거머쥐는, 털투성이의 구부정한 손가락이 달린 야수의 손
이 있는가 하면, 손톱 빛이 퍼렇고 돈을 쥘 힘도 없어 보이는, 신경
질적으로 떨리는 손도 있고, 점잖은 손과 상스러운 손, 야만적인
손과 수줍은 손, 간교하면서도 어물쩍거리는 손 등이 있으니까요.
하지만 모든 손은 저마다 다릅니다. 한 쌍의 손은 어느 것이든 모
두 고유의 삶을 보여 주고 있답니다. 딜러 네댓의 손은 예외로 쳐
야겠지요. 이들의 손은 기계와 다를 바가 없습니다. 살아서 펄떡
이는 손들과는 달리 냉정히 사무적으로, 아무런 감정 없이 정확하
게 작동합니다. 계량기에 달린 금속 버클이 움직이듯이 말입니다.
그러나 이렇듯 무미건조한 손도, 행운을 좇는 열정적인 다른 손들
과 대조를 이루는 까닭에 강한 인상을 줍니다. 딜러의 손은 열광적
인 봉기의 물결을 이룬 민중 틈에 선 경관처럼 제복을 입고 있다

고나 할까요. 거기에다 며칠이 지나서 어느새 개개의 손이 지닌 습관과 버릇을 꽤 많이 알게 되면 나름의 즐거움이 추가됩니다. 이삼일 후 저는 많은 손을 알게 되었고 그것들을 사람 대하듯, 호감이 가는 손과 반감을 일으키는 손으로 나누었습니다. 불안과 탐욕에 가득 찬 몇몇 손은 너무도 역겨웠기에 저는 음탕한 것을 본 듯 눈을 돌려야 했습니다. 새로운 손이 노름판에 등장하면 저는 새로운 체험을 즐기며 호기심을 채우곤 했습니다. 가끔 저는 손 위에 있는 얼굴을, 옷깃에 둘러싸여 맨 위에 자리 잡은 얼굴을 쳐다보는 것을 잊곤 했지요. 얼굴은 예복 셔츠 또는 환히 드러낸 앞가슴 위에 얹힌 채, 꼼짝하지 않는 싸늘한 사교용 가면일 뿐이었으니까요.

그날 밤, 카지노에 들어선 저는 금화를 몇 개 꺼내 들고는 붐비는 테이블 둘을 지나 세 번째 테이블로 가는 중이었습니다. 속도를 거의 잃다시피 한 공이 두 개의 숫자 사이를 오락가락하는 시점이면, 늘 말 한마디 없는 팽팽한 휴식이 찾아오는데, 그때가 마침 그런 순간이었습니다. 침묵마저 굉음처럼 다가오는 이런 순간에 바로 맞은편에서 아주 희한한 소리가 들렸습니다. 우지끈, 뚝딱…… 관절이 부러지는 듯한 소리였습니다. 저는 깜짝 놀라서 그쪽을 쳐다보았지요. 그러자―정말이지 충격 그 자체였습니다!―지금껏 한번도 본 적이 없는 한 쌍의 손이 눈에 들어오더군요. 왼손과 오른손은 서로 물어뜯으려고 엉겨 붙은 짐승들처럼 깍지를 낀 채 떨고 있었고, 고조된 긴장 속에서 손가락을 한껏 늘였다가 오그라뜨리기를 거듭하는 바람에 마치 호두가 깨지듯 우두둑 소리가 관절 마디마디에서 났습니다. 참으로 드물게 보는 아름다운 손이었지요. 유별나게 길고 가늘었지만 탄탄한 근육질의 손이었습니다. 새

하얀 손에 달린 손톱은 둥글게 다듬어져 있었고 그 끝은 파르스름

했지만 은은한 광택을 발했습니다.

저는 이때부터 저녁 내내 그 손을, 세상에 둘도 없을 만큼 특출

한 한 쌍의 손을 감탄의 눈길로 지켜보았습니다. 제가 처음에 소스

라치게 놀란 까닭은 그 손이 보여 주는 열정 때문이었습니다. 두

손은 떨면서 서로 씨름을 벌이고 밀쳐내면서 미친 듯 열기를 표출

하고 있었습니다. 저기 저 사람은 속이 뜨겁게 끓어오르는 탓에 열

정이 자신을 박살 내지 않게끔, 열정을 손가락 끝으로 몰아넣고 있

다는 걸 금세 알겠더군요. 그리고 이때, 공이 바스락 소리를 내며

접시로 떨어졌고, 딜러가 승리의 숫자를 외쳤습니다……. 그 순간

두 손은 갑자기 총알 한 방을 맞은 두 마리 짐승처럼 서로 떨어져

나갔습니다. 두 손 다 그냥 지쳐 쓰러진 정도가 아니라 정말 죽어

서 나뒹굴었습니다. 이 손의 움직임은 말로는 표현할 수 없을 만큼

생생히 무기력감과 실망감을, 충격과 좌절을 그려 내고 있었습니

다. 그 이전에도, 그 이후에도 저는 이처럼 말을 하는 손을 본 적이

없습니다. 손의 근육 하나하나에 혀가 달려 있었고, 솜털 구멍들은

송골송골 정열을 뿜어내다시피 했으니까요.

한동안 두 손은 물 밖으로 던져진 해파리처럼 초록 테이블 위

에 죽은 듯 축 늘어져 있었습니다. 그러다가 한쪽 손이, 오른손이,

힘겹게 손가락 끝부터 일어서기 시작했습니다. 오른손은 떨면서

움찔 물러났다가 맴을 돌았고 주춤거리며 배회하더니 이윽고 신

경질적으로 게임 칩 하나를 움켜쥐었습니다. 그러고는 그것을 엄

지와 검지 사이에 끼고 주저하며 한 바퀴 굴리더군요. 갑자기 그

손은 고양이처럼 동그마니 웅크리더니 백 프랑짜리 칩을 검은 칸

한가운데에 재빨리 뱉어 냈지요. 그러자 곧 신호에 응하듯, 축 늘어져 자던 왼손도 흥분에 휩쓸렸습니다. 왼손은 몸을 일으켜, 칩을 던지느라 지쳐서 떨고 있는 오른손에게 살며시 다가갔습니다. 이제 양손은 바르르 떨며 나란히 놓여 있었습니다. 추위에 떨면 이빨이 가볍게 딱딱 맞부딪히듯이, 양손은 소리 없이 테이블에 딱딱 부대끼고 있었습니다. 정말이지 지금껏, 손이 이처럼 또렷이 말을 구사하며 요동치는 흥분과 긴장을 표현하는 것을 본 적이 없었습니다. 카지노의 아치형 공간은 온갖 소리로 소란스러웠습니다. 홀에서는 사람들이 웅성댔고, 딜러는 허풍을 떨며 고함을 질렀고, 손님들은 이리저리 부산하게 돌아다녔고, 위에서 던져진 룰렛 공은 매끈한 둥근 회로 안에 갇혀 미친 듯 질주했습니다. 이처럼 머리를 멍하게 하며 신경을 곤두세우는 온갖 것들조차도 떨며 호흡하는 두 손, 허덕이며 기다리고 오한에 시달리는 두 손 앞에서는 졸지에 생명을 잃고 굳어 버린 듯했습니다. 저는 마술에 걸리기라도 한 것처럼, 이 진기한 두 손에서 눈을 뗄 수가 없었습니다.

그러나 저는 결국 더는 참지 못하고 이 불가사의한 손의 소유자를, 그 사람의 얼굴을 보아야 했습니다. 그래서 겁을 내며—저는 이 손이 무서웠기에 정말이지 겁이 났습니다—천천히 시선을 옷소매에서 마른 어깨 쪽으로 향했습니다. 그러고는 다시금 깜짝 놀랐습니다. 그 얼굴은 손과 마찬가지로 무절제하고 너무도 극단적인 언어를 구사하고 있었기 때문이었습니다. 얼굴과 손은 섬세했고 여성적이라고 느껴질 만큼 아름다우면서도, 끔찍하리 만치 고집스러운 표정을 짓고 있다는 공통점을 가지고 있었습니다. 저는 이 얼굴만큼이나 본래의 자신을 벗어나서 아예 자신과는 생판

남이 되다시피 한 얼굴은 본 적이 없었습니다. 저는 그 얼굴을 가면이나 조각품을 보듯이 마음 편히 관찰할 수 있었습니다. 이 정신 나간 사람은 단 1초도 좌우로 눈을 돌리지 않았으니까요. 치켜뜬 눈꺼풀 밑에 자리한 까만 눈동자는 생명이 없는 유리알처럼 꼼짝하지 않고, 둥근 룰렛 상자 안에서 익살맞게 제멋대로 굴러가는 암갈색 공을 비추는 거울로 변해 있었습니다. 지금껏 긴장 상태의 얼굴이 이토록 매혹적으로 보인 적은 결코, 단 한번도 없었다는 말씀을 다시 한번 되풀이하지 않을 수 없군요. 스물넷 정도 되어 보이는 얼굴이었습니다. 갸름하고, 섬세하고 조금 길쭉한 편이었고 표정이 풍부했습니다. 그의 얼굴은, 손과 마찬가지로 아주 남자답지는 않았고 오히려 놀이에 열을 올리는 소년 같다는 인상을 주었습니다. 그러나 나중에서야 그렇다는 걸 감지할 수 있었습니다. 그 순간 소년의 얼굴은 탐욕과 광기로 온통 덮여 있었으니까요. 그는 숨을 헐떡이며 가느다란 입을 반쯤 벌리고 있어서 이빨이 절반쯤 드러나 있었습니다. 빳빳이 열린 입술 사이에서 윗니와 아랫니가 열에 시달리기라도 하는 듯 딱딱 맞부딪치는 것이 열 발짝쯤 떨어진 제게도 보였습니다. 땀에 젖은 밝은 금발 머리는 낙하하는 사람의 머리처럼 앞으로 늘어져서는 이마에 가닥가닥 달라붙어 있었습니다. 양쪽 콧방울 주변은 피부 아래에서 보이지 않는 미세한 물결이 치기라도 하듯 쉴 새 없이 실룩거리고 있었습니다. 그는 머리를 앞으로 잔뜩 수그리고 있으면서도 무의식적으로 점점 더 머리를 앞으로 기울였습니다. 마치 조그만 공이 일으키는 소용돌이 속으로 빨려 들어가는 듯했습니다. 그 순간 저는 비로소 왜 그가 바르르 떠는 두 손을 힘껏 마주 쥐고 있는지를 이해했습니다. 중심을 잃고 추락하려는 몸은 두 손을 이렇게 꽉 움켜쥐어야만 평형을 유지할 수 있었던 겁니다.

같은 말을 또 하는 셈이지만, 지금껏 저는 이토록 공공연히 짐승의 열정을 부끄럼 없이 노골적으로 드러내는 얼굴을 본 적이 없었습니다. 그는 빙빙 도는 공이 튀어 올랐다가 움칠하는 것을 무엇에 홀린 듯 주시했고, 저 역시 그의 신들린 듯한 얼굴에 매료되어 홀린 듯…… 그를 주시했습니다. 이 순간부터 저는 홀에서 일어나는 그 어떤 일에도 신경을 쓰지 않았습니다. 이 얼굴이 뿜어내는 불길에 비하면, 모든 것이 축 처지고 맥이 없고 흐릿하고 우중충하게만 보였으니까요. 저는 아마 한 시간은 사람들 너머로 그 남자를, 그가 하는 온갖 몸짓을 관찰했을 겁니다. 딜러가 그의 기갈난 손 쪽으로 금화 스무 개를 밀어 주자 그의 눈은 번뜩이는 빛을 마구 뿜어냈고, 바르르 떨며 꼭 엉겨 있던 두 손도 찢겨 나가듯 서로 떨어지면서 떨리는 손가락들을 풀어 놓더군요. 이 순간 그의 얼굴은 갑자기 환해지며 아주 젊어졌습니다. 주름살이 매끈하게 펴지고 눈이 반짝이기 시작했습니다. 구부정하던 몸은 즐거운 듯 경쾌하게 솟아올랐습니다. 어느새 그는 승리감을 만끽하며 말을 탄 기사처럼 유유히 앉아 있었습니다. 손가락은 보란 듯이 둥근 금화를 어루만지며 서로 부닥뜨렸는가 하면 금화를 굴려 춤추게 했습니다.

이윽고 그는 불안한 듯 다시 머리를 들고는 초록 테이블을 훑어보았습니다. 마치 올바른 자취를 찾는 어린 사냥개가 콧구멍을 벌름대는 것 같았지요. 그러고는 갑자기 금화 뭉치를 죄다 여러 네모 칸 중 하나에 휙 던져 넣었습니다. 곧 또 다른 기다림과 긴장이 시작되었습니다. 입술은 또다시 감전이라도 된 것처럼 파르르 떨고 있었습니다. 다시금 두 손은 서로 엉겨서 경련을 일으켰고, 소년의 얼굴은 탐욕스러운 표정 뒤로 사라졌습니다. 그러다가 결국 팽팽하던 긴장이 와르르 무너지며 실망이 덮쳤습니다. 조금 전까지 흥분에 들떴던 소년의 얼굴은 시들어 납빛으로 변하며 늙어 버렸고, 눈은 멍하니 초점을 잃어버렸습니다. 이 모두가 불과 1초 안에, 룰렛 공이 그가 택하지 않은 번호 칸에 떨어지면서 일어났습니다. 그는 이번 판을 잃은 겁니다. 몇 초 동안, 그는 멍하니 이해가 안 된다는 듯 앞을 응시했습니다. 그러나 딜러가 소리 높여 돈을 걸라고 부추기자, 그의 손가락은 다시 금화 몇 개를 움켜쥐었습니다. 그러나 자신감은 없어졌습니다. 우선 그는 금화를 한 칸에 놓았으나, 생각을 바꾸고는 다른 칸으로 옮겼습니다. 공이 이미 굴러가기 시작했을 때, 그는 갑작스러운 충동을 쫓아서 떨리는 손으로 꼬깃꼬깃한 지폐 두 장을 급히 그 칸에 던졌습니다.

승패에 따라 희비가 교차하는 일은 쉴 새 없이 한 시간가량 계속되었습니다. 이 한 시간 동안 저는 계속 변하는 얼굴에 너무도 매료된 나머지 잠시도 시선을 돌릴 수가 없었습니다. 그 얼굴은 온갖 정열이 밀물처럼 몰아쳤다가 썰물처럼 빠져나가는 장소였습니다. 그 불가사의한 손은 분수처럼 솟아올랐다가 곤두박질치는 감정의 단계들을 근육 하나하나로 또렷이 재현하면서 제 시선을 사로잡았습니다. 극장에서 배우의 얼굴을 볼 때조차도 이 얼굴을 보는 지금처럼 몰입했던 적은 결코 없었습니다. 빛과 그늘 중 어느 것이 우위를 점하느냐에 따라 풍경이 계속 바뀌듯이, 이 얼굴에서는 온갖 색채와 감정이 쉴 새 없이 휙휙 교차하고 있었습니다. 이렇듯 낯선 사람의 흥분된 감정을 지켜보던 그때처럼 룰렛 게임에

온통 제 관심을 쏟아부은 적은 단 한번도 없었습니다. 그때 누군
가 꼼짝 않고 그 얼굴만을 응시하는 저를 관찰했더라면 제가 최면
에 빠져 있다고 생각했을 겁니다. 사실 저는 완전히 넋이 나가다
시피 한 상태여서 도저히 이 표정이 제공하는 볼거리에서 눈을 뗄
수가 없었습니다. 홀 안을 가득 채운 빛과 웃음소리, 사람들이 던
지는 시선 같은 것들은 그저 형체 없이 제 둘레를 떠도는 누런 연
기에 불과했고, 그런 연기 한복판에는 찬란한 불꽃과도 같은 그의
얼굴이 번득였습니다. 저는 아무 소리도 듣지 못했고, 아무것도 느
끼지 못했습니다. 제 곁에 빽빽이 선 사람들이 손을 더듬이처럼 불
쑥 내밀어서 돈을 던지거나 거두어들였지만 저는 신경 쓰지 않았
습니다. 룰렛 공을 보지도 않았고 딜러의 외침을 듣지도 않았지만,
저는 마치 꿈에서 보듯 무슨 일이 일어나는지를, 그의 손을 보고
알 수 있었습니다. 극도로 흥분한 두 손은 현재 일어나는 일을 오
목거울처럼 확대해서 비추었으니까요. 공이 빨간 칸에 떨어졌는지
까만 칸에 떨어졌는지, 구르고 있는지 멎었는지를 알려면 룰렛 판
을 볼 필요가 없었습니다. 돈을 따느냐 잃느냐에 따라 기대와 실망
이 교차하는 매 순간, 열정으로 뒤덮인 얼굴은 자지러지는 듯한 제
스처로 그 상황에 반응했으니까요.

그러나 곧 끔찍한 순간이 닥쳤습니다. 저녁 내내 저는 신경을
곤두세우고 파국이 닥칠까 떨고 있었는데, 그 순간은 무섭게 들이
닥쳤습니다. 공이 달그락 소리를 내며 둥근 판에서 또 한번 구르
더니, 이윽고 이백 명이 넘는 사람들이 숨도 못 쉬고 딜러의 말을
기다리는 바로 그 순간이 또다시 찾아 왔습니다. 딜러는 이번에는
'제로*'를 외치고는, 사방에서 짤랑대는 동전과 빳빳한 지폐를 갈퀴

로 단번에 긁어모았습니다. 그런데 이 순간, 서로 엉킨 채 떨고 있던 두 손은 몹시 섬뜩한 동작을 취했습니다. 양손은 존재하지 않는 어떤 것을 낚아채려는 듯 튀어 오르더니 죽은 듯 축 늘어져 버렸고, 곧 중력의 이치대로 테이블에 나동그라졌습니다. 그러나 양손은 다시 한번 불쑥 살아나서는 급히 테이블을 떠나 자기 몸으로 옮겨 갔습니다. 그러고는 들고양이처럼 몸통을 기어오르며 위아래와 좌우에 있는 주머니들을 죄다 신경질적으로 헤집었습니다. 어디엔가 잊어버리고 박아 둔 돈이 남아 있을까 싶어서였습니다. 양손은 매번 허탕을 치면서도 점점 더 열을 올려서 이 무의미한 탐색을 반복했습니다. 그러는 동안 룰렛의 판은 다시 돌기 시작했고 다른 사람들은 계속 노름을 이어 갔습니다. 동전이 짤랑거리는 소리, 의자를 당기는 소리 등 수백 가지의 자잘한 음향이 뒤엉켜 윙윙대며 홀을 채웠습니다.

저는 두려움에 등골이 오싹해졌습니다. 돈 한 쪼가리를 찾아 구겨진 옷의 주머니며 틈새를 필사적으로 쑤셔대는 손가락이 저 자신의 손가락인 양, 모든 것을 또렷이 함께 느꼈으니까요. 그때 갑자기 제 맞은편에 있던 그 사람이 자리를 박차고 일어섰습니다. 뜻하지 않게 통증을 느낀 사람이 벌떡 일어나 숨이 막히지 않게끔 몸을 쭉 펴려는 듯 말입니다. 그의 뒤에서 의자가 쾅하고 요란한 소리를 내며 바닥에 넘어졌습니다. 그러나 그는 그것을 알아채지도 못한 채, 옆 사람들에 개의치 않고 뚜벅뚜벅 테이블에서 멀어졌습니다. 사람들은 놀라서 겁을 내며, 비틀거리는 그를 피했습니다.

• 룰렛에서 제로가 나올 확률은 1/36이다. 제로에 돈을 건 사람은 건 돈의 35배를 받게 된다.

이 광경을 본 저는 얼어붙었습니다. 그 사람이 어디로 가는지를 직감했기 때문입니다. 그는 죽으러 가고 있었습니다. 그렇게 일어선 사람은 여관이나 선술집으로 가지 않습니다. 여자에게 가거나 기차를 타러 가지도 않습니다. 그런 사람은 삶의 어떤 형식으로 돌아가는 대신에, 곧장 깊이를 알 수 없는 심연으로 추락해 버립니다. 이 지옥 같은 홀을 메운 사람 중 가장 아둔한 사람조차도 이 남자가 가족이나 은행, 친척 등 그 어디에도 기댈 데라고는 전혀 없는 상태에서 여기 이 노름판에 마지막 돈을, 아니, 목숨을 걸었다는 것을 알아챘을 겁니다. 그런 그가 이제 알 수 없는 어딘가로 휘청대며 가고 있고, 그곳은 분명 지금의 삶을 벗어난 곳임을 말입니다. 저는 처음 그를 본 순간부터 돈을 잃고 따는 것 이상의 그 무엇이 그와 관련되어 있음을 신들린 듯 직감하며 떨긴 했지만, 순식간에 그의 눈에서 생기가 빠져나가고 조금 전까지만 해도 활력이 넘치던 얼굴이 납빛의 데스마스크로 변모한 것을 보자, 벼락을 맞은 듯 끔찍한 예감에 전율했습니다. 그가 자리를 박차고 비틀거리며 걷는 동안 저도 모르게—그만큼 저는 그의 생생한 몸짓에 넋이 나가 있었습니다—양손을 맞잡고 비비 틀지 않을 수 없었습니다. 조금 전에 그의 긴장이 제 혈관과 신경으로 스며들었듯이, 이제 비틀거리는 그의 행동이 제 몸으로 스며들었기 때문입니다. 그런데 이때 무언가가 저를 끌어냈고 저는 그를 따라갈 수밖에 없었습니다. 제 뜻과는 상관없이 제 발이 움직였습니다. 무의식중에 일어난 일이었습니다. 제가 그렇게 한 게 아닌데도, 그런 일이 제게 일어났다는 말입니다. 저는 아무에게도 신경 쓰지 않고, 제가 무얼 하는지도 모른 채 출구로 가는 복도를 달렸습니다.

그는 외투 보관소 앞에 서 있었습니다. 사환이 외투를 가지고 왔지만 그의 팔은 말을 듣지 않았습니다. 그래서 부지런한 사환은 몸이 마비된 사람에게 하듯이 애써 옷소매에 그의 손을 넣어 주었습니다. 그는 사환에게 팁을 주려고 기계적으로 조끼 주머니에 손을 넣었지만, 손가락은 텅 빈 채로 도로 나왔습니다. 그러자 갑자기 모든 일이 생각난 듯이 당황해하며 사환에게 무슨 말인가를 중얼대고는, 조금 전처럼 갑자기 앞으로 돌진했습니다. 그러고는 카지노의 층계를 주정뱅이처럼 비틀거리며 내려갔습니다. 사환은 처음에는 한심하다는 표정을 지었지만, 이윽고 다 이해한다는 듯 희죽 웃으며 잠시 그의 뒷모습을 보았습니다.

몸짓은 너무도 충격적이어서 저는 그 모든 걸 보았다는 게 부끄러워졌습니다. 낯선 사람의 절망을 연극을 관람하듯이 바로 앞에서 훔쳐보았다는 게 민망해서 저도 모르게 옆으로 물러섰습니다. 그러나 불쑥 설명할 수 없는 불안이 저를 다그쳤습니다. 저는 급히 외투를 건네받고는 뚜렷한 생각도 없이, 아주 기계적으로, 아주 충동적으로 이 낯선 사람을 따라 어둠 속으로 나섰습니다."

C 부인은 잠시 이야기를 멈추었다. 그녀는 내 맞은편에 가만히 앉아서, 특유의 차분하고 간결한 말투로 거의 쉬지 않고 말을 이어 나갔다. 일어났던 일들을 마음속에 꼼꼼히 정리해 둔 사람만이 그렇게 말할 수 있을 것이다. 그런데 지금 처음으로 말을 잇지 못하고 주저하더니 갑자기 이야기를 멈추었다. 조금 동요하는 듯 보였다.

"저는 당신에게, 그리고 저 자신에게 약속했습니다. 실제 있었던 일 모두를 최대한 진실하게 이야기하겠다고 말입니다. 그런데 지금 저는 당신께 당부를 하나 드려야겠습니다. 부디 저의 진실성을 전적으로 믿으시고, 저의 행동에 숨은 동기가 있었을 거라는 추측을 하지 않으셨으면 합니다. 숨은 동기가 있다 하더라도 지금 제가 부끄러워할 일은 아니겠지만, 이 경우에 그런 추측은 맞지 않습니다. 제가 탈진한 노름꾼의 뒤를 따라 서둘러 길거리로 나선 건 결코 그 청년에게 반해서가 아닙니다. 저는 그를 전혀 남자로 생각하지 않았습니다. 사실 남편이 죽을 당시 이미 마흔을 넘긴 나이인지라 그 후 어떤 남자든 눈여겨본 적이 단 한번도 없었습니다. 그런 일은 제게는 완전히 끝난 상태였습니다. 이 사실을 당신께 힘주어 말씀드려야겠군요. 그렇지 않으면 당신은 나중에 일어난 일이 얼마나 끔찍했는지를 제대로 이해하지 못 하실 테니까요.

물론 저 역시 그때 그 불행한 사람을 따라가라고 저를 몰아세운 감정을 무어라 불러야 할지 난감하긴 합니다. 호기심도 있었지만, 그보다 더 컸던 건 끔찍한 불안감이었습니다. 아니, 무언가 끔찍한 일이 일어날 거라는 불안감 때문이었다고 하는 게 낫겠군요. 처음 본 순간부터 보이지 않는 끔찍한 무언가가 이 청년 주위를 구름처럼 에워싸고 있다고 느꼈으니까요. 하지만 그런 감정을 해부하고 분석한다는 건 불가능합니다. 그 감정은 도저히 저항할 수 없을 만큼 너무도 갑작스레, 너무도 충동적으로 뒤섞여 나오니까요. 분명 저는 길거리에서 자동차를 향해 뛰어드는 어린애를 끌어내는 사람처럼, 그저 본능적으로 도우려 나섰을 뿐입니다. 헤엄칠 줄도 모르는 사람이 물에 빠진 사람을 따라 다리에서 첨벙 뛰어드는 걸 어떻게 설명해야 할까요? 그런 대담한 행동이 아무 소용이 없다는 걸 깨달을 틈도 없이, '그 무엇'은 마술사처럼 사람들을 끌어당기고, 어떤 의지는 그들을 밀쳐서 떨어트립니다. 바로 그렇게, 저는 당시 깊이 생각하지도 않고 맑은 정신으로 따져 보지도 않고 카지노에서 출구로, 출구에서 테라스로 그 불행한 사람을 뒤따라 간 것입니다.

당신은 물론이고, 눈으로 보고 느낄 수 있는 사람이라면 누구든 이 불안과 호기심을 떨쳐 낼 수는 없었을 겁니다. 스물넷이 될까 말까 한 청년이 늙은이처럼 힘겹게 몸을 가누며, 나사가 풀린 듯 말을 듣지 않는 팔다리를 주정뱅이처럼 허우적대며 충계를 내려가 길가 테라스로 간신히 발걸음을 떼다니, 이보다 더 무시무시한 광경은 상상할 수조차 없을 겁니다. 그는 테라스 벤치에 포대자루처럼 털썩 주저앉았습니다. 이걸 본 저는 이 사람은 정말 끝장이라는 사실을 새삼 느꼈습니다. 이렇게 주저앉는다는 것은, 죽은 사람이든가, 아니면 몸속 근육이 이미 다 죽어 버린 사람뿐입니다. 그는 머리를 비스듬히 등받이에 기댄 채, 축 늘어진 팔을 아래로 덜렁대고 있었습니다. 지나가는 사람이 희미하게 흔들리는 가로등 불빛 아래 그 모습을 보았다면 분명 총에 맞은 시체로 여겼을 겁니다. 어째서 제가 그런 환영을 떠올렸는지 설명할 수는 없지만, 갑자기 그 환영은 손에 잡힐 듯이 선명하게, 몸서리가 쳐지도록 끔찍이 뇌리를 떠나지 않았습니다. 그는 그 순간 정말 그렇게 총에 맞은 시체로 보였습니다. 그가 피스톨을 주머니에 넣고 있고, 내일은 이 벤치 혹은 어느 다른 벤치에서 피범벅이 되어 누운 시체로 발견될 것임을 저는 굳게 확신했습니다. 그가 주저앉는 모양이 낭떠러지로 떨어지는 돌의 모양과 똑같았기 때문입니다. 그런 돌은 밑바닥에 닿기 전에는 멈추지 않지요. 저는 여태껏 몸짓으로 피로와 절망을 이토록 절절히 표현하는 사람을 본 적이 없습니다.

그런데 제 처지가 어땠을지 생각해 보세요. 저는 만신창이가 되어 벤치에서 꼼짝하지 않는 사람 뒤에 이삼십 보쯤 떨어져서 어쩔 줄 모르며 서 있었습니다. 한편으로는 도와야 한다는 의지에 떠밀리면서도 다른 한편으로는 알지도 못하는 남자에게 길거리에서 말을 건다는 게 겁이 났습니다. 그렇게 해서는 안 된다고 배웠고 그 가르침을 뼛속 깊이 받아들였으니까요. 구름 낀 하늘 아래 가스등이 희미하게 깜빡거렸고, 자정이 가까운 탓에 인적은 아주 드물었습니다. 그렇게 저는 자살하려는 사람과 단둘이 공원에 남게 된 것입니다. 저는 마음을 다잡고 다섯 번, 아니, 열 번을 그에게 다가갔지만, 매번 부끄러운 마음에 도로 돌아섰습니다. 뛰어내리려는 사람은 자기를 도우려는 사람을 함께 끌어들일 거라는 마음속 예감 때문에 본능적으로 돌아섰을지도 모릅니다. 이렇게 우왕좌왕하다 보니 저 또한 이 상황이 얼마나 어이없고 황당한지를 똑똑히 알겠더군요. 그런데도 저는 말을 걸지도 못했고 떠나가지도 못했습니다. 무언가를 하지도 못했고 그를 내버리고 가지도 못했습니다. 보이지 않는 바다에서 잔물결이 천 번, 또 천 번을 일렁이며 시간을 야금야금 갉아먹는 동안, 저는 너무도 길었던 한 시간가량, 마음을 정하지 못한 채 테라스를 서성이고 있었습니다. 믿기 어려우시겠지만 정말 그랬습니다. 한 사람이 완전히 만신창이가 된 모습은 그 정도로 저를 뒤흔들고 붙잡았으며 놓아주지 않았습니다.

그러나 저는 말을 걸고 행동을 취할 용기가 나질 않았습니다. 어쩌면 저는 그렇게 밤새 기다리며 서 있었거나, 아니면 현명하게도 이기심을 좇아서 그냥 돌아갔을지도 모릅니다. 네, 그랬습니다. 그때 저는 이미 이 만신창이가 된 사람을 그냥 그대로 내버려 두자고 마음먹었던 것 같습니다. 그러나 그때 강력한 그 무엇이 저의 망설임을 끝내 버렸습니다. 더 자세히 말하자면 비가 쏟아지기 시작한 것입니다. 이미 저녁 내내 봄바람은 묵직하니 물기를 머금은 구름을 바다 위에 모아 놓고 있었습니다. 하늘이 아주 낮게 드리워 있다는 걸 폐와 심장으로 느낄 수 있었지요. 갑자기 빗방울이 떨어지기 시작하더니 금세 바람이 불며 굵직한 빗줄기가 정신없이 쏟아졌습니다. 저는 매점 처마 밑으로 뛰어들었습니다. 우산을 펼쳤지만, 돌풍이 불면서 빗줄기가 제 옷으로 날아왔습니다. 빗방울이 요란하게 소리를 내며 바닥에 부서졌다가 튕겨 오르는 바람에 제 얼굴과 양손까지도 축축이 젖을 정도였습니다.

그러나—20년이 지난 오늘 돌이켜 보아도 숨이 막힐 지경으로 끔찍한 장면이었습니다—장대비가 억수로 퍼붓는데도, 그 불행한 사람은 가만히 벤치에 앉아서 꼼짝도 하지 않았습니다. 처마 아래로 물줄기가 콸콸 쏟아져 내렸고, 시내에서는 마차 소리가 요란했고, 곳곳에서 사람들은 외투를 뒤집어쓰고 걸음을 재촉했습니다. 살아 있는 것은 모두 겁을 내며 몸을 움츠렸고 몸을 숨길 곳을 찾아서 도망쳤습니다. 인간과 짐승들은 한결같이 하늘에서 쏟아지는 물벼락 앞에서 두려워 떨었습니다. 다만 시꺼먼 실타래처럼 벤치에 엉겨 붙은 그 사람만은 손끝 하나 까딱하지 않았습니다. 이 사람은 자신의 감정 하나하나를 동작과 몸짓으로 생생하게 표현하는 불가사의한 능력이 있다는 걸 앞서 말씀드렸지요? 정말이지 지상의 그 어떤 예술작품도 장대비 속에서 꼼짝 않고 무감각하게 앉아 있는 그 모습만큼 절망과 자포자기의 심정에 산송장이 된 인간의 모습을 충격적으로 표현해 낼 수는 없을 겁니다. 그 사람은 몸을 일으켜 몇 발자국을 걸어 지붕 밑에서 비를 피할 수도 없을 정도로 지쳐 있었고 자기 존재에 대한 마지막 관심마저 놓아 버린 상태였습니다. 조금만 움직이면 비를 피할 수 있는데도 너무 지친 나머지 아무래도 좋다는 듯 온몸으로 물세례를 받는 남자! 미켈란 젤로 같은 조각가나 단테 같은 시인조차도 지상에 존재하는 극한 의 절망감과 극한의 비참함을 이 살아 있는 인간만큼 감동적으로 전달하지는 못했을 겁니다.

이 광경에 저는 행동할 수밖에 없었습니다. 저는 매섭게 내리 꽂히는 장대비 속을 뚫고 단숨에 벤치로 뛰어가서는 물에 빠진 생 쥐 꼴인 그를 흔들었습니다. "일어나세요!" 하고 저는 그의 팔을 붙잡았습니다. 무엇인가가 힘겹게 저를 올려다보았습니다. 그의 몸은 천천히 어떤 동작을 시도하려는 듯 보였지만 그는 넋이 나 가 있었습니다. "자, 일어나세요!" 저는 한번 더 그의 흠뻑 젖은 옷 소매를 잡아끌며 화를 내다시피 했습니다. 그러자 그는 기운 없이 휘청이며 천천히 일어났습니다. "무슨 일이십니까?" 그가 물었습 니다. 저는 그 말에 대꾸할 말이 생각나지 않았습니다. 저 역시 그 를 어디로 데려가야 할지 몰랐으니까요. 다만 그가 극도로 절망한 나머지 차가운 빗줄기를 맞으며 우두커니 앉아서 어리석게도 자 신을 죽이려 드는 것을 막으려는 생각뿐이었습니다. 저는 팔을 놓 지 않고, 아무런 저항도 하지 않는 남자를 매점 쪽으로 끌고 왔습 니다. 거기에는 좁은 지붕이 툭 튀어나와 있어서 바람을 타고 성난 주먹을 내지르는 폭우를 어느 정도는 피할 수 있었으니까요. 저는 그저 비를 피할 수 있게 이 사람을 지붕 밑으로 데려가려고만 했고 더는 생각하지 않았습니다.

그렇게 해서 우리 둘은 문을 닫은 매점의 담벼락을 등지고 자그마한 처마 아래, 비가 들이치지 않는 한 뼘의 땅에 나란히 서 있었습니다. 그칠 줄 모르는 비는 돌풍을 타고 옷이며 얼굴에다 차가운 물 폭탄을 쏟아부으며 계속 심술을 부렸습니다. 제게는 견디기 힘든 상황이었습니다. 흠뻑 젖은 낯선 남자 옆에 무작정 서 있을 수는 없었습니다. 게다가 그를 이리로 끌고 와 놓고 말 한마디 없이 그냥 세워 둘 수도 없는 노릇이었습니다. 무엇이든 해야 했습니다. 차츰 저는 마음을 가라앉히고 이성적으로 생각하려고 애썼습니다. 그를 마차에 태워서 숙소로 데려다주고 나도 호텔로 돌아가면 된다, 내일이 되면 그가 알아서 할 것이다. 이게 제 생각이었습니다. 그래서 저는 미동도 없이 옆에 선 그에게 물었습니다. "숙소가 어디죠?"

줄곧 폭우가 내리는 어둠 속을 응시하던 그가 말했습니다. "난 숙소가 없어요. 저녁 무렵에야 니스에서 이리로 왔으니까…… 내 숙소로 갈 수는 없어요."

마지막 말이 무슨 뜻인지 그때는 이해하지 못했습니다. 나중에야 이 사람이 저를…… 그러니까 몸을 파는 여자로 생각했다는 걸 알겠더군요. 밤이면 여자들이 운 좋은 노름꾼이나 인사불성의 술꾼들에게서 돈을 뜯어내려고 카지노 부근에 떼를 지어 진을 치고 있는데, 그는 저를 그런 여자 중 하나라고 생각했던 겁니다. 사실 그렇게 생각한 것도 당연합니다. 저 또한 당신께 이야기를 들려드리는 지금에서야 비로소, 제가 얼마나 황당무계하고 어처구니없는 일을 벌였는지를 느끼니까요. 그가 어떻게 달리 생각할 수가 있었겠습니까? 제가 그를 벤치에서 끌어내어 당연한 듯이 데리고 간건 확실히 숙녀답지 않은 행동이었지요. 하지만 그때는 그런 생각을 할 겨를이 없었습니다. 나중에야 비로소, 너무 늦게야 그가 저라는 여자에 대해 어떤 끔찍한 오해를 품었는지 어렴풋이 알겠더군요. 만약 그때 눈치를 챘더라면, 그의 착각을 한층 더 부추기는 말은 않았을 겁니다. 전 이렇게 말했지요. "그렇다면 호텔에 방을 하나 잡도록 하죠. 이러고 계시면 안 돼요. 어디든 숙소로 가야해요."

이번에는 저도 그가 오해하고 있다는 걸 대번에 알 수 있겠더군요. 그가 제게는 고개 한번 돌리지 않은 채, 비웃는 표정으로 저를 뿌리쳤으니까요. "아니, 방 따위는 필요 없어. 난 이젠 필요한게 아무것도 없다고. 헛수고는 집어치워. 내겐 뜯어갈 돈이라곤 한푼도 없으니까. 사람을 잘못 골랐어. 내겐 한 푼도 없다고."

그는 이 끔찍한 말을 등골이 오싹할 만큼 아무렇지도 않게 내뱉었습니다. 흠뻑 젖어서 물을 뚝뚝 흘리며 기진맥진해서 담벼락에 힘없이 기대선 모습이 너무도 딱해 보였기에 저는 조금이나마모욕감을 느낄 겨를조차 없었습니다. 그가 도박장에서 휘청거리며나가는 것을 본 순간부터, 그를 지켜보며 어처구니없이 한 시간을보내는 동안 제가 계속 품은 생각은 오직 하나였습니다. 여기 한사람이, 살아 숨 쉬는 젊은 사람이 죽기 직전에 있으며 나는 그 사람을 구해야만 한다! 저는 가까이 다가갔습니다.

"돈 걱정은 마세요! 여기 있으면 안 돼요. 제가 숙소를 잡아 드릴 테니 아무 걱정하지 말고 가세요!"

그가 고개를 돌렸습니다. 비는 둔탁하게 우리 주변에 후드득 떨어지고, 낙숫물은 콸콸 발치로 흐르고 있었습니다. 그가 처음으로 어둠을 뚫고 제 얼굴을 보려고 애쓰는 것 같더군요. 그의 육체도 차츰 무감각한 상태에서 깨어나는 듯했습니다. "그래, 당신이 굳이 그러고 싶다면야." 그는 양보하듯 말했습니다. "난 아무래도 좋아…… 사실 그래서 안 될 것도 없지. 가자고." 제가 우산을 펼치자 그는 곁으로 와서 제 팔을 꼈습니다. 그가 갑작스럽게 친근히 구는 게 불쾌했습니다. 깜짝 놀랐고 가슴속 깊이 공포심을 느끼기까지 했습니다. 그러나 그에게 그러지 말라고 나무랄 용기는 없었습니다. 제가 지금 그를 뿌리친다면 그는 나락으로 떨어질 테고 지금껏 제가 애쓴 게 모두 허사가 될 테니까요. 우리는 조금 걸어서 카지노 쪽으로 돌아갔습니다. 그때에야 비로소 그를 어떻게 할지 저 또한 모르고 있다는 사실을 깨달았습니다. 급히 생각해 보니, 그를 호텔로 데리고 가서 거기서 묵게 하고 내일 거주지로 돌아갈 수 있게끔 돈을 건네주는 게 제일 낫겠다 싶었습니다. 그 이상은 생각지도 않았습니다. 마침 마차 몇 대가 카지노 앞을 지나가기에 한 대를 불러 세우고 그와 같이 올라탔습니다. 마부가 어디로 가냐고 묻자, 저는 당장은 할 말이 떠오르지 않았습니다. 그런데 고급 호텔에서는 흠씬 젖어서 물을 뚝뚝 흘리고 있는 그를 받아주지 않을 거라는 생각이 불쑥 들더군요. 게다가 저는 정말이지 세상 물정 모르는 여자였던 탓에 다른 뜻으로 들릴 거란 걱정은 전혀 없이 마부에게 "어디든 적당한 호텔로 가 주세요"라고 외쳤습니다.

마부는 비를 흠뻑 맞으며 태연히 말을 몰았습니다. 옆에 앉은 낯선 사람은 말 한마디 없었습니다. 차바퀴가 덜컹댔고, 굵직한 빗줄기가 세차게 창문 유리를 때렸습니다. 불빛이 없는 캄캄한 관 같은 마차 안에 앉아 있자니 제가 마치 시체를 데리고 가는 기분이었습니다. 저는 그와 말없이 함께 있는 게 거북하고 두려워서 무슨 말이든 해서 분위기를 부드럽게 해 보려고 궁리했지만 아무 말도 떠오르지 않았습니다. 몇 분 뒤에 마차가 멈춰 섰습니다. 저는 먼저 내려 마부에게 돈을 치렀고 그사이에 그는 잠에 취한 듯한 몰골로 마차에서 내렸습니다. 이제 우리는 조그만 낯선 호텔 문 앞에 서 있었습니다. 머리 위에는 유리로 된 둥근 처마가 드리워져 있어서 비를 피할 수 있는 작은 공간을 마련해 주었습니다. 지겹도록 단조롭게 퍼붓는 빗줄기는 꿰뚫어 볼 수 없는 어둠을 헤집고 있었습니다.

이 낯선 사람은 무거운 몸을 가누지 못해 어느새 담벼락에 기대었습니다. 젖은 모자와 구겨진 옷에서 물방울이 뚝뚝 떨어지고 있었습니다. 강에서 건져 낸 익사체 마냥, 그는 오감이 마비된 듯 거기에 그렇게 서 있었습니다. 그가 기대고 선 자리 주변에 흘러내린 물이 고였습니다. 그러나 그는 몸을 흔들어 물을 털려는 최소한의 노력도 하지 않았습니다. 모자에서 물방울이 이마와 얼굴로 계속 흘러내리는데도 모자를 벗어 물기를 털어 낼 생각조차 하지 않았습니다. 그는 아무런 감정 없이 서 있었습니다. 이토록 망가진 그의 모습에 제 마음이 얼마나 흔들렸는지 이루 다 말씀드릴 수 없을 정도입니다.

그러나 이제 무슨 조처를 해야만 했습니다. 저는 지갑에 손을 넣었습니다. "자, 백 프랑을 받으세요." 제가 말했습니다. "이 돈으로 방을 얻고, 내일 니스로 돌아가세요." 그는 놀라서 얼굴을 들었습니다.

"카지노에서 당신을 지켜보고 있었어요." 그가 주저하고 있음을 눈치챈 저는 앞질러 말했습니다. "당신이 전 재산을 잃고 어리석은 짓을 할까 봐 걱정하고 있었어요. 도움을 받는다는 건 부끄러운 일이 아니에요…… 자, 받으세요!"

그러나 그는 제가 미처 예상하지 못한 힘으로 제 손을 밀어냈습니다. "착한 사람이군." 그가 말했습니다. "하지만 돈을 낭비하지는 말아. 아무도 더는 날 도울 수 없으니까. 내가 오늘 밤, 잠을 자든 말든 바뀔 건 없어. 내일이면 어차피 만사가 끝나니까. 나는 이미 끝장이야."

"아뇨, 이 돈을 받으세요." 저는 그를 재촉했습니다. "내일이면 당신도 생각이 달라질 거예요. 지금은 그냥 방으로 올라가서 다 잊고 푹 주무세요. 날이 밝으면 모든 게 달리 보일 거예요."

그러나 제가 다시 돈을 받으라고 강요하자 그는 거칠게 제 손을 밀쳤습니다. "그만둬!" 그는 공허한 어조로 같은 말을 되풀이했습니다. "소용없는 짓이야. 이곳 사람들의 방을 피로 더럽히기보다는 밖에서 처리하는 편이 나아. 백 프랑도 천 프랑도, 내게는 도움이 되질 않아. 내일이 오면 난 또 마지막 몇 프랑을 들고 노름을 하러 갈 테고, 죄다 잃기 전에는 그만두지 않을 테니까. 같은 짓을 또 한 차례 벌일 이유는 없잖아? 이제 난 지쳤어."

이 공허한 말투가 얼마나 제 마음을 아프게 했는지 당신은 가늠하지 못할 겁니다. 한번 제 상황을 머릿속에 그려 보세요. 당신 바로 앞에 살아 숨 쉬는 해맑은 젊은이가 서 있습니다. 그런데 당신이 정신을 바짝 차리지 않으면, 생각하고 말하고 숨 쉬는 이 청

춘은 두 시간 안에 시체가 된다고 생각해 보세요. 이제 저는 화가
잔뜩 나서 무의미한 저항을 꺾으려 들었습니다. 저는 그의 팔을 움
켜쥐었습니다. "그런 어리석은 소리 그만하세요! 자, 올라가서 방
을 얻어요. 내일 제가 일찌감치 와서 기차에 태워 드리겠어요. 당
신은 이곳을 떠나 내일 안으로 돌아가야 해요. 당신이 차표를 가지
고 기차를 타는 것을 볼 때까지 제가 당신을 지킬 거예요. 몇 백 프
랑, 몇 천 프랑을 잃었다고 해서 젊은 사람이 목숨을 버려서는 안
됩니다. 그건 비겁해요. 당신은 화나고 분한 마음에 어리석게도 히
스테리를 일으킨 거예요. 내일이 되면 당신도 제 말이 옳았다는 걸
깨달을 거예요!"

"내일!" 그는 몹시 음침하면서도 비꼬는 투로 되풀이했습니다.
"내일! 내일 내가 어디 있을지 댁이 알기나 할까! 나도 정말 알고
싶다고! 사실 나도 조금은 그게 궁금하거든. 아니, 그만 가라고, 이
여편네야! 쓸데없이 애쓰지 말라니까. 돈만 버리는 일이야."

그러나 저는 물러서지 않았습니다. 제 속에서 일종의 광적인
집착 내지는 광분 같은 것이 일었습니다. 저는 억지로 그의 손을
잡고 지폐를 쥐여 주었습니다. "돈을 가지고 당장 올라가세요!"
이렇게 말하며 저는 단호히 호텔 문 앞의 벨을 눌렀습니다. "자, 곧
호텔 직원이 올 거예요. 올라가서 주무세요. 내일 아침 9시에 제가
이 앞에서 기다리고 있다가 당신을 역으로 데려갈게요. 다른 일은
하나도 염려하실 것 없어요. 당신이 집으로 돌아갈 수 있게, 제가
필요한 일을 처리하겠어요. 그러니 지금은 자리에 누워서 푹 주무
시고 아무 생각도 하지 마세요!"

어느 순간 열쇠가 찰칵 돌아가는 소리가 들리는가 싶더니 호텔

직원이 문을 열어 주었습니다.

"자, 들어가지!"그가 갑자기 무뚝뚝하게, 성난 목소리로 힘주어 말했습니다. 그의 손가락이 제 손목을 단단히 움켜쥐고 있었습니다. 저는 너무 놀라서…… 정말이지 너무 놀라서 벼락을 맞은 것처럼 꼼짝할 수가 없었고 정신이 아득해졌습니다…… 저는 저항하려고, 뿌리치려고 했습니다. 그러나 제 의지는 마비된 듯했습니다. 저는…… 당신은 이해하시겠지요? 저는…… 저는 짜증스러운 표정으로 기다리고 있는 호텔 직원 앞에서 낯선 사람과 옥신각신한다는 게 창피했습니다. 그러다 보니…… 그러다 보니 저는 어느새 호텔 안으로 들어와 있었습니다. 말을 하려고, 무엇이든 말하려고 했지만, 목소리가 나오질 않았고…… 제 팔에는 그의 손이 묵직하게 꼼짝 말라는 듯 얹혀 있었습니다. 그의 손에 끌려 제가 무의식중에 위층으로 올라가고 있음을 어렴풋이 느꼈습니다……. 자물쇠가 찰칵 소리를 냈습니다…….

졸지에 저는 이 낯선 사람과 이름조차 모르는 낯선 호텔 방 안에 단둘이 남았습니다."

C 부인은 다시 이야기를 중단하고 갑자기 일어섰다. 목소리가 더는 나오지 않는 듯했다. 그녀는 창가로 가서, 몇 분 동안 말없이 밖을 내다보았다. 그냥 이마를 차가운 유리창에 기대고 있는 것 같기도 했다. 나는 그녀를 가까이에서 바라볼 엄두가 나질 않았다. 격앙된 노부인의 모습을 보기가 민망해서였다. 그래서 나는 묻지도 않고 아무 소리도 내지 않고 조용히 자리에 앉아 기다렸다. 잠시 후 그녀는 다시금 차분한 발걸음으로 돌아와서 내 앞에 마주

앉았다.

"이제 꺼내 놓기 가장 어려운 이야기를 당신에게 한 셈입니다. 제게 소중한 모든 것을 걸고, 제 명예와 제 아이들의 목숨을 걸고 맹세할 수 있습니다. 저는 그 순간까지도 이 낯선 사람과 어떤…… 관계를 갖는다는 생각은 단 한번도 해 본 적이 없었습니다. 당신께 다시 한번 이 점을 확실히 강조하고 싶군요. 부디 믿어 주셨으면 합니다. 저는 정말이지 제 의지가 제대로 작동하지 않은 상태에서, 의식조차 하지 못한 채 함정에 빠지듯이 여태껏 걸어왔던 평탄한 길을 졸지에 벗어나 이런 처지에 빠져든 겁니다. 저는 당신께, 그리고 저 자신에게 진실하겠다고 맹세했던 만큼 한번 더 말씀드리겠습니다. 저는 오로지 돕고 싶다는 과열된 의지로 인해 이 비극적인 모험에 빠져들었을 뿐, 사사로운 감정 같은 다른 동기는 전혀 없었습니다. 남자와의 모험을 바라지도 않았고 예상조차 하지 않은 채 그렇게 되어 버린 겁니다.

그날 밤, 그 방에서 있었던 일을 건너뛰는 것을 양해해 주십시오. 저 자신은 잠시도 그날 밤을 잊은 적이 없으며, 절대로 잊지 않을 것입니다. 그날 밤, 저는 한 인간과 싸워서 그의 목숨을 지키려 했으니까요. 거듭 말씀드리지만 죽느냐 사느냐가 걸린 싸움이었습니다. 낯선 청년이, 이미 끝난 것이나 다름없는 처지의 청년이, 마지막 지푸라기를 거머쥔다는 심정으로 죽음을 앞둔 사람 특유의 욕망과 정열을 불태웠다는 걸 저는 온몸으로 느꼈습니다. 그는 발밑에 낭떠러지가 있다는 걸 알기에 제게 달라붙었던 겁니다. 저는 제가 가진 모든 것을 총동원하여 그를 구하려고 안간힘을 썼습니다. 아마도 사람은 평생 단 한번 그러한 시간을 겪을 것입니다. 그런 시간을 겪는 건 몇 백만 명 가운데 단 한 사람뿐일지도 모릅니다. 이 무서운 우연이 아니었더라면 저 역시 버림받고 망가진 사람이 얼마나 열렬히, 얼마나 필사적으로, 얼마나 거친 욕망을 품고, 살아 있는 붉은 피를 한 방울이라도 더 빨아 마시려 드는지를 상상도 못 했을 것입니다. 20년 내내 온갖 마성적인 힘과는 거리가 먼 삶을 누렸던 저로서는 자연이란 것이 종종 얼마나 기막히게 탁월한 솜씨로 열기와 냉기를, 죽음과 삶을, 도취와 절망을, 찰나의 순간에 농축해 놓는지를 꿈도 꾸지 못했을 것입니다. 그날 밤에는 싸움이 벌어졌고, 대화가 오갔으며, 열정과 분노와 미움이 가득했고, 맹세하는 사람은 감정이 복받쳐 눈물을 흘렸습니다. 천년과도 같은 밤이었습니다. 이 밤에 우리 둘은, 하나는 죽을 작정을 하고 다른 하나는 뭐가 뭔지도 모르는 채, 서로 부둥켜안고 낭떠러지로 비틀거리며 떨어졌다가 죽음과도 같은 혼란을 겪은 후 다른 모습으로 완전히 바뀌어서, 다른 감각과 다른 감정을 지니고 태어났던 것입니다.

그러나 그 밤에 대해 더 이상 말하지는 않으렵니다. 묘사한다는 게 불가능하기도 하고 그러고 싶지도 않습니다. 다만, 제가 아침에 깨어나서 겪은 1분, 그 무엇과도 비할 길 없는 그 1분에 관해서는 좀 말씀드려야 하겠습니다. 저는 찍어 누르는 듯 묵직한 잠에서 깨어났습니다. 이전에는 몰랐던 밤의 밑바닥에 머물다가 깨어난 기분이었습니다. 눈을 뜨기가 쉽지 않았습니다. 그런데 맨 처음 눈에 들어온 것은 낯선 천장이었습니다. 계속 눈을 돌리자 전혀 생소한 흉한 공간이 보였습니다. 제가 어떻게 해서 이리 오게 됐는지 짐작이 가지 않았습니다. 처음에는 이건 꿈이라고 자신에게 되뇌었습니다. 멍하니 어수선하게 잠을 자다가, 또렷하고 단순한 꿈을 꾸는 단계로 올라온 거라고 말입니다. 그러나 창가에는 벌써 눈부시게 밝은 햇살이, 분명 아침을 알리는 현실 세계의 빛이 가득했고, 방 아래 거리는 마차가 덜컹대는 소리, 전차의 방울 소리, 사람들 말소리로 시끄러웠습니다. 저는 꿈을 꾸고 있던 게 아니라 깨어나 있었던 겁니다. 정신을 차리려고 몸을 일으키니, 그때…… 눈을 옆으로 돌리자 보인 건—제가 얼마나 소스라치게 놀랐는지, 도저히 말로 표현할 수 없을 겁니다—넓은 침대에서 제 옆에 누워 자는 낯선 남자였습니다……. 낯선 남자가, 생면부지의 남자가, 반벌거숭이로, 누군지도 모르는 사람이…….

정말이지, 이 경악의 감정은 도저히 말로 설명할 수가 없습니다. 그 감정에 호되게 얻어맞고서 저는 힘없이 쓰러졌습니다. 기절해서 더는 아무것도 모르는 상태가 되었다면 정말 좋았겠지만 정반대였습니다. 번개처럼 빠르게 이 기막힌 일들이 죄다 의식 위로 떠올랐으니까요. 저는 그저 죽고 싶은 마음뿐이었습니다. 수상한 싸구려 호텔의 낯선 침대에서 생면부지의 남자와 함께 있는 저 자신이 너무도 수치스러웠으니까요. 제 심장을 멎게 하려고 숨을 멈추었던 걸 지금도 똑똑히 기억하고 있습니다. 그렇게 하면 제 목숨을, 아니, 그보다도 제 의식을 제거할 수 있을까 싶었습니다. 이 명료한 의식은, 잔인하리만치 명료한 의식은 모든 것을 파악하긴 했지만 무엇 하나 이해하지 못하고 있었으니까요.

제가 얼마나 오랫동안 손발이 얼음장이 된 채로 누워 있었는지는 알 도리가 없습니다. 제 꼴은 뻣뻣이 굳은 주검이 관 속에 누워 있는 것과 흡사했을 겁니다. 제가 눈을 감고 하느님께, 혹은 하늘에 계신 어떤 권력자에게 기도했다는 것만 기억합니다. 제발 꿈이 길! 현실이 아니길! 그러나 저의 날카로워진 감각을 더는 속일 수 없었습니다. 옆방에서 사람들 말소리와 물 흐르는 소리가 들렸고, 바깥 복도에서는 발걸음 소리가 들려왔습니다. 이러한 소리 하나 하나가 잔인하게도 제가 깨어 있다는 걸 여지없이 입증하고 있었습니다.

이 고통스러운 상태가 얼마나 길었는지, 저로서는 말할 수가 없군요. 그러한 순간은 살면서 잴 수 있는 시간 단위와는 다른 척도를 가지는 법이니까요. 그런데 문득 다른 불안감이 저를 덮쳤습니다. 이름도 모르는 이 낯선 남자가 지금 깨어나서 제게 말을 걸지도 모른다 생각하니 견딜 수 없이 불안했습니다. 곧 저는 제가 할 수 있는 일은 단 하나뿐임을 깨달았습니다. 그가 깨어나기 전에 옷을 입고 도망쳐야 한다는 것을요. '지금이라도 그의 눈에 띄지도 말고 그에게 말을 걸지도 말자. 제때 몸을 빼서 이곳을 빨리, 아주 빨리 떠나야 한다. 나의 삶으로, 내가 묵는 호텔로 일단 돌아가자. 그리고는 즉시 다음 기차로 이 저주스러운 장소를, 이 나라를 떠나자. 그와는 절대 마주치는 일이 없을 것이다. 다시는 그와 눈도 마주치지 않을 것이다. 목격자가 없으니 비난할 사람도, 사정을 아는 사람도 없을 것이다.' 이런 생각을 하면서 저는 실신 상태에서 벗어났습니다. 저는 아주 조심스레 도둑놈처럼 살금살금 침대를 내려와 옷을 둔 곳에 이르렀습니다. 그리고는 줄곧 그가 깰까 떨며 아주 조심스레 옷을 입었습니다. 어느새 옷을 다 입었고 제 계획은 성공한 듯했습니다. 저의 모자만이 침대 다른 편 발치에 있었습니다. 그래서 저는 발꿈치를 들고 가서 모자를 집어 들었습니다.

그 순간 저는 이 낯선 사람의 얼굴에 눈길을 한번 던지지 않을 수가 없었습니다. 그렇게 할 수밖에 없었습니다. 벽에서 돌조각이 떨어지듯 제 삶 한복판에 떨어진 사람이니까요. 그저 잠깐만 한번 볼 생각이었습니다. 그런데…… 참으로 신기했습니다. 거기 잠든 낯선 청년은 정말로 제가 처음 본 사람이었습니다. 처음에는 어제의 얼굴을 전혀 알아볼 수가 없을 정도였습니다. 죽기 살기로 흥분했던 남자는 열정에 휘말린 나머지 부르르 떨면서 긴장된 표정을 짓고 있었는데, 그런 표정이 죄다 싹 지워져 있었습니다. 여기 이 사람은 다른 얼굴을, 아이나 소년 같은, 그런 얼굴을 하고 있었습니다. 참으로 순결함과 청량함으로 빛나는 얼굴이었습니다. 어제는 성난 듯 치열 사이에 말려 있던 입술은 살포시 열린 채 꿈을 꾸면서 미소를 짓는 듯 둥그런 모양을 하고 있었습니다. 매끈한 이마는 부드럽게 물결치는 금발 머리로 덮여 있었고, 그가 가슴으로 숨을 쉴 때마다 잔잔한 파도가 조용히 잠든 몸 위로 퍼지고 있었습니다.

이제껏 그 사람이 노름에 몰두할 때면 제가 일찍이 본 적 없는 탐욕과 정열을 뿜어냈고, 그것은 범죄자의 탐욕과 정열만큼이나 강렬하고 무절제했다고, 아까 말씀드렸는데 기억이 나시는지요? 그런데 지금 잠이 든 그는 잡티 하나 없는 해맑음과 참된 천상의 행복을 구현하고 있었습니다. 잠든 젖먹이 아기는 가끔 천사처럼 명랑한 빛을 발산하긴 하지만 그런 아기에게서조차 저는 지금껏 그와 같은 모습을 본 적이 없었답니다. 이 얼굴은 온갖 감정을 비길 데 없이 선명한 형태로 보여 주고 있었습니다. 내면의 중압감에서 벗어나 구원을 받고는 천국에 있는 듯 평안한 모습이었습니다. 이처럼 놀라운 광경에 저는 묵직한 검은 외투를 떨쳐내듯, 저의 온갖 불안과 두려움을 떨쳐냈습니다. 저는 더 이상 부끄러워하지 않았습니다. 아니, 즐겁기까지 했습니다. 무시무시하고 괴이한 일이 졸지에 제게는 의미 있는 일이 되었으니까요. 여기 한 떨기 꽃처럼 환한 모습으로 잠든 아름답고 사랑스러운 청년은 제 헌신이 없었더라면 산산조각이 나서 피를 흘리고 있었을 테고, 결국 두개골이 깨지고 눈을 흉하게 부릅뜬 시체로 어느 절벽 기슭에서 발견되었을 테니까요. 이런 생각을 하면서 저는 기뻤고 자랑스러웠습니다. '내가 그를 구했어, 그는 구원을 받은 거야!'

저는 이제—달리 말할 길이 없군요—어머니의 눈길로 잠자는 그를 보았습니다. 제가 그를, 제 자식들을 낳을 때보다 더 고통스럽게 또 한 차례 낳아서 살게 했으니까요. 역겹기 그지없는 싸구려 호텔의 낡고 더러운 방에 있는 저는, 황당한 소리를 한다고 여기실지도 모르겠지만 마치 교회에 머무는 기분이었습니다. 마치 제가 기적을 이루고 성녀로 추앙받은 것처럼 신의 은총을 느꼈습니다. 살면서 가장 끔찍했던 순간으로부터 가장 놀랍고 감동적인 순간이 생겨났기에 이 두 순간은 쌍둥이 자매와도 같았습니다.

제가 너무 소란스럽게 움직인 탓일까요, 저도 모르게 혼잣말을 했던 걸까요? 알 수 없는 일입니다. 잠자던 사람이 갑자기 눈을 떴습니다. 저는 화들짝 놀라서 뒷걸음질을 쳤습니다. 그는 놀라 주변을 둘러보았습니다. 조금 전의 저처럼 그 역시 끝없는 심연과 혼란으로부터 애써 헤어나려는 듯했습니다. 그의 눈길은 힘겹게 낯선 방 안을 떠돌다가 의아한 듯 저를 향했습니다. 그러나 그가 말을 시작하거나 완전히 정신을 차리기 전에 저는 이미 마음을 다잡고 있었습니다. '그가 말을 꺼내거나 무언가를 물을 기회를 주지 말

자. 친밀하게 굴게끔 해서도 안 돼. 그런 걸 되풀이할 수는 없어. 어제의 일, 지난밤에 있었던 일은 설명하지도, 언급하지도 말자!'

"저는 이제 가야 해요." 그에게 급히 말했습니다. "당신은 여기 남아서 옷을 입으세요. 12시에 카지노 입구에서 뵐게요. 다른 모든 일들은 제가 처리하겠어요."

그가 채 대답하기도 전에 저는 밖으로 뛰쳐나왔습니다. 더는 그 방을 보고 싶지 않았으니까요. 그러고는 뒤도 돌아보지 않고 달려서 호텔을 나왔습니다. 지금껏 그 호텔의 이름은 모릅니다. 거기서 하룻밤을 같이 보낸 사람의 이름도 모르듯이 말입니다."

C 부인은 이야기를 멈추고 숨을 돌렸다. 이제 그녀의 목소리에 묻어나던 온갖 긴장과 고통은 사라졌다. 힘겹게 언덕을 오르던 마차가 일단 고지에 다다르면 쉽게 달려서 순식간에 언덕을 내려가는 것처럼, 지금부터 그녀는 무거운 짐을 내려놓은 듯이 술술 이야기를 이어 갔다.

"이렇게 저는 환한 아침 거리를 지나 제가 묵는 호텔로 갔습니다. 폭우가 내린 후 하늘을 메웠던 온갖 먹구름이 사라지듯 저의 괴로운 심정 또한 자취를 감추었습니다. 제가 아까 말씀드렸다시피, 저는 남편이 죽은 후 제 삶을 완전히 방치한 상태였습니다. 자식들은 저를 필요로 하지 않았고, 저 자신도 제게 바라는 것이 없었습니다. 어떤 특정한 목표 없이 산다는 건 잘못입니다. 이제 저는 뜻하지 않게 처음으로 과제를 하나 갖게 되었습니다. 저는 저의 온 힘을 바쳐서 그를 파멸의 구렁텅이에서 끌어올림으로써, 한 인간을 구했습니다. 그런데 이 과제를 마무리 지으려면 아직 소소한 일들을 처리해야 했습니다. 저는 제가 묵는 호텔로 갔습니다. 호텔 직원은 아침 9시가 되어서야 돌아온 저를 의아한 눈빛으로 보았지만 상관없었습니다. 더는 이미 일어난 일 때문에 부끄럽거나 화가 나지 않았으니까요. 오히려 갑자기 삶의 의지가 다시금 샘솟았고, 뜻밖에도 제가 세상에 필요한 존재라는 생소한 느낌이 혈관을 훈훈히 덥히고 있었습니다. 저는 제 방에서 급히 옷을 갈아입었습니다. 저도 나중에야 알아챈 일인데 저도 모르게 상복을 벗고 밝은색 옷을 입었더군요. 그러고는 돈을 찾으러 은행에 들렀고, 기차 시간을 알기 위해 서둘러 역으로 갔습니다. 저 자신도 놀랄 정도로 시원스럽게 그밖의 다른 일도 두어 가지 처리했습니다. 이제 운명이 제게 던져 준 사람을 기차로 태워 보냄으로써 최종적으로 구원의 과제를 마무리하는 것 외에는 할 일이 없었습니다.

물론 그의 앞에 나서려면 마음을 다져야 했습니다. 어제 일은 죄다 어둠 속에서 벌어졌고, 급류에 휘말린 두 개의 돌이 갑자기 부닥치듯 혼란한 와중에 일어났습니다. 우리는 서로 얼굴을 제대로 마주하지도 않았으니 그 사람이 저를 알아볼지도 확실치 않았습니다. 어제는 혼란에 빠진 두 사람이 우연히 만나 넋을 잃고 미처 날뛰었지만, 오늘은 어제보다 더 공개적으로 저를 그에게 내보이지 않을 수 없었습니다. 이제 저는 무자비하게 밝은 대낮에 얼굴을 드러내고, 살아 있는 인간으로서 그의 앞에 몸소 나서야만 했습니다.

그러나 모든 일은 제가 염려했던 것보다 쉽게 흘러갔습니다. 약속한 시각에 카지노로 가자 웬 젊은 사람이 벤치에서 벌떡 일어나 저를 맞이했습니다. 그의 놀라워하는 모습이나 표현이 풍부한 동작 하나하나는 몹시도 자연스러웠습니다. 그는 천진난만한 어린 애처럼 행복해 보였습니다. 감사와 존경과 기쁨이 가득한 눈을 반짝이며 한달음에 달려온 그는 마주 선 제가 당황해하는 것을 느끼자 겸손히 눈을 내리깔았습니다. 누군가 자신에게 고마워하는 마음을 갖는다는 걸 알아차리기란 쉽지 않습니다. 고마운 마음을 주체 못 하는 사람들조차도 그 심정을 표현할 길을 찾지 못하고 당황해서 침묵하곤 하니까요. 그들은 부끄러운 감정을 감추려고 간혹 퉁명스럽게 굴기도 합니다. 하지만 지금 이 사람은 불가사의한 조각가이신 하느님께서 빚어서 주신 감각적이고 아름답고 선명한 온갖 몸짓으로 감정을 표현하였기에, 그의 감사의 몸짓 역시 몸속 깊은 곳에서부터 뜨겁고 찬란하게 빛났습니다. 그는 제 손등에 몸을 굽히고 소년처럼 갸름한 머리를 겸손히 숙이더니 1분 동안을 그 자세를 취한 채 손가락을 가볍게 스치며 정중히 입을 맞추었습니다. 그러고는 뒷걸음질로 물러나서는 제가 잘 지냈는지를 묻고 감격에 겨워 저를 바라보았습니다. 그의 말 하나하나에는 품위가 가득했기에 몇 분 만에 마지막 불안도 사라졌습니다. 주위의 풍경은 환해진 마음을 비추는 거울이라도 된 듯이 흑마술을 떨쳐내고 반짝였습니다. 어제까지만 해도 성내며 포효하던 바다는 꿈쩍 않고 고요히 환한 자태로 누워 있었고, 부서지는 잔잔한 물결 아래에서 조약돌 하나하나가 하얗게 반짝이는 걸 여기에서도 볼 수 있었습니다. 지옥의 구렁텅이 같은 카지노도 말끔히 씻긴 새파란 하늘을 배경 삼아 눈부시게 빛나고 있었습니다. 어제 우리에게 장대비를 피할 처마를 제공했던 그 매점은 꽃집이었습니다. 거기에는 흰색과 빨간색과 초록색이 어우러진 큼직한 꽃다발들과 알록달록한 반점이 있는 온갖 종류의 꽃들이 잔뜩 쌓여 있었고, 불타는 듯이 화사한 블라우스를 입은 처녀가 꽃을 팔고 있었습니다.

저는 작은 식당에서 그에게 점심을 대접했습니다. 거기서 낯선 청년은 자신의 비극적인 모험에 관해 이야기했습니다. 그의 이야기는 제가 처음에 초록 테이블 위에서 신경질적으로 떨리는 그의 손을 보고 예상했던 것과 정확히 들어맞았습니다. 그는 오스트리아령 폴란드의 유서 깊은 귀족 출신으로 외교관의 길을 갈 예정이었습니다. 빈에서 대학을 다녔고, 한 달 전에 아주 우수한 성적으로 1차 시험에 합격했습니다. 참모본부의 고급장교인 그의 숙부는—그는 숙부댁에서 살고 있었습니다—합격을 축하하기 위해 그와 함께 마차를 타고 프라터 공원을 드라이브하고는 경마장에 갔습니다. 운 좋게도 숙부가 돈을 건 말이 내리 세 번을 이겼고 이렇게 얻은 두툼한 돈다발로 그들은 고급 레스토랑에서 저녁을 먹었습니다.

다음날 풋내기 외교관은 아버지로부터 시험에 합격한 상으로 한 달 월급에 해당하는 액수의 돈을 받았습니다. 이틀 전이었다면 그는 이것을 거액의 돈으로 여겼겠지만, 돈을 쉽게 버는 경험을 한 지금은 마구 써도 되는 푼돈으로밖에 생각하지 않았습니다. 그래서 그는 식사를 마친 후 또 경마장엘 가서는 마구잡이로 열을 올리며 돈을 걸었습니다. 그는 운이 좋았던 탓에, 아니, 어쩌면 운이 나빴던 탓에 마지막 경주가 끝난 후 원래 금액의 세 배를 가지고 프라터 공원을 떠났습니다. 이제는 돈을 걸고 노름을 하려는 무절제한 욕망이 때로는 경마장에서, 때로는 카페에서, 때로는 클럽에서 그를 덮치는 바람에 그는 시간이 딸렸고 학업을 계속할 수 없

었으며 신경쇠약이 되었고, 돈을 마냥 잃어버렸습니다. 그는 더는
생각할 수도, 깊이 잠들 수도 없게 되었고 자신을 통제할 수는 더
더욱 없었습니다. 어느 날 밤 클럽에서 가진 돈을 죄다 잃어버리
고 집으로 돌아와서 옷을 갈아입던 그는 꼬깃꼬깃 구겨진 지폐 한
장을 조끼 주머니에서 발견했습니다. 그는 그대로 잠들 수가 없어
서 다시 옷을 입고 헤매며 돌아다니다가 어떤 카페에서 도미노 게
임을 하는 사람 몇을 발견하고는 날이 밝을 때까지 그들과 게임을
벌였습니다. 한번은 출가한 누이의 도움으로 고리대금업자에게 꾼
돈을 갚기도 했습니다. 그가 대단한 귀족 가문의 상속인인 만큼 고
리대금업자들은 기꺼이 그에게 돈을 빌려주었습니다. 한동안은 다
시 노름 운이 그를 따랐습니다. 그러나 얼마 후 그의 운이 다하면
서 사태는 걷잡을 수 없이 나빠졌습니다. 그가 돈을 잃으면 잃을수
록 빚은 눈덩이처럼 커졌고, 명예를 잃지 않으려면 기한에 맞춰 약
속을 지켜야 한다는 중압감 때문에 그는 돈을 따서 구원받기를 더
욱더 탐욕스럽게 염원하게 되었습니다. 그의 시계와 옷은 이미 오
래전에 전당포에 가 있었습니다.

그러다가 결국 무서운 일이 일어났습니다. 연로한 백모는 웬만
해서는 달고 다니지 않는 큼직한 보석 단추 둘을 가지고 있었는데,
그가 그만 그걸 옷장에서 훔친 겁니다. 그는 그중 하나를 저당 잡
혀서 많은 돈을 마련했고, 그날 밤 그 돈으로 노름을 해서 네 배를
벌었습니다. 그러나 그는 그 돈으로 단추를 찾는 대신에 다시 전액
을 걸었다가 죄다 잃고 말았습니다. 그가 이곳으로 출발할 때에는
그의 절도 행위가 아직 발각되지 않았던 터라 그는 두 번째 단추
를 저당 잡히고는 갑작스러운 충동에 이끌려 몬테카를로행 열차

에 몸을 실었습니다. 룰렛 게임으로 염원하는 거액의 돈을 손에 넣기 위해서였습니다. 여기서 그는 이미 트렁크와 옷과 우산을 팔았습니다. 네 발의 총알이 든 권총과 그의 대모인 X 후작 부인에게서 받은 보석이 박힌 조그만 십자가 말고는 아무것도 남아 있지 않았습니다. 그는 이 십자가만은 내어놓지 않으려 했지만 결국 오후에는 그것마저 오십 프랑에 팔았습니다. 저녁에 이 돈으로 생사를 건 마지막 노름을 벌이기 위해서였습니다.

이 모든 이야기를 그는 창조적 재능을 지닌 사람답게 흥미롭고 멋지게 들려주었습니다. 저는 듣는 내내 놀라며 마음을 졸이고, 손에 땀을 쥐었습니다. 그러나 단 한순간도 저와 한 식탁에 앉은 이 사람이 실은 절도범이라는 사실에 화가 나지 않았습니다. 저는 나무랄 데 없이 살아왔고, 지인들에게는 관습대로 품위를 지킬 것을 아주 엄격하게 요구해 왔습니다. 이런 저에게 만일 어제 누군가가, 제가 겨우 제 자식뻘인 생면부지의 청년과 친숙하게 한자리에 앉게 될 것이며, 그 청년은 진주 단추를 훔친 도둑이라는 예언을 했었더라면, 저는 그 사람이 제정신이 아니라고 여겼을 테지요. 그러나 저는 그의 이야기를 들으면서 단 한순간도 분노하지 않았습니다. 그가 이 모든 일을 지극히 자연스럽게, 열정을 담아 이야기했기 때문에 그의 행위는 외려 열병에 걸린 환자의 기록처럼 여겨졌고, 비난의 대상이 될 수 없는 것처럼 느껴졌습니다. 그리고 지난밤, 이미 상상도 하지 못할 기막힌 일을 몸소 경험한 저 같은 사람에게, '있을 수 없는 일'이란 말은 졸지에 그 의미를 잃게 되었습니다. 저는 이 10시간 동안에, 중산층답게 보낸 지난 40년보다도 훨씬 더 많이 현실에 관해 알게 되었으니까요.

그러나 그의 고백을 듣는 내내 저를 공포에 떨게 만든 것이 있었습니다. 바로 그의 눈에 깃든 뜨거운 광채였습니다. 그가 자신의 도박벽에 관해서 이야기할 때면 눈의 광채로 인해 신경 일체가 감전된 듯, 안면이 부르르 떨렸습니다. 이야기하는 내내 그는 흥분에 몸을 떨었습니다. 그의 조각 같은 얼굴은 즐겁거나 괴로웠던 긴장된 순간들을 섬뜩하리 만큼 또렷이 그려 냈습니다. 그의 손은, 가늘고 예민하며 경이로운 이 양손은 노름판에서 그랬던 것처럼 또다시 쫓고 쫓기는 맹수를 닮아 가기 시작했습니다. 이야기하는 동안 두 손이 갑자기 손목부터 떨리더니 순식간에 구부러지며 한 덩어리가 되더군요. 그러다가는 양손이 후다닥 튀어 올랐고 곧 다시 서로 엉켜 들었습니다. 그가 보석 단추를 훔쳤다고 고백할 때 양손은 번개같이 앞으로 튀어나왔고 재빨리 도둑질하는 동작을 취했습니다. 저는 그걸 보며 움찔 놀랐습니다. 정말로 그의 손가락이 미친 듯 보석을 향해 달려들고, 다급히 손을 웅크려 그것을 감추는 모습을 생생히 보았으니까요. 그가 몸속 구석구석까지 노름에 중독되어 있음을 깨닫고는 형언할 수 없는 공포를 느꼈습니다.

그의 이야기 중 제게 충격과 경악을 안겨 준 건 젊고 명석하며, 해맑은 천성을 지닌 사람이 한심하게도 어리석은 열정의 포로가 되었다는 사실뿐이었습니다. 저의 급선무는 뜻하지 않게 제 피보호자가 된 그에게 유혹이 가장 많은 몬테카를로를 당장 떠나라고 간곡히 권하는 것이었습니다. 그래서 단추가 사라진 정황이 드러나 그의 장래가 영원히 망가지기 전에 오늘 당장 가족에게 돌아가라고 그를 설득했습니다. 그가 다시는 카드놀이를 하지 않고 다른 노름에도 손을 대지 않겠다고 명예를 걸고 맹세한다면, 여비는 물론이고 저당 잡힌 보석 단추를 도로 찾을 돈을 주겠다고 약속했습니다.

이 낯선 탕아는 처음에는 겸손히 제 말을 듣다가 차츰 고마움을 열렬히 드러냈고, 제가 도와주겠다고 약속하자 제 말을 들이마시다시피 했습니다. 아, 정말이지 평생 잊지 못할 모습이었습니다. 갑자기 그는 양손을 테이블 너머로 뻗치고는 신을 대하듯, 저를 상대로 신성한 서약을 하겠다는 듯이 제 두 손을 잡았습니다. 기억에서 영영 지울 수 없는 몸짓이었습니다. 조금은 어리둥절한 듯 환한 눈에 눈물이 고였고, 온몸은 행복에 겨워 파르르 떨렸습니다. 저는 이미 몇 차례 둘도 없을 만큼 탁월한 표현력을 지닌 그의 몸짓을 묘사하려고 노력해 보았습니다. 하지만 이 몸짓은 도저히 말로 표현할 수가 없군요. 그는 천상에서 황홀감을 누리기라도 하듯이 행복해했으니까요. 인간에게서 그런 모습을 보는 경우는 극히 드뭅니다. 우리가 꿈에서 깨어나 멀어지는 천사의 얼굴을 잡으려는 순간, 새하얀 그림자가 아른거리곤 하지요. 바로 그런 그림자만이 그의 모습에 견줄 수 있을 겁니다.

제가 이런 광경에 덤덤할 수 없었다는 걸 숨길 이유는 없겠지요. 감사의 마음을 눈으로 보는 경우는 드물기에 우리는 고마워하는 사람을 보면 행복해집니다. 섬세한 감정도 우리를 즐겁게 하지요. 저처럼 자로 잰 듯 냉정한 인간에게는 이처럼 풍부한 감정을 본다는 건 즐겁고 행복한 신선한 경험이었습니다. 그런데 충격 속에서 만신창이가 됐던 사람이 깨어난 바로 그 순간, 어제 폭우에 시달렸던 풍경도 요술에 걸린 듯 깨어났습니다. 레스토랑에서 나오자, 잔잔해진 바다가 눈부시게 반짝였고 그 파란빛은 하늘까지 이어졌습니다. 바다 높이 자리한 또 다른 새파란 공간에는 갈매기가 하얗게 날고 있었습니다. 리비에라의 경치가 어떤지 아시지요? 리비에라는 늘 아름답게 다가오지만, 언제나 윤택한 색깔들을 유유히 띠고 있기에 그림엽서처럼 단조롭기도 합니다. 누구의 시선이 자신의 몸을 더듬든 상관없이 잠을 자는 게으른 미녀 같다고나 할까요? 언제든 풍성한 즐거움을 대령하고 있다는 점에서 오리엔트의 미녀라는 착각을 하게 할 정도니까요. 하지만 가끔, 아주 드물게는 이 미녀가 잠에서 깨어나서 불쑥 다가서는 날이 있습니다. 그런 날이면 리비에라의 경치는 선정적일 만큼 지독히 반짝이는 빛깔로 힘차게 사람들을 불러들이며 갖가지 꽃들을 의기양양하게 내보입니다. 그런 날이면 리비에라는 관능미를 뿜어내며 작열합니다.

그때도 폭우가 퍼붓는 광란의 밤이 지난 후 이런 황홀한 날이 찾아왔습니다. 말갛게 씻긴 거리와 쪽빛 하늘이 눈부시게 빛났고, 윤기 흐르는 촉촉한 초록 덤불들은 햇불을 밝히듯, 빨간 꽃망울을 터트렸습니다. 습기가 가시고 햇빛을 담뿍 머금은 공기 덕분인지 산들이 성큼 다가선 듯했습니다. 산들은 궁금해 죽겠다는 듯, 말끔히 씻겨서 반짝이는 앙증맞은 도시를 빙 에워쌌습니다. 어디로 눈을 돌리든 자연은 한번 해 보라는 듯 용기를 북돋우며 다가와서는 어느새 보는 이의 마음을 앗아가는 듯했습니다. "마차를 타고 해변 길을 따라 드라이브를 할까요?" 제가 제안했습니다.

그가 뛸 듯이 기뻐하며 동의하더군요. 이 청년은 이곳에 도착한 후 처음으로 경치에 제대로 눈길을 주고 감상하는 듯했습니다. 지금껏 그는 후덥지근한 땀 냄새가 밴 카지노의 홀에서 얼굴을 홍하게 찌푸린 사람들만 보며 지냈고, 성을 내며 포효하는 잿빛 바다 밖에는 본 게 없었습니다. 지금 우리 앞에는 햇볕 가득한 해변이 거대한 부채처럼 활짝 펼쳐져 있었고, 눈은 행복에 취해 이 끝에서 저 끝을 오갔습니다. 우리는 마차를 타고—아직 자동차가 없던 시절입니다—수많은 별장이 줄지어 있고 절경이 이어지는 멋진 길을 천천히 달렸습니다. 수많은 집과 솔밭 그늘에 자리 잡은 별장들을 지날 때마다 깊이 묻어 둔 소망이 여러 차례 머리를 들었습니다. 여기서라면 조용히 만족하며, 세상을 등지고 살 수 있을 텐데!

제 평생 그때보다 더 행복했던 적이 과연 있었을까요? 알 수 없는 일이지요. 어제 운명을 저주하며 죽으려 했던 청년은 저와 함께 마차에 앉아서 말갛게 부서지는 햇빛을 받으며 황홀해하고 있었습니다. 그가 살아온 세월 전부가 그에게서 떨어져 나간 듯했습니다. 그는 아주 소년이 된 것 같았습니다. 발랄하면서도 온순한 눈을 지닌 예쁜 아이가 뛰노는 것 같았습니다. 무엇보다도 저를 매료시킨 건 그의 세심하고 다정한 마음 씀씀이였습니다. 마차가 급경사를 오르면서 말이 숨을 헐떡이자, 그는 민첩하게 뛰어내려서 마차를 밀었습니다. 제가 어떤 꽃 이름을 말하거나 길가의 꽃 하나를 가리키기만 하면 그는 당장 그 꽃을 꺾어 왔습니다. 어제 내린 비를 따라 도로로 나온 조그만 두꺼비가 뒤뚱거리는 걸 보고는, 조심히 두꺼비를 들어 올려서 뒤에 오는 마차에 치이지 않게끔 풀숲 속에 내려놓았습니다. 그러는 틈틈이 그는 명랑한 모습으로 웃음이 절로 나는 이야기들을 격조 있게 이어 갔습니다. 이렇게 웃는 것이 그에게는 일종의 구원이었을 거라는 생각이 듭니다. 웃을 수 없었다면 그는 노래를 부르던가, 깡충거리고 뛰던가, 다른 미친 짓을 했을 것입니다. 갑작스럽게 넘쳐나는 감정을 주체하지 못하겠다는 듯, 그는 행복에 겨워 어쩔 줄 몰랐습니다.

마차가 언덕 위의 자그마한 마을을 서서히 지나가고 있는데 그가 갑자기 정중하게 모자를 벗었습니다. 뜻밖이었습니다. 아는 사람이라곤 하나도 없는 이방인인 그가 누구에게 인사를 한 걸까요? 제가 물어보자 그는 얼굴을 조금 붉히며 변명하듯이 이렇게 설명했습니다. "마차가 교회를 지나쳐 갔습니다. 제 고향인 폴란드는 엄격히 가톨릭을 믿는 나라인 만큼, 저는 어릴 때부터 교회나 예배당 앞에서는 언제든 모자를 벗는 게 몸에 배었습니다." 종교를 경건하게 받드는 아름다운 태도에 저는 몹시 감동했습니다. 그 순간 그가 십자가 얘기를 했던 것이 생각나서 저는 신을 믿느냐고 그에게 물었습니다. 그는 조금 부끄러운 듯 겸손하게 시인했습니다. "저는 신의 은총을 받을 수 있기를 바랄 뿐입니다." 그러자 문득 머릿속을 스치는 생각이 있었습니다. "멈춰 주세요!" 저는 마부에게 소리치고는 급히 마차에서 내렸습니다. "어디로 가시는 겁니까?" 그는 의아해하며 저를 따랐습니다. "따라오세요." 저는 짧게 대꾸했습니다.

저는 그와 함께 왔던 길을 돌아 교회로 갔습니다. 벽돌로 지은 조그만 시골 예배당이었습니다. 석회로 된 내부의 벽은 아무런 장식 없이 어슴푸레한 잿빛을 띠고 있었고, 열린 문으로 들어온 빛이 노랗게 원뿔 모양을 그리며 어둠과 날카로운 대조를 이루고 있었습니다. 교회 안에는 작은 제단이 그늘에 감싸여 있었습니다. 두 개의 초가 향이 뿜어내는 포근한 안개에 휩싸인 채 침침한 공간을 밝히고 있었습니다. 우리는 안으로 들어갔습니다. 그는 모자를 벗고, 성수에 손을 적신 뒤 성호를 긋고는 무릎을 꿇었습니다. 그가 일어서자마자 저는 곧 그에게로 다가가 지시했습니다. "제단 앞이든 어디든 당신이 신성하게 여기는 성상 앞으로 가세요. 그리고 제가 하는 말을 따라서 맹세를 하세요." 그는 놀라서, 거의 소스라치다시피 하며 저를 보았습니다. 그러나 그는 곧 제 말을 알아듣고 모퉁이 공간으로 가 성호를 긋고, 온순하게 꿇어앉았습니다. "제 말을 따라 하세요." 저 역시 흥분하여 떨리는 목소리로 말했습니다. "제 말을 따라 하세요. 서약합니다." "서약합니다." 그가 제 말을 되풀이했습니다. 저는 말을 이어 갔습니다. "종류를 불문하고 돈을 거는 노름을 절대, 다시 하지 않을 것이며, 제 목숨과 명예를 노름으로 인해 해치지 않을 것입니다."

그는 떨면서 이 말을 반복했습니다. 이 말은 텅 빈 교회에서 또렷이 드높게 울려 퍼졌습니다. 그러고는 잠시 정적이 찾아왔습니다. 바람이 나뭇잎을 스칠 때 숲이 슬며시 뒤척이는 소리가 들릴 정도였습니다. 갑자기 그는 참회하는 사람처럼 몸을 던지고 제가 이해할 수 없는 폴란드 말로 속사포처럼 정신없이 무어라 지껄여댔습니다. 무아지경에서 감사와 속죄의 마음을 담아 기도를 드리는 게 분명했습니다. 그는 맹렬히 고해하면서 거듭 설교단을 향해 경건하게 머리를 숙였고, 낯선 말들을 더욱더 격정적으로 되풀이하다가 형언할 수 없는 열정으로 똑같은 말 한마디를 점점 더 뜨겁게 되뇌었습니다. 그 이전에도, 그 이후에도, 이 세상의 어느 교회에서도 그런 기도를 들은 적이 없습니다. 그의 양손은 경련을 일으키며 나무로 된 기도용 탁자를 거머쥐었고, 몸속에서 이는 폭풍이 그를 낚아챘다가 팽개치기를 거듭하는 바람에 온몸을 심하게 떨었습니다. 그는 아무것도 보지 못하고 느끼지도 못하는 상태였습니다. 그의 모든 것이 다른 세계에 머무는 듯했습니다. 연옥의 불길 속에서 변화를 겪고 있는 것 같기도 했고 한층 더 신성한 영역으로 비약하고 있는 것 같기도 했습니다. 드디어 그는 천천히 일어서서 성호를 긋고 힘겹게 돌아섰습니다. 그의 무릎은 떨렸고, 그의 얼굴은 몹시 지친 듯 창백했습니다. 그러나 저를 보자 그의 눈은 반짝였고, 그의 얼굴에는 해맑은, 참으로 경건한 미소가 환히 퍼졌습니다. 그는 제게로 다가와서, 러시아식으로 깊이 머리 숙여 절하고는 제 양손을 잡고, 정중히 입을 맞추었습니다. "하느님이 당신을 제게 보내 주셨습니다. 그래서 하느님께 감사의 기도를 드렸습니다." 저는 아무 말도 할 수가 없었습니다. 성가대석에서 오르간이 갑자기 우레와 같이 울리기를 바라는 심정이었달까요? 저는 모든 걸 이룬 느낌이었습니다. 이 사람을 영원히 구해 냈으니까요.

우리는 교회를 나와, 오월답게 햇빛이 넘실대는 환한 거리로 돌아왔습니다. 세상이 그때처럼 아름답게 보인 적은 결코 없었습니다. 우리는 2시간 동안 마차로 언덕길을 달렸고, 모퉁이를 하나 돌 때마다 눈앞에 아름다운 파노라마가 펼쳐졌습니다. 그러나 우리 둘은 아무 말도 하지 않았습니다. 그토록 진실한 감정을 쏟아낸 후에는 무슨 말을 하든 그것에 미치지 못할 것 같았으니까요. 제 눈이 우연히 그의 눈과 마주치면 저는 부끄러워하며 그의 눈을 피했습니다. 제가 이뤄 낸 기적을 보기만 해도 감동이 밀려왔습니다.

오후 5시경, 우리는 몬테카를로로 돌아왔습니다. 친척들과 약속이 있었는데 취소하기에는 이미 너무 늦어 버렸습니다. 사실 저는 쉬고 싶은 마음이 간절했습니다. 너무도 격렬히 요동친 감정을 가라앉혀야 했습니다. 행복감을 너무 많이 맛보았다고나 할까요. 이처럼 펄펄 끓는 무아지경의 상태를 평생 겪어 본 적이 없었던 저는 이 상태를 벗어나 휴식을 취해야만 했습니다. 그래서 저는 제 피보호자에게 잠시만 호텔의 제 방으로 와 달라고 부탁했습니다. 거기서 저는 장신구를 도로 찾을 돈과 여비를 그에게 주었습니다. 제가 친척들과 만나는 동안, 그는 차표를 사기로 했습니다. 그리고 저녁 7시에 역의 대합실에서 만나기로 했습니다. 약속 시각 30분 후에는 제노바를 거쳐 그를 집으로 데려다줄 기차가 출발할 예정 이었습니다. 제가 지폐 다섯 장을 그에게 건네려 하자, 희한하게도 그의 입술에서 핏기가 싹 가셨습니다. "아니, 돈은 안 됩니다…… 제발, 돈은 안 됩니다!" 그가 토해 내듯 말했습니다. 그의 손가락 은 신경질적으로 마구 떨렸습니다. "돈은 안 됩니다…… 돈은 안 됩니다. 전 쳐다볼 수도 없습니다." 그는 마치 역겹고 불안한 나머 지 몸을 가누지 못하겠다는 듯이 같은 말만 되풀이했습니다. 그래 서 저는, 돈을 빌려준 것뿐이니까 만약 부담을 느낀다면 영수증을 써 주면 된다는 말로 부끄러워하는 그를 달랬습니다. "네, 그렇게 하겠습니다…… 영수증을……." 그는 외면하고 중얼거리더니 지 폐를 구겨 쥐고는 마치 손에 달라붙은 오물을 떼어 내듯이, 보지도 않고 주머니에 쑤셔 넣었습니다. 그러고는 쫓기듯 빠른 필적으로 종이에 몇 자 썼습니다. 그가 얼굴을 들었을 때, 이마에는 땀이 배 어 있었습니다. 무엇인가 그의 내부에서 솟아오르며 그의 목을 조 르는 듯했습니다. 그는 그 종이를 제게 내밀면서 온몸을 떨었습니 다. 그러더니 갑자기―저는 너무 놀라서 저도 모르게 물러섰습니 다―무릎을 꿇고, 제 치맛단에 입을 맞추었습니다. 이 몸짓은 도저히 묘사할 길이 없습니다. 그 몸짓에서 나오는 압도적인 위력 앞에 제 온몸이 떨렸습니다. 야릇한 전율이 저를 덮쳤고, 저는 당황한 나머지 더듬거리며 이렇게 말할 수밖에 없었습니다. "그렇게도 고마워하다니, 오히려 제가 감사하군요. 하지만 제발 부탁이니 돌아가 주세요! 저녁 7시에 역 대합실에서 만나요."

그는 저를 바라보았습니다. 눈에 감동의 빛이 어리며 물기가 고였습니다. 한순간 그는 뭔가를 말하려는 듯했습니다. 한순간 그는 제게 다가오려는 듯했습니다. 하지만 그는 불쑥 다시 한번, 깊이, 아주 깊이 고개 숙여 절하고 방을 나갔습니다."

다시 C 부인은 이야기를 멈췄다. 그러고는 일어서서 창가로 가더니 밖을 내다보며 오랫동안 말없이 서 있었다. 그려 놓은 그림자처럼 한참을 꼼짝 않던 그녀의 등이 가늘게 떨리기 시작했다. 그리고 갑자기 결심한 듯 돌아섰다. 지금까지 아무 감정도 드러내지 않고 가만히 있던 그녀의 두 손이 불현듯 무엇인가를 찢어 버리기라도 할 듯이 거칠게 움직였다. 그러고는 굳은 표정으로, 마치 싸움이라도 걸듯이 나를 마주 보더니 단숨에 다시 이야기를 이어 갔다.

"저는 진실만을 이야기하겠다고 당신께 약속했습니다. 그 약속이 얼마나 중요했는지를 지금에야 알겠습니다. 그때 있었던 일 전부를 차근차근 체계적으로 묘사하려고 안간힘을 쓰는 건 이번이 처음입니다. 그때는 마구 뒤엉켜서 혼란스러웠던 감정들을 명료한 단어로 부르려고 애쓰다 보니 이제야 비로소 당시에는 제가 몰랐던 것, 혹은 어쩌면 알려고 하지 않았던 것들을 또렷이 이해하게 됩니다. 따라서 저는 스스로에게는 물론이고 당신께도, 엄중하면서도 단호하게 진실을 말씀드리렵니다. 그때, 그 청년이 방을 나가고 저 혼자만 남게 되자 저는 실신을 한 것처럼 멍할 뿐 아니라 심장을 세게 얻어맞은 느낌이었습니다. 무언가 저를 죽을 듯이 아프게 했지만, 저는 영문을 알 수가 없었습니다. 혹은 알기를 거부했습니다. 제 피보호자의 감동적일 만큼 존경에 찬 태도가 어째서 저를 이다지도 아프게 했을까요?

지금 저는 생소한 일을 밝혀내듯, 지난 일들 전부를 저 자신으로부터 엄격하게 차근차근 끄집어내려고 스스로 다그치고 있습니다. 게다가 당신을 증인으로 모신 만큼 부끄러운 감정을 숨기거나 비겁하게 덮어 두어서는 안 될 것입니다. 오늘 저는 그때 그렇게도 고통스러웠던 건 실망감 때문이었음을 명확히 알겠습니다. 그 청년이 그렇게도 순순히 가 버린 후 느꼈던 실망감…… 그는 저를 붙잡거나, 제 곁에 머물려는 시도는 전혀 하지 않고…… 고향으로 돌아가라고 제가 당부하자마자 겸허히, 정중히 제 뜻을 따르더군요……. 저를 억지로라도 끌어안으려는 시도도 하지 않고…… 저를 그의 인생길에 나타난 성녀처럼 우러르기만 할 뿐…… 그가 저를…… 여자로 느끼지 않아서 실망했던 겁니다.

제가 느꼈던 건 실망이었습니다. 당시는 물론이고 나중에도 인정하려 들지 않았지만 전 실망했습니다. 하지만 여자는 말을 하지 않고, 의식하지 않더라도, 느낌으로 모든 걸 압니다. 이제 저는 저 자신을 더는 속이지 않으려 합니다. 만약 그 사람이 그때 저를 끌어안고 같이 가자고 청했더라면, 저는 이 세상 끝까지라도 그 사람과 함께 갔을 테고 제 이름과 자식들의 이름을 더럽혔을 겁니다. 사람들이 무어라 수군대건, 제 안의 이성이 반기를 들건 개의치 않고 그와 함께 도망쳤을 겁니다. 앙리에트 부인이 하루 전에는 누군지도 몰랐던 젊은 프랑스인과 함께 도망친 것처럼…… 어디로 가는지, 얼마나 오래 함께할지 묻지도 않았을 거고, 제가 이제껏 살아온 삶을 뒤돌아보지도 않았을 겁니다……. 그 사람과 함께할 수만 있다면 저의 이름과 재산과 명예를 내던졌을 겁니다. 구걸하는 것도 마다하지 않았을 겁니다. 정말이지 그 사람이 원하기만 했다면 세상에서 가장 비천한 짓이라도 저질렀을 겁니다. 그 사람이 단 한마디만 했더라면, 단 한 걸음만 제게 다가왔더라면, 저를 붙들려고 했더라면, 사람들이 수치심이라고, 타인에 대한 배려라고 부르는 것들을 내팽개쳤을 겁니다. 그 정도로 저는 그 순간 그 사람에게 홀려 있었습니다. 그러나…… 이미 말씀드렸듯이…… 그는 이상하게도 넋이 나가 있었고, 저를, 제 안의 여자를 더는 보려 하지 않았습니다. 저는 혼자가 되고 나서야 비로소 그를 향한 제 감정이 얼마나 격렬히 타오르고 있는지를 느꼈습니다. 환히 빛나는 천사 같은 그의 얼굴을 마주할 때 샘솟던 열정은 암울하게 제 마음을 뒤덮고는, 홀로 남은 텅 빈 가슴 안에서 출렁댔습니다.

저는 애써 정신을 차렸습니다. 친척들과의 약속은 이중으로 달갑지 않은 짐이었습니다. 마치 제 이마를 묵직이 조이는 철모를 머리에 얹고서 그 무게에 휘청대는 느낌이었습니다. 드디어 다른 호텔에 있는 친척들에게 갔을 때, 제 머릿속에서는 여러 생각이 가닥가닥 스쳐 갔습니다. 활발히 담소하는 친척들 틈에 저는 멍하니 앉아 있었습니다. 그러다가 우연히 고개를 들어 그들의 무표정한 얼굴을 볼 때마다 몇 번이나 새삼 소스라쳤습니다. 해와 구름이 숨바꼭질을 하듯 명암이 극명히 뒤바뀌던 역동적인 그의 얼굴에 비하면, 친척들은 가면처럼, 혹은 얼어붙은 것처럼 보이는 얼굴을 하고 있었습니다. 죽은 사람들 틈에 앉아 있기나 한 듯이, 모임은 끔찍하리 만치 활기가 없었습니다. 저는 찻잔에 설탕을 넣고 휘휘 저으며 건성으로 대화에 참여했지만, 머릿속으로는 그의 얼굴을 계속 떠올렸습니다. 콸콸대는 피를 타고 그의 얼굴이 뇌리를 감도는 듯했습니다. 그 얼굴을 본다는 건 제게는 없어서는 안 될 기쁨이 되어 버렸는데, 2시간 후 이 얼굴과 영영 작별을 해야 한다니, 생각만 해도 끔찍했습니다. 저도 모르게 나직이 한숨을 내쉬었던가, 신음했던 것 같습니다. 남편의 사촌 누이가 갑자기 제게로 몸을 돌리며 물었습니다. "무슨 일이 있어요? 어디 아픈 데라도 있는 건가요? 창백한 게 힘들어 보이네요." 뜻하지 않게 이런 질문을 받은 덕에 저는 곧, 사실 편두통 때문에 괴로운데 슬그머니 자리를 뜰 테니 양해해 달라고 쉽사리 둘러댈 수 있었습니다.

혼자가 된 저는 곧장 호텔로 돌아왔습니다. 그러나 방에 홀로 있자니, 새삼 공허감과 혼자라는 생각이 밀려들었고, 그 청년을 오늘 영원히 떠나보낸다고 생각하니 그에 대한 갈망이 뜨겁게 달아올랐습니다. 저는 방 안을 이리저리 오가며 공연히 서랍을 왈칵 열고는 옷을 갈아입고 리본을 바꿔 단 후 거울 앞에 섰습니다. 그러고는 내가 이렇게 꾸미면 그의 눈을 끌 수 있지 않을까 궁리하며 거울을 들여다보았습니다. 그러자 순식간에 제 마음을 알겠더군요. 어떻게 해서든 그 사람을 놓치지 말자! 놀랍게도 단 1초 만에 이런 심정은 결의로 바뀌었습니다. 저는 호텔 프런트로 가서 오늘 밤차로 출발할 예정이라고 알렸습니다. 이제 서둘러야 했습니다. 저는 하녀를 불러서 짐을 꾸리는 것을 돕게 했습니다. 시간이 많지 않았습니다. 저는 하녀와 함께 마구잡이로 옷가지와 자질구레한 일상 용품들을 가방에 틀어넣으며, 어떻게 하면 그 사람을 깜짝 놀라게 해 줄까 궁리했습니다. 그 사람을 기차까지 바래다주는 척하자, 그러고는 마지막 순간에, 그가 작별하려고 손을 내미는 정말 마지막 순간에 내가 갑자기 기차에 오르면 그는 어리둥절하겠지. 그러고는 그와 함께 그날 밤, 다음 날 밤을─그가 나를 바라는 한─같이하면 된다. 그렇게 생각하니 황홀감에 흠뻑 취한 듯 어지러웠고, 몸속의 피는 회오리바람처럼 휘몰아치는 듯했습니다. 저는 옷가지를 트렁크에 던져 넣으며 몇 번이나 소리 내어 웃어서 하녀를 놀라게 했습니다. 제 감각이 멋대로 구는 게 틈틈이 느껴지더군요. 짐꾼이 가방을 가지러 왔을 때, 저는 처음에는 영문을 몰라서 그를 응시했습니다. 내부에서 이는 흥분의 파도가 저를 세차게 뒤흔들고 있을 때, 사무적인 일을 생각하기란 몹시 어렵더군요.

시간이 얼마 없었습니다. 곧 7시가 되려 했습니다. 기차 출발 시각까지 겨우 20분밖에 남지 않았습니다. 하지만 역으로 가는 건 작별하러 가는 게 아니니 괜찮다고 저는 자신을 달랬습니다. 그가 허락하는 동안은 그의 길을 함께 갈 결심을 굳혔으니까요. 짐꾼은 가방을 들고 먼저 나갔습니다. 저는 계산을 하려고 서무과로 갔습니다. 매니저에게서 거스름돈을 받고는 막 떠나려고 하는데 웬 손이 하나 부드럽게 제 어깨를 건드렸습니다. 저는 움칠 놀랐습니다. 사촌 시누이가 몸이 아픈 제가 걱정되어 저를 만나러 온 겁니다. 저는 눈앞이 캄캄해졌습니다. 지금 그녀가 온 건 최악이었습니다. 몇 초만 지체해도 돌이킬 수 없게 일을 그르칠 테니까요. 하지만 저는 잠시 그녀와 몇 마디 말을 예의 바르게 주고받아야 했습니다. "누워서 좀 쉬시는 게 어때요? 열이 있는 것 같아요." 그녀가 권했습니다. 사실 그랬을지도 모릅니다. 정수리 맥박이 심하게 쿵쿵 뛰었고, 당장에라도 기절할 듯이 눈앞에 푸른 그림자가 종종 어른거리는 것 같았으니까요. 그러나 저는 괜찮다며 거절했고, 고마워하는 것처럼 보이려고 애썼습니다. 사실은 한마디 말이 오갈 때마다 울화통이 터졌고, 하필 이 시간에 저를 돌보려 드는 시누이를 발로 차 버리고 싶은 심정이었습니다. 하지만 이 불청객은 제가 걱정되는지 저를 붙잡고 놓아 주질 않았습니다. 제게 오드콜로뉴를* 써 보라고 권하더니, 몸소 제 정수리를 차가운 액체로 문지르기까지 했습니다. 그러나 저는 1분, 또 1분을 세면서 그를 생각했고, 성가신 보살핌에서 빠져나올 구실을 찾아내려고 궁리했습니다. 제가 초조해하면 할수록 그녀는 저를 수상하게 여기는 것 같았습니다. 억지로 저를 방으로 끌고 가 눕히려고까지 했으니까요. 그때 저는 문득 로비의 중앙에 걸린 시계를 보았습니다. 7시 28분이었습니다. 기차는 7시 35분에 떠날 예정이었습니다. 저는 너무도 절망한 나머지 갑작스럽게, 아무래도 좋다는 심정으로 시누이에게 손을 불쑥 내밀었습니다. "안녕히 계세요. 저는 가야 해요." 그러고는 그녀의 굳어 버린 시선에 아랑곳하지 않고, 돌아보지도 않고, 어이없어하는 호텔 직원들을 지나쳐 문을 나섰습니다. 저는 거리를 달려 역으로 갔습니다.

　멀리서 짐을 가지고 기다리던 짐꾼이 흥분해서 손짓하는 걸 보고는 서둘러야 한다는 걸 알았습니다. 저는 미친 듯이 개찰구로 달

• 쾰른에서 생산되는 향수로 치료용으로도 쓰였다.

려갔지만, 역원은 저를 막아섰습니다. 저는 차표 사는 것도 잊고 있었습니다. 그래도 플랫폼에 들어가게 해 달라고 역원에게 억지를 쓰려는데, 기차는 이미 움직이기 시작했습니다. 저는 온몸을 파르르 떨면서 창문 너머로나마 그를 한번 보고, 손짓을 하고, 인사라도 건네려고 객차 안을 뚫어지게 바라보았습니다. 하지만 객차들이 바삐 굴러가는 통에 그의 얼굴을 알아볼 수가 없었습니다. 객차는 차츰 속도를 올리며 지나가 버렸고, 1분 후 제 눈앞에는 검은 연기만이 뭉게뭉게 피어오르고 있었습니다.

저는 그 자리에 망부석이 되어 꽤 오랜 시간을 서 있었던 것 같습니다. 짐꾼이 여러 차례 제게 말을 걸어도 아무 반응이 없으니 할 수 없이 제 팔을 툭 치는 결례를 범해야 했으니까요. 그제야 저는 깜짝 놀랐습니다. "짐을 도로 호텔로 가지고 갈까요?" 짐꾼이 물었습니다. 제가 정신을 차리기까지는 조금의 시간이 더 걸렸습니다. 아니, 그럴 수는 없었습니다. 그토록 우스꽝스럽게 허둥대며 떠나온 호텔로 다시 갈 수는 없었습니다. 그리로 다시 돌아가고 싶지도 않았습니다. 그래서 저는 짐을 보관소에 맡겨 두라고 짐꾼에게 지시했습니다. 사람들이 웅성대며 모여들었다가 흩어지는 대합실 한복판에서 저는 생각을 하려고, 명료하게 생각하려고 애썼습니다. 노여움과 후회와 절망이 고통스럽게 목을 조여 오는 이 끔찍한 상황에서 저 자신을 구해 내려고 애썼습니다. 왜냐하면—이걸 고백하지 않을 이유가 없겠지요—마지막 만남의 기회를 제 잘못으로 놓쳤다는 생각이 날카로운 칼이 되어 무자비하게 제 마음을 후벼 팠으니까요. 벌겋게 달궈진 칼날이 인정사정없이 파고들며 고통을 주는 바람에 비명이 터져 나올 것만 같았습니다. 어쩌면 열정이라고는 아예 모르는 사람이라야 한순간 눈사태처럼 갑작스럽게, 허리케인처럼 맹렬하게 열정이 분출하는 경험을 할 수 있는지도 모릅니다. 그런 경우 수년 동안 쓰지 않고 있던 힘들이 돌무더기처럼 굴러 내리며 그 사람의 가슴을 강타하게 됩니다. 저는 그 이전에도, 그 이후에도, 그 순간에 겪은 충격과 미칠 듯한 무력감에 견줄 만한 감정을 겪은 적이 결코 없습니다. 그 순간 저는 최고로 대담한 일을 벌일 준비가 되어 있었는데, 아끼고 쌓아 두었던 제 삶 모두를 단번에 내팽개칠 준비가 되어 있었는데, 그때 갑자기 제 앞에 무의미하기 그지없는 장벽이 나타나는 바람에 저의 정열은 그 장벽에 이마를 부딪치고 맥없이 주저앉아 버렸습니다.

그러고 나서 제가 무얼 했냐고요? 마찬가지로 아주 무의미한 일 말고 무얼 할 수 있었겠습니까? 어리석다 못해 바보 천치 같은 짓이었기에 이야기하기가 부끄러울 지경입니다. 하지만 저는 저 자신과 당신에게 아무것도 감추지 않겠다고 약속했습니다. 그러니까 저는, 저는 그 사람을 찾아다녔습니다…… 무슨 말이냐 하면, 제가 그 사람과 같이 보낸 모든 순간을 다시 찾아다닌 겁니다. 우리가 어제 함께 있었던 장소 모두가 지독히도 그리웠습니다. 그가 앉아 있던 공원 벤치, 그를 처음 본 도박장, 그 싸구려 호텔까지도 그리웠습니다. 저는 그저 한번만 더 지나간 것들을 되씹고 싶었을 뿐이었습니다. 내일은 마차를 타고 오늘 갔던 길을 따라 해안가를 달리며 그가 한 말 모두와 그의 몸짓 모두를 혼자 되새길 작정이었습니다. 그렇습니다. 저는 그런 어리석고 유치한 계획을 세울 만큼 혼란스러운 상태였습니다. 하지만 이번 일이 그야말로 벼락치듯 저에게 들이닥쳤음을 잊지 말아 주십시오. 저는 감각이 마비

될 만큼 한 대 세게 얻어맞은 느낌밖에 없었으니까요. 이제 그 혼란에서 너무도 급작스럽게 깨어난 저는 우리가 기억이라고 부르는 마술적인 자기기만에 힘입어 정신없이 체험했던 일들을 하나하나 차근차근 떠올리며 그 여운을 즐기려고 했습니다. 물론 그런 심정을 이해하는 사람도 있고, 이해하지 못하는 사람도 있을 겁니다. 아마도 그걸 이해하려면 뜨거운 심장을 가져야 하겠지요.

그래서 저는 우선 카지노로 갔습니다. 그가 앉아 있던 테이블을 찾아서 많은 손 가운데서 그의 손을 추억하려고 했습니다. 저는 안으로 들어갔습니다. 그를 처음 본 곳은 두 번째 방의 왼쪽 테이블이었습니다. 그의 몸짓 하나하나가 아직도 또렷이 제 눈앞에 떠올랐습니다. 몽유병자처럼 눈을 감고 양손을 뻗쳤다 하더라도 저는 그의 자리를 찾았을 겁니다. 자, 저는 안으로 들어가서 곧장 홀을 가로질렀습니다. 문가에서 제 시선이 인파를 향하는 순간…… 이상한 일이 일어났습니다. 거기에, 바로 그 자리에, 제 몽상 속에서 그가 앉아 있어야 할 바로 그 자리에…… 그가―열에 들뜬 제가 환각을 보는 것이겠지요?―정말 어제와 똑같이…… 두 눈을 빳빳이 룰렛 공에 고정한 채, 유령처럼 창백한 얼굴로 앉아 있었습니다. 그가…… 그가 분명했습니다.

저는 너무 놀라서 하마터면 비명을 지를 뻔했습니다. 그러고는 이건 황당한 환영에 불과하다고 스스로를 타이르며 눈을 감았습니다. "너는 지금 제정신이 아니야. 너는 꿈을 꾸고 있어. 넌 열에 들떠 있어." 저는 이렇게 자신에게 말했습니다. "있을 수 없는 일이야. 네가 헛것을 보는 거야. 그 사람은 반 시간 전에 여기를 떠났잖아." 그러고 나서 다시 눈을 떴습니다. 그러나 끔찍하게도 조금

전과 똑같이 그가 거기 앉아 있었습니다. 정말로 그가 맞았습니다. 수백만의 손 가운데 섞여 있더라도, 저는 그의 손을 알아봤을 겁니다. 아니, 제가 꿈을 꾼 게 아니었습니다. 제가 본 건 정말 그 사람이었습니다. 그는 제게 맹세한 대로 고향으로 떠나지 않았습니다. 이 미치광이는 거기 앉아 있었습니다. 제가 그를 향한 마음 때문에 절망하며 괴로워하는 동안 그는 제가 여비로 준 돈을 가지고 카지노로 와서는 완전히 자신을 망각한 채 열에 들떠서 도박판을 벌이고 있었던 겁니다.

저는 무엇에 떠밀리듯 전진했습니다. 분노가 치밀어서 두 눈에 눈물이 고였습니다. 제 감정과 신뢰와 헌신을 이처럼 파렴치하게 배반한 자의 목을 조르고 싶을 만큼, 분노가 격렬히 끓어올랐습니다. 그러나 저는 마음을 다잡고는 일부러 천천히—그렇게 하느라 정말 힘들었습니다!—테이블로 가서는 그의 맞은편에 섰습니다. 한 신사가 정중히 제게 자리를 내어 주었습니다. 초록 덮개를 씌운 2미터 길이의 테이블이 우리 둘 사이에 가로놓여 있었습니다. 저는 극장 발코니에서 연극을 관람하듯이 그의 얼굴을 제대로 볼 수 있었습니다. 몇 시간 전만 해도 감사의 빛으로 넘치며 신의 자비로운 은총을 비추는 거울처럼 환하던 바로 그 얼굴은 이제 열정에 휘말린 채 지옥의 불길 속에서 신음하며 죽어 가고 있었습니다. 낮에는 신성하기 그지없는 맹세를 하며 교회의 나무 의자를 거머쥐던 바로 그 손은 이제 욕정에 굶주린 흡혈귀처럼, 구부정한 손가락을 갈고리 삼아 돈을 긁어모으고 있었습니다. 그가 돈을 딴 것입니다. 많이, 아주 많이 딴 게 분명했습니다. 그의 앞에는 게임 칩과 루이 금화와 지폐들이 수북이 쌓여서 번쩍이고 있었습니다. 뒤죽

박죽으로 모아 놓은 돈더미 속에는 손가락들이, 신경질적으로 떨리는 손가락들이 신이 난 듯 기지개를 켜며 푹 파묻혀 있었습니다. 그 손가락들은 지폐 하나하나를 꼭 쥐어서 접고, 금화를 빙빙 돌리며 어루만지다가 갑자기 단숨에 주먹 가득 돈을 집더니 룰렛의 네모 칸 하나에 내던졌습니다. 그러자 곧 다시 그의 콧잔등이 파르르 떨리기 시작했고, 딜러가 게임의 시작을 외치자 탐욕스럽게 번뜩이는 눈은 돈을 떠나서 구르는 공으로 옮겨 갔습니다. 그의 팔꿈치는 초록 테이블 위에 못 박혀 있었지만, 그의 존재는 자신의 몸을 빠져나오는 듯했습니다. 도박에 푹 빠진 그의 모습을 보는 건 어제 저녁보다 한층 더 무섭고 끔찍했습니다. 저는 경솔하게도 그를 황금 바탕 위에서 빛나는 성자 같은 이미지로 제 마음속에 새겼는데, 그의 동작 하나하나가 그런 이미지를 짓밟고 있었기 때문입니다.

우리 둘은 고작 2미터 떨어져 있었습니다. 저는 그를 줄곧 응시했지만, 그는 저를 알아보지 못했습니다. 그는 저뿐만 아니라 그 누구도 보지 않았습니다. 그의 시선은 돈에만 쏠려 있었고, 공이 구르자 불안하게 흔들렸습니다. 그의 감각 전부가 이 정신 나간 초록 테이블 안에 갇혀서는 그 안을 이리저리 달리고 있었습니다. 이 도박 중독자에게 네모난 탁자라는 공간은 전 세계와 전 인류가 녹아든 곳이었습니다. 여기서 몇 시간을 서 있어도, 그는 제가 곁에 있는 걸 알아채지 못할 게 분명했습니다.

이제 더는 참을 수 없었습니다. 그래서 불쑥 결심하고는 테이블을 돌아, 그의 뒤로 가서 그의 어깨를 손으로 꽉 쥐었습니다. 그의 시선이 휘청이며 위를 향했습니다. 1초 정도 그는 유리알 같은 눈동자로 낯선 사람을 보듯 저를 보았습니다. 술에 취해 잠든 사람을 억지로 깨워 놓으면 술이 덜 깬 눈에는 모든 게 잿빛으로 몽롱하게 가물거립니다. 그가 딱 그런 상태였습니다. 잠시 후 그는 저를 알아보는 듯했습니다. 그는 기쁜 표정으로 저를 올려다보더니 떨면서 입을 벌리고는 친구에게 비밀을 털어놓듯 나직이 더듬대며 말했습니다.

"잘 되어 갑니다……. 저 사람이 여기 있는 걸 본 순간, 금세 이렇게 될 줄 알았습니다……. 이렇게 될 줄 알았어요."

무슨 말을 하는 건지 도무지 알 수가 없었습니다. 제가 깨달은 건 그가 노름에 취해 있다는 사실, 그리고 이 미치광이는 자신이 한 맹세와 약속은 물론이고, 저도, 세상일도, 몽땅 잊어버렸다는 사실뿐이었습니다. 그러나 이렇게 기막힌 상황에서도, 무아지경에 빠진 그는 저를 매료시켰기에 저는 어느새 그의 말을 경청했습니다. "도대체 누가 여기 있다는 거예요?" 제가 놀라서 물었습니다.

"저기 러시아에서 온 외팔이 노장군이 있습니다." 그는 마법의 비밀을 아무도 알아듣지 못하게끔, 제게 딱 붙어서 속삭였습니다. "저기, 흰 구레나룻을 기르고, 하인을 달고 있는 사람입니다. 저 사람은 언제나 이깁니다. 저는 어제도 저 사람을 눈여겨보았습니다. 나름의 비법을 가지고 있는 게 분명합니다. 저는 언제나 같은 데 겁니다…… 어제도 저 사람은 계속 땄습니다…… 그만 제가, 저 사람이 가 버린 뒤에도 계속한 게 실수였습니다. 그게 제 실수였어요. 저 사람은 어제 이만 프랑은 땄을 겁니다. 그리고 오늘도 매번 따고 있습니다. 지금 저는 계속 저 사람을 따라 걸고 있습니다…… 지금은……."

말을 하던 도중에 그는 갑자기 멈췄습니다. 딜러가 그르렁대는 목소리로 "돈을 걸어 주십시오"라고 외쳤기 때문입니다. 이미 그의 시선은 저를 떠나서 러시아인이 있는 쪽을 탐욕스럽게 주시했습니다. 흰 수염을 기른 러시아인은 위엄 있게 느긋이 앉아서 신중한 태도로 우선 금화 하나를 네 번째 칸에 놓았고, 망설이다가 다른 금화 하나도 같은 칸에 놓았습니다. 즉시 제 앞에 있는 달아오른 두 손은 금화 더미를 움켜쥐더니 금화 한 주먹을 러시아인과 같은 칸에 던졌습니다. 1분 후 딜러가 "제로!"를 외치고는 테이블 위의 돈을 모조리 쓸어 모았습니다. 그는 돈이 사라지는 모습을 있을 수 없는 일을 보듯이 멍하니 바라보았습니다. 그가 과연 고개를 돌려 절 보았을까요? 천만에요. 그는 저를 완전히 잊고 있었습니다. 저는 그의 삶에서 튕겨 나간 후 사라진, 과거의 존재에 불과했습니다. 그는 곤두세운 감각을 총동원하여 러시아의 노장군만을 지켜보고 있었습니다. 장군은 아무래도 좋다는 듯 금화 두 개를 쥐고는 어디다 놓을까 망설이고 있었습니다.

제가 얼마나 분노했는지, 또 얼마나 절망했는지를 당신께 설명할 수는 없을 겁니다. 그냥 제 기분이 어땠을지 한번 생각해 보세요. 당신 삶 전부를 한 사람을 위해 내팽개쳤는데, 그 사람은 당신을 성가신 파리 취급하며 손을 휘휘 휘둘러 쫓아 버리려 든다면 어떤 기분이겠어요? 다시금 저는 분노의 물결에 휘말렸습니다. 제가 힘껏 그의 팔을 붙잡자 그는 화들짝 놀랐습니다.

"당장 일어나요!" 저는 그에게 나직이, 명령하듯 속삭였습니다. "오늘 교회에서 맹세한 것을 떠올려 보세요. 당신은 맹세 따윈 언제든 깨 버릴 수 있는, 한심한 사람이군요."

그는 당황한 듯 창백한 얼굴로 저를 쳐다보았습니다. 돌연 그의 두 눈은 얻어맞은 개 같은 표정을 지었고, 그의 입술은 떨렸습니다. 그는 갑자기 지난 일들 모두를 기억해 내고는 자기 자신에 대해 경악하는 듯했습니다.

"네, 아, 네…….” 그는 더듬거렸습니다. "아, 맙소사, 맙소사…… 네, 그렇게 하겠습니다. 용서해 주세요.”

그의 손은 곧 돈을 긁어모았습니다. 처음에는 재빠르게, 마음을 다잡고 서두르는 듯했으나 차츰 느려지더니, 반대의 힘에 도로 밀리는 것 같았습니다. 그의 눈은 다시금 때마침 돈을 걸고 있는 러시아 장군을 향했습니다.

"잠깐만…….” 그는 재빨리 다섯 개의 금화를 같은 장소에 던졌습니다. "이번, 이번 한번만…… 맹세합니다, 곧 가겠습니다. 이번 한번, 한번만…….”

또다시 그의 목소리는 잦아들었습니다. 공이 구르기 시작했고 그는 공과 한 몸이 되었습니다. 다시금 이 넋 나간 사람은 제 영향을 벗어나서 자기 자신도 통제할 수 없는 곳으로 빠져나갔습니다. 룰렛 판이 움직이자 그의 본체는 조그만 공이 떼굴떼굴 구르는 매끈한 홈 안으로 뛰어들어 버린 겁니다. 다시 딜러가 결과를 외쳤고 다섯 개의 금화를 그에게서 긁어 갔습니다. 그는 잃었습니다. 그러나 그는 몸을 돌리지 않았습니다. 그는 1분 전에 제게 했던 말과 맹세를 잊어버렸습니다. 그의 기갈 난 손은 쑥 줄어든 돈을 향해 달려들었고, 그의 혼미한 시선은 자석에 끌리듯이 저편에 있는 행운의 신만을 향하여 가물가물 타오르고 있었습니다.

저는 더는 참을 수 없었습니다. 그래서 이번에는 아주 사납게 그를 흔들었습니다. "지금 당장 일어서세요! 당장! 이번 한번뿐이라고 했잖아요!"

그러나 그때, 생각지도 못했던 일이 일어났습니다. 갑자기 그
는 몸부림을 쳤습니다. 저를 보는 얼굴은 이미 어쩔 줄 몰라 하는
겸손한 얼굴이 아니라, 한껏 분노해서 날뛰는 얼굴이었습니다. 그
의 눈이 이글거렸고 입술은 노여움에 떨렸습니다. "제 일에 참견
하지 마십시오!" 그가 제게 고함을 쳤습니다. "가십시오! 당신이
오면 제게 불운이 찾아듭니다. 당신이 곁에 있기만 하면 늘 제가
잃습니다. 어제도 그랬고 오늘도 또 그래요. 가십시오!"

저는 그 순간 자리에 얼어붙었습니다. 그의 황당한 말에 저 또
한 분노를 억누를 수 없었습니다.

"제가 당신에게 불운을 가져다주었다고요?" 저는 호통쳤습니
다. "당신은 제게 맹세하지 않았나요? 거짓말쟁이! 도둑놈······."

저는 말을 이어 갈 수가 없었습니다. 이 정신 나간 사람이 자리
를 박차고 일어나, 주변에서 웅성거리는 것도 신경 쓰지 않고 저를
밀쳤기 때문입니다. "제 일에 끼어들지 마십시오." 그가 거리낌 없
이 목청껏 소리쳤습니다. "당신은 제 후견인이 아니지 않습니까!
여기······ 여기 당신 돈입니다." 그는 제게 백 프랑 지폐 몇 장을
내던졌습니다. "자, 이젠 제 일에 참견하지 마십시오!"

주위에 수백 명도 넘는 사람들이 모여 있는데 그는 아랑곳 않
고 미친 사람처럼 고래고래 외쳤습니다. 다들 우리 쪽을 보며 수군
댔고 손가락질을 해 가며 웃었습니다. 이웃 홀에서까지 호기심에
찬 사람들이 몰려들었습니다. 저는 마치 몸에서 옷이 벗겨진 채 숱
한 구경꾼들 앞에 알몸으로 서 있는 느낌이었습니다. "조용히 하
십시오, 부인. 부탁입니다!" 딜러가 큰소리로 명령하듯 말하며, 갈

퀴로 테이블을 두들겼습니다. 그것은 제게 한 말이었습니다. 이 한심한 작자가 제게 그렇게 말한 겁니다. 모욕을 당한 저는 수치심에 어쩔 줄 모르며, 수군대며 귓속말을 하는 구경꾼들 앞에 서 있었습니다. 그들에게는 제가 돈을 던져 줘도 되는 창부로 보였을 겁니다. 이백, 아니, 삼백 개의 눈이 대놓고 제 얼굴을 들여다보고 있었습니다. 그런데 그때, 굴욕과 수치심에 잔뜩 움츠러들어 피하듯 시선을 옆으로 돌리자, 제 눈은 놀라 부릅뜬 두 눈과 정면으로 부딪쳤습니다. 제 사촌 시누이였습니다. 그녀는 넋이 나간 듯 입을 벌리고 두려움에 손을 치켜든 채 저를 보고 있었습니다.

그 모습은 비수처럼 제 심장을 찔렀습니다. 그녀가 놀란 마음을 추스르고 움직이기 전에 저는 홀을 뛰쳐나왔습니다. 간신히 어제 그 미치광이가 몸을 던졌던 벤치, 바로 그 벤치까지 갔습니다. 그가 그랬듯이, 저 역시 기운 없이 지치고 만신창이가 되어서 딱딱하고 무정한 나무 벤치 위에 몸을 던졌습니다.

이미 24년 전 일이지만, 천 명도 넘는 낯선 사람들 앞에서 그에게 멸시를 당해야 했던 순간을 생각하면, 혈관을 흐르는 피가 싸늘해집니다. 영혼과 정신과 감정과 고통! 우리는 언제나 오만하게 이런 것들에 대해 언급하곤 하지만, 저는 이들이 지극히 약하고 보잘것없고 형체 없는 것이라는 사실에 새삼 경악하곤 합니다. 정신적 고통이 최대 용량에 달했을 때조차도 괴로워하는 몸을, 만신창이가 된 몸을 완전히 파괴할 수는 없으니까요. 사람은 그런 순간에도 벼락 맞은 나무처럼 쓰러져 죽지 않고, 계속 숨을 쉬며 살아갈 수 있으니까요. 충격적인 한순간 동안만 제 관절은 고통 때문에 말을 듣지 않았습니다. 그래서 저는 벤치에 몸을 던지고는 숨도 못 쉬며 멍하니 앉아서 이러다 죽을 거라는 생각에 위안을 느꼈습니다. 그러나 제가 방금 말했듯이, 고통은 비겁합니다. 고통은 살고자 하는 막강한 요구 앞에서는 움찔 물러섭니다. 살고자 하는 요구는 우리의 정신 안에 있는 죽음을 향한 열망보다 더 강하게, 우리의 육신 속에 뿌리내리고 있나 봅니다.

감정이 산산조각 나는 경험을 한 저 자신도 설명할 수 없는 일입니다. 저는 다시 일어섰습니다. 물론 무엇을 해야 할지는 몰랐습니다. 그런데 갑자기 짐을 역에 맡겨 둔 게 생각났습니다. 그러자 한마디 말이 제 머릿속을 휘몰아쳤습니다. 떠나자, 떠나자, 떠나자, 이곳을 떠나자, 이 저주받은 지옥을 떠나자! 저는 누구도 신경 쓰지 않고 곧장 역으로 달려가 파리행 열차가 언제 떠나는지 물어보았습니다. "10시입니다." 역무원이 말했습니다. 저는 즉시 제 짐을 거기 실어 달라고 했습니다. 10시. 그 끔찍한 만남이 있은 지 정확히 24시간이 지난 시각이었습니다. 이 24시간 동안 극도로 부조리한 감정들이 벼락 치듯 연달아 제게 들이닥치는 바람에 저의 내적 세계는 영원히 산산조각이 나고 말았습니다. 하지만 당장 제가 떠올린 건 한마디 말뿐이었습니다. 떠나자! 떠나자! 떠나자! 이 말은 끊임없이 쿵쾅대고 꿈틀대며 메아리쳤습니다. 이마의 맥박은 쐐기를 박듯 뛰면서 끊임없이 이 말을 제 뇌리에 새기고 있었습니다. 떠나자! 떠나자! 떠나자! 이 도시를 떠나고 나 자신을 떠나서, 집으로, 내 가족이 있는 곳으로, 나의 옛날 삶을 향해 떠나야 한다! 저는 밤새 기차를 타고 파리로 갔습니다. 내린 역에서 다른 역으로 가서 곧장 불로뉴를 향했고, 불로뉴에서는 도버로, 도버에서는 런던으로, 런던에서는 아들이 사는 곳으로 향했습니다. 이 모든 여정을 아무런 생각도 하지 않고 쫓기듯 단숨에 질주한 겁니다. 저는 48시간 동안 잠을 자지도 않고 말 한마디 하지 않고 먹지도 않았습니다. 48시간 동안 덜컹대는 기차 바퀴는 오직 한마디만을 읊조리고 있었습니다. 떠나자! 떠나자! 떠나자! 떠나자!

제가 드디어 예정된 날짜보다 훨씬 이르게 아들의 시골집에 모습을 보이자, 모두 깜짝 놀랐습니다. 무언가, 제 몰골과 눈에서 무언가 제 속사정을 드러낸 게 분명했습니다. 아들은 저를 껴안고 입을 맞추려고 했지만 저는 뒤로 몸을 젖혔습니다. 제 입술이 더럽혀졌다고 여겼기에, 그 입술에 아들이 닿는다고 생각하니 견딜 수 없었습니다. 저는 모든 질문에 입을 봉하고, 그저 목욕물만 청했습니다. 여행의 먼지와 함께, 그 미치광이, 그 한심한 자의 정열이 제 몸에 남긴 흔적 전부를 씻어 버리고 싶었기 때문입니다. 그러고는 몸을 이끌고 제 방으로 가서, 12시간 내지 14시간 동안 죽은 듯이 잠을 잤습니다. 그 이전에도 그 이후에도 그렇게 깊이 잔 적은 없었습니다. 그렇게 자고 나니, 관 속에 누워 죽어 있는 심정이 어떤지를 알겠더군요. 제 친척들은 병자를 대하듯 저를 보살폈지만, 그들의 친절이 제게는 고통스러웠습니다. 저는 그들이 저를 정중하게 대하고 존경하는 게 부끄러웠습니다. 제가 어리석고 광기 서린 열정 때문에 그들 모두를 배반하고, 잊고, 떠나려고 했다는 사실을 불쑥 떠들어대지 않도록 저 자신을 쉴 새 없이 단속해야만 했습니다.

그리고 저는 다시 정처없이 떠돌다가 아는 사람이 전혀 없는 프랑스의 소도시로 갔습니다. 누구나 첫눈에 제가 수치스러운 일을 겪었고 변했음을 알아보리라는 강박관념 때문이었습니다. 그만큼 저는 마음속 깊숙이까지 배반당했고 더럽혀졌다고 느끼고 있었습니다. 아침에 침대에서 깨어나면, 눈을 뜨는 것이 무섭고 불안했던 적이 많았습니다. 갑자기 반 벌거숭이의 낯선 남자 옆에서 눈을 떴던 그날의 기억이 저를 덮치면, 저는 그때 그랬듯이, 당장 죽어 버리고 싶은 마음뿐이었습니다.

그러나 결국, 시간은 심오한 힘을 지니고, 나이는 온갖 감정을 무가치하게 만드는 희한한 위력을 행사합니다. 죽음이 가까이 오는 것을 느끼고 죽음의 그림자가 검게 길 위에 드리운 것을 본 사람에게는 지난 일들이 그다지 끔찍하게 보이지 않는 법입니다. 지난 일들은 더는 내부의 감각을 혼란에 빠트리지 않게 되고 위협적인 힘 대부분을 잃게 됩니다. 서서히 저는 그 충격을 극복해 나갔습니다. 오랜 세월이 지난 뒤, 저는 어떤 모임에서 그의 소식을 듣게 되었습니다. 오스트리아 공사관에서 외교관으로 있는 젊은 폴란드인에게 그 사람의 가족에 관해 묻자 자신의 친척인 한 청년이 10년 전 몬테카를로에서 권총으로 자살했다는 이야기를 들려주었습니다. 그 이야기를 듣고도 저는 놀라지 않았습니다. 그다지 고통스럽지도 않았습니다. 아니, — 저의 이기주의를 부정할 이유가 없겠지요? — 오히려 마음이 놓이기까지 했던 것 같습니다. 언젠가 그와 마주칠지도 모른다는 마지막 두려움이 이제 사라졌으니까요. 저 자신의 기억 말고는 제게 불리한 증인은 단 한 명도 더는 존재하지 않았습니다. 그 이후 저는 한층 더 편안해졌습니다. 나이를 먹는다는 것은 과거에 대해 더는 불안해하지 않는다는 뜻입니다.

이제 당신도 어째서 제가 갑자기 저 자신의 운명에 대해 당신과 이야기하려 했는지 이해하실 겁니다. 당신이 앙리에트 부인을 변호하고, 24시간은 한 여자의 운명을 완전히 뒤바꿀 수 있다고 열

럴히 말씀하셨을 때, 저는 제 얘기를 듣는 기분이었습니다. 처음으로 저라는 사람이 인정을 받은 듯이 느껴져서 당신이 고마웠습니다. 그래서 저는 생각했습니다. '한번 마음에 담았던 것들을 이야기로 풀어낸다면, 어쩌면 사라지지 않는 강박관념과 끊임없이 그때를 회상하는 증상이 사라질지도 모른다. 그러면 나는 아마 내일 그리로 가서, 내 운명을 마주친 바로 그 카지노로 들어설 수 있을 것이고, 그 사람도 나 자신도 증오하지 않을 수 있을 것이다.' 모든 과거 위에 육중한 무게의 돌을 올려놓고 과거가 되살아나지 않도록 막고 있는데, 이야기를 하고 나면 그 돌을 영혼에서 떨쳐낼 수 있을 것 같았습니다. 이 모든 것을 당신에게 이야기할 수 있어서 좋았습니다. 지금 저는 홀가분하고 즐겁다고 해도 좋을 만한 기분입니다. 이런 자리를 허락한 당신께 감사합니다."

그녀는 갑자기 자리에서 일어섰다. 그녀가 더는 할 말이 없다는 걸 알 수 있었다. 당황한 나는 무엇인가 말하려고 했지만 그녀는 내가 애쓰는 걸 알아차린 듯, 재빨리 가로막았다.

"아니, 제발, 아무 말씀도 말아 주세요. 어떤 대답도, 말씀도 하지 않으셨으면 합니다. 제 이야기를 들어 주셔서 감사합니다. 좋은 여행하시길."

C 부인은 나와 마주 서서, 작별 인사를 하기 위해 손을 내밀었다. 나는 나도 모르게 그녀의 얼굴을 쳐다보았다. 조금 부끄러운 듯 인자하게 내 앞에 서 있는 이 노부인의 얼굴은 감동적일 만큼 아름다웠다. 지나간 정열이 다시금 빛을 발하고 있는 걸까? 갑자기 부인의 뺨에 홍조가 번지고 흰 머리칼마저 한껏 달아오른 듯

보이는 건 마음이 혼란스러워서일까? 마치 소녀처럼 그녀는 거기
서 있었다. 추억에 빠져 앳된 신부처럼 당황해하고 자신의 고백을
부끄러워하면서 말이다. 나도 모르게 감동에 휘말려서, 나는 그녀
에게 존경의 뜻을 표현할 말을 애타게 찾았다. 하지만 말문을 뗄
수 없었다. 그래서 나는 몸을 굽혀, 그녀의 낙엽처럼 파르르 떨리
는 주름진 손에 공손히 입을 맞추었다.

잠시 거울을 들여다보며

　전쟁이 시작될 무렵 나이가 서른쯤이었던 내 또래 사람들은 삶이 두 동강이 나 버렸다는 묘한 느낌을 떨쳐내지 못할 것이다. 중요한 과도기에 있던 우리는 전쟁과 정면으로 맞부닥뜨린 이후 모두 삶이 전쟁 이전과 이후로 양분되었음을 느낀다.

　전쟁 이전의 내 삶은 날개가 달린 듯 지극히 경쾌했기에 나는 변곡점을 더욱 예리하게 감지했다. 나는 근심 걱정 없이 오늘날에는 상상할 수 없을 만큼 자유롭게 여러 나라를 누비며 청년기를 보냈다. 어디에도 붙박여 있지 않았고 어디에서도 직업이나 의무에 얽매이지 않았다. 나는 1881년 빈에서 부유한 시민 가정에 태어나 답답해하며 학교에 다녔고, 즐기며 대학에서 공부했다. 그러면서 시를 쓰기 시작했고 첫 번째 시집에 이어 두 번째 시집도 냈다. 그러나 지금은 그 책들을 어떻게 썼는지 기억이 통 나지 않는다. 그 시들은 당시 빈을 살포시 채운 선율(구스타프 말러와 부소니, 호프만스탈과 릴케가 불러일으킨 바람)을 타고 선물처럼 내게 날아들었다. 당시의 나는 문학을 향해 야심을 품고 매진하기보다는 그저 거칠고 치기 어린 열망에 넘쳐서 다채로운 세상을 향해 돌진하려 들었다.

여러 해를 신비로운 호기심에 늘 사로잡혀서 현실에서건 사상에서건 경계선을 넘어서려 했고 이런 경향은 에로틱한 체험을 비롯한 위험한 영역에서도 이어졌다. 그 시절 내가 가지 않았던 곳이 있었던가! 나는 파리와 런던과 피렌체에서, 베를린과 로마에서 동년배의 젊은이들과 어울려 살았고 스페인과 스코틀랜드를 방문했고 인도를 여행하며 중국 국경에까지 갔다. 아프리카와 북아메리카와 캐나다, 쿠바를 돌아다니며 파나마 운하를 보았다. 그러나 문학적 야심에서 책을 쓰기 위해 여행을 하지는 않았음을 신께 맹세할 수 있다. 나 자신의 작품을 쓰려고 조바심치지 않았기에 다른 이들의 작품을 알리는 데 매진할 수 있었다. 여러 해를 나 자신의 창작을 뒷전에 미루면서 베르하렌의 시를 번역하고 외국 작가들을 소개하고 연구를 하고 사람들을 맺어주는 일에 바쳤다. 그렇기에 유유자적하며 편력 시대를 보낸 것이 무의미하지는 않다고 본다. 태평히 여러 나라를 돌아다니는 이들은 분명 문화라는 생물체 안에서 특별한 기능을 수행한다. 그들은 정신적 메시지를 나라에서 나라로 전달하기에 그들의 편력 시대는 다른 이들에게는 수업 시대가 된다.

그러다가 전쟁이 일어났다. 예상하지 못한 충격이었고 앞으로의 추이를 예상할 수 없었기에 더욱더 끔찍했다. 깊숙이 뿌리 내린 줄 알았던 내 존재 전부가 이 충격에 송두리째 뽑힌 느낌이었다. 나는 졸지에 비틀대며 허공을 움켜쥘 수밖에 없었다. 굳게 믿었던 훌륭한 친구들이 자신의 신조를 지키지 못하며 고꾸라졌다. 로맹 롤랑같이 올곧은 몇 안 되는 친구들과 전선을 넘어서 희미하게 가물대는 빛으로 신호를 보내 인사를 건네는 게 고작이었다. 나는 처음으로 현실 안에서 버팀목을 움켜쥐어야 했고 이처럼 나를 지키려는 노력에서 극시劇詩「예레미아」를 썼다. 1916년에 나온 이 작품은 독일에서는 처음으로, 피할 수 없는 현실에 맞서 이의를 제기했다. 「예레미아」는 전쟁 중에는 검열 때문에, 중립지역인 취리히를 제외하고는 경고의 말을 전할 무대를 가질 수 없었다는 점에서 내 작품 중 부당하게 취급당한 유일한 사례가 아닐까 싶다. 그런데 전쟁이 끝난 후에는 이 작품에서 예언된 일들이 현실에서 더욱 선연한 색채로 펼쳐지고 말았다. 제때 경고의 외침이 되어야 할 것은 실제로는 책으로 머물고 말았다. 그러나 이 작품이 시대의 흐름에는 도움이 되지 못했을지라도 나 자신에게는 도움이 되었다. 나, 츠바이크라는 악기에 달린 모든 현이 처음으로 열렬히 소리를 내게 되면서 이전에 기회 닿는 대로 만든 작품에 깃든 유희적 요소는 이후 열정으로 변모했다.

전쟁이 끝나자, 혹은 끝난 것처럼 보이자 ─ 지금도 여전히 잿더미 아래에서는 불꽃이 가물대며 타오르는 건 아닐까? ─ 내면을 둘러보아야 했다. 내가 알던 세계는 부서졌고 새 세계가 지어지려는 참이었다. 나 자신을 점검하고 삶의 손실을 분명히 결산해야 했다. 잃은 것은 무엇이고 남은 것은 무엇일까? 잃은 것은 이랬다. 전쟁 전의 경쾌함과 활기, 놀이하듯 수월했던 글쓰기, 지구를 떠돌던 일과 그 외 몇몇 외적인 것들을 잃었다. 그에 반해 남은 것은 이랬다. 값진 우정 몇몇, 세상에 관한 지식, 인식을 향한 열정적 사랑은 남아 있었다. 갑자기 얻은 것도 있었다. 강인한 용기를 새로 얻었고 그토록 많은 세월을 잃어버린 데서 비롯된 책임감을 가득 품게 되었다. 자, 그렇다면 새로 시작할 수 있지 않겠는가! 나는 단호히 내 삶을 정리했다. 대도시를 떠나며 빈 시민이기를 중단했고 잘츠부르크로 이주했고 결혼했다. 그렇게 닻을 내리고는 처음으로 내 가능성의 범주를 측량하고 계획을 세워가며 저술 작업에 들어갔다. 우리가 겪은 것 같은 혼돈의 시대에는 자신의 의도와 목표를 분명히 하는 일이 가장 필요하다고 여겼기 때문이다.

현재 내 앞의 주된 과제는 대형 시리즈 둘이다. 각 시리즈는 서너 권의 책으로 이루어져 있으며 몇 년에 걸쳐 쓰여질 예정이다. 단편소설Novelle 시리즈 "사슬Die Kette"에 포함될 책은 지금까지 출간된 소설집 『첫 체험』, 『아모크』, 『감정의 혼란』인데 나는 이 시리즈를 매번 다른 감정과 열정의 유형을 시대와 연령대에 따라서 다양하게 풀어내고 형상화함으로써 완결하고자 한다. 다른 시리즈는 "세계를 건축한 거장들"이란 제목인데 앞의 시리즈에서 시도한 감정의 유형학과 병행하여 정신의 유형학을 문학 에세이 형식으로 완성하려 한다. 그중 『세 거장』(발자크, 스탕달, 도스토옙스키를 다룬 에세이집으로 1920년 출간되었다 – 옮긴이)과 『마성과의 투쟁』(클라이스트, 횔덜린, 니체를 다룬 에세이집으로 1925년 출간되었다 – 옮긴이)은 이미 완성되었다. 이 두 시리즈는 저 아래 깜깜한 세계에서 규칙적인 정신세계로 올라가는 계단 구조를 하고 있으며 위로 가는 문턱에서 둘은 서로 만나서 심리학이라는 창조의 거울 안에서 합쳐지도록 설계되었다. 지금껏 출간된 다섯 권의 책은 언젠가 합쳐질 두 곡선의 한 부분일 뿐이면서도 제각기 독자성을 지닌다.

▪ 슈테판 츠바이크는 1926년 인젤 출판사로부터 판촉을 위한 팸플릿에 실을 자기소개서를 부탁받고 이 글을 썼다. 제2차 세계 대전이라는 또 다른 비극적 변곡점을 맞이하게 되면서 츠바이크의 삶은 세 동강이 나게 된다. ― 옮긴이

베스트셀러 작가 슈테판 츠바이크

국내에서 슈테판 츠바이크는 역사 속 인물을 심리학적 접근으로 예리하게 그려내는 전기작가로 널리 알려졌지만, 그의 문학의 본령은 단연코 중·단편 소설이라 할 수 있다. 츠바이크라는 이름을 널리 세상에 알린 작품은 30세에 발표한 중편소설 「아찔한 비밀」이며, 그를 인기 작가로 만든 작품 역시 1920년대에 출간된 소설집 『아모크』와 『감정의 혼란』이기 때문이다. 한 세기가 지난 지금, 그의 소설들은 여전히 전 세계에서 읽히고 있으며 세계 각국에서 연극과 영화의 소재로 꾸준히 활용되고 있다.

츠바이크의 저작권이 소멸한 2013년부터 서구 문화권에서는 그의 작품을 21세기 독자를 위하여 새롭게 출간 또는 번역하는 작업이 활발하다. 츠바이크 마니아층이 특히 두꺼운 프랑스에서는 최고의 권위를 자랑하는 갈리마르 출판사가 2013년 4월 무려 3,136쪽에 달하는 두 권의 선집에 츠바이크의 주요 작품들을 새로운 번역으로 담아내면서 츠바이크 붐이 일었다. 통계에 따르면 프랑스에서는 셰익스피어와 애거서 크리스티 다음으로 많이 읽히는 외국 작가가 바로 츠바이크이다. 오스트리아의 잘츠부르크에

자리한 '슈테판 츠바이크 센터'는 『광기와 우연의 역사』 완결판을
시작으로 중·단편 소설들을 연대기 순으로 정리해 총 3권으로 출
간하는 '잘츠부르크 완역판 프로젝트'를 진행 중이다. 전문가 팀의
철저한 검토와 고증을 거쳐서 현재 중·단편 소설집 두 권을 발간했
고 「체스 이야기」를 포함한 후기 단편소설들이 곧 나올 예정이다.

국내에는 츠바이크의 단편 및 중편소설들이 삼삼오오 번역되
어 있지만, 소설작가로서의 진면모를 감지할 수 있게끔 그의 주요
소설들을 모아놓은 단편집은 아직 없다. 이화북스는 츠바이크 센
터의 프로젝트에 발맞추어 잘츠부르크 완결판에 근거한 새 번역
으로 두 권의 소설 선집을 내려 한다. 따라서 첫 번째 소설 선집인
이 책은 1911년부터 1925년 사이에 발표된 소설 6편을 담고 있
으며 두 번째 선집은 그 이후 발표된 소설들을 수록할 예정이다.
이 계획에 맞추어 이 글에서는 작가의 삶을 앞에 실린 자기소개서
가 쓰인 1926년까지만 소개하고 이후의 삶은 단편 선집 2권에서
소개하려 한다.

츠바이크는 문학평론가와 독문학자들이 아닌 일반 독자에 의해
서 고전 작가의 반열에 든 작가인 만큼, 그의 삶은 동시대의 독일어
권 작가인 토마스 만이나 헤르만 헤세, 프란츠 카프카와 비교하면,
오랫동안 거의 연구되지 않다시피 했다. 그러다가 2000년대 이후
츠바이크의 편지와 일기 등이 왜곡되지 않은 판본으로 일반에게
공개되면서 그를 제대로 이해하려는 노력이 점차 늘어나고 있다.
여기서는 2006년 발간된 츠바이크와 첫 번째 부인 프리데리케 사
이에 오간 서간집 『구름은 잠시 걷히고Wenn einen Augenblick die Wolken
weichen』와 올리버 마투섹이 쓴 전기 『세 개의 삶Drei Leben』, 그리고

50명의 츠바이크 연구자가 결집하여 2018년 발간된 『슈테판 츠바이크 연구 총서Stefan Zweig Handbuch』를 주로 참조하면서 츠바이크의 삶과 작품의 궤적을 따라가 보려 한다. 이 글은 여기 수록된 작품들을 이해하는 데 도움이 될 사실들을 독자와 공유하는 데 의미를 둘 뿐이며, 감히 츠바이크의 생애와 작품세계를 총괄하여 소개하려는 야심을 품고 있지 않다. 현재 츠바이크에 관한 관심이 점점 커지며 그에 관한 연구가 활발히 진행 중이므로 필자 역시 앞으로 선집을 작업하는 동안 계속 공부해서 츠바이크의 작품을 진실하게 독자에게 전달할 수 있기를 바라는 마음이다.

수수께끼의 인물 슈테판 츠바이크의 삶

"슈테판 츠바이크는 20세기의 작가를 통틀어 가장 속내를 알 수 없는 인물이다." 2017년 독일과 프랑스가 공동 제작한 다큐멘터리 영상˙은 이렇게 시작한다. 그는 유럽 문화계의 마당발이라 할 만큼 당대 예술계와 문화계의 명사들 다수와 친분을 맺고 국제적인 문화교류에 애썼지만, 사실은 지극히 내성적이고 주변 사람들에게 자신의 마음을 털어놓지 않는 인물이었다. 그는 말년에 쓴 방대한 회고록 『어제의 세계』에서도 자신의 사적인 삶을 드러내지 않는다는 원칙을 철저히 고수하고 있다. 회고록에 그려진 자화상은 예술의 도덕적 가치와 사명을 굳게 믿는 작가이자, 유럽 국가들

˙ https://www.youtube.com/watch?v=ckSzsztJPA4

이 서로를 적대시하며 전쟁을 벌이는 상황에도 유럽 전체를 형제애로 뭉치기 위해 헌신하는 지성인의 모습이다. 휴머니스트이며 반전주의자인 츠바이크는 두 번의 세계 대전을 겪는 동안 호전적인 민족주의에 반대하며 유럽 각국이 하나의 문화 공동체로서 상호 협력해야 한다고 굳게 믿고 실천에 옮겼다는 점에서 유럽 문명을 대표하는 지성인임은 틀림없다. 또 재정적으로 넉넉했던 그는 장기간에 걸쳐 무명의 신인 작가들을 후원했으며 망명 시절 곤경에 처한 동료와 난민들을 물심양면으로 도왔다. 이렇듯 그는 야만의 시대를 기품 있게 살아낸 고풍스러운 박애주의자로 대부분의 독자에게 알려져 있는데 그렇게 된 데에는 그의 사후, 첫 번째 아내인 프리데리케 츠바이크가 1947년 발간한 회고록 『내가 체험한 슈테판 츠바이크Stefan Zweig. Wie ich ihn erlebte』가 결정적 역할을 했다. 수십 년 동안 대부분의 츠바이크 연구자들은 프리데리케가 내놓은 미화된 츠바이크의 이미지를 비판 없이 재생산해 냈다. 그렇다면 그 뒤에는 과연 어떤 사적인 모습이 숨어있을까?

츠바이크의 여러 소설은 평범한 인간이 갑자기 예외적인 상황에 부닥쳐 겪는 혼란스럽고 격렬한 감정을 심리학자처럼 예리하게 포착하여 특유의 섬세하고 유려한 문체로 서술하고 있다. 지극히 상식적인 독자라 할지라도 작중 인물들이 겪는 광기 서린 격정과 공황 상태에 빨려들어 헤어나지 못할 만큼 그의 소설들은 놀라운 흡인력을 발휘한다. 아마도 이러한 독특한 매력 덕분에 츠바이크는 1920년대에 베스트셀러 작가로 우뚝 설 수 있었을 것이다. 이 시점에서 문학작품에 친숙한 독자라면 이런 의문을 떠올릴 것이다. '극한 상황에 처한 인간의 심리를 이토록 실감 나게 묘사할 줄 아는 작가는 과연 어떤 삶을 살았을까?' 이 의문을 풀기 위해 허구의 창작에 쓰인 소재를 곧장 작가의 삶에서 찾아내려고 섣불리 시도해서는 안 되겠지만, 조심스럽게 접근한다면 말끔히 치장한 공적 자아에 가려진 츠바이크의 사적 자아에서 여러 흥미로운 사실들과 마주치게 될 것이고 그의 지극히 인간적인 모습을 복합적으로 심도 있게 이해할 수 있으리라 믿는다. 이런 시도를 하는 이유는 그의 내적 분열과 자기모순이 창작의 원천이며 문학적 성공의 원인이기도 하다고 보기 때문이다.

가정환경

그는 1881년 오스트리아-헝가리 제국의 수도 빈에서 유복한 사업가 가문의 둘째 아들로 태어났다. 양친은 둘 다 유대계인데 이들의 가족사는 다민족으로 이루어진 이 제국의 속성을 여실히 반영한다. 그의 부친 모리츠(Moriz)는 체코 동부의 모라바에서 대대로 방직물 사업을 하던 상인 가문에서 태어나 5세 때 가족과 함께 빈으로 이주했다. 츠바이크 가문은 산업의 기계화에 기민하게 대처한 결과 19세기 후반에는 대기업으로 성장했다. 브레타우어 Brettauer 가문 출신의 어머니 이다(Ida)는 남편보다 아홉 살 어렸으며 17세에 이탈리아의 항구 도시 앙코나에서 빈으로 이주했다. 외가인 브레타우어 가문은 츠바이크 가문보다 더 부유하고 명망이 높았기에 어머니는 남편의 친척을 얕잡아 보곤 했다. 브레타우어 가문은 오스트리아와 이탈리아뿐 아니라 유럽 곳곳에 은행을 경영했는데 정상급 정치가와 교황청이 은행의 고객이었다고 한다.

양친 모두 독일어를 모국어로 삼아 성장했지만, 제각기 체코와 이탈리아에서 태어나 유년기를 보냈기에 집안의 분위기는 다문화적이었으며 유대인의 종교와 전통에 얽매이지 않았다. 아버지는 체코어, 프랑스어와 영어를, 어머니는 이탈리아어와 프랑스어를 구사했다. 아버지는 1878년부터 오스트리아 – 헝가리 제국의 영토였던 체코의 리베레츠에 방직공장을 운영했고, 사업을 물려받은 두 살 터울의 형 알프레트는 1919년 오스트리아 – 헝가리 제국의 해체 후 체코 국적을 얻어서 오스트리아가 나치 정권에 합병되기 전인 1938년까지 성공적인 사업가로 활약했다. 당시 오스트리아 – 헝가리 제국은 입헌군주국으로서 1848년에 즉위한 프란츠 요제프 1세가 여전히 통치하고 있었다. 이런 환경에서 슈테판 츠바이크는 최고의 교육을 받고 작가로 성장할 수 있었으며 평생 기업의 주주로 안정된 수입을 보장받았기에 밥벌이를 위해 문학과 관계없는 직업을 갖거나 마음에 내키지 않는 글을 쓸 필요가 없었다.

이처럼 유복한 환경에도 불구하고 집안 분위기는 그다지 화목하지 않았다. 당시의 상류층 가정의 부모는 대체로 권위적으로 자식을 대하고 양육을 고용인에게 맡기는 일이 잦았지만, 츠바이크의 가정에는 유독 싸늘함이 넘쳤던 듯하다. 아버지는 몹시 내성적이고 과묵했으며 가족과 어울리거나 모임에 나가기보다는 혼자 피아노 연주를 즐겼다. 그는 책임을 중요시하고 자신은 물론 주변 인물들에게도 엄격해서 아이들이 쉽게 다가갈 수 없는 사람이었다. 그에 반하여 어머니는 활달하고 자기주장이 강한 성격이었고 사교생활을 즐겼기에 두 아들의 양육은 가정교사와 보모의 몫이었다. 그녀는 슈테판을 낳은 후 중이염에 걸려서 청력 장애를 겪다가 1880년대 중반에는 청력을 거의 상실하게 되면서 가사 일체를 고용인과 친정어머니에게 일임하고는 당시를 풍미했던 무성영화에 푹 빠져 지냈다. 그녀는 원래 천성이 낙천적이었고 차분했지만, 종종 갑작스럽게 분노를 터트려서 주위 사람들을 떨게 했는데, 슈테판 또한 엄마를 닮아서인지 평소에는 온순하고 다정한 아이였지만 순식간에 작은 폭군으로 돌변하곤 했다. 프리데리케에 따르면 슈테판은 어린 시절 어머니와 숱하게 충돌했고 그때마다 참혹하게 패배했으며 그 과정에서 치유할 수 없는 상처를 입었다.

그래서인지 그는 일기와 편지에서 부모에 대해 냉랭히 언급한다. 아버지의 70세 생일인 1915년 12월 28일자 일기에서 그는 아버지가 자신만의 세계에 갇혀 있음을 딱해하며 이렇게 쓴다. "이따금 늙은 아버지를 이해할 수 있지만 내가 그렇게 되고 싶지는 않다." 또 그는 전쟁이 끝난 후 어수선한 분위기에서 "어머니는 보석을 잃은 것만 안타까워할 뿐"이라고 못마땅해하기도 한다. 1920년 6월 빈에 거주하는 부모를 방문한 슈테판은 잘츠부르크에 있는 아내에게 이렇게 쓴다.

"가족만 아니라면 빈에 머무는 것을 즐길 수 있을 거요. (⋯) 두 분 다 불행하시고 (아버지는 친구 하나 없이 혼자 남으셨고 (⋯) 어머니는 청력 장애로 듣지를 못하심) 어리석으셔서 불행을 줄이지도 못하시는구려. (⋯) 가장 기막힌 것은 쇠약해져 무능력해진 두 노인이 모두 상대방을 장애물로 여긴다는 점이오. 특히 무분별한 분은 당연히 어머니라오."

조심스럽게 추정해보건대 두 아들이 모두 40대 초에서 중반이라는 늦은 나이에 결혼했고, 결코 자식을 원하지 않았다는 점에서 그들은 가정의 행복에 관한 환상이나 동경이 아예 없지 않았나 싶다.

예술가로서의 성장기

그는 어린 시절부터 문학에 푹 빠져서 독서와 습작에 열을 올렸고 16세부터 이미 여러 잡지에 시를 발표하기 시작했으며 18세에는 첫 단편소설 「잊어버린 꿈들」을 베를린 신문에 발표한다. 김나지움에 다니던 시절 그는 라이너 마리아 릴케와 보들레르와 랭보의 시에 심취했으며 자신보다 일곱 살 연상인 문단의 신동 후고 폰 호프만스탈을 숭배했다. 1900년 빈 대학에서 프랑스 문학과 철학을 전공하기 시작했고 같은 해에 시집 『은빛 현』으로 문단에 정식 데뷔했다. 프랑스 상징주의와 빈 모더니즘의 영향이 짙은 첫 시집은 비평가들의 호평을 받았고 그는 스무 살도 채 되지 않은 나이인 1901년에 당시 오스트리아 최고의 일간지인 「신자유신문」에 문학평론을 기고하게 된다. 김나지움 시절 성적이 그다지 뛰어나지 못했던 아들이 이런 대단한 성공을 거두자 부모는 몹시 놀라며 아들을 존중하게 되었고 그는 더 많은 자유를 누리게 된다. 대학 시절 내내 그는 학업에 몰두하기보다는 소설과 시, 평론들을 「신자유신문」을 비롯한 신문과 잡지에 꾸준히 발표하며 자신의 창작활동에 열을 올렸고 베를렌과 보들레르의 시를 번역하여 출간했는데 이 번역은 지금까지도 최고의 번역으로 꼽힌다. 그는

1904년 프랑스 철학자 이폴리트 텐에 관한 논문으로 박사학위를 취득하고 같은 해 첫 단편집 『에리카 에발트의 사랑』을 출간한다.

그의 청년기의 삶에서 두드러지는 점은 그가 정신적으로 아버지의 역할을 대신할 멘토를 원했으며 일단 멘토를 발견하면 자신을 낮춰가며 멘토에게 오랜 기간 헌신적으로 봉사했다는 사실이다. 아마 아버지와의 정서적 공감이 없던 어린 시절을 예술과 학문의 멘토를 가짐으로써 뒤늦게나마 상쇄하려는 소망이 아니었을까 싶다. 그에게는 세 명의 멘토가 있다. 첫 번째는 모더니즘 성향의 벨기에 시인 에밀 베르하렌으로 츠바이크보다 스물여섯 연상이다. 츠바이크는 오래전부터 베르하렌을 존경해왔는데 1902년 프랑스 여행 중 시인과 친해진 후 꾸준히 만남을 이어가며 그의 유럽에 대한 열렬한 사랑에 깊이 공감했다. 츠바이크는 2년에 걸쳐 베르하렌의 작품을 독일어로 번역하고 그에 관한 평론을 쓰며 베르하렌의 이름을 널리 알렸다.

두 번째는 스물다섯 연상의 지그문트 프로이트인데 이 정신분석의 창시자는 소설가 츠바이크에게는 가장 중요한 멘토라고 볼 수 있다. 두 사람 다 동유럽에서 빈으로 이주한 유대계였는데 이들의 친분은 1908년 시작되었고 프로이트가 1939년 망명지 런던에서 사망할 때까지 꾸준히 이어졌다. 츠바이크는 1920년 프로이트에게 보낸 편지에서 자신은 정신분석의 세례를 받은 세대이며 프로이트 덕분에 너무도 많은 것을 깨닫게 되었다고 쓴다. 그는 "문화와 문명은 다만 표면의 얇은 층에 불과하기에 이것은 어느 때고 그 밑에 있는 심층 세계의 파괴적인 힘에 의해 쓸려나갈 수 있다"는 프로이트의 학설을 자신의 소설 속 인물들의 운명에서 여러 형태로 보여주고 있다. 츠바이크의 소설들이 인기를 끌면서 프로이트의 이론이 거칠게나마 일반대중에게도 알려지게 될 정도로 그의 창작은 프로이트의 이론과 긴밀히 맞닿아 있다. 현재에는 상당 수의 편지가 소실되고 77통의 편지만이 남아 두 사람이 서로 신작을 보내며 활발히 의견을 교환하던 시절을 증명하고 있다. 프로이트의 이론과 그 영향에 관해서는 개개 작품을 살펴보면서 다시 언급하게 될 것이다.

세 번째 멘토는 열다섯 연상의 소설가이자 사회운동가인 로맹 롤랑이다. 츠바이크는 1913년 파리에서 롤랑을 만났고 그의 평화주의와 사회 참여적 휴머니즘에 깊이 공감하게 된다. 다음 해인 1914년 제1차 세계 대전이 일어나자 "자신을 (심적) 위기에서 구해낼 수 있는 사람은 로맹 롤랑과 프리데리케뿐"이라고 일기장에 쓸 정도이다. 사실 츠바이크는 내심 전쟁을 혐오하면서도 전쟁 초반에는 분위기에 휩쓸려 독일 민족을 칭송하는 호전적 글을 발표하는 모순된 면모를 보였다. 그러나 적국에 있는 친구 롤랑의 격려를 받으며 이내 그런 면모를 떨쳐냈다. 1926년의 자기소개서는 롤랑과의 우정이 그에게 지닌 의미를 강조하고 있다. 1917년 스위스에서 롤랑과 재회한 후에는 롤랑의 동료들과 반전운동에 동참하면서 평화주의자이며 박애주의자로서의 자아를 확고히 한다. 종전 후 두 사람은 서로를 방문하며 돈독한 우정을 이어간다. 한마디로 롤랑은 츠바이크의 대외적 자아가 멘토로 삼고 있는 인물이라 할 수 있다.

위기, 그리고 프리데리케

　자기소개서에서 츠바이크는 젊은 시절 경계를 넘어서려는 호기심에 사로잡혀 있었으며 "이런 경향은 에로틱한 체험을 비롯한 위험한 영역에서도 이어졌다"고 말한다. 걷잡을 수 없는 성적 충동에 시달렸던 삶을 은밀히 암시하는 문장이다. 속박 없는 삶을 최우선으로 꼽으며 여행과 가벼운 연애를 즐기던 츠바이크가 1912년 말 두 딸을 둔 유부녀였던 프리데리케 폰 빈터니츠와 연인 관계가 되면서 많은 변화가 일어난다. 츠바이크가 사망하기까지 30년에 걸친 이 둘의 관계는 여느 소설 못지않게 흥미진진한 내용으로 가득하다. 그보다 한 살 어린 프리데리케는 부유한 유대계 가문 출신으로 당시에는 드문 독립적이고 지적인 여성이었다. 빈 대학에서 프랑스 문학과 역사를 전공한 후 프랑스어 교사 자격증을 취득했고 소설가로 데뷔했으며 사회운동가로도 활약했다. 프리데리케를 알게 될 즈음 츠바이크는 애정 없는 성생활에 진저리를 치고 있었다. 1913년 2월 일기에 그는 "내가 성애性愛를 즐기는 게 아니라 성애에 끌려다닌다는 사실에 경악하지 않을 수 없다. 여자를 유혹하는 내 솜씨에 등골이 오싹하다"라고 쓴다. 이런 상황에서 그는 자주적이면서도 헌신적인 어머니의 면모를 갖춘 프리데리케에게 이전에는 알지 못했던 감정을 느낀다. 여태 진지한 관계를 피해 왔던 그는 이제 프리데리케가 남편과 이혼하고 자신의 동반자가 되기를 원하게 된다. 그는 곧 그녀와 사실혼 관계를 유지하며 1916년부터는 그녀의 두 딸과 함께 넷이서 살게 되고 1920년에는 그녀와 정식으로 결혼한다. 하지만 그는 여성 편력을 멈추지 않앉고 프리데리케는 '예술가의 일탈'을 눈감아주는 수밖에 없었다.

두 사람의 사이가 굳건해진 계기는 츠바이크를 덮친 심리적 위기였다. 1914년 오스트리아가 독일의 동맹국으로 전쟁에 참여하자 그는 자원했다. 하지만 전선투입에 적합하지 않다는 평가를 받고 1914년 12월에서 1917년 11월까지 3년간 빈에 있는 국방부 자료실에서 군복을 입고 근무하게 되었다. 평생 처음이자 마지막으로 출퇴근해야 하는 직장을 가진 셈이었다. 그의 업무는 참전용사들의 용감한 행위를 무용담으로 각색하여 선전 자료로 만드는 일이었으니, 평화주의자인 츠바이크에게는 고문이 아닐 수 없었다. 전쟁이 진전될수록 성과가 뒤지는 자료실 동료들은 징집되어 전선에 투입되었다. 그는 추가 징집을 위해 여러 번 신체검사를 받았고 그때마다 징집될까 봐 두려움에 떨어야 했다. 본래 감정의 기복이 심하고 만성적인 우울증에 시달렸던 그는 이 시기에 심각한 심리적 위기를 겪으며 프리데리케에게 정신적으로 의지하게 된다. 그는 그녀의 독려를 받으며 반전의 메시지를 담은 희곡 「예레미아」를 완성해서 그녀에게 헌정했다. 츠바이크와 절친한 작가 펠릭스 브라운은 친구가 사망한 후 "제1차 세계 대전 당시 슈테판은 자살하기 직전까지 갔는데 프리데리케만이 그를 저지할 수 있었다"라고 회고했다.

세계적 작가로 도약하다!

츠바이크는 전쟁 말년을 가족과 함께 중립국 스위스에서 보낸 후 1919년 봄 오스트리아로 돌아와서는 빈이 아닌 잘츠부르크에 정착했다. 드디어 창작의 황금기가 시작된 것이다. 잘츠부르크는 당시 인구 4만 명의 소도시였고 그 유명한 잘츠부르크 예술축제는 아직 시작되지 않았다. 이곳에서 보낸 15년 동안 츠바이크는 밀리언셀러 『광기와 우연의 역사』를 포함해서 50개의 작품(노벨레, 전기, 에세이, 희곡 등)을 썼는데 그 분량을 합치면 20만 쪽이 넘는다. 자기소개서에서 언급된 두 대형 시리즈 대부분도 이때 완성되었다. 그는 두 번째 소설집 『첫 경험』을 발표한 지 12년 후인 1922년 세 번째 소설집 『아모크』를 내놓으며 소설집들을 시리즈로 묶고자 했다. 유소년기의 주인공들이 성에 눈뜨며 느끼는 혼란스러운 감정을 다룬 소설집 『첫 경험』이 사슬의 첫 번째 고리라면, 『아모크』는 두 번째 고리로서 한창나이의 인물들이 겪는 열정적 감정을 다루고 있다. 1927년 발표된 소설집 『감정의 혼란』은 중년에 이른 인물들에게 들이닥친 격렬한 감정을 서술하며, 세 번째이자 마지막 고리를 이룬다. 두 소설집은 즉시 전대미문의 성공을 거두고 곧 여러 언어로 번역되며 츠바이크는 세계적인 인기 작가로 급부상한다.

물론 그는 잘츠부르크에 틀어박혀서 글만 쓰지는 않았다. 그가 잘츠부르크를 택한 이유 중 하나는 유럽 각국으로 여행하기에 유리했기 때문이었다. 전쟁 중 여행을 포기해야 했던 것을 상쇄하기라도 하듯이 그는 한 해에 두 달가량을 여행으로 보냈는데 거의 혼자 여행을 다니며 여성 팬들과 바람을 피우는 등 독신 시절에 누리던 자유를 다시금 만끽했다. 출판사와의 접촉과 낭독회와 강연회 같은 공적인 여행을 하면서 친구들을 방문하고 문화계의 중요 인물들을 만나며 전쟁으로 인해 생긴 국가 간의 서먹함을 극복하고자 했다. 또 언덕 위에 있는 그의 고풍스러운 저택은 점차 유럽의 쟁쟁한 명사들이 모여드는 명소로 유명해졌다.

이 모든 영광의 뒤에는 프리데리케의 노고가 있었다. 전쟁 중에만 해도 세 번째 소설을 완성해서 출간했던 그녀는 잘츠부르크 시절에는 자신의 창작을 접고 남편을 지원하는 데 전념한다. 그녀의 과제는 저술을 위한 자료를 찾고 인용할 문장을 번역하고 작업 중인 원고를 처음 읽고 피드백을 주는 일이었다. 작가 지망생들이 츠바이크에게 보낸 원고를 읽고 답장을 쓰는 것도 그녀의 몫이었다. 부부가 여행으로 떨어져 있는 동안 주고받은 숱한 편지는 이러한 작업의 현장을 생생히 보여준다. 그러나 무엇보다도 중요했던 것은 곧잘 우울증에 빠지곤 하는 남편의 심기를 관리하는 일이었다. 그녀는 당시의 삶을 회고하며 이렇게 쓴다. "나는 그의 세계를 지키는 파수꾼이 되어서 바깥의 그 무엇도 그를 방해하지 못하게 막아야 했다. 다시 말해서 (…) 나는 나만의 세계와 나만의 일을 가질 수 없었다." 이처럼 일방적으로 헌신하는 역할을 맡은 그녀의 마음속에는 불만이 쌓이고 있었다. 밖에서는 휴머니스트이고 호인인 남편은 가족에게는 신경질적이고 가시가 돋친 언행으로 상처를 주곤 했기에 불만은 더욱 쌓여가고 그것은 몇 년 후 폭발하게 된다.

작품들

「**아찔한 비밀**Brennendes Geheimnis」은 1911년 발간된 두 번째 소설

집인 『첫 경험』에 수록되어 있다. 소설집의 부제 '어린 시절의 이
야기 네 편Vier Geschichten aus Kinderland'에 걸맞게 네 편의 노벨레는
성에 눈뜨는 아이 내지는 청소년이 위선적인 성인 사회와 충돌하
며 겪는 혼돈을 미성년자의 시각에서 다루고 있다. 사실 성에 대한
호기심이야말로 모든 지적 행위의 근원이라 할 수 있다. 특히 성장
기의 인간에게 성에 대한 호기심은 단순한 육체의 문제를 넘어서,
환상과 상징의 세계에서 얻은 간접 경험을 현실 세계의 직접 경험
과 끼워 맞춰가며 인간으로서의 정체성을 형성하게끔 하는 동력
이다. 그런데 유럽의 가톨릭 문화는 오랫동안 성을 금기시하며 아
동의 성교육을 금지했다. 츠바이크는 『어제의 세계』에서 성교육
부재로 인한 무지와 억압적 성문화가 오히려 청소년의 호기심을
부추기며 그렇게 성장한 성인은 성에 대해 과다한 욕망을 품게 된
다면서 당시의 성문화 일체를 통렬히 비판한 바 있는데 이 노벨레
에서는 그런 비판을 배경 삼아 일주일이라는 짧은 기간 동안 성이
라는 '아찔한 비밀'을 알아가는 열두 살 소년의 심리를 섬세하고도
예리하게 묘사한다.

　세 주인공은 20세기 초 빈 사회의 풍속을 대표하는 전형적 인
물이다. '여자 사냥꾼' 남작은 애정 없는 성관계를 즐기는 전형적
인 청년이며, 그가 사냥감으로 점찍은 어머니 마틸데는 만족스럽
지 않은 결혼 생활을 하며 일탈을 꿈꾸는 잠재적 불륜녀이고 그녀
의 아들 에드거는 성에 대한 호기심에 조바심치며 빨리 어른이 되
고 싶어 하는 소년으로, 그 역시 당시 성교육의 산물이다. 1주라는
짧은 기간에 세 인물 사이에서 펼쳐지는 갈등을 축으로 한 극적
구성과 의외의 반전이 있다는 점에서 이 작품은 노벨레의 전형적

특징을 잘 구현하고 있다. 또 이 작품의 서술구조는 전지적 화자의 시점을 취하는데, 후반부로 갈수록 전지적 화자가 에드거의 시점에 대부분 의지하게 되면서 독특한 긴장감이 생성된다. 성에 무지한 아이는 남작과 어머니 사이에 오가는 미묘한 신호들을 제대로 해독할 능력이 없다. 전지적 화자는 아이가 관찰한 사실들을 고스란히 독자에게 전달함으로써 비밀을 직설적으로 누설하지 않으면서도 에드거의 등 뒤에서 독자와 비밀을 공유한다. 다시 말해 작가는 성애를 주된 내용으로 다루면서도 단 한 번도 성애를 직설적으로 언급하지 않는 절묘한 기술을 구사함으로써 성에 관한 금기의 풍속을 풍자적으로 모방하며 비판하고 있다. 비밀을 유지하면서도 비밀을 묘사하는 역설적인 과제를 이보다 더 세련되게 해결할 수는 없을 것이다.

　프로이트의 동료 테오도르 라이크^{Theodor Reik}는 소설집 『첫 경험』을 "지난 몇 년간 읽은 문학작품 중 심리학적 견지에서 가장 중요한 작품"이라 극찬하며 이렇게 말한다. "아이가 벌이는 격렬한 내면의 전투는 어른들에게 감지되지 못하고 대개는 아이도 모른채, 무의식에 묻혀 있는데 작가는 '직관적 정신분석'으로 그 전투를 밝은 대낮으로 끌어내었다." '직관적 정신분석'이라는 말이야말로 츠바이크가 예술가로서 시도한 심리묘사에 가장 걸맞은 표현이 아닐까 싶다.

　「불안」^{Angst}은 1913년 완성되어 같은 해 「신자유신문」에 발표되었는데 대폭 수정되어 1925년 단행본으로 나왔다. 츠바이크가 정신분석을 본격적으로 공부하기 시작하고 프로이트와 자주 만나던 시기에 쓰인 만큼 여느 작품들보다 더 많이 프로이트 이론에 근접해 있다. "불안"이라는 제목 자체가 합리적으로는 이해할 수 없는, 깊은 무의식 층에까지 이르는 감정을 뜻한다. 주인공 이레네가 겪는 불안을 읽어내는 하나의 도구로 프로이트의 불안 개념을 거칠게나마 소개하겠다.

프로이트는 불안을 현실 불안Realangst과 신경증적 불안neurotische Angst으로 나눈다. 그에 따르면 현실 불안은 외부의 위험을 감지했을 때 자아의 자기 보존 본능이 작동하며 생기는 것으로, 특정 대상과 연관이 있다는 점에서 공포와 유사하다. 신경증적 불안은 대상과는 무관한 어떤 상태를 의미하며, 자아das Ich가 이드das Es의 과다한 욕구에 위협당할 때, 즉 우리 내면에서 심각한 무의식적 갈등이 일어날 때 생겨난다. 성을 억누르는 현실에서 리비도(성욕 혹은 성적 충동)가 출구를 찾지 못하고 억압될 때 신경증적 불안은 신체적 증상을 동반한 히스테리 발작 내지는 공황장애로 악화될 수 있다.

아내이자 어머니로 '쾌적한 부르주아의 삶'을 누리며 별다른 열정도 없이 불륜에 빠져든 이레네가 연인의 전 여자친구라고 주장하는 천박한 여자에게 협박을 당하면서 이야기는 시작된다. 그녀는 안락한 삶을 포기할 의사가 전혀 없기에 자신의 불륜이 발각될까 봐 불안해한다. 이런 현실 불안은 협박꾼이 갈수록 파렴치한 요구를 하는 바람에 커지지만, 정작 이레네를 파국으로 몰아가는 건 신경증적 불안이다. 그녀의 남편은 불안감에 떠는 아내에게 그녀의 불륜을 알고 있음을 내비치며 "사소한 불안감"을 떨치고 고백하기만 하면 용서하겠다는 신호를 거듭 보내고 있는데도 그녀의 불안은 눈덩이처럼 부풀며, 결국 그녀를 파국 직전까지 몰고 간다. 그 이유는 현실 불안이 여태껏 열정이 아닌 타성으로 살아왔던 이레네를 뒤흔드는 바람에 그녀의 무의식이 깨어났기 때문은 아닐까? 프로이트의 용어로 말하자면 삶의 충동인 리비도가 갑자기 눈을 뜨고 무리한 요구를 하다가 좌절되며 자기파괴본능인 타나토스로 변질한 때문일지도 모른다.

전지적 화자는 이레네의 내면세계에 현미경을 들이대는 정신분석자라도 된 듯이, 이레네의 성적 욕망과 그것을 막는 현실의 불안감이 맞붙다가 결국 신경증적 불안이 악화하여 신체적 증상을 동반한 극도의 공황장애로까지 전개되는 과정을 3주간에 걸쳐 박진감 있게 그리고 있다. 이레네가 주관적으로 인지한 외부세계는 악몽의 장면처럼 무시무시하기 그지없기에 독자는 이레네의 불안감에 전염될 정도다. 그런데도 의외의 반전 덕에 해피엔딩으로 마무리된다. 이런 결말을 남성 작가의 지극히 구태의연한 여성관의 소산으로 보는 견해도 있고, 결말 자체가 해피엔딩의 기만성을 폭로하고 있다고 보는 견해도 있다. 즉 화해적 결말이 심층 세계의 파괴적 힘을 가까스로 덮은 표면의 얇은 층에 불과하다는 말이다. 선택은 독자의 몫이지만 필자는 후자에 한 표를 던지고 싶다.

1916년 발표된 「세 번째 비둘기의 전설^{Die Legende der dritten Taube}」은 동시대의 엄중한 현실을 다룬 몇 안 되는 작품 중 하나이다. 제목에서 알 수 있듯이 츠바이크는 세계 대전이라는 현실을 구체적으로 다루는 대신, 시공을 뛰어넘는 전설의 형식을 취하여 우의적으로 다룬다. 츠바이크는 창세기에 나오는 대홍수와 노아의 방주 이야기를 출발점으로 삼아서 이야기를 이어간다. 세 번째 전령인 비둘기는 대홍수가 끝났다는 메시지를 전하러 주인 노아에게 돌아가지 않고 적막한 숲에서 꿈을 꾸며 수천 년을 지내다가, 다시금 불바다라는 재앙을 맞는다. 대홍수가 신의 징벌이었다면 불바다는 인간이 벌이는 전쟁이다. 불타는 대지를 나르며 평화의 땅을 찾아 헤매는 비둘기는 작가의 절박한 심정을 대변하고 있다. 그가 띄운 평화의 전령 비둘기는 1년 후 프랑스어 잡지 「카르멜」에 게재되며 전선을 넘어서 날아가게 된다.

「모르는 여인의 편지」Brief einer Unbekannten는 1922년 작품으로 자학적 사랑이라는 소재를 시적 언어로 풀어내고 있다. 작가는 롤랑에게 보낸 편지에서 이 작품이 자신의 사적인 삶과 연루된 일들을 다루고 있다고 털어놓는다. 원래 츠바이크는 자전적 요소를 소설에 노출하지 않기로 유명한데, 여기서는 소설가 R을 통해 일종의 비판적 자화상을 시도하는 듯하다. 빈에 거주하는 부유한 유명작가 R은 마흔한 살의 독신 남성이며 여성 편력이 심하고 여행을 즐기며 스물다섯 살부터 빈 도심 밖의 공동주택에서 하인을 두고 산다는 사실에서 츠바이크와 – 좀 더 정확히는 전쟁이라는 변곡점을 겪기 전의 츠바이크와 – 닮은꼴이다. 프리데리케가 1912년 여름 슈테판에게 익명으로 팬레터를 보내며 둘의 인연이 시작되었는데 그녀의 회고에 따르면 그는 – R이 그렇듯 – "여자에게 눈빛으로 의미를 전할 수 있었기에 말이 필요하지 않을 정도"였다. 그녀는 연애 초기에 보낸 편지에서 그가 내적으로 분열되어 있음을 알고 있으며 그런 그를 있는 그대로 포용하며 조용히 돕게 해달라고 간청한다. 물론 그녀는 여주인공인 익명의 여인과는 달리 자의식이 강한 여성이기에 현실과 허구는 늘 일치하지는 않는다.

그런데 2006년부터 두 사람의 편지와 작가의 일기가 전문가의 검증을 거쳐 새로 출판되면서 흥미로운 사실이 드러난다. 슈테판은 1913년 3월 파리에서 마르셀이라는 소시민 여성과 열애에 빠지며 잔인하게도 이 사실을 빈에 남은 프리데리케에게 상세히 알린다. 그러자 프리데리케는 새 연인과 즐겁게 지내라고 그를 격려하기까지 한다. 마르셀은 그의 아이를 원했고 둘은 아들을 상상하며 옥타베라는 이름을 붙인다. 마르셀은 정말 임신하지만 결국 그의 권유에 따라 임신중절을 한다. 이런 복잡한 상황에서 그는 마르셀이 모든 고통을 혼자 짊어지려 하며 이런 자기희생에서 환희를 느낀다고 감탄한다. 마르셀과 프리데리케는 고통에 목말라한다는 점에서 닮았기에 둘 다 자신에게 소중하다고 그는 결론을 내린다. 이 삼각관계는 1년 넘게 유지되다가 전쟁으로 국경이 봉쇄되는 바람에 끝난다. 몇 달 후 그는 일기장에 이렇게 쓴다. "나와 마르셀의 운명을 고양된 형식으로 작품에서 다루려고 구상 중이다." 이 구상이 허구적 변형을 거치며 이 작품으로 거듭난 듯하다.

독자들은 이기적인 츠바이크가 여성의 자기희생을 찬양하는 당대의 성 담론을 비판 없이 재생산하고 있다고 비난할지도 모른다. 그러나 R을 전쟁 이전의 츠바이크, 즉 경쾌하게 살며 유희하듯 쉽게 창작하던 츠바이크로 본다면 다른 해석이 가능하다. 전쟁을 겪으며 한층 성숙해진 작가는 예전의 가볍기만 했던 자신을 상처받은 여성의 시점에서 가차 없이 묘사함으로써 자신을 돌아보고 독자의 심판대에 올려놓고 있기 때문이다. 또 그는 마르셀과 프리데리케를 비롯한 자신이 상처 입힌 여인의 심리에 감정을 이입하여 그들의 고통에 시적 기념비를 세우고 있는 건 아닐까?

「**보이지 않는 소장품**Die unsichtbare Sammlung」은 1925년 작품으로

'독일이 인플레이션을 겪던 시절의 일화'라는 부제에서 알 수 있 듯이 동시대를 다루고 있다. 전쟁 배상금을 치르느라 재정적자에 허덕이던 독일 정부는 1920년부터 많은 화폐를 찍어냈고 그 결 과 1922년에서 1923년까지 물가는 마구 치솟았다. 결국, 상상을 초월하는 하이퍼 인플레이션이 전 독일을 덮쳤고 1924년 초에야 상황이 진정된다. 당시의 상황을 극명히 보여주는 건 빵 가격이다. 1921년 12월에 4마르크에 채 못 미치던 빵 가격은 1923년 12월 에는 무려 3조 9천9백억 마르크라는 천문학적 숫자가 되어버린다. 화폐 경제는 완전히 붕괴하고 물물교환이 성행하던 혼란기였다.

츠바이크는 이런 혼란기를 살아내는 한 예술품 소장가와 그 가 족의 일화를 액자소설 형식으로 담아낸다. 틀 이야기의 화자인 미 술품 전문 상인은 신흥 자본가들이 미술품을 투자의 대상으로 삼 아 사재기하는 바람에 더는 제공할 미술품이 없는 처지에 놓인다. 그래서 새로 사들일 미술품을 찾아서 지방 도시에 사는 옛 고객을 찾아간다. 은퇴한 하급 관리인 소장가 R은 1870/71년에 걸친 보 불전쟁에 참여해서 훈장을 받았고 독일 통일에 열광했으며 50년 이 지난 지금도 프랑스를 극렬히 혐오하는 민족주의자이다. 고령 에도 불구하고 프랑스를 격파하기 위해 군대에 자원하려고까지 할 정도이다. 그러니 프랑스를 마음의 조국으로 사랑하는 세련된 유럽인이자 호전적 민족주의를 혐오하는 츠바이크와는 천양지판 의 인물이다. 그런데도 작가는 말미에서 화자인 골동품상의 입을 빌려 이 노인을 가장 아름다운 독일인이라 칭한다. 예술이라는 치 유와 화해의 공간 안에서만 가능한 기적이다. 그러나 이런 작은 기 적을 가능하게 하는 전제는 늙은 소장가의 실명이다. 소장가는 시

각장애인일 뿐 아니라 독일이 전쟁에 패한 것도 모르는 채, 환상의
세계에 살고 있다. 화자는 그런 세계에 잠시 머물며 맛본 기쁨을
이야기하고 독자는 그 기쁨을 공유한다. 츠바이크 특유의 휴머니
티 미학이 빛나는 작은 걸작이라 하겠다.

「**어느 여인의 24시간**Vierundzwanzig Stunden aus dem Leben einer Frau」은
1925년 작품으로 액자소설의 형식을 취하고 있다. 틀 이야기는
1904년 리비에라의 한 펜션에서, 내부 이야기는 1880년 무렵 몬
테카를로에서 전개되는데 두 이야기의 연결점은 정숙한 부인이
만난 지 24시간도 안 된 청년과 사랑에 빠져서 모든 걸 버리고 그
청년을 따라나선다는 전대미문의 사건이다. 일인칭 화자인 작가는
그런 행동을 한 여인을 비난하기보다는 그 용기를 존중해야 한다
고 주장하며 투숙객의 다수 의견에 반박하는데 며칠 후 영국 노부
인 C가 그를 불러 자신의 24시간을 들려주면서 내부 이야기가 펼
쳐진다. 마흔둘의 과부인 C가 몬테카를로의 카지노에서 도박중독
증에 빠진 청년을 도우려 하면서 비극은 시작된다.

프로이트는 츠바이크에게 보낸 편지에서 이 "걸작"을 상세히
분석했고 1년 후 「도스토옙스키와 아버지 살해」라는 논문에서 그
분석을 반복한다. 프로이트에 따르면 사춘기 시절의 소년은 어머
니가 자신을 자위自慰라는 무서운 위험에서 보호하기 위하여 성에
입문시켜주었으면 하는 오이디푸스적 소망을 품는데 이 소설은
바로 그런 소망에서 비롯되었다. "자위라고 하는 '악습'이 노름으
로 바뀌었을 뿐이다. 작가가 두 손의 격정적인 동작을 유별나게 강
조한다는 데서 청년의 노름벽이 원래 자위행위를 의미함을 알 수
있다." 프로이트는 C가 생면부지의 청년을 구하기 위해 창녀로 취

급당해도 개의치 않고 애쓰는, 언뜻 이해하기 힘든 상황을 이렇게 설명한다. 이 청년은 C의 맏아들과 마찬가지로 스물네 살이다. 마흔에 남편과 사별한 후 삶에서 성을 배제하고 세상을 등진 C에게 남은 유일한 감정은 아들에 대한 애정인데 "무의식에서 아들을 향한 애정이 청년에게 옮겨감으로써 그녀는 운명에 휘말리고 만다." 프로이트는 작가가 이런 숨겨진 의미를 전혀 모른 채 작품을 완성했음이 확실하며 예술창작이 본래 그렇다고 조금은 오만하게 단정짓는다.

　프로이트의 분석을 어떻게 받아들일지는 각자의 선택이다. 아마 몇몇 독자는 이 대목에서 「아찔한 비밀」에 숨은 오이디푸스의 설화를 떠올릴 것이다. 츠바이크는 멘토의 이런 분석에 직답을 피하며 답장에 이렇게 쓴다. "이제 심리학은 제가 평생을 두고 매진할 과업이 되었습니다. 제가 충분히 심리학을 터득하게 되면 그것을 가장 어려운 대상인 저 자신에게 적용하고 싶습니다."